全国中等职业技术学校化工工艺专业教材

化 学 基 础

人力资源和社会保障部教材办公室组织编写

中国劳动社会保障出版社

图书在版编目(CIP)数据

化学基础/人力资源和社会保障部教材办公室组织编写. —北京：中国劳动社会保障出版社，2010

全国中等职业技术学校化工工艺专业教材

ISBN 978-7-5045-8645-2

Ⅰ.①化… Ⅱ.①人… Ⅲ.①化学课-专业学校-教材 Ⅳ.①G634.81

中国版本图书馆CIP数据核字(2010)第201160号

中国劳动社会保障出版社出版发行

（北京市惠新东街1号 邮政编码：100029）

出 版 人：张梦欣

*

北京市科星印刷有限责任公司印刷装订 新华书店经销

787毫米×1092毫米 16开本 16.75印张 394千字

2010年10月第1版 2025年7月第15次印刷

定价：29.00元

营销中心电话：400-606-6496

出版社网址：http://www.class.com.cn

http://jg.class.com.cn

前 言

随着我国化学工业的迅速发展，化工企业对从业人员的知识和技能以及相关的职业教育和职业培训提出了更高的要求。为了更好地适应全国中等职业技术学校化工工艺专业的教学需要和企业的用人要求，我们组织全国有关学校的一线教师和行业专家，开发了一套化工工艺专业教材。

本次开发的教材包括《化学基础》《化工单元操作》《化工机械基础》《化工电气与仪表》《化工分析》《化工识图》《化工安全与环保》《化工企业班组管理》《基本有机化工工艺》《无机物生产工艺》和《合成氨生产工艺》。其中，《化工识图》和《合成氨生产工艺》配有习题册，供学生课后练习使用。整套教材做到了结构紧凑、内容简明、脉络清晰，在表现形式上有所创新。

这次教材开发工作的重点有以下几个方面：

第一，体现行业发展现状和趋势，彰显时代特色。教材编写过程中，努力做到以市场需求为导向，根据化工行业的发展，合理选择教材内容，尽可能多地在教材中介绍化工行业的新知识、新技术、新工艺和新设备，突出教材的先进性。同时，严格执行国家有关技术标准。

第二，突出职业教育特色，重视实践能力的培养。以职业能力为本位，根据化工工艺专业毕业生所从事职业的实际需要，适当调整专业知识的深度和难度，合理确定学生应具备的知识结构和能力结构，同时，进一步加强实践性教学的内容，以满足企业对技能型人才的要求。

第三，创新教材编写模式，激发学生学习兴趣。按照教学规律和学生的认知规律，合理安排教材内容，并注重利用图表、实物照片辅助讲解知识点和技能点，为学生营造生动、直观的学习环境。

本套教材可供全国中等职业技术学校化工工艺专业选用，也可作为职业培训教材。教材的编写工作得到了山东、四川、河南、云南、广西等省、自治区人力资源和社会保障厅及有关学校的大力支持，在此，我们表示诚挚的谢意。

人力资源和社会保障部教材办公室

2010 年 7 月

内容简介

本教材针对教学对象和培养目标，在满足教学需求的基础上合理组织教学内容；知识点、技能点把握准确，对化学的有关概念、定理、术语进行了规范表述，文字叙述通俗易懂；教材设置了许多别出心裁的栏目，利于学生主动学习。主要内容分为上、下两篇，上篇讲述无机物基础知识，包括化学基本概念和基本计算、物质结构和元素周期律、非金属元素及其化合物、化学反应速率与化学平衡、电解质溶液、电化学基础知识、重要的金属元素及其化合物等方面的内容；下篇讲述有机物基础知识，包括重要的烃和烃的衍生物等方面的内容。各部分教学内容参考学时见下表。

本教材由陈文莲、周应胜主编，陆江春、王翠珍、何雪莲参加编写，杨箴立审稿。

《化学基础》参考学时

教学内容	总学时	讲授学时	训练学时
绪论	2	2	0
一　化学基本概念和基本计算	18	14	4
二　物质结构和元素周期律	6	6	0
三　非金属元素及其化合物	16	10	6
四　化学反应速率与化学平衡	14	12	2
五　电解质溶液	16	14	2
六　电化学基础知识	10	6	4
七　重要的金属元素及其化合物	16	8	8
八　重要的烃	26	18	8
九　烃的衍生物	16	10	6
总　计	140	100	40

目　录

下篇　有机物基础知识

绪　论

一、化学的研究对象

我们生活的世界是由形形色色的物质组成的，而物质是处于各种运动状态之中的。在研究各种物质运动状态的规律和特点的过程中，各种自然科学得以形成并发展，化学就是其中之一。它同其他自然科学，如数学、物理一样，都有着明确的研究对象。化学是主要研究物质的化学变化规律的一门自然科学。具体地说，化学是研究物质的组成、结构、性质及其变化规律的一门基础自然科学。其涉及的内容十分广泛，又可分为多门分支学科，如：无机化学、有机化学、分析化学、物理化学等。

二、化学在国民经济和日常生活中的作用

化学与国民经济中的各行各业都有着广泛的联系，涉及人们生活的方方面面，例如，现代国防建设需要的特种合金和各种耐高温、耐辐射、耐磨损的结构材料，轻纺工业需要的合成纤维、合成橡胶、塑料，农业需要的化肥、农药，医院需要的医疗药品等，哪一样都离不开化学知识。也正是由于有了化学、化学工业和其他科学技术的发展，国民经济才能健康发展，人们的日常生活才能得到保障。

三、化学基础的内容、主要任务及学习方法

化学基础主要包括无机化学和有机化学两部分内容。无机化学和有机化学仅仅是门类繁多的化学学科的两个分支，但它却是学习其他化学学科的向导和基础，也是化工类专业的重要基础课。

无机化学主要研究化学变化的基本原理、重要规律以及元素、单质及其化合物（除碳氢化合物及其衍生物）的性质、制备、用途。

有机化学是研究碳氢化合物（比如醇、蛋白质、羧酸等）及其衍生物（即有机物）的一门学科。

在学习本课程的过程中，要注意把理论课与实验课很好地结合起来，既要牢固掌握基本理论知识，又要学会基本的实验技能，培养自身分析和解决实际问题的能力，掌握科学的思维方法，成为动手能力强的技能型人才。学习中，要多看、多想、多问，用理论和规律去分析、推理、归纳、概括物质的性质，利用现象和性质去印证理论和原理，进而达到触类旁通、举一反三的学习效果。

上篇

无机物基础知识

第一章　化学基本概念和基本计算

教学要求

1. 熟悉并掌握物质的分类、命名、化学反应类型、无机物相互转化的方法和必要条件。

2. 掌握物质的量、物质的量浓度、摩尔质量、气体摩尔体积等有关概念。

3. 熟练掌握物质的量、物质的量浓度、摩尔质量、气体摩尔体积之间的相互换算，能进行化学方程式的简单计算。

第一节　无机物的分类及其相互转换关系

一、无机物的分类

1. 单质

由同种元素的原子组成的物质称为单质，可分为金属单质和非金属单质。气体单质的分子，除稀有气体是单原子分子外，一般都是双原子分子，如氧气（O_2）、氢气（H_2）。固体单质的分子比较复杂，因此常用一个原子来代表一个分子，如硫（S）、铁（Fe）等。

2. 化合物

由不同种元素的原子组成的物质称为化合物，如：二氧化碳（CO_2）、氯化钠（NaCl）等。化合物又分为以下几类：

（1）碱

凡在水溶液中电离时，产生的阴离子全部都是氢氧根离子的化合物称为碱。根据电离程度的不同，又分为强碱（完全电离）和弱碱（部分电离）两类。

碱一般是金属的氢氧化物，书写化学式时，金属元素符号先写，氢氧根（OH^-）后写，读做“氢氧化某”，例如氢氧化钠，化学式为 NaOH。又如氢氧化镁，化学式为 $Mg(OH)_2$。

常见的强碱有 NaOH、KOH、$Ba(OH)_2$ 和 $Ca(OH)_2$ 等，常见的弱碱有 $NH_3 \cdot H_2O$、$Cu(OH)_2$、$Fe(OH)_2$、$Fe(OH)_3$ 和 $Al(OH)_3$ 等。

知识拓展

NH_3，名称为氨，也称氨气，溶于水后，生成 $NH_3 \cdot H_2O$（一水合氨），即氨水。

$NH_3 \cdot H_2O$能电离产生OH^-而使其水溶液呈碱性。氨既是农业生产中应用广泛的氮肥的基础，同时也是工业上生产硝酸、炸药、染料、医药的基本原料。人类从认识到空气中游离态的氮只有转化成化合态的氮才能被植物吸收，到找出直接合成氨的方法，大约经历了150年的时间。化学家哈伯和波施因为合成氨的发明，分获1918年和1931年的诺贝尔化学奖。

(2) 酸

凡在水溶液中电离时，产生的阳离子全部都是氢离子的化合物称为酸。根据酸在水溶液中电离程度的大小，又分为强酸（完全电离）和弱酸（部分电离，多元弱酸的电离必须分步书写）两类。

常见的强酸有硫酸（H_2SO_4）、盐酸（HCl）、硝酸（HNO_3）、氢碘酸（HI）、氢溴酸（HBr）、高氯酸（$HClO_4$）；常见的弱酸有次氯酸（HClO）、碳酸（H_2CO_3）、亚硫酸（H_2SO_3）、氢硫酸（H_2S）、氢氰酸（HCN）、氢氟酸（HF）、磷酸（H_3PO_4）等。

想一想

酸还有其他分类方法吗？怎么命名？

(3) 盐

盐是酸与碱反应后的产物，是由酸根离子与金属离子组成（铵盐由铵根离子与酸根离子组成），比如NaCl。按照酸跟碱反应的程度不同，盐一般可分为正盐、酸式盐、碱式盐三类。

1）正盐。正盐是酸跟碱完全中和的产物，由金属离子（包括铵根离子）和酸根离子构成，一般叫做“某化某”，如NaCl称为氯化钠，或者“某酸某”，如$Mg(NO_3)_2$称为硝酸镁。

2）酸式盐。酸式盐是酸中的氢离子部分被中和的产物，由金属离子（包括铵根离子）、氢离子和酸根离子构成，一般叫做“某酸氢某”，如$NaHCO_3$称为碳酸氢钠。

3）碱式盐。碱式盐是碱中的氢氧根离子部分被中和的产物，由金属离子（包括铵根离子）、氢氧根离子和酸根离子构成，称为“碱式某酸某”，例如$Cu_2(OH)_2CO_3$称为碱式碳酸铜。

按照电离出的阳离子不同，盐可以分为钠盐、铵盐、钾盐等；按照电离出的阴离子不同，盐可以分为硫酸盐、硝酸盐、碳酸盐等。

想一想

盐还可以怎样分类？

知识拓展

溶解性

常温下盐大多是固体。不同的盐在水中的溶解性不同。

一般溶解性规律如下：

钾、钠、铵盐、硝酸盐，
这些都是可溶盐，
盐酸盐不溶银、亚汞，
硫酸盐不溶钡和铅，

碱溶钾、钠、钡三位，钙微溶。

其他盐类又如何？

溶解只有钾、钠、铵。

八种常见的沉淀物：氯化银、硫酸钡、碳酸银、碳酸钡、碳酸钙、氢氧化镁、氢氧化铜、氢氧化铁。

四种微溶物：氢氧化钙 $Ca(OH)_2$（石灰水注明“澄清”的原因）、硫酸钙 $CaSO_4$（实验室制二氧化碳时不用稀硫酸的原因）、硫酸银 Ag_2SO_4（鉴别 SO_4^{2-} 和 Cl^- 时，不用硝酸银的原因）、碳酸镁 $MgCO_3$（碳酸根离子不能用于在溶液中除去镁离子的原因）。

（4）氧化物

凡分子中含有氧原子与另一种元素的原子的化合物叫氧化物，如二氧化碳（CO_2）、氧化钙（CaO）。根据化学性质不同，氧化物又可分为以下几种类型：

1）酸性氧化物。能跟碱反应生成盐和水的氧化物，称为酸性氧化物。如：二氧化碳（CO_2）、三氧化硫（SO_3）等，三氧化硫与碱的反应的化学方程式如下式所示：

$$SO_3 + 2NaOH = Na_2SO_4 + H_2O$$

非金属氧化物大多数是酸性氧化物。但酸性氧化物不都是非金属氧化物，如七氧化二锰（Mn_2O_7）属于金属氧化物，但它也是酸性氧化物，非金属氧化物也不都是酸性氧化物，如一氧化碳是不成盐氧化物。

2）碱性氧化物。能跟酸起反应生成盐和水的氧化物，叫做碱性氧化物，如氧化钙（CaO）等。氧化钙与酸反应的化学方程式如下式所示：

$$CaO + 2HCl = CaCl_2 + H_2O$$

碱性氧化物主要是金属氧化物。但金属氧化物不一定是碱性氧化物，如过氧化钠（Na_2O_2）、氧化铝（Al_2O_3）都不是碱性氧化物。

3）两性氧化物。既能与酸反应，又能和碱反应，生成盐和水的氧化物称为两性氧化物，如：氧化铝（Al_2O_3）、氧化锌（ZnO）。氧化铝和酸、碱分别反应的化学方程式如下式所示：

$$Al_2O_3 + 6HCl = 2AlCl_3 + 3H_2O$$

$$Al_2O_3 + 2NaOH = 2NaAlO_2 + H_2O$$

4）不成盐氧化物。既不能与酸反应，又不能与碱反应而生成盐和水的氧化物叫做不成盐氧化物，如：水（H_2O）、一氧化氮（NO）、一氧化碳（CO）、一氧化二氮（N_2O）、二氧化氮（NO_2）。

5）其他复杂氧化物。如过氧化钠（Na_2O_2）、超氧化钾（KO_2）等过氧化物和超氧化物。

想一想

下列化合物的名称各是什么？分别属于哪类化合物（酸、碱、盐、氧化物）？

$BaSO_4$、Al_2O_3、$Fe(OH)_2$、H_2S、$NH_3 \cdot H_2O$、Na_2CO_3

知识拓展

氧化物的化学式和命名方法

氧化物的化学式中，氧元素符号写在右边，另一种元素的符号写在左边，一般称为

"氧化某"，例如"氧化铜"，化学式为"CuO"。某些稍微复杂点的氧化物或者有多种化合价元素的氧化物，一般称为"几氧化（几）某"，例如Fe_3O_4称为"四氧化三铁"、P_2O_5称为"五氧化二磷"，若另一种元素原子数是1，则称为"几氧化某"，例如CO_2称为"二氧化碳"、SO_2称为"二氧化硫"。

以上只是主要规则，某些物质还有特定的命名方法和规则。

知识拓展

混合物与纯净物的区别

1．混合物

由两种或多种单质或化合物混合而成的物质叫混合物。混合物没有固定的组成，各成分仍保持各自原有的性质，一般没有固定的熔点和沸点。

溶液（溶剂加溶质，如盐酸、碘酒等）和空气（$N_2$78%、$O_2$21%、稀有气体0.94%、$CO_2$0.03%、其他0.03%）都是典型的混合物。

2．纯净物

只由一种物质构成的叫做纯净物。它既可以是单质，也可以是化合物，如果是由分子构成的物质，那纯净物就是指同种分子构成的物质。

要明确单质和化合物是从元素角度引申出的两个概念，即由同种元素组成的纯净物叫做单质，由不同种元素组成的纯净物叫做化合物。无论是在单质还是化合物中，只要是具有相同核电荷数的一类原子，都可以称为某元素。

无机物的分类，可归纳成如图1—1所示。

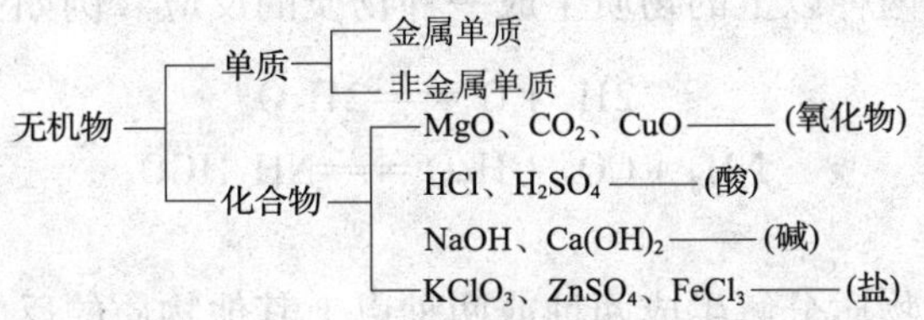

图1—1　无机物的分类图

【课堂演示1—1】　硫酸铜、高锰酸钾、氢氧化钠、碳酸钠等在室温下的状态、颜色、溶解性。

知识拓展

一些常见物质的颜色

1．固体的颜色

（1）红色固体：纯铜、氧化铁。

（2）绿色固体：碱式碳酸铜 。

（3）蓝色固体：氢氧化铜、五水硫酸铜晶体。

（4）紫黑色固体：高锰酸钾、碘。

（5）淡黄色固体：硫黄。

（6）红褐色固体：氢氧化铁。

（7）黑色固体：铁粉、木炭（炭黑、活性炭）、氧化铜、二氧化锰、四氧化三铁。

（8）白色固体：氯化钠、碳酸钠、氢氧化钠、氢氧化钙、碳酸钙、氧化钙、无水硫酸铜、五氧化二磷、氧化镁等。

2. 液体的颜色

（1）蓝色溶液（铜盐溶液）：硫酸铜（$CuSO_4$）溶液，稀的氯化铜（$CuCl_2$）溶液，硝酸铜［$Cu(NO_3)_2$］溶液 。

（2）紫红色溶液：高锰酸钾（$KMnO_4$）溶液。

（3）浅绿色溶液（亚铁盐溶液）：氯化亚铁（$FeCl_2$）溶液、硫酸亚铁（$FeSO_4$）溶液、硝酸亚铁［$Fe(NO_3)_2$］溶液。

（4）紫色溶液：石蕊溶液。

（5）黄色溶液（铁盐溶液）：硫酸铁［$Fe_2(SO_4)_3$］溶液，氯化铁（$FeCl_3$）溶液，硝酸铁［$Fe(NO_3)_3$］溶液。

（6）绿色溶液：较浓的氯化铜（$CuCl_2$）溶液。

二、无机化学反应的基本类型

无机化学反应根据不同的标准有不同的分类。

1. 以反应的形式进行分类

这是无机化学反应最简单、最常用的分类形式。它把反应分为化合反应、分解反应、置换反应和复分解反应等。

（1）化合反应

化合反应是两种或两种以上的物质生成一种物质的反应。例如：

$$2H_2 + O_2 \xlongequal{点燃} 2H_2O$$

$$NH_3 + CO_2 + H_2O \xlongequal{} NH_4HCO_3$$

（2）分解反应

分解反应是指一种物质分解生成两种或两种以上其他物质的反应，例如：

$$2KClO_3 \xlongequal[\triangle]{MnO_2} 2KCl + 3O_2\uparrow$$

$$2NaHCO_3 \xlongequal{\triangle} Na_2CO_3 + H_2O + CO_2\uparrow$$

（3）置换反应

置换反应是指一种单质和一种化合物反应生成另一种单质和另一种化合物的反应。例如：

$$2Na + 2H_2O \xlongequal{} 2NaOH + H_2\uparrow$$

$$CuSO_4 + Fe \xlongequal{} FeSO_4 + Cu$$

（4）复分解反应

复分解反应指的是两种化合物相互交换成分生成另外两种化合物的反应，发生复分解反应的条件是有气体、沉淀或难电离物生成，例如：

$$HCl + NaOH \xlongequal{} NaCl + H_2O$$

$$AgNO_3 + NaCl \xlongequal{} AgCl\downarrow + NaNO_3$$

2. 以反应中电子的得失（化合价的改变）进行分类

如果从元素的化合价变化来分析，则上述四种基本类型的反应实际上只属于两大类，即氧化还原反应（反应前后元素化合价有改变的反应）和非氧化还原反应。例如：

（1）氧化还原反应（反应前后部分元素化合价有改变）

$$CuSO_4 + Fe = FeSO_4 + Cu$$

（2）非氧化还原反应（反应前后所有元素化合价均没有改变）

$$HCl + NaOH = NaCl + H_2O$$

想一想

化学反应还可怎样分类？

三、无机物之间的基本反应规律

1. 各类无机物的相互转化关系

各类无机物的相互转化关系和在一定条件下相互转变的规律可用图 1—2 表示。

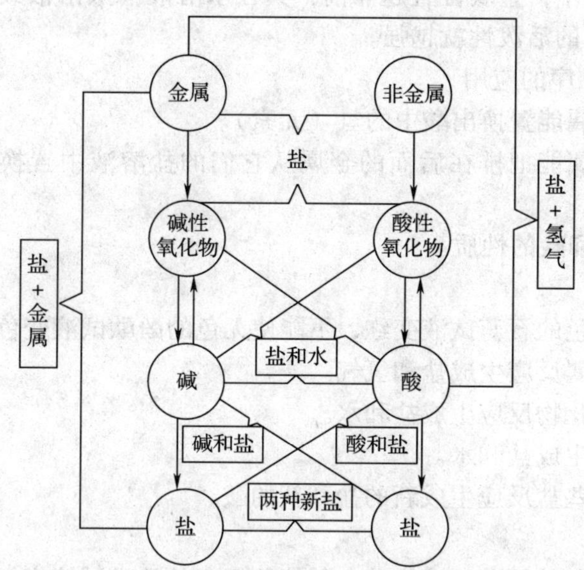

图 1—2　各类无机物的相互转化关系和转变规律图

纵向关系：金属⟶碱性氧化物⟶碱⟶盐；

非金属⟶酸性氧化物⟶酸⟶盐。

横向关系：

金属 + 非金属（除氧气外）⟶盐；

碱性氧化物 + 酸性氧化物⟶盐；

碱性氧化物 + 酸⟶盐 + 水；

酸性氧化物 + 碱⟶盐 + 水；

酸 + 碱⟶盐 + 水；

酸 + 盐⟶盐 + 酸；

碱 + 盐⟶盐 + 碱；

盐 + 盐⟶盐 + 盐；

金属 + 酸⟶氢气 + 盐；

金属 + 盐⟶金属 + 盐。

这个规律一般叫做十大成盐规律。

2. 各类物质相互反应的条件（即对反应物生成物的性质要求）

（1）可溶性碱 + 可溶性盐→新碱 + 新盐，生成物中有一种沉淀或气体（如 NH_3）。如：

$2NaOH + CuCl_2 = Cu(OH)_2\downarrow + 2NaCl$

（2）盐 + 酸→新酸 + 新盐，生成物含有挥发性成分或分解成气体（如 CO_2），或生成某种难溶盐。如：$AgNO_3 + HCl = AgCl\downarrow + HNO_3$

（3）可溶性盐 + 可溶性盐→新盐 + 新盐（有一种盐难溶），如：$NaCl + AgNO_3 = NaNO_3 + AgCl\downarrow$

（4）活泼性排在 H 前的金属 + 酸——→盐 + 氢气。如：$Zn + 2HCl = ZnCl_2 + H_2\uparrow$

（5）活泼金属 + 较不活泼金属的可溶性盐——→新金属 + 新盐（活泼金属不包括 K、Ca、Na，因为三种金属首先与水反应）。如：$Fe + CuCl_2 = FeCl_2 + Cu$

3. 金属活泼性

（1）金属活泼性顺序

K > Ca > Na > Mg > Al > Zn > Fe > Sn > Pb（H）> Cu > Hg > Ag > Pt > Au

（2）金属活泼性顺序的意义

在金属活泼性顺序中，金属位置越靠前，其在水溶液（酸溶液或盐溶液）中就越容易失电子而变成离子，它的活泼性就越强。

（3）金属活泼性顺序的应用

1）排在氢前的金属能置换出酸中的氢（元素）。

2）排在前面的金属能把排在后面的金属从它们的盐溶液中置换出来（K、Ca、Na 除外）。

4. 酸与碱的通性和盐的性质

（1）酸的通性

1）酸溶液能使紫色的石蕊试液变红，不能使无色的酚酞试液变色。

2）酸能与活泼金属反应生成盐和氢气。

3）酸能与碱性氧化物反应生成盐和水。

4）酸能与碱反应生成盐和水。

5）某些酸能与某些盐反应生成新的盐和新的酸。

（2）碱的通性

1）碱溶液能使紫色的石蕊试液变蓝，并能使无色的酚酞试液变红。

2）碱能与酸性氧化物反应生成盐和水。

3）碱能与酸反应生成盐和水。

4）某些碱能与某些盐反应生成新的盐和新的碱。

（3）盐的性质

1）某些盐能与较活泼的金属反应生成新的盐和新的金属。

2）某些盐能与某些酸反应生成新的盐和新的酸。

3）某些盐能与某些碱反应生成新的盐和新的碱。

4）有些不同的盐之间能反应生成两种新的盐。

四、化合价

1. 化合价的定义

一种元素一定数目的原子跟其他元素一定数目的原子化合的性质，叫做这种元素的化合价。化合价有正价和负价之分。

化合价的实质是元素在形成化合物时表现出的化学性质。因为化合价是在形成化合物时表现出的性质，所以单质的化合价为零。

2. 化合价数值的确定

化合价数值的确定方法见表 1—1。

表 1—1　　化合价的确定

	化合价数值	化合价的正负	
		正价	负价
离子化合物	一个原子得失电子的数目	失去电子	得到电子
共价化合物	形成共用电子对的数目	共用电子对偏离	共用电子对偏向
化合价原则	在化合物里，正负化合价的代数和为 0，单质元素化合价为 0。		

知识拓展

常见元素的化合价

一价氟氯溴碘氢　还有金属钾钠银
二价氧钡钙镁锌　铝三硅四都固定
氯氮变价要注意　一二铜汞一三金
二四碳铅二三铁　二四六硫三五磷
原子团的化合价：是组成元素的化合价的代数和。

注意

1. 完整化学式中，遵循化合价的代数和等于零的原则。
2. 化学式的写法：正价先，负价后，标出化合价，找原子个数。
3. 不能根据化合价书写不存在的物质的化学式。

想一想

试确定下列化合物中各元素的化合价。

①Na_2O　②$Cu(OH)_2$　③WO_3　④Na_2CO_3　⑤NH_4NO_3　⑥$FeSO_4$　⑦$AlCl_3$

知识拓展

稀有气体

稀有气体又称钝气、惰性气体、贵重气体，共有六种，按照原子量递增的顺序排列，依次是氦（He）、氖（Ne）、氩（Ar）、氪（Kr）、氙（Xe）、氡（Rn）。在通常情况下，它们不与其他元素化合，而仅以单个原子的形式存在。在常温下，稀有气体以气态形式存在于大气之中，均为无色、无臭、气态的单原子分子。稀有气体在元素周期表中为第 0 族（零族），因其外层电子已达饱和，活性极小。首先被发现的惰性气体是氩，它也是最常见的惰性气体，占大气总量的 1%。惰性气体只是不活泼而已，并不是不能形成化合物。所以，现在已经不称其为“惰性气体”，而改称为“稀有气体”了。

氦气是除了氢气以外最轻的气体，可以代替氢气装在飞船里，不会着火和发生爆炸。氦气还可用来代替氮气与氧气组合成人造空气，供深海潜水员呼吸之用。

稀有气体通电时会发光。世界上第一盏霓虹灯是填充氖气制成的（霓虹灯的英文原意是“氖灯”）。氖灯射出的红光在空气里透射力很强，可以穿过浓雾。因此，氖灯常用在机场、港口、水陆交通线的灯标上。灯光颜色随所充气体而异，如果充入的是氖气，则发出红橙色光；氩气和汞混合的气体则发出青色光；氖和汞的混合气体则发出绿色光。为了获得更加丰富的颜色，还可在玻璃管壁上涂覆不同的荧光物质。霓虹灯艺术已被广泛应用于灯箱广告、路牌标记、橱窗设计、展示设计以及其他装饰艺术领域。人们常用的荧光灯，是在灯管里充入少量水银和氩气，并在内壁涂覆荧光物质而制成的。通电时，管内因水银蒸气放电而产生紫外线，激发荧光物质，使它发出近似日光的可见光，所以又叫做日光灯。在验电笔（电工用具）中也存在氖管或氖泡，验电笔测试时如果氖泡发光，说明导线有电，或者为通路的火线。

氩可以用于填充灯泡保护钨丝。还可作为焊接的保护气，即氩弧焊。

氪和氙用在照相工业，在真空放电管中，发出蓝色光。氪能吸收 X 射线，可用做 X 射线工作时的遮光材料。将氙气装入石英玻璃管里可制成氙灯。由于性能优越，亮度、色温、防眩目和耐用等方面都比卤素灯好，因此氙灯在汽车领域日益受到重视，已经有越来越多的中高级乘用车使用氙灯。

氡是无色无味的放射性气体，20%的氡来自宇宙射线，80%的氡来自含有放射性物质的矿石。在劣质装修材质中会有含钍的杂质，钍衰变产生氡气，泥土中的镭衰变也会产生氡，氡可以穿过混凝土板进入住宅，所以家家屋里都有氡，尤其是地下室里氡含量最高。氡在作用于人体的同时会造成辐射损伤，诱发肺癌。减少氡含量、防治氡害的办法：在地下室安装排风扇，经常开窗透气。

第二节　物质的量和摩尔质量

一、物质的量及其单位

我们已经知道物质是由原子、分子或离子等微粒构成。而一些物质间所发生的化学反应，既是可称量的物质间按一定质量关系进行的，也是原子、分子或离子间按一定数目关系进行的。在原子、分子或离子这些不可数的也难以称量的单个微粒与可称量的对应物质之间必然存在着某种关系。要在可称量的物质与不能直接称量的原子、分子或离子等微粒间建立联系，就必须建立一个新的物理量。为此，在 1971 年举行的第十四届国际计量大会上引入了一个以含有特定数目的微粒集体为单位的新物理量——“物质的量”及其单位“摩尔”。

物质的量和质量是国际单位制（SI）规定的基本量中的两个物理量，质量的 SI 单位为千克（kg），常用符号 m 表示。而物质的量的 SI 单位是摩尔（mol），常用符号 n 表示。SI 规定：“1 摩尔任何物质所含的基本单元数与 0.012 kg ^{12}C 所含有的原子数相等。”已知，0.012 kg ^{12}C 中含有的原子数约为 6.02×10^{23} 个，这个数称为阿伏伽德罗常数，符号为 N_A。也就是说，1 摩尔任何物质均含有 N_A 个基本单元，即 6.02×10^{23} 个。在使用摩尔时应指明基本单元。它可以是原子、分子、离子、电子或其他粒子，或是这些粒子的特定组合。因此，物质的量和质量完全属于两个不同的概念。用“B”表示基本单元时，则B物质的“物质的量”可记为n_B。

例如，1 mol H_2O 中［或 $n(H_2O)=1$ mol］含有 6.02×10^{23} 个 H_2O 分子，1 mol C 原子中含有 6.02×10^{23} 个 C 原子，1 mol H_2 分子中含有 6.02×10^{23} 个 H_2 分子，1 mol SO_4^{2-} 中含有 6.02×10^{23} 个 SO_4^{2-}，1 mol $KMnO_4$ 含有 6.02×10^{23} 个 $KMnO_4$，$2\times6.02\times10^{23}$ 个电子是 2 mol 电子。

由此可见，物质的量 n_B、阿伏伽德罗常数 N_A 和基本单元 B 的数目 N_B 间有如下关系：

$$n_B = N_B/N_A \tag{1—1}$$

想一想

0.5 mol H_2O 中含有多少个水分子，多少个氢原子和多少个氧原子？1.204×10^{23} 个 H_2O 分子是多少 mol H_2O 分子？

注意

1. 物质的量与物质的质量是不同的物理量，如“碳的物质的量”可称为“碳的量”，但不是“碳的质量”。

2. 在使用摩尔时，应该用化学式或规定的符号准确指明物质的基本单元——微粒的种类和状态，而不使用该微粒的中文名称。例如：1 mol O 或 $n(O)=1$ mol，不应表示为1摩尔的氧。

3. 摩尔所计量的对象是微观物质如分子、原子、离子等，而不是宏观物体，如蔬菜、水果、汽车等。摩尔是表示一个“大批量”的微粒的集合体，而不是表示一两个个体微粒。

4. 摩尔同其他单位一样，也可用其倍数或分数单位。例如：1 mol $=10^3$ mmol（毫摩）$=10^{-3}$ kmol（千摩）$=10^{-6}$ Mmol（兆摩）

二、摩尔质量

通常称1 mol物质的质量为摩尔质量，其符号为 M，基本单位为 $kg\cdot mol^{-1}$（千克每摩尔），在化学计算中常用 $g\cdot mol^{-1}$（克每摩尔）。

使用摩尔质量时，也应注明基本单元，例如：Cl_2 的摩尔质量为 71 $g\cdot mol^{-1}$，或 $M(Cl_2)=71\ g\cdot mol^{-1}$，Cl 的摩尔质量为 35.5 $g\cdot mol^{-1}$，或 $M(Cl)=35.5\ g\cdot mol^{-1}$。

对于同一物质，规定的基本单元不同，摩尔质量亦不相同。例如：

$$M(H_2SO_4)=98\ g\cdot mol^{-1}$$
$$M(1/2H_2SO_4)=49\ g\cdot mol^{-1}$$

但物质的质量不随基本单元变化，而随物质种类变化，故质量 m 可以不用角标。

根据摩尔的定义，1 mol ^{12}C 原子的质量为 12 g，1 mol 其他原子的质量也可推知——因为元素的相对原子质量（即原子量）是以1个 ^{12}C 的1/12作为标准，将其他元素原子的质量与之比较所得的数值。例如，氧的相对原子质量是16。1个 ^{12}C 与1个氧原子的质量比为12∶16，显然，1 mol ^{12}C 与1 mol 氧原子的质量之比也应为12∶16。由于1 mol ^{12}C 的质量为12 g，所以1 mol 氧原子的质量为16 g。同理可以推知，1 mol 任何原子的质量，都是以克为单位，数值上等于该原子的相对原子质量。

例如：硫的相对原子质量是 32，1 mol S 的质量为 32 g；钠的相对原子质量是 23，1 mol Na的质量为 23 g。

对于分子来说，1 mol 任何分子的质量，都是以克为单位，数值上等于该分子的相对分子质量。例如：O_2的相对分子质量是 32，1 mol O_2的质量为 32 g；H_2O 的相对分子质量是 18，1 mol H_2O 的质量为 18 g。

同理，也可推算 1 mol 任何物质的质量，都是以克为单位，数值上等于该物质的化学式量，简称式量，例如：NaCl 的式量是 58.5，1 mol NaCl 的质量为 58.5 g；SO_4^{2-} 的式量是 96，1 mol SO_4^{2-} 的质量为 96 g。

注意

若将 1 mol CO_2的质量表示为“1 mol CO_2 =44 g”是错误的，若表示为“1 mol CO_2的质量 m（CO_2） =44 g”就正确了。

归纳可得：摩尔质量是以 g/mol 为单位，在数值上等于该物质的式量。例如：M（H_2O） =18 g · mol^{-1}，M（NaOH） =40 g · mol^{-1}。可推知物质的量（n_B）、质量（m）、摩尔质量（M_B）之间的关系。

$$n_B = m/M_B \qquad (1—2)$$

【例 1—1】 64 g O_2的物质的量是多少？

解：M（O_2） =32 g · mol^{-1}

$$n(O_2) = 64\ g/32\ g \cdot mol^{-1} = 2\ mol$$

答：64 g O_2的物质的量是 2 mol。

【例 1—2】 2 mol NaOH 的质量是多少？

解：M（NaOH） =40 g · mol^{-1}

$$m = n \times M = 2\ mol \times 40\ g \cdot mol^{-1} = 80\ g$$

答：2 mol NaOH 的质量是 80 g。

【例 1—3】 10 g H_2的物质的量是多少？含有多少个 H_2分子？多少个 H 原子？

解：n =10 g/2 g · mol^{-1} =5 mol

N（H_2） =5 mol ×6.02 ×10^{23}个/mol =3.01 ×10^{24}个

N（H） =5 mol ×2 ×6.02 ×10^{23}个/mol =6.02 ×10^{24}个

答：10 g H_2的物质的量是 5 mol，含有 3.01 ×10^{24}个 H_2分子，6.02 ×10^{24}个 H 原子。

想一想

1. 0.5 mol O_2与多少克的 N_2含有相同的分子数？
2. M（1/2H_2SO_4） =49 g · mol^{-1}，98 g H_2SO_4中有多少个 1/2H_2SO_4？

知识拓展

国际单位制

1948 年召开的第九届国际计量大会作出了决定，要求国际计量委员会创立一种简单而科学的、所有米制公约组织成员国均能使用的实用单位制。1954 年第十届国际计量大会决定采用米（m）、千克（kg）、秒（s）、安培（A）、开尔文（K）和坎德拉（cd）作为基本单位。1960 年第十一届国际计量大会决定将以这六个单位为基本单位的实用计量单位制命名为“国际单位制”，并规定其符号为“SI”。1974 年的第十四届国际计量大会又决定将“物质的量”的单位摩尔（mol）增加作为基本单位。因此，目前国际单位制共有七个基本单位。

国际单位制有两个辅助单位，即弧度和球面度。还有更多的导出单位。

其中，具有专门名称的 SI 导出单位中有 17 个是以杰出科学家的名字命名的，如牛顿、帕斯卡、焦耳等，以纪念他们在本学科领域里作出的贡献。同时，为了表示方便，这些导出单位还可以与其他单位组合表示另一些更为复杂的导出单位。

第三节　气体摩尔体积

想一想

1 mol 任何物质都含有相同数目的微粒，那么，1 mol 任何物质的体积是否相同呢？

知道 1 mol 物质的质量，如果此时再知道物质的密度，就可以计算出物质的体积。1 mol 不同物质的体积如图 1—3 所示。

图 1—3　1 mol 不同物质示意图

例如，在 20℃时，1 mol Fe 的质量为 56 g，密度为 7.8 g/cm^3，则体积为：

$$V(\mathrm{Fe}) = \frac{m(\mathrm{Fe})}{\rho(\mathrm{Fe})} = \frac{56\ \mathrm{g}}{7.8\ \mathrm{g \cdot cm^{-3}}} = 7.2\ \mathrm{cm^3}$$

可以通过同样的方法计算出 1 mol Al 的体积为 10 cm^3，1 mol Pb 的体积为 18.3 cm^3，1 mol H_2SO_4的体积为 53.6 cm^3。

通过计算可以看出：对于固态物质或液态物质来说，1 mol 不同物质的体积是不相同的，如图 1—4 所示。

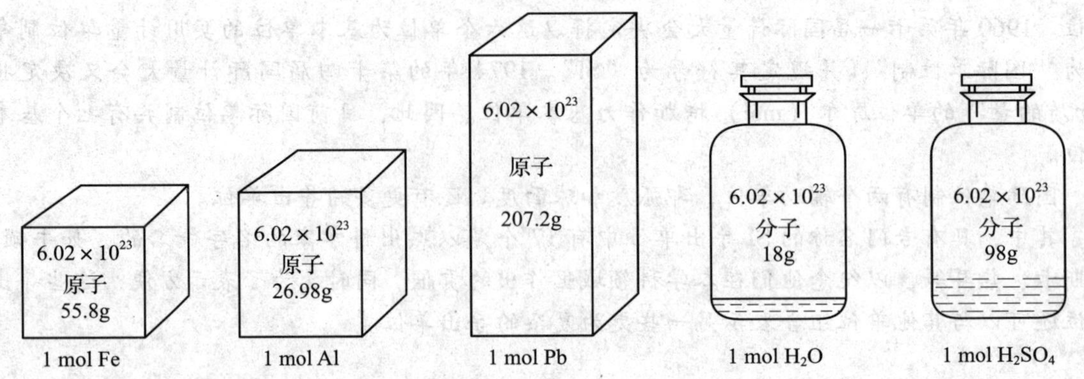

图 1—4　1 mol 不同物质的体积示意图

想一想

为什么 1 mol 固态物质或液态物质的体积不相同呢?

物质体积的大小取决于构成这种物质的粒子数目、粒子的大小和粒子之间的距离这三个因素。不同形态物质粒子之间的距离如图 1—5 所示。当粒子之间的距离很小时，物质的体积就主要决定于构成物质的粒子的大小；而当粒子之间的距离比较大时，物质的体积就主要决定于粒子之间的距离。在固态物质或液态物质中粒子之间的距离是非常小的，所以固态物质或液态物质的体积主要决定于粒子的大小。1 mol不同的固态物质或液态物质虽然含有的粒子数相同，但粒子的大小是不相同的，所以1 mol不同的固态物质或液态物质的体积是不相同的。那么 1 mol 气态物质的体积又怎样呢?

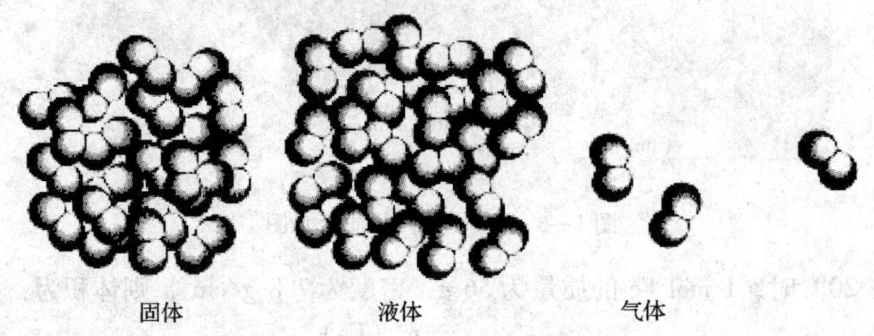

图 1—5　固体、液体、气体分子之间距离比较示意图

一、气体摩尔体积

气体分子之间的平均距离约是分子直径的 10 倍。因此，当分子数目相同时，气体体积的大小主要决定于气体分子之间的距离，而不是分子本身的体积。而气体分子间的平均距离与温度、压力有关，因此，当测量气体的体积或比较气体的体积大小时，都必须指明温度和压力。

在同温、同压的条件下，由于分子间的平均距离大约是相等的，因此气体体积的大小只随分子数目的多少而发生变化，也就是说，若物质的量相等，即分子数相等，那么气体的体积也相等。即同温同压时，同体积的任何气体都含有相同数目的分子。这就是阿伏伽德罗定律。

为了方便起见，人们通常以标准状况下气体的体积为研究对象。规定：温度为273.15 K（或0℃）和压强为101.325 kPa（千帕）时的状态叫标准状态（或状况）。

想一想

在标准状况时，氢气的密度为0.089 9 g/L，氧气的密度为1.429 g/L，二氧化碳的密度为1.977 g/L。这三种气体在标准状况时每摩尔的体积各为多少？

在标准状况时，1 mol H_2的质量为2.016 g，密度为0.089 9 g/L，体积约为：

$$V(H_2) = \frac{m(H_2)}{\rho(H_2)} = \frac{2.016\ \text{g}}{0.089\ 9\ \text{g}\cdot\text{L}^{-1}} = 22.4\ \text{L}$$

通过同样的方法，还可以计算出1 mol O_2的体积约为22.4 L，1 mol CO_2的体积约为22.3 L。

由此我们可以得出一个结论：在标准状况下，1 mol任何气体（包括混合气体）所占的体积都约为22.4 L。这个体积称为气体摩尔体积，用符号V_m表示，SI单位为m^3/mol，计算中常用L/mol（升每摩尔），或表述为在标准状况下，气体的摩尔体积约为22.4 L/mol。

注意

使用22.4 L/mol这个气体摩尔体积时应注意：

1. 条件必须是标准状况。
2. “任何气体”既包括纯净物，又包括混合物。
3. 22.4是个近似数值。
4. 单位是L/mol，而不是L。

*体积单位：1 L（升）=1 dm^3（立方分米）1 L=1 000 mL　1 m^3=1 000 dm^3

由此可推知：在标准状态下，气体的体积（V）、气体的物质的量（n）、气体的摩尔体积（V_m）之间的关系：

$$V_m = \frac{V}{n} \qquad (1\text{—}3)$$

二、气体摩尔体积的计算

气体的体积跟气体的物质的量、气体的质量和气体中的粒子数目之间存在着下面的关系：

$$m \underset{\times M}{\overset{\div M}{\rightleftharpoons}} n \underset{\div V_m}{\overset{\times V_m}{\rightleftharpoons}} V$$

$$n \ \underset{\times N_A \downarrow\uparrow \div N_A}{} \ N$$

【例1—4】　在标准状况下，5.6 L CO_2的物质的量是多少？质量是多少g？含有多少个CO_2分子？

解：根据公式得：

$$n=\frac{5.6\ \text{L}}{22.4\ \text{L/mol}}=0.25\ \text{mol}$$

又因为 $m=n\times M=0.25\ \text{mol}\times 44\ \text{g/mol}=11\ \text{g}$

$N(CO_2)=n\times N_A=0.25\ \text{mol}\times 6.02\times 10^{23}$ 个/mol $=1.505\times 10^{23}$ 个

答：在标准状况下，5.6 L CO_2的物质的量是 0.25 mol，质量是 11 g，含有 1.505×10^{23} 个 CO_2分子。

【例 1—5】 在标准状况下，0.5 L 某气体的质量是 0.625 g，求该气体的相对分子质量。

解：因为该气体的摩尔质量在数值上等于其相对分子质量，所以实际上就是求摩尔质量。

因为 $n_B=V/V_m$ $n_B=m/M_B$

. $V/V_m=m/M_B$ $0.5/22.4=0.625/M_B$

$M_B=28\ \text{g/mol}$

答：该气体的相对分子质量为 28。

想一想

在标准状况下，4 g H_2、0.5 mol O_2、1.5 mol CO_2、48 g CO_2哪一个体积最大？哪一个质量最大？哪一个所含分子数最多？

知识拓展

阿伏伽德罗

阿伏伽德罗是意大利自然科学家，毕生致力于化学和物理学中关于原子论的研究。当时由于道尔顿和盖—吕萨克的工作，近代原子论处于开创时期，阿伏伽德罗从盖—吕萨克定律得到启发，于 1811 年提出了一个对近代科学有深远影响的假说：在相同的温度和相同压强条件下，相同体积中的任何气体总含有相同的分子个数。但他这个假说却长期不为科学界所接受，主要原因是当时科学界还不能区分分子和原子，同时由于有些分子发生了离解，出现了一些阿伏伽德罗假说难以解释的情况。直到 1860 年，阿伏伽德罗假说才被普遍接受，后称为阿伏伽德罗定律。它对科学的发展，特别是原子量的测定工作，起了重大的推动作用。

知识拓展

气体钢瓶常识

气体钢瓶是工业上储存和运输气体的一种高压容器。钢瓶的一般工作压力都在 150 kg/cm^2（$1\text{kg/cm}^2=98\ 066.5$ Pa）左右，并按国家标准规定涂成各种颜色以示区别。钢瓶内所装气体与钢瓶颜色的关系见表 1—2。

表 1—2　　钢瓶内所装气体与钢瓶颜色的关系

钢瓶内所装气体	钢瓶颜色	字体颜色
氧气	天蓝色	黑字
氮气	黑色	黄字
压缩空气	黑色	白字
氯气	草绿色	白字
氢气	深绿色	红字
氨气	黄色	黑字
石油液化气	灰色	红字
乙炔	白色	红字

气体钢瓶使用时，在钢瓶上应装上配套的减压阀。检查减压阀是否关紧，方法是逆时针旋转调压手柄至螺杆松动为止。打开钢瓶总阀门，此时高压表显示出瓶内储气总压力；慢慢地顺时针转动调压手柄，至低压表显示出实验所需压力为止。停止使用时，先关闭总阀门，待减压阀中余气逸尽后，再关闭减压阀。

使用气体钢瓶时，应注意以下事项：

1. 钢瓶应存放在阴凉、干燥、远离热源的地方。可燃性气瓶应与氧气瓶分开存放。

2. 搬运钢瓶时要小心轻放，钢瓶帽要旋紧。

3. 使用时应装减压阀和压力表。可燃性气瓶（如 H_2、C_2H_2）的气门螺钉为反丝；不燃性或助燃性气瓶（如 N_2、O_2）为正丝。各种压力表一般不可混用。

4. 不要让油或易燃有机物沾染到气瓶上（特别是气瓶出口和压力表上）。

5. 开启总阀门时，不要将头或身体正对总阀门，以防阀门或压力表冲出伤人。

6. 钢瓶内气体不能全部用尽，要留下一些气体，以防止外界空气进入气体钢瓶。一般应保持 0.5 MPa 表压以上的残留压力。

7. 钢瓶须定期送交检验，只有合格钢瓶才能充气使用。使用中的钢瓶每三年应检查一次，装腐蚀性气体的钢瓶至少每两年检查一次。

第四节　物质的量浓度

一、溶液组成的几种表示方法

【课堂演示 1—2】

1. 鸡蛋（或比重计）在水中漂浮

取一个烧杯，加入 250 mL 水后放入一只鸡蛋（或比重计），如图 1—6 所示，加入不同量的食盐（一勺、两勺……），你看到什么现象出现？想到是什么原因导致这个现象的发生。

2. 在三支试管中各加入 10 mL 水，然后在三支试管中分别加入约 0.5 g、1.0 g、1.5 g 固体硫酸铜，如图 1—7 所示。比较三种硫酸铜溶液的颜色。你又想到了是什么原因导致三种溶液的颜色不一样。

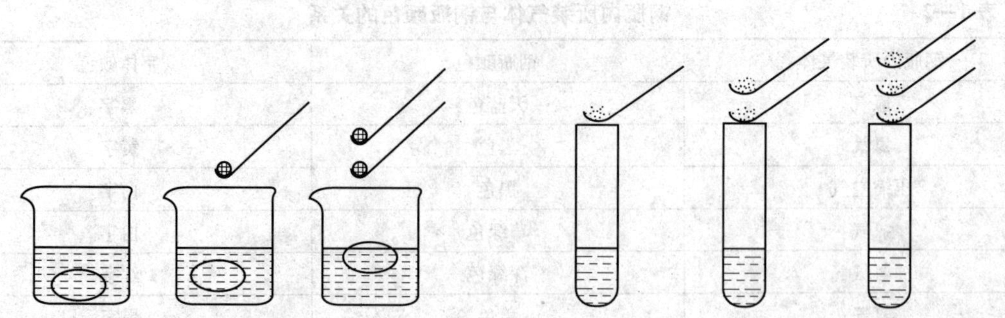

图 1—6　鸡蛋在不同浓度盐溶液中的示意图　　　　图 1—7　浓度不同，溶液颜色不同示意图

对于有色溶液，可以根据颜色来粗略地区分溶液是浓还是稀：一般来说，颜色越深，溶液越浓。但对于像实验 1 中形成的无色溶液来说，显然就不能用颜色来判断溶液的浓度，那么如何才能知道这种溶液浓度的大小呢？

溶液由溶质和溶剂组成。根据不同的要求，可用不同的方法定量地表示溶液中所含溶质的多少。下面介绍几种常见的表示方法。

1．溶质 B 的物质的量浓度 c_B

以 1 L 溶液中所含溶质 B 的物质的量来表示的溶液浓度，称为溶质 B 的物质的量浓度，用符号 c_B或［B］表示，其单位为 mol/L。按照规定，物质 B 的基本单元必须指明。c_B可用下式表示：

物质的量浓度（mol/L）＝溶质的物质的量（mol）/溶液的体积（L）

$$c_B = n_B/V \tag{1—4}$$

式中　n_B——溶质 B 的物质的量（mol）；

V——溶液的体积（L）。

在说明 c_B时，应同时指明基本单元。例如，H_2SO_4 的物质的量浓度 $c(H_2SO_4) = 0.1$ mol/L。又如，$c(1/2H_2SO_4) = 0.1$ mol/L 等。括号中的符号表示物质的基本单元。

注意

1．体积是指溶液的体积，而不是溶剂的体积。

2．在一定物质的量浓度溶液中取出任意体积的溶液，其浓度不变，但所含溶质的物质的量或质量因体积的不同而不同。

3．溶质可以是单质、化合物，也可以是离子或其他特定组合。

如 $c(Cl_2) = 0.1$ mol/L；$c(NaCl) = 2.0$ mol/L；$c(Fe^{2+}) = 0.5$ mol/L 等。

4．溶质的量是用物质的量来表示的，不能用物质的质量来表示，例如：在 1 L 溶液中含有盐酸的物质的量为 1 mol，则该溶液的物质的量浓度为 1 mol/L，可表示为 $c(HCl) = 1$ mol/L，若在 2 L 溶液中含有 1 mol HCl，则 $c(HCl) = 0.5$ mol/L。

2．溶质的质量分数

溶质质量与溶液质量之比称为溶质的质量分数。溶质的质量分数的数学表达式如下：

$$\text{溶质的质量分数} = \text{溶质的质量} / \text{溶液的质量} \tag{1—5}$$

溶质的质量分数以 ω_B表示，定义式为：

$$溶质的质量分数\ \omega_B = \frac{溶质质量\ m_B}{溶质质量\ m_B + 溶剂质量\ m_A} \times 100\%$$

【例1—6】 冬天，人们常给皮肤抹上一点甘油溶液，使皮肤保持湿润。用400 g甘油溶解在100 g水中，配制的甘油溶液效果最佳。该甘油溶液的溶质的质量分数是多少？

解：甘油的质量是400 g，水的质量是100 g，所得溶液的质量为：400 g + 100 g = 500 g

$$溶质的质量分数 = \frac{400\ g}{500\ g} \times 100\% = 80\%$$

答：所得甘油溶液中溶质的质量分数为80%。

注意

1. 溶质的质量分数只表示溶质质量与溶液质量之比，并不代表具体的溶液质量和溶质质量。

2. 溶质的质量分数一般用百分数表示。

3. 溶质的质量分数计算式中溶质质量与溶液质量的单位必须统一。

4. 浓溶液中溶质的质量分数大，但不一定是饱和溶液，稀溶液中溶质的质量分数小，但不一定是不饱和溶液。例如：20℃时氯化银（AgCl）的溶解度（在一定温度下，某固态物质在100 g溶剂中达到饱和状态时所溶解的质量）为0.15 mg，此溶液是稀溶液，但是也是饱和溶液。

想一想

某食盐水的溶质的质量分数为16%，它表示什么含义？现要配制16%的食盐溶液300 g，应怎样配制？

知识拓展

1. 在进行有关溶质的质量分数的计算时常用到计算式：

密度 = 溶液的质量/溶液的体积

溶液质量 = 溶质质量 + 溶剂质量

注意：溶液体积≠溶质体积 + 溶剂体积。

2. 溶质的物质的量浓度和溶质的质量分数之间的相互转换公式：

$$c = 1\,000\omega\%\rho/M$$

式中 c——物质的量浓度；

$\omega\%$——溶质的质量分数；

ρ——溶液的密度，单位g/mL；

M——溶质的摩尔质量，单位g/mol。

例：市售的浓硫酸质量分数为98%（密度为1.84 g/mL），试计算该硫酸的物质的量浓度。

解：设98%的浓硫酸的体积为1 L。则硫酸溶液中纯硫酸的质量：

$$\begin{aligned} m &= \rho \times V \times \omega\% \\ &= 1.84 \times 10^3\ g/L \times 1\ L \times 98\% \\ &= 1\,803.2\ g \end{aligned}$$

$$n(H_2SO_4) = m/M = 1\,803.2\ g/98\ g/mol = 18.4\ mol$$

$$c(H_2SO_4) = n/V = 18.4\ mol/1\ L = 18.4\ mol/L$$

或
$$C = 1\,000\omega\%\rho/M$$
$$= \frac{1.84 \times 1\,000 \times 98\%}{98}$$
$$= 18.4\ \text{mol/L}$$

答：质量分数为98%的浓硫酸（密度为1.84 g/mL）的物质的量浓度为18.4 mol/L。

二、有关物质的量浓度的计算

1. 利用定义式 $c_B = n_B/V$ 计算

【例1—7】 把71.5 g碳酸钠晶体（$Na_2CO_3 \cdot 10H_2O$）溶于水，配成250 mL溶液，计算此溶液的物质的量浓度。

解：M（$Na_2CO_3 \cdot 10H_2O$）= 286 g/mol

n（$Na_2CO_3 \cdot 10H_2O$）= 71.5 g/286 g/mol = 0.25 mol = n（Na_2CO_3）

c（Na_2CO_3）= 0.25 mol/0.25 L = 1 mol/L

答：此溶液的物质的量浓度为1 mol/L。

2. 利用稀释公式 $c_1V_1 = c_2V_2$ 计算

因为溶液稀释前后，溶质的质量不变（或物质的量不变），所以若设浓溶液质量为 A g，溶质的质量分数为 $a\%$，加水稀释成溶质的质量分数为 $b\%$ 的稀溶液 B g，则 $A \times a\% = B \times b\%$；或 $c_1V_1 = c_2V_2$。

【例1—8】 现要配制250 mL 0.2 mol/L的NaOH溶液，问需0.5 mol/L的NaOH溶液多少毫升？

解：由于稀释前后溶质的物质的量不变，则：
$$c_1V_1 = c_2V_2$$
$$250 \times 0.2 = 0.5 \times V_2$$
$$V_2 = 100\ \text{mL}$$

答：需要0.5 mol/L NaOH溶液100 mL。

3. 利用浓度转换式 $c = 1\,000\omega\%\rho/M$ 计算

【例1—9】 配制500 mL 1 mol/L的硫酸（H_2SO_4）溶液，需要密度为1.836 g/mL的浓硫酸（98%硫酸）多少毫升？

解：根据浓度转换式 $c = 1\,000\omega\%\rho/M$，可得浓硫酸的物质的量浓度：c（H_2SO_4）= 18.36 mol/L。

根据稀释公式 $c_1V_1 = c_2V_2$，可解得浓硫酸体积 V = 27.2 mL。

想一想

1. 从1 L 1 mol/L氯化钠（NaCl）溶液中，分别取出100 mL、10 mL和1 mL溶液，它们的物质的量浓度是否相等？所含溶质各是多少克？

2. 配制200 mL 0.1 mol/L的氯化钠（NaCl）溶液，需多少克氯化钠？

三、溶液的配制

配制物质的量浓度溶液使用的主要仪器有：烧杯、容量瓶、玻棒、胶头滴管，用固体配制还需用托盘天平，用液体配制还需用量筒（或滴定管、移液管）等。配制过程包括以下步骤：计算、称量、溶解、冷却转移、洗涤、定容和转移贴标签。

知识拓展

化学试剂的纯度等级

我国通用化学试剂的纯度等级一般可分为四级，即优级纯、分析纯、化学纯和实验试剂。化学试剂的纯度标准分：国家标准，用符号“GB”表示；化学工业部标准，用“HG”和“HGB”表示；地方企业标准和厂订标准，用“企业”表示。不同纯度的试剂，其杂质含量不同，应根据实验的要求进行选用。

在我国，不同等级标准的试剂用不同颜色的标签纸来区分。

1. 一级品

一级品即优级纯，又称保证试剂（符号 G. R.），我国生产的此类产品用绿色标签作为标志，这种试剂纯度很高，适用于精密分析，亦可作基准物质用。

2. 二级品

二级品即分析纯，又称分析试剂（符号 A. R.），我国生产的此类产品用红色标签作为标志，其纯度较一级品略差，适用于多数分析用途，如配制滴定液，用于鉴别及杂质检查等。

3. 三级品

三级品即化学纯（符号 C. P.），我国生产的此类产品用蓝色标签作为标志，其纯度较二级品差很多，适用于工矿日常生产分析。

4. 四级品

即实验试剂（符号 L. R.），我国生产的此类产品用黄色标签作为标志。其特点为杂质含量较高，纯度较低，在分析工作中常用做辅助试剂（如发生或吸收气体，配制洗液等）。

第五节　化学方程式

一、化学方程式的计算方法和要求

1. 化学方程式

用元素符号和分子式表示化学反应的等式称为化学方程式。

例如：	$2H_2$	+	O_2	=	$2H_2O$
化学计量数之比	2		1		2
扩大 N_A 倍	1.204×10^{24}		6.02×10^{23}		1.204×10^{24}
物质的量之比	2 mol		1 mol		2 mol
标况下体积之比	44.8 L		22.4 L		冰水混合物
质量之比	4 g		32 g		36 g

化学方程式表示的含义是什么物质参加反应，生成什么物质；也反映出反应物、生成物各物质之间的定量关系。

书写化学方程式时，要遵循质量守恒定律和化学反应的客观事实。

2. 根据方程式进行计算的步骤

（1）设，根据题目要求设未知数。

（2）写，写出正确的化学反应方程式。

（3）找，找出已知量和未知量之间的定量关系，将方程式中有关物质间的定量关系写在相应化学式的下边，再把已知量和未知量写在相应定量关系的下边。

（4）列，列比例式。

（5）解，解出未知数。

（6）答，答出最终结果。

注意

1. 化学方程式要配平。

2. 列比例式时，必须注意左右关系相当，上下单位相同。

3. 方程式表示的是纯物质之间的质量关系，所以代入化学方程式的数据必须是参加反应或反应生成的纯物质的质量。

【例 1—10】 加热分解 11.6 克氯酸钾（$KClO_3$），标况下可以得到多少升氧气？

解：（1）根据题意设未知量，设可得到氧气体积为 x L；

（2）写出化学方程式； $2KClO_3 \xlongequal[MnO_2]{\triangle} 2KCl + 3O_2\uparrow$

（3）列出有关物质的式量、已知量、未知量； 245 g　　3 × 22.4 L

11.6 g　　x L

（4）列比例式，求未知量； $245/11.6 = 3 \times 22.4/x$

（5）解出答案； $x = 3.18$

（6）答：标况下可以得到 3.18 L 氧气。

知识拓展

过量计算

若两种反应物的量都已给出，但却不知它们是否恰好完全反应，这时，计算时应以哪一种反应物为标准计算产物呢？这就要涉及过量计算。

如果某一反应中两种反应物的量都已给出，此时存在两种可能：一种是两种反应物恰好完全反应；二是两种反应物不是恰好完全反应，而是一种反应物过量。这时就应首先确定哪种反应物是过量的，可通过比较反应物的“实有量/理论量”的值进行判断，其中“理论量”是根据化学方程式确定的。比值大的反应物过量。然后根据不足量的物质，即完全反应的物质的物质的量进行有关计算。

例：用 8.7 g 二氧化锰（MnO_2）与 100 g 36.5% 的浓盐酸反应，消耗盐酸的物质的量是多少？产生的 Cl_2 在标况下的体积是多少？未参加反应的 HCl 的质量是多少？

解：MnO_2 的摩尔质量是 87 g/mol，HCl 的摩尔质量是 36.5 g/mol。设生成的 Cl_2 的体积为 V：

$$MnO_2 + 4HCl（浓）\xlongequal{\quad} MnCl_2 + Cl_2\uparrow + 2H_2O$$

1 mol　　4 mol　　　　22.4 L

$$\frac{8.7\ g}{87\ g \cdot mol^{-1}} = 0.1\ mol\quad \frac{100\ g \times 36.5\%}{36.5\ g \cdot mol^{-1}} = 1\ mol\quad V\ (Cl_2)$$

因为：0.1/1 < 1/4

所以，反应物HCl过量。应以MnO_2的物质的量（0.1 mol）为依据计算反应消耗的盐酸的物质的量。

消耗HCl为：$n_1(HCl)=\frac{0.1\ mol \times 4\ mol}{1\ mol}=0.4\ mol$

剩余HCl为：$n_2(HCl)=1\ mol-0.4\ mol=0.6\ mol$

剩余HCl的质量为：

$m(HCl)=n_2(HCl)\cdot M(HCl)=0.6\ mol\times 36.5\ g/mol=21.9\ g$。

$$V(Cl_2)=\frac{0.1\ mol\times 22.4\ L}{1\ mol}=2.24\ L$$

答：消耗HCl 0.4 mol，产生Cl_2 2.24 L，未参加反应的HCl为21.9 g。

想一想

将0.65 g锌加到50 mL 1 mol/L的盐酸中，计算标准状况下生成的H_2的体积。

二、原料的用量和产品的产率计算

在实际生产和科学实验中，由于使用的原料不纯、操作过程中有损失、某些化学反应不能进行完全或有副反应等原因，反应物不能100%地转化为生成物，产品的实际产量总是低于理论产量；同理，原料的实际消耗量总是高于理论用量。理论产量与实际产量的关系可用产品的产率表示，原料的理论消耗量与实际消耗量的关系可用原料利用率来表示。

产品的产率 =（实际产量/理论产量）×100%

原料利用率 =（理论消耗量/实际消耗量）×100%

【例1—11】 用65 kg纯锌与盐酸反应制取氢气，在标准状况下可制取多少升氢气？若实际得到11.2×10^3升，那么产率是多少？若制取22.4×10^3升氢气实际用锌是70 kg，那么原料的利用率又是多少？

解：设可产生V升氢气

$$Zn + 2HCl = ZnCl_2 + H_2\uparrow$$

65 g　　　　　　　　22.4 L

65×10^3 g　　　　　　V

$V=22.4\times10^3$ L

氢气的产率 =（$11.2\times10^3/22.4\times10^3$）×100% = 50%

原料锌的利用率 =（65 kg/70 kg）×100% = 92.86%

答：用65 kg锌与盐酸反应制取氢气，在标况下可制取22.4×10^3升氢气，若实际得到11.2×10^3升，那么产率是50%，若制取22.4×10^3升氢气实际用锌是70 kg，那么原料的利用率是92.86%。

第六节　化学实验室规则和基本操作

一、实验室基本常识

1. 遵守实验室规则

（1）进入实验室前应认真预习，明确实验目的，了解实验的基本原理、方法、步骤以及有关的基本操作和注意事项。

（2）了解实验室安全用具的放置位置，熟悉各种安全用具（灭火器、沙桶、急救箱）的使用方法。

（3）实验前必须检查实验用品是否齐全，仪器、药品规格是否符合要求，只有准备好全部用品后才能开始实验。

（4）自觉遵守纪律，保持实验室安静。

（5）实验时听从教师的指导，严格按操作规程正确操作。仔细观察，认真记录。

（6）公用仪器和试剂瓶等用毕立即放回原处，不得随意乱拿乱放。试剂瓶中试剂不足时，应报告指导教师及时补充。

（7）实验时要保持桌面和实验室清洁。废液、火柴梗、用后的试纸、滤纸等废物一起倒入废液缸，严禁倒入水槽中，以免腐蚀和堵塞水槽及下水道。

（8）实验中严格遵守水、电、煤气、易爆易燃以及有毒药品等的安全规则。爱护公共财物，注意节约水、电和试剂。

（9）实验进行时不得擅离岗位。水电、煤气、酒精灯等一经使用完毕立即关闭。

（10）实验完毕后将桌面、仪器和药品架整理干净。值日生负责实验室的清洁工作，并关好水电开关以及门窗等。

（11）实验室一切物品未经教师许可不得带出实验室。

（12）实验后，根据原始记录，联系理论知识，认真做好数据分析，按要求格式写出实验报告，及时交给指导教师批阅。

2. 实验室安全注意事项

（1）不要用湿手接触电源。

（2）严禁在实验室饮食，实验结束后必须洗净双手。

（3）绝对不允许随意混合各种化学药品，以免发生意外。

（4）要严格遵守实验操作规范，如：不允许用燃着的酒精灯去点燃另一盏酒精灯，酒精灯的操作注意事项如图 1—8 所示。

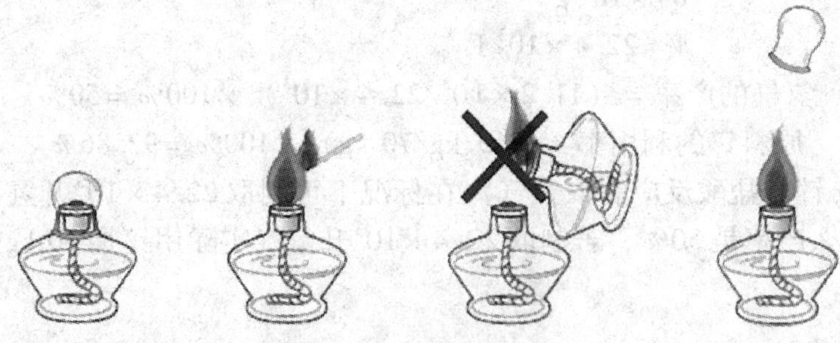

图 1—8　酒精灯的操作

（5）不要直接去嗅反应放出的气味。

（6）有毒药品（如汞、氰化物等）不得进入伤口。

（7）实验反应尽可能在通风橱内（或对准通风口）进行。

（8）浓酸、浓碱等具有强腐蚀性的药品，切勿溅在皮肤或衣服上，尤其不能溅入眼睛中。

（9）极易挥发和易燃的有机溶剂（乙醚、乙醛、丙酮、苯等），使用时必须远离明火，用后立即旋紧瓶塞，放在阴凉处。

（10）实验事故简单处理如下：

酸、碱致伤时，用大量水冲洗；起火时，先移走易燃品，小火可用湿布覆盖燃烧物，大火用灭火器，切勿惊慌乱跑；吸入少量刺激性气体后，立即到室外呼吸新鲜空气。

二、玻璃仪器的洗涤与干燥

1. 化学实验室常用仪器介绍

化学实验室常用仪器的规格、主要用途、使用注意事项见表1—3。

表1—3　　化学实验常用仪器

仪器	规格	主要用途	注意事项
试管	分为硬质试管、软质试管、普通试管和离心试管四种。普通试管以试管口外径/mm×长度/mm表示，离心试管以其容积/mL表示	普通试管用做少量试剂的反应器，便于操作和观察。离心试管还用于定性的沉淀分离	可以加热至高温（硬质的），但不能骤冷，加热时管口不能对人，且要不断移动试管，使其受热均匀。盛反应液体不能超过其容量的1/2
烧杯	分为玻璃和塑料的两种，烧杯以容积/mL表示，如：1 000，400，250，100，50等	常温或加热条件反应物量大时用做反应容器，反应物易混合均匀，也可用来配制溶液	加热时将外壁擦干并放置在石棉网上，使其受热均匀，可以加热至高温
点滴板	瓷质，分白色、黑色，十二凹穴，九凹穴，六凹穴等	用于点滴反应，尤其是显色反应	白色沉淀用黑色板，有色沉淀或者溶液用白色板
滴瓶	有无色、棕色之分，以容积/mL表示，如：60，30等	用于盛少量液体试剂或溶液	见光易分解的或不太稳定的试剂用棕色试剂瓶盛装，碱性试剂要用带橡皮塞的滴瓶，但不能长期盛放浓碱液
广口瓶	玻璃和塑料材质，有无色和棕色、磨口和不磨口之分。以容积/mL表示，如：1 000，500，250，125等	细口瓶盛装液体试剂，广口瓶盛装固体试剂	不能加热，取用试剂时，瓶盖倒放在桌上，不能弄脏、弄乱。碱性物质要用橡皮塞，稳定性差的物质用棕色瓶
洗瓶	分为塑料和玻璃的两种，以容积/mL表示	用蒸馏水洗涤沉淀和容器时使用。塑料洗瓶使用方便、卫生，故被广泛采用	洗瓶不能加热
量筒与量杯	以其最大容积/mL表示，量筒如：100，10，5等，量杯如：20，10等	量取一定体积的液体用	不能直接加热
称量瓶	分扁形和高形两种，以外径/mm×高/mm表示，如：高形25×40，扁形50×30	扁形用做测定水分或干燥基准物质；高形用于称量基准物质或样品	不可盖紧磨口塞烘烤，磨口塞要用原配套磨口塞，不得互换

续表

仪器	规 格	主要用途	注意事项
吸量管与移液管	以其最大容积/mL 表示。吸量管：如 10，5，2，1 等；移液管：如 50，25，20，10 等	准确量取一定体积的液体用	移液管与容量瓶配合使用，因此，使用前常作两者的相对体积的校正。为了减少测量误差，每次都应从最上面刻度起往下放出所需体积
容量瓶	以刻度以下的容积/mL 表示大小。如：1 000，500，250，100，50，25	用来配制精确浓度的溶液	不能受热，不得储存溶液，不能在其中溶解固体，瓶塞与瓶是配套的，不能互换
滴定管	滴定管有碱式（a）和酸式（b）、无色和棕色之分。以容积/mL表示，如 50，25 等	滴定或量取准确体积的溶液时使用。滴定管架用于夹持滴定管	碱式滴定管盛碱性溶液或还原性溶液，酸式滴定管盛酸性溶液或氧化性溶液。碱式滴定管不能盛放氧化剂。见光易分解的滴定液宜用棕色滴定管
锥形瓶	以容积/mL 表示，如：500，250，150 等	反应容器，振荡方便，适用于滴定操作或作接受器	盛液体不能太多，加热时应放置在石棉网上
研钵	以铁、瓷、玻璃、玛瑙制作，以口径大小表示	用于研磨固体物质。大块物质不能敲，只能压碎	不能用于加热，按固体的性质和硬度选用不同的研钵。放入量不宜超过容积的 1/3
布氏漏斗与吸滤瓶	布氏漏斗为瓷质，以直径/cm 表示，如：8，6 等。吸滤瓶为玻璃制品，以容积/mL 表示，如：500，250 等。两者配套使用。	用于减压过滤	不能直接加热，滤纸要略小于漏斗的内径。使用时先开抽气泵，后过滤；过滤完毕，先拔掉抽滤瓶接管，后关抽气泵
表面皿	以口径/mm 表示大小，如 90，75，65，45 等。	盖在烧杯上，防止液体迸溅；或作其他用途	不能用火直接加热，直径要略大于所盖容器
干燥器	以外径/mm 表示大小。分普通干燥器和真空干燥器两种，内放干燥剂	保持物品干燥	防止盖子滑动打碎，热的物品待稍冷后才能放入。盖的磨口处涂适量的凡士林，干燥剂要及时更换
坩埚	材质有瓷、石英、铁、镍、铂等。以容积/mL 表示	用于灼烧试剂	一般忌骤冷、骤热，依试剂性质选用不同材质的坩埚
泥三角	有大小之分	支撑灼烧坩埚	
石棉网	有大小之分	支撑受热器皿	不能与水接触

2. 玻璃仪器的洗涤

（1）振荡水洗，再用蒸馏水洗 2 ~ 3 次。

（2）选择合适的刷子，用洗衣粉刷洗，再依次用自来水、蒸馏水冲洗，如图 1—9 所示。

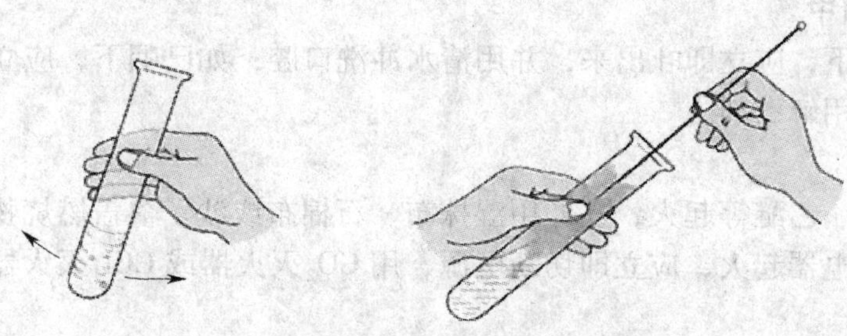

图 1—9　玻璃仪器的清洗方法

（3）用洗液洗，根据污垢的种类选择合适的洗液。最常用的洗液是高锰酸钾（$KMnO_4$）洗液与重铬酸钾（$K_2Cr_2O_7$）洗液。若污物是有机物一般选用高锰酸钾洗液；若污物为无机物则多选用重铬酸钾洗液。洗涤仪器前，应尽可能倒尽仪器内残留的水分，然后向仪器内注入约 1/5 体积的洗液，使仪器倾斜并慢慢地转动，让内壁全部被洗液湿润，如果能浸泡一段时间或用热的洗液洗涤，则效果会更好。洗液具有强腐蚀性，使用时千万不能用毛刷蘸取洗液刷洗仪器，如果不慎将洗液洒在衣物、皮肤或桌面上，应立即用水冲洗。废的洗液或洗液的首次冲洗液应倒在废液缸里，不能倒入水槽，以免腐蚀下水道。

洗液用后，应倒回原瓶。洗液可反复多次使用，多次使用后重铬酸钾洗液会变成绿色（Cr^{3+}的颜色）；高锰酸钾洗液会变成浅红或无色，底部有时析出 MnO_2沉淀，这时洗液已不具有强氧化性，不能再继续使用。用上述方法洗去污物后的仪器，还必须用自来水和蒸馏水冲洗数次后，才能洗净。洗净标准是玻璃仪器内的水均匀分布，不挂水珠。

凡已洗净的仪器，内壁不能用布或纸擦拭，否则布或纸上的纤维及污物会沾污仪器。

3. 玻璃仪器的干燥

仪器的干燥方式有晾干、烤干、吹干、烘干、气流烘干和有机溶剂烘干等。

注意

带有刻度的度量仪器，不能用加热的方法进行干燥，因为这样会影响仪器的精度。

三、意外事故的一般处理

1. 割伤

先取出伤口内的异物，然后在伤口处抹上紫汞或撒上消炎粉后用纱布包扎。

2. 烫伤

可先用稀高锰酸钾或苦味酸溶液冲洗灼伤处。再在伤口处抹上黄色的苦味酸溶液、烫伤膏或万花油，切勿用水冲洗。

3. 酸灼伤

先用大量水冲洗，然后用饱和 $NaHCO_3$溶液或稀 $NH_3 \cdot H_2O$ 洗，最后再用水洗。

4. 碱灼伤

先用大量水冲，再用 $0.3\ mol \cdot L^{-1}$ HAc 溶液冲洗，最后再用水洗，如果碱溅入眼中，先用硼酸溶液洗，再用水洗。

5. 吸入刺激性、有毒气体

吸入 Cl_2、HCl 后，可吸入少量酒精、乙醚的混合蒸气解毒。吸入 H_2S 气体而感到不适时，立即到户外呼吸新鲜空气。

6. 毒物进入口中

若毒物尚未咽下，应立即吐出来，并用清水冲洗口腔；如已咽下，应立即设法呕吐，并根据毒物的性质服用解毒剂。

7. 起火

若因酒精、苯、乙醚等起火，立即用湿抹布、石棉布或沙子覆盖燃烧物。火势大时可用泡沫灭火器。若遇电器起火，应立即切断电源，用 CO_2 灭火器或 CCl_4 灭火器，不能用泡沫灭火器，以免触电。

8. 触电

首先切断电源，必要时进行人工呼吸。

四、试剂的取用与加热

1. 试剂的取用

（1）固体试剂的取用

1）用试剂匙。固体试剂通常用干净的试剂匙取用，而且最好每种试剂专用一个试剂匙，否则用过的试剂匙须洗净擦干后才能再用，以免沾污试剂。试剂一旦取出，就不能再放回原瓶，可将多余的试剂放入指定的容器。试剂取出后，一定要把瓶塞盖严（注意不要盖错盖子），并将试剂瓶放回原处。

试剂从试剂匙中倒入容器时，如果是大块试剂，应把容器倾斜，让块体沿器壁滑下，以免击碎容器；如果是粉状试剂，可用试剂匙或借助一张对折的纸条直接将粉状剂送至容器底部，勿让粉末沾在容器壁上，如图 1—10 所示。

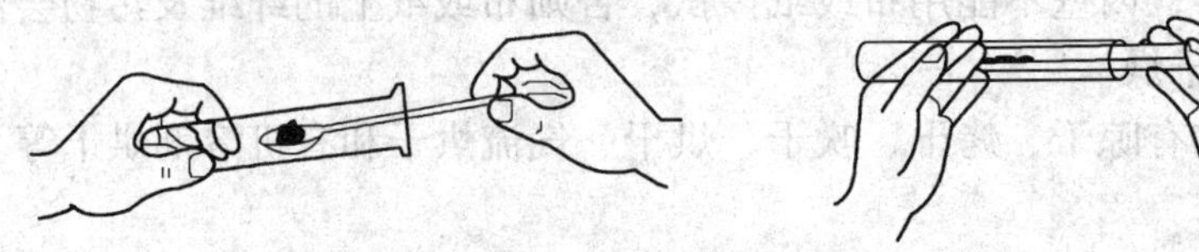

图 1—10 固体试剂的取用

2）用台秤天平。取用一定质量的固体时，可把固体试剂放在纸上或表面皿上，在台秤上称量。具有腐蚀性或易潮解的固体不能放在纸上，而应放在玻璃容器内进行称量。

（2）液体试剂的取用

液体试剂一般用量筒、移液管（吸量管）量取或用滴管吸取。操作方法如下：

1）滴管。从滴瓶中取液体试剂时，要用滴瓶中的滴管。先用手指捏紧滴管上部的橡皮头，赶走其中的空气，然后将滴管插入试液中，松开手指即可吸入试液。吸有液体的滴管不能倒置，取出液体后，避免滴管与接受容器的器壁接触，更不应将滴管伸入到其他液体中，以免沾污滴管，污染试剂，如图 1—11 所示。滴管一般用于量取小于 1 mL 体积的液体试剂。

2）量筒。量筒用于度量一定体积的液体，可根据需要选用不同容量的量筒。取液时，先取下试剂瓶塞并把它倒置在桌上，一手拿量筒，一手拿试剂瓶（注意标签对着手心），然后倒出所需量的试剂，最后将瓶口在量筒上靠一下，再将试剂瓶竖直，以免留在瓶口的液滴流到瓶的外壁，如图 1—12 所示。

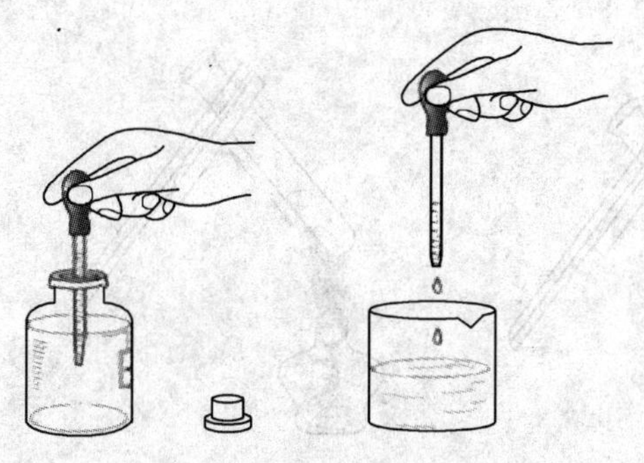
图 1—11　滴管的使用

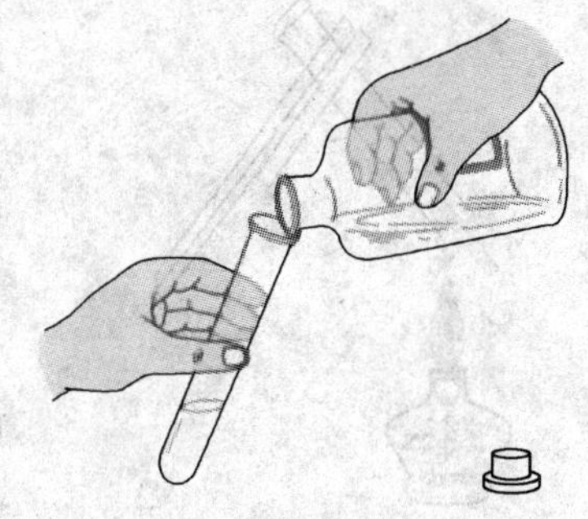
图 1—12　倒取液体的方法

注意

倒出的试剂绝对不允许再倒回试剂瓶。

倒入容器的液体不应超过容器容量的 2/3。加入试管的液体，不应超过试管容量的 1/2。观看量筒、移液管、滴定管内液体的容积时，要使视线与液体的弯月面的最低处保持水平，如图 1—13 所示。

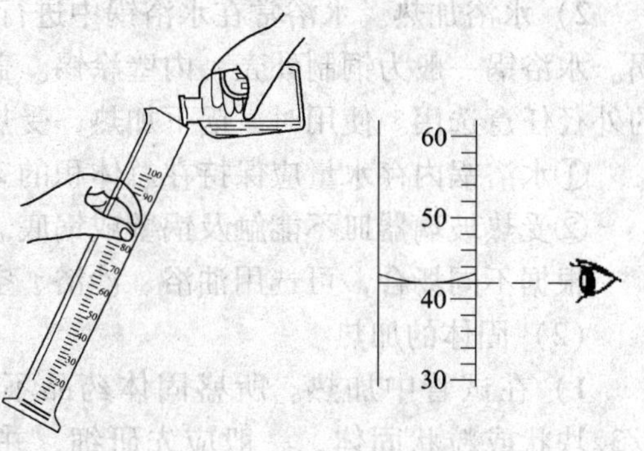

图 1—13　量筒的使用

在某些实验中，无须准确量取试剂，所以不必每次都用量筒，只要学会估计从瓶内取用的液体的量即可。为此，必须知道用滴管取用液体时，多少滴相当于 1 mL，5 mL 液体占一个试管（如 13 mm × 100 mm）容量的几分之几等。

3）移液管和吸量管。要求准确地量取一定体积的液体时，可用各种不同容量的移液管或吸量管。量取之前，要用该溶液润洗管子，洗液不能倒回试剂瓶。润洗时借助吸耳球。

2. 加热

（1）液体的加热

液体采用什么方式加热，取决于液体的性质和盛放该液体的器皿，以及液体量的大小和所需的加热程度：一般在高温下不分解的液体可用火直接加热；受热易分解以及需要严格控制加热温度的液体，只能在热浴上加热。

1）直接加热。适用于在较高温度下也不分解的溶液或纯液体。一般把装有液体的器皿放在石棉网上，用酒精灯、煤气灯、电炉和电热套等直接加热。如图 1—14 所示，在火焰上加热试管中的液体时，应注意以下几点：

①应该用试管夹夹住试管的中上部，不能用手拿住试管加热。

②试管应稍微倾斜，管口向上。

③应使液体各部分受热均匀，先加热液体的中上部，再慢慢往下移动，然后不时地上下移动，不要集中加热某一部分，否则容易引起暴沸，使液体冲出管外。

④不要把试管口对着别人或自己，以免发生意外。

⑤试管中所盛液体不得超过试管高度的 1/2。

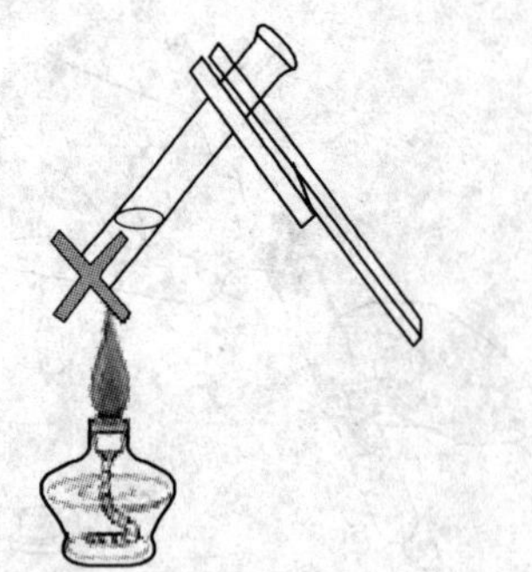
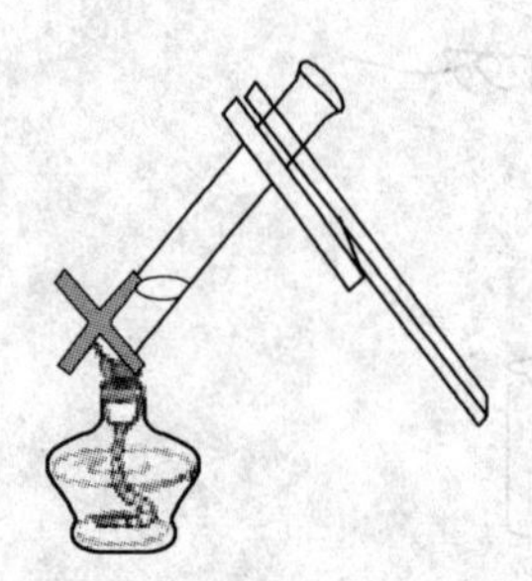
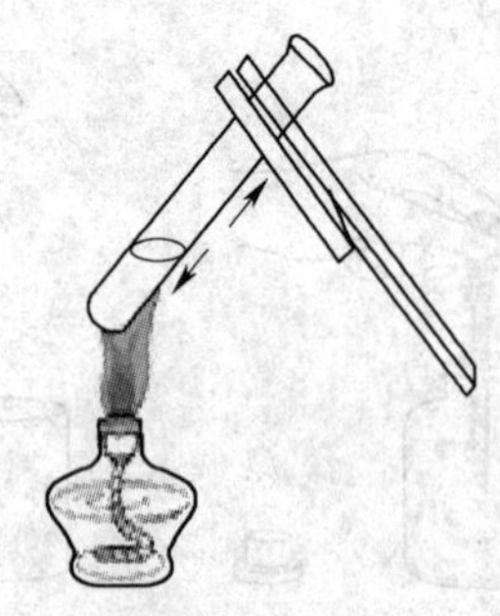

图 1—14　加热的方法

2）水浴加热。水浴常在水浴锅中进行，有时为了方便常用规格较大的烧杯等代替水浴锅。水浴锅一般为铜制外壳，内壁涂锡。盖子由一套不同口径的铜圈组成，可以按加热器皿的外径任意选用。使用时，锅下加热，受热器皿悬置在水中。使用水浴应注意如下事项：

①水浴锅内存水量应保持在总体积的 2/3 左右。

②受热玻璃器皿不能触及锅壁或锅底。

根据不同场合，可选用油浴、沙浴、空气浴等加热方法。

（2）固体的加热

1）在试管中加热。所盛固体药品不得超过试管容量的 1/3。块状或粒状固体，一般应先研细，并尽量将其在管内铺平。加热的方法与在试管中加热液体时相同，有时也可把盛固体的试管固定在铁架台上加热。但是必须注意，应使试管口稍微往下倾斜，以免凝结在管口的水珠流至灼热的管底，使试管炸裂，如图 1—15 所示。加热时，先来回将整个试管预热，然后用氧化焰集中加热。一般随着反应进行，将灯焰从试管内固体试剂的前部慢慢往后部移动。

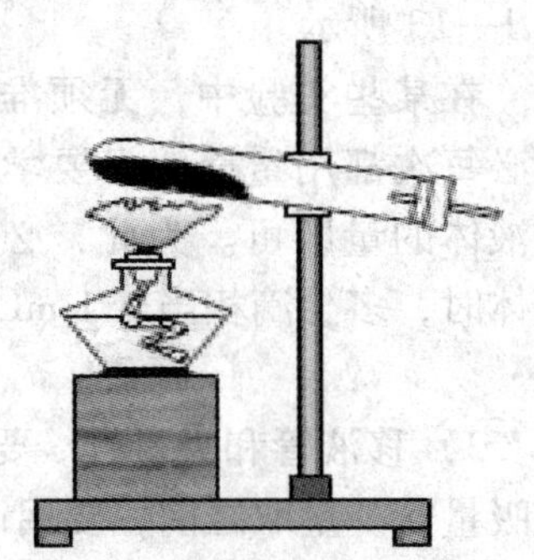

图 1—15　固体的加热

2）在蒸发皿中加热。当加热较多的物体时，可把固体放在蒸发皿中进行。但应注意充分搅拌，使固体受热均匀。

3）在坩埚中灼烧。当需要高温加热固体时，可以把固体放在坩埚中灼烧。应该用煤气灯的氧化焰加热坩埚，而不要让还原焰接触坩埚底部（还原焰温度不高）。开始时，火不要太大，使坩埚均匀地受热，然后加大火焰，将坩埚烧至红热。灼烧一定时间后，停止加热，在泥三角上稍冷后，再把坩埚夹持到干燥器内。夹持处在高温下的坩埚前，必须先把坩埚钳放在火焰上预热一下。坩埚钳用后应将其尖端向上平放在石棉网上。

五、实验报告的书写

1. 实验过程中的数据处理与书写

有效数字是指实际能够测量到的数据，有效数字的位数以下面几个数值为例进行说明：

数值	0.005 6	0.050 6	0.506 0	56	56.0	56.00	pH = 7.68 (2.1×10^{-8})
有效数字	2 位	3 位	4 位	2 位	3 位	4 位	2 位

常用仪器的有效数字见表 1—4。

表 1—4　　常用仪器的有效数字

仪器	台秤	分析天平	量筒	移液管（吸量管）
仪器精度	0.1 g	0.000 1 g	0.1 mL	0.01 mL
示例	5.6 g	1.401 2 g	12.5 mL	25.00 mL
有效数字	2 位	5 位	3 位	4 位

有效数字的使用规则是：加减乘除所得的结果应与小数点后面位数最少者相同。如 28.3 + 0.17 + 6.39 = 28.3 + 0.2 + 6.4 = 34.9，0.012 1 × 25.64 × 1.057 82 = 0.012 1 × 25.6 × 1.06 = 0.328。

2. 实验记录

实验中会出现各种现象，测得各种数据，应仔细观察并及时地记录在记录本上，记录应做到简明扼要、字迹整洁、实事求是，记录还需注意实验日期和时间。实验结束后，立即送老师审阅，如果实验结果达不到要求，应认真分析，找出原因，必要时需重做实验。

3. 实验报告

实验报告是总结实验情况，分析实验中出现的问题，归纳总结实验结果的必不可少的环节，因此实验完毕后，应及时、如实地写出实验报告。下面介绍几种常见实验类型的报告格式，供参考。

（1）性质实验报告示例

实验（　　）__________

专业__________班级__________姓名__________日期__________

一、目的要求

二、实验内容

实验内容	试样	试剂	主要现象	反应方程式	结论解释

（2）合成实验报告示例

实验（　　）__________

专业__________班级__________姓名__________日期__________

一、目的要求

二、实验原理（主反应和主要副反应）

三、操作步骤

四、主要装置图

五、产率计算

计算公式为：产率 = 实际产量/理论产量 × 100%

六、讨论（写出实验心得体会及意见、建议）

实验一　配制溶液

一、实验目的

1. 练习配制一定物质的量浓度和一定质量分数的溶液。

2. 加深对物质的量浓度概念的理解。

3. 练习容量瓶、胶头滴管、托盘天平的使用方法。

4. 培养学生严谨、求实的实验作风。

二、实验用品

1. 仪器

烧杯、容量瓶（100 mL）、胶头滴管、量筒、玻璃棒、药匙、滤纸、托盘天平。

2. 药品

氯化钠（NaCl）固体、蒸馏水。

三、实验内容和步骤

1. 学会正确使用托盘天平

（1）调零点

取一架托盘天平在实验平台上放平，用镊子将游码拨到标尺左端的“0”刻度处。通过平衡螺母调节天平平衡。托盘天平的构造如图实 1—1 所示。

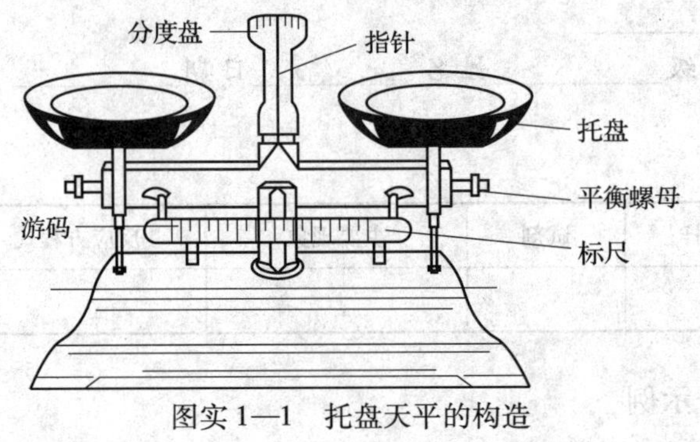

图实 1—1　托盘天平的构造

注意

拨动游码要用镊子；托盘天平要从正面观察。

（2）称取

例如称取 5.3 g 固体 Na_2CO_3，取两块相同的纸片放在托盘天平的两个托盘上。用镊子夹取 1 个 5 g 的砝码放在托盘天平的右盘上，再用镊子将游码拨到标尺上的“0.3 g”处，如图实 1—2 所示。

0　1

游码在标尺上的“0.3g”处

图实 1—2　天平游码

用药匙向托盘天平的左盘上添加 Na_2CO_3，当距离天平平衡仅差少量 Na_2CO_3 时，一只手持握盛有 Na_2CO_3 的药匙，用另一只手轻轻连续拍打持握药匙的手的手腕，使 Na_2CO_3 粉末分次少量落下，直至托盘天平指针左右摆动平衡。将称得的

Na_2CO_3倒入一个洁净的小烧杯中，将托盘天平、砝码和其他的药品放回原位。应特别注意的是：用后应将托盘天平的游码拨回到标尺上的“0”刻度处。

注意

1. 每套砝码仅适用一架托盘天平，与其他天平之间存在较大系统误差。因此，不要将砝码和托盘天平随意对调。

2. 取用砝码和拨动游码都要用镊子，不能直接用手拿，因手上有汗渍等污物，会腐蚀、沾染砝码和游码，使它们的质量失准。

3. 用托盘天平称量物品时，左盘放物品，右盘放砝码。

4. 任何热的物品都不能用托盘天平测其质量，原因：一是损坏托盘天平，二是测得的物品质量不准确。

5. 任何化学药品都不能直接接触托盘天平的托盘，原因：一是防止托盘被腐蚀，二是防止不同的化学药品相互污染。正确的做法是：

(1) 一般的化学药品用纸片垫着放在托盘上称量（两块纸片要同种、同面积且洁净）。

(2) 对纸有强腐蚀性的和易潮解的化学药品（如 NaOH），可置于已测出质量的玻璃器皿中称量，并且称量要快速。

6. 称量未知质量的物品时，取用砝码应按由大到小的顺序，即先取较大砝码，依次加入较小砝码；放回砝码的顺序与之相反。

2. 容量瓶的使用

(1) 容量瓶简介

容量瓶是一种细颈梨形平底瓶，由无色或棕色玻璃制成，带有磨口玻璃塞或塑料塞，如图实 1—3 所示。颈上刻有标线，表示在所指温度下（一般为 20℃）液体充满到标线时，溶液体积恰好与瓶上所注明的容积相等。容量瓶上标有温度、容量、刻度线。容量瓶的用途是配制准确体积的溶液或定量地稀释溶液，通常有 50 mL，100 mL，250 mL，500 mL，1 000 mL等数种规格，实验中常用的是 100 mL 和 250 mL 的容量瓶。容量瓶常和移液管配合使用。

图实 1—3 容量瓶

(2) 使用容量瓶配制溶液的方法

1）使用前检查容量瓶容积是否与所要求的一致，检查瓶塞是否严密、不漏水。往瓶中注入 2/3 容积的水，塞好瓶塞。用手指顶住瓶塞，另一只手托住瓶底，把瓶子倒立过来停留 2 min，用干滤纸片沿瓶口缝隙处擦拭，查看有无水珠渗出，如图实 1—4 所示。经检查不漏水的容量瓶才能使用。与容量瓶配套的瓶塞必须注意妥善保护，最好用绳把它系在瓶颈上，以防摔碎或与其他容量瓶混用。

2）把准确称量好的固体溶质放入烧杯，加少量溶剂，搅拌，使溶质溶解（若难溶，可盖上表面皿，稍微加热，但必须放冷后才能转移），搅拌烧杯中的混合物时要小心轻拌，防止打破烧杯或使液体溅出。然后把溶液沿玻璃棒转移到容量瓶里，如图实 1—5 所示。

为保证溶质能全部转移到容量瓶中，要用洗瓶中的蒸馏水洗涤烧杯、玻璃棒 2 ~ 3 次，并把洗涤溶液全部转移到容量瓶里。当溶液加到瓶中 2/3 处以后，将容量瓶在水平方向摇转几周（勿倒转），使溶液大体混匀，如图实 1—6 所示。

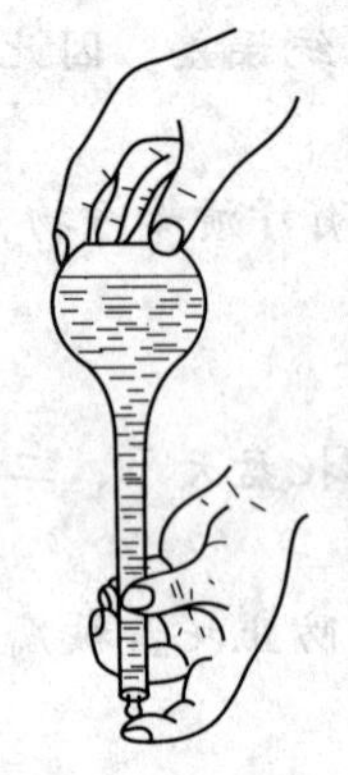

图实 1—4　容量瓶试漏

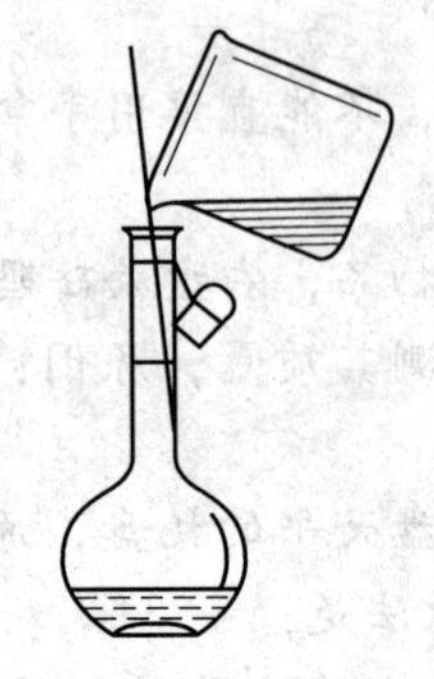

图实 1—5　转移溶液

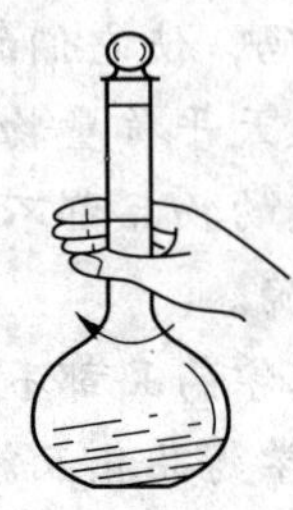

图实 1—6　旋摇容量瓶的方法

3）把容量瓶平放在桌子上，慢慢加水到距标线 1 cm 左右，等待 1 ~ 2 min，使黏附在瓶颈内壁的溶液流下，改用滴管小心滴加，眼睛平视标线，滴加至溶液的弯月面与标线正好相切。

4）盖紧瓶塞，用一只手的食指按住瓶塞，另一只手的手指托住瓶底，注意不要用手掌握住瓶身，以免体温使液体膨胀，影响容积的准确性（对于容积小于 100 mL 的容量瓶，不必托住瓶底）。随后将容量瓶倒转，使气泡上升到顶，再倒转过来，仍使气泡上升到顶。如此反复 10 次以上，溶液才能混合均匀（见图实 1—7）。

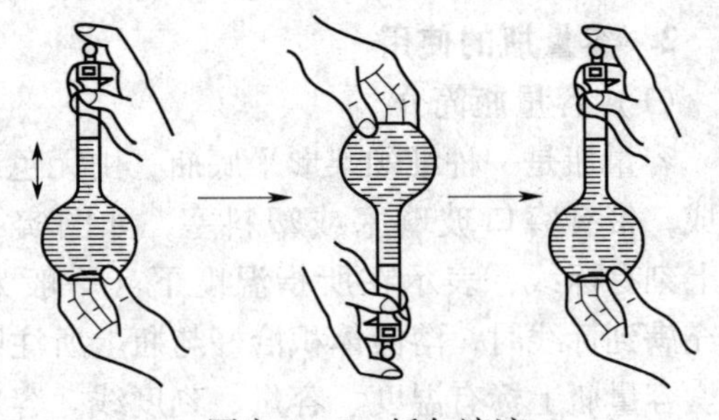

图实 1—7　摇匀溶液

注意

1. 不能在容量瓶里进行溶质的溶解，应将溶质在烧杯中溶解后转移到容量瓶里。

2. 用于洗涤烧杯的溶剂总量不能使溶液超过容量瓶的标线。

3. 容量瓶不能进行加热。如果溶质在溶解过程中放热，要待溶液冷却后再进行转移，因为温度升高瓶体将膨胀，容积就会产生误差。

4. 容量瓶只能用于配制溶液，不能储存溶液，因为溶液可能会对瓶体产生腐蚀作用，从而使容量瓶的精度受到影响。所以配好的溶液不应保存在容量瓶里，要把配制好的溶液倒入指定的容器（如试剂瓶）里。

5. 容量瓶用完应及时洗涤干净，塞上瓶塞，并在塞子与瓶口之间夹一张纸条，防止瓶塞与瓶口粘连。

综上所述，配制物质的量浓度溶液的全过程如图实 1—8 所示。

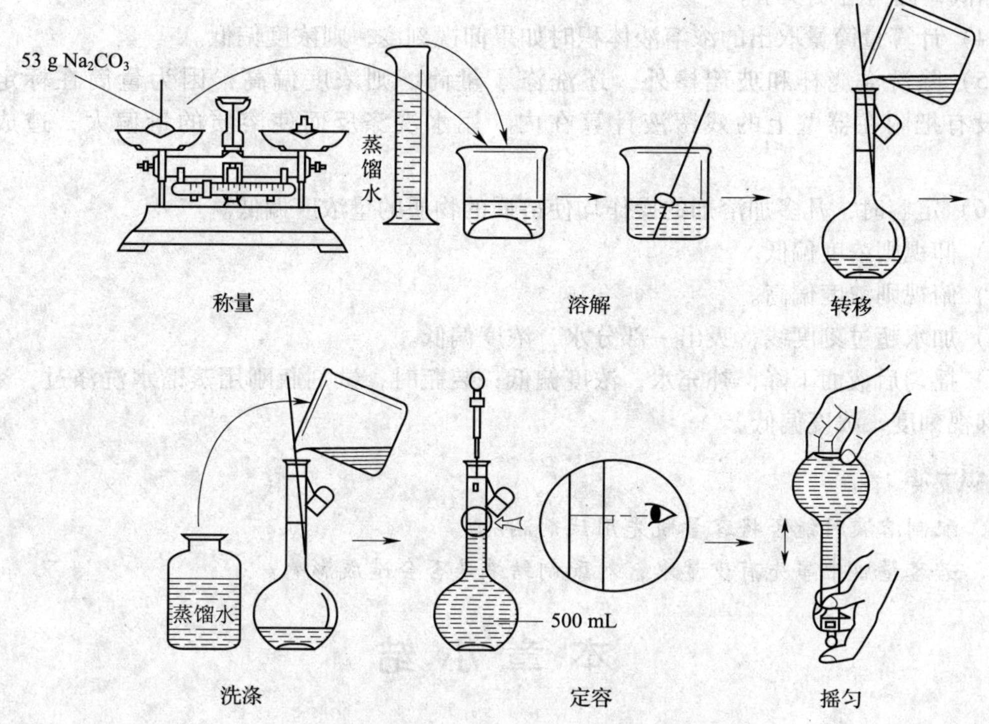

图实 1—8　配制物质的量浓度溶液的全过程图

3. 配制溶液

（1）配制 100 mL 2.0 mol/L 的氯化钠（NaCl）溶液

计算需要固体氯化钠________克，用________称量，在________中溶解，用________搅拌，待溶液处在常温条件时，用玻璃棒________转移到容量瓶中。用蒸馏水洗涤玻璃棒、烧杯 2 ~ 3 次，洗涤液一并转入容量瓶中，平摇、定容、混匀，装入试剂瓶，贴标签。

（2）用 2.0 mol/L 的氯化钠溶液配制 100 mL 0.5 mol/L 的氯化钠溶液

计算需要 2.0 mol/L 氯化钠溶液________ ml，用________量取，在烧杯中稀释，冷却、转移等步骤同上。

（3）配制 10% 的氯化钠溶液 100 g

计算需固体氯化钠________ g、水________ g。用托盘天平称量，倒入烧杯中，用量筒加入________ mL 水，用玻璃棒搅拌，使之完全溶解即可。

4. 配制一定物质的量浓度溶液的误差分析

（1）称量时，若称量物错放在托盘天平的右盘上，则配出的溶液浓度偏低，因为称 m（左）$=m$（右）$+m$（游）。凡多量取溶质的操作均导致溶液中溶质的物质的量浓度偏高。

（2）转移时，未等溶液冷却就转移、洗涤、定容，则配出的溶液浓度偏大，因为配出的溶液在容量瓶中冷却后实际体积偏小；反之，未等溶液升温到室温就转移，则配出的溶液浓度偏小。有液体溅出，浓度也偏小。

（3）洗涤时，未洗涤溶解用的烧杯和玻璃棒或洗涤液未转移入容量瓶，则配出的溶液浓度偏低，因为溶质少了。

（4）计算量筒量取出的浓溶液体积时如果仰视刻度，则浓度偏低。

（5）除洗涤烧杯和玻璃棒外，还洗涤了量筒，则浓度偏高，因为量筒在标定刻度时，没有把附在器壁上的残留液计算在内，用水洗涤反而使溶质的量偏大，造成浓度偏大。

（6）定容时，凡多加溶剂的操作均使溶质的物质的量浓度偏低。

1）仰视则浓度偏低。

2）俯视则浓度偏高。

3）加水超过刻度线，吸出一部分水，浓度偏低。

4）摇匀后液面下降，补充水，浓度偏低；装瓶时，试剂瓶刚用蒸馏水洗涤过，浓度偏低。仰视刻度，浓度偏低。

想一想

1．配制溶液时能否将容量瓶先用试剂润洗？

2．若容量瓶中事先有少量水，对配制结果是否会造成影响？

本章小结

一、物质的分类

1．混合物是由两种或多种单质或化合物混合而成的物质，如溶液、空气等。

2．纯净物由一种物质组成，可分为：

（1）单质是由同种元素的原子组成的分子，分为金属单质和非金属单质。

（2）化合物是由不同元素的原子组成的分子，可分为：

- 有机化合物：碳氢化合物及其衍生物。
- 无机化合物
  - 酸：电离时产生的阳离子全部都是氢离子的化合物。
  - 碱：电离时产生的阴离子全部都是氢氧根离子的化合物。
  - 盐：酸碱反应的产物。
  - 氧化物：由氧与另一种元素的原子形成的化合物。

二、化学反应的类型

1．以物质间的反应形式分类

（1）化合反应是两种或两种以上的物质生成一种物质的反应。

（2）分解反应是指一种物质分解生成两种或两种以上其他物质的反应。

（3）置换反应是指一种单质和一种化合物反应，生成另一种单质和另一种化合物的反应。

（4）复分解反应指的是两种化合物相互交换成分，生成另外两种化合物的反应，发生复分解反应的条件是有气体、沉淀或难电离物（如水）生成。

2．以反应前后元素化合价有无变化分类

（1）氧化还原反应。

（2）非氧化还原反应。

三、物质的量、质量、物质的量浓度、气体体积之间的相互关系

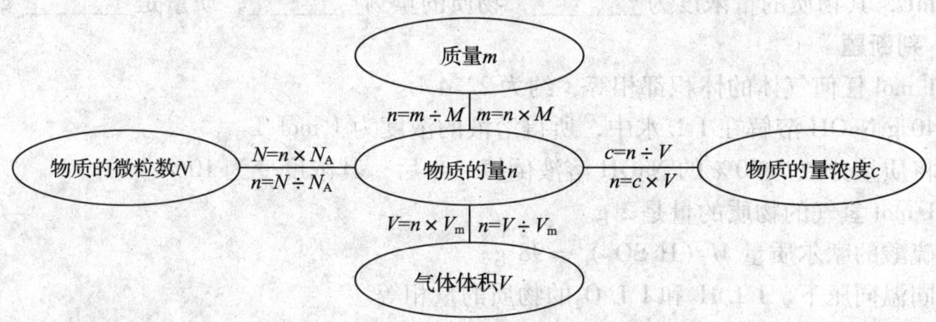

四、化学方程式的计算要求

1. 化学方程式要配平。
2. 方程式中的量都是纯物质的量。
3. 关系式与关系量要对应，上下单位要相同。
4. 两个反应物的量都已知时，要考虑谁过量、谁不足，以不足的量计算产物。

五、物质的量浓度的配制步骤

物质的量浓度的配制步骤包括：计算、称量、溶解、冷却、转移、洗涤、旋摇、定容、摇匀、转移、贴标签。

自我检测

一、填空题

1. 欲配制 1 mol/L 的氢氧化钠溶液 250 mL，完成下列步骤：

（1）用天平称取氢氧化钠固体________g。

（2）将称好的氢氧化钠固体放入________中，加________蒸馏水将其溶解，待________后，将溶液沿________移入________mL 的容量瓶中。

（3）用少量蒸馏水冲洗烧杯________次，将冲洗液移入________中，在操作过程中不能损失点滴液体，否则会使溶液的浓度偏________（低或高）。

（4）向容量瓶内加水至刻度线________时，改用________小心加水至溶液凹液面与刻度线相切，若加水超过刻度线，会造成溶液浓度偏________，应该________。

（5）最后盖好瓶盖________，将配好的溶液移入________中，并贴好标签。

2. 物质的量相等的 CO 和 O_2，其质量比是________，所含分子个数比是________。所含的氧原子个数比是________。

3. 0.5 g 某元素含有 3.01×10^{23} 个原子，该元素的相对原子质量为________。

4. 98 g H_2SO_4 的物质的量是________ mol，其中含有 H 原子________ mol，含 S 原子________个。

5. 在标况下，5.6 L 氧气的物质的量是________，所含氧分子数为________。

6. 4 g O_2 和 0.5 g H_2 中，________含原子数多；________ g NH_4HCO_3 与 72 g H_2O 的分子数相同。

7. 配制浓度为 0.5 mol/L 的 NaOH 溶液 500 mL，需称取固体 NaOH ________ g，取出该溶液 10 mL，其物质的量浓度为________，物质的量为________，质量是________ g。

二、判断题

1. 1 mol 任何气体的体积都相等，约为 22.4 L。 (　　)

2. 40 g NaOH 溶解在 1 L 水中，所得溶液的浓度为 1 mol/L。 (　　)

3. 将质量分数为 20% 的 NaOH 溶液倒掉一半后，其浓度变为 10%。 (　　)

4. 1 mol 氢气的物质的量是 2 g。 (　　)

5. 硫酸的摩尔质量 M（H_2SO_4）$=98$ g。 (　　)

6. 同温同压下，1 L H_2和 1 L O_2的物质的量相等。 (　　)

三、选择题

1. 摩尔是（　　）。

A. 物质的质量单位　　B. 物质的量

C. 物质的量的单位　　D. 6.02×10^{23}个微粒

2. 在标况下，等质量的气体，体积最小的是（　　）。

A. H_2　　B. O_2

C. N_2　　D. CO_2

3. 下列物质中质量最大的是（　　）。

A. 1 mol H　　B. 1 mol（$1/2H_2$）

C. 1 mol N_2　　D. 1 mol O_2

4. 0.5 mol 氢气含有（　　）。

A. 0.5 个氢分子　　B. 1 个氢原子

C. 3.01×10^{23}个氢分子　　D. 3.01×10^{23}个氢原子

5. $NH_3+CO_2+H_2O$ ══ NH_4HCO_3的反应类型为（　　）。

A. 化合反应　　B. 分解反应

C. 复分解反应　　D. 置换反应

6. 均为 0.1 mol/L 的 NaCl、$MgCl_2$、$FeCl_3$三种溶液，含 Cl^- 浓度最大的是（　　）。

A. NaCl　　B. $MgCl_2$

C. $FeCl_3$　　D. 3 种溶液的浓度相同

7. 1 g H_2与 16 g O_2在标准状况下，（　　）相同。

A. 体积　　B. 质量

C. 摩尔质量　　D. 压力

8. 相同物质的量的锌和铝与足量的盐酸反应，所生成的氢气在标准状况下的体积比是（　　）。

A. 2:3　　B. 3:2

C. 1:1　　D. 65:27

四、计算题

1. 计算 1 mol 下列物质的质量。

（1）Zn　（2）H_2O　（3）H_2SO_4　（4）蔗糖（$C_{12}H_{22}O_{11}$）

2. 已知 $Zn+2HCl$ ══ $ZnCl_2+H_2\uparrow$，把 14 g Zn 与质量分数 36% 的稀盐酸 50 g 反应，

问最多能生成多少克氢气？在标准状态下，氢气的体积又是多少升？

3．0.2 g NaOH 与 12.5 mL 盐酸溶液完全反应，求此盐酸溶液的物质的量浓度是多少？

4．已知盐酸物质的量浓度 c（HCl）$=12$ mol/L，溶液的密度 $\rho=1.19$ g/mL，求盐酸的溶质的质量分数。

5．配制 0.1 mol/L H_2SO_4 溶液 500 mL，问需要密度 1.84 g/mL、质量分数为 98% 的浓硫酸多少毫升？

6．用黄铁矿生产硫黄，用含 FeS_2 质量分数为 84% 的黄铁矿，经隔绝空气加热，生产 1 t 硫黄，理论上需要黄铁矿多少吨？如实际生产中用去 4.8 t 黄铁矿，原料的利用率是多少？（提示：$FeS_2 = FeS + S$）

第二章　物质结构和元素周期律

教学要求

1．认识原子的组成、同位素的定义及其在科学上的应用。

2．了解核外电子排布的初步知识。

3．掌握元素周期表的结构、周期表与原子结构的关系，理解周期表中元素性质的递变规律，了解元素周期表的应用。

4．初步了解化学键，了解分子极性与键的极性。

5．初步认识配位化合物。

第一节　原子结构

一、原子的组成及同位素

我们知道，构成物质的微粒可以是分子、原子或离子。如水是由水分子构成的，铁是由铁原子构成的，而氯化钠是由带正电荷的 Na^+ 和带负电荷的 Cl^- 构成的。

原子是化学反应的基本微粒，原子在化学反应中不可分割。与常见物体相比，原子极小，即使把一亿个氧原子排成一排，其长度仍不足 1 cm，人们只能借助一些特殊的仪器才能观测到单个的原子。探索原子结构经过了艰苦的历程：科学家道尔顿、汤姆生、卢瑟福、玻尔等都作出了很大的贡献。经过漫长的研究，原子的组成已较为清晰。

1．原子的组成

原子是由居于原子中心带正电的原子核以及核外带负电的电子组成的。原子很小，而原子核更小，假使原子是一座直径为 200 m 的体育场，而原子核只相当于体育场中央的一只蚂蚁，如图 2—1 所示。

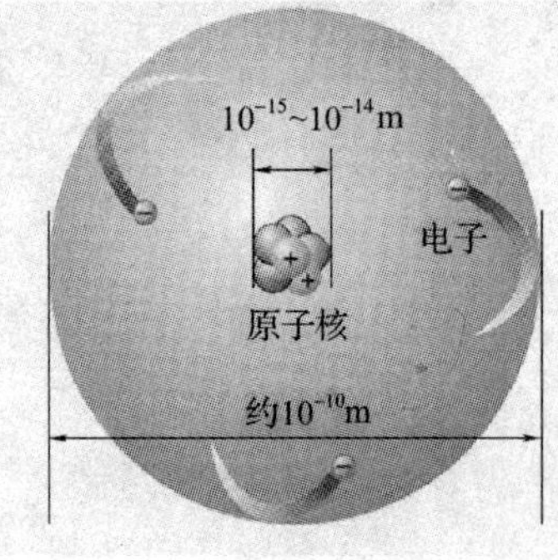

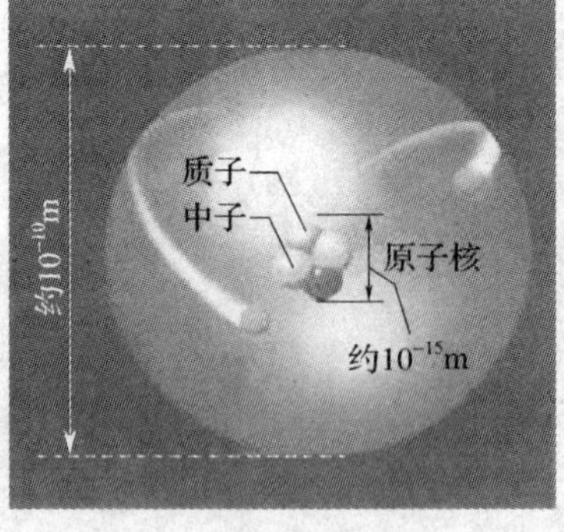

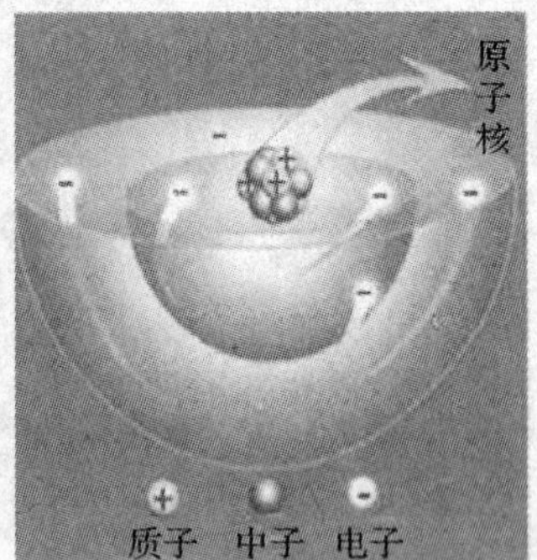

图 2—1　原子结构图

原子核是由带正电的质子与不带电的中子组成的复杂结合体。构成原子的微粒——电子、质子和中子的基本数据见表2—1。

表2—1　　构成原子的粒子及其性质

微粒	电子	原子核	
		质子	中子
绝对质量（kg）	9.109×10^{-31}	1.673×10^{-27}	1.675×10^{-27}
相对质量	0.005 484（相对于质子或中子的1/1 837）	1.007	1.008
电荷	-1	+1	0
作用	核外电子排布，尤其是最外层电子数，决定主族元素的化学性质	决定元素的种类和核电荷数	和质子一起，共同决定原子的种类

由表2—1可见，原子的质量几乎完全集中在原子核的质子和中子上，电子的质量几乎可以忽略不计（犹如在称体重时，身上爬了几个蚂蚁，或少几根头发，这些因素对一个人体重的影响可以忽略不计）。质子和中子的相对质量都近似为1，将原子核内所有的质子和中子的相对质量取整数值加起来所得的数值，为原子的质量数，用符号A表示。质子数用符号Z表示，中子数用符号N表示。则：

$$原子质量数(A)=质子数(Z)+中子数(N)$$

一个质子带一个单位正电荷，一个电子带一个单位负电荷，中子不带电，所以核电荷数（Z）由质子数决定，整个原子不显电性，因此：

$$核电荷数(Z)=核内质子数=核外电子数$$

想一想

假如原子在化学反应中得到或失去电子，它还会显电中性吗？此时它还可以称作原子吗？

原子失去或得到电子后，将带正电或负电，不显电中性；形成的带正电荷的粒子叫阳离子，带负电荷的粒子叫阴离子；离子指的是带电的原子或原子团。

通常以$^{A}_{Z}X$代表一个质量数为A、质子数为Z的X原子。

$$原子\,^{A}_{Z}X\begin{cases}原子核\begin{cases}质子(Z个)\\中子(A-Z个)\end{cases}\\核外电子(Z个)\end{cases}$$

2. 同位素

元素是质子数相同的同一类原子的总称。科学研究证明，同种元素原子的原子核中，中子数、质量数不一定相同。例如，氢元素有三种氢原子，质子数都为1，但质量数分别为1，2，3的氕$^{1}_{1}H$，氘$^{2}_{1}H$，氚$^{3}_{1}H$。这种具有相同质子数、不同中子数（或不同质量数）的同一元素的不同原子互为同位素。同位素在元素周期表上占有同一位置，化学行为几乎相同，但原子质量或质量数不同，从而其物理性质有所差异。

同位素有的是天然存在的，有的是人工制造的，有的有放射性，有的没有放射性。同位素有许多重要的用途，例如，^{12}C 是作为确定原子量标准的原子；氘（重氢，符号 D）、氚（超重氢，符号 T）是制造氢弹的材料；^{235}U 是制造原子弹和核反应堆的原料。

近年来，随着放射性同位素及射线装置在工农业、医疗、科研等各个领域的广泛应用，放射性危害的可能性也在增大。各种射线对人体各部位、皮肤和体内组织有强烈的辐射损伤作用，甚至会导致癌症或造成遗传缺陷，但只要注意防范，兴利避害，就能让放射性同位素及射线装置造福人类。

知识拓展

发现氘的科学家——哈罗德·克莱顿·尤里

哈罗德·克莱顿·尤里（Harold Clayton Urey）是美国宇宙化学家、物理学家。1931 年年底，美国哥伦比亚大学的尤里教授和他的助手们，在蒸发了大量液体氢之后，利用光谱检测的方法发现了重氢。尤里因此在 1934 年获得诺贝尔化学奖。这一年他仅 41 岁。

第二次世界大战期间，尤里参加了美国政府研制原子弹的“曼哈顿计划”。尤里利用他掌握的同位素化学方面丰富的知识，对于生产第一颗原子弹发挥了很大作用。但是原子弹的巨大破坏力给平民带来了可怕的灾难。因此，尤里坚决反对使用原子武器。特别是他在人生最后十多年里，通过公开讲演和发表文章呼吁禁止使用核武器，他在临终之前还一再强调，原子能只能用于和平目的。

二、核外电子排布的初步知识

1. 电子层

我们已经知道，电子在核外不同的空间出现的机会大小不一样，通常，能量低的电子在离核近的区域运动，能量高的电子在离核远的区域运动。这些离核距离远近不等的运动区域，称为电子层。电子在原子中是分层排布的。电子层 n 可用数字 1，2，3……表示，第一电子层、第二电子层、第三电子层……也可用字母 K，L，M……分别对应表示，如图2—2所示，一般随着 n 值的增加，即按 K，L，M，N，O……的顺序，电子的能量逐渐升高、电子离原子核的平均距离也越来越大。目前已知结构最复杂的原子，其电子层不超过 7 层。

2. 核外电子排布规律

（1）遵循能量最低原理，电子在原子核外排布时，要尽可能使电子的能量最低。电子一般先排布在离核较近、能量低的电子层，然后再依次进入能量高的电子层。

（2）各电子层最多能够容纳的电子数为 $2n^2$ 个，例如：第一层最多容纳 2 个电子；第二层最多为 8 个，第三层最多为 18 个。

（3）最外层电子数不超过 8 个（K 层为最外层时不超过 2 个），次外层电子数不超过 18 个，倒数第三层电子数不超过 32 个。1 ~ 20 号元素原子的核外电子排布情况见表 2—2。

图 2—2　电子层示意图

表 2—2　　1～20 号元素原子的核外电子排布情况

核电荷数	元素名称	元素符号	各电子层电子数				
			K	L	M	N	O
1	氢	H	1				
2	氦	He	2				
3	锂	Li	2	1			
4	铍	Be	2	2			
5	硼	B	2	3			
6	碳	C	2	4			
7	氮	N	2	5			
8	氧	O	2	6			
9	氟	F	2	7			
10	氖	Ne	2	8			
11	钠	Na	2	8	1		
12	镁	Mg	2	8	2		
13	铝	Al	2	8	3		
14	硅	Si	2	8	4		
15	磷	P	2	8	5		
16	硫	S	2	8	6		
17	氯	Cl	2	8	7		
18	氩	Ar	2	8	8		
19	钾	K	2	8	8	1	
20	钙	Ca	2	8	8	2	

原子核外电子的排布可以用原子结构示意图来表示。如图 2—3 所示为硫元素的原子结构示意图，圆圈表示原子核，“+”表示原子核带正电，圈内的数字表示核内质子数，弧线表示电子层，3 条弧线，表示它共有 3 个电子层，弧线上的数字表示该层的电子数。

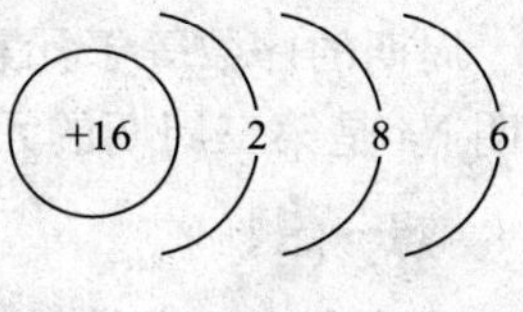

+16　2　8　6

图 2—3　硫元素的原子结构示意图

不管是什么原子，核电荷数 = 质子数 = 电子数，正负电量相等，电性相反，整个原子呈电中性（即不显电性）。

原子结构示意图不仅可以表示中性原子，还能表示带电的原子——离子（包括阳离子和阴离子）核外电子排布的情况。

想一想

如图 2—4 所示的粒子示意图中，表示 +2 价阳离子的是（　　）。

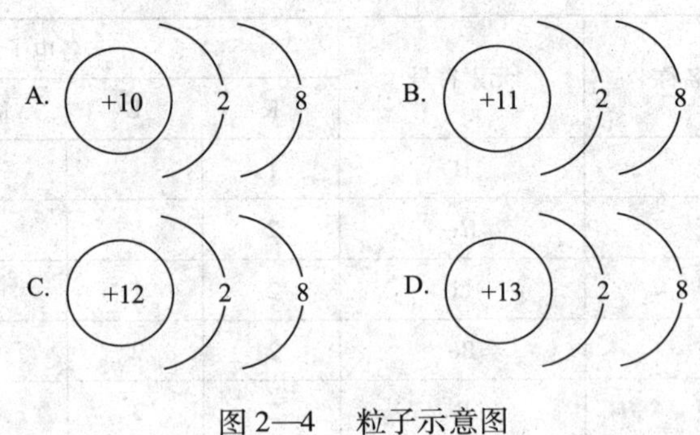

图 2—4　粒子示意图

第二节　元素周期表与元素周期律

一、元素周期表的结构

按质子数从小到大把元素排列起来，每种元素就有一个编号，即原子序数，显然，对同一元素的原子而言，原子序数、核电荷数、质子数、核外电子数在数值上应该是相等的。各元素按原子序数递增的顺序有规则地排列得到的表，称为元素周期表。

1. 周期

具有相同电子层的各种元素，按原子序数递增的顺序从左向右排列成的一个横行，称为一个周期。已发现的元素中，核外最多有 7 个电子层，所以一共有 7 个周期。根据每个周期中元素种类多少的不同，分为以下几种：

（1）短周期（一、二、三周期）

只有 2 种元素的第一周期和各有 8 种元素的第二、三周期，称为短周期。

（2）长周期（四、五、六周期）

各有 18 种元素的第四、五周期和有 32 种元素的第六周期称为长周期。

（3）不完全周期（七周期）

由于第七周期尚未填满，所以又叫“不完全周期”。

周期的序数等于元素原子的电子层数，例如，11 号元素 Na 的原子核外有三个电子层，说明 Na 是第三周期的元素。

想一想

看看每个周期排列的元素，你发现了什么规律？

2. 族

周期表中的每一个纵行称为一族，同一族元素最外层电子数相同（外围电子排布相似），从上到下按电子层递增的顺序排列。族的序号一般用罗马字母表示，周期表中共有 18 个纵行，除了 8，9，10 三个纵行合为一族外，其余的每一个纵行称为一个族，故元素周期表共有 16 个族。其中 7 个主族，7 个副族，一个零族，一个Ⅷ族。

（1）主族

主族是由短周期元素和长周期元素共同构成的族，用 A 表示，如ⅠA，ⅡA，ⅢA，

ⅣA，ⅤA，ⅥA，ⅦA。

（2）副族

副族是完全由长周期元素构成的族，用B表示，如ⅠB，ⅡB，ⅢB，ⅣB，ⅤB，ⅥB，ⅦB。

（3）第Ⅷ族

第Ⅷ族包括8，9，10三个纵行。

（4）零族

零族是第18纵行，即稀有气体元素。因为通常状况下稀有气体难以发生化学反应，故而把它们的化合价看做0，并将该族称为零族。

显然，对于同一主族元素：主族序数 = 最外层电子数 = 该元素的最高正价。

全部副族和第Ⅷ族元素一起习惯上又被称为过渡元素，过渡元素都是金属元素。第六周期中从57号到71号，共15种元素，第七周期中从89号到103号共15种元素，它们彼此的电子层结构和性质十分相似，分别称为镧系元素和锕系元素，为了使表的结构紧凑，将它们分别放到周期表的同一格里，并按原子序数递增的顺序另列在表的下方。锕系元素铀后面的元素多数是人工进行核反应制得的元素，叫超铀元素。

知识拓展

周期表的结构可概括为：

三短三长一未完，七个周期七横行。

七主七副零和八，十六族占十八列。

想一想

氮、硫、钠、铝、氖、铁元素在元素周期表中的位置（周期和族）。

二、元素周期律

研究发现在元素周期表中，同一主族元素、同一周期元素的性质存在着一定的递变规律，在1869年由门捷列夫总结出一个非常重要的规律：元素及其化合物的性质，随着原子序数的递增呈周期性的变化，这个规律叫元素周期律。元素周期律的本质：元素原子核外电子排布的周期性决定了元素性质的周期性。

1. 原子半径

同一周期（稀有气体除外），从左到右，随着原子序数的递增，元素原子的半径递减；同一族中，从上到下，随着原子序数的递增，元素原子半径递增。

2. 主要化合价（最高正化合价和最低负化合价）

同一周期中，从左到右，随着原子序数的递增，元素的最高正化合价递增（从+1价到+7价），第一周期除外，第二周期的O，F元素除外；最低负化合价递增（从－4价到－1价），第一周期除外，由于金属元素一般无负化合价，故这一规律从ⅣA族开始。非金属元素的最高正化合价与它的负化合价绝对值的和等于8。例如，第ⅦA族的氯元素，它的最高正化合价是+7价，负化合价是－1价。

3. 元素的金属性和非金属性

元素的原子得失电子的能力反映了元素金属性和非金属性的强弱。金属元素最外层电子数少，易失去电子，金属性强；非金属元素最外层电子数多，易得到电子，形成稳定结构，非金属性就强。

同一周期中，从左到右，随着原子序数的递增，元素的金属性递减，非金属性递增；同一族中，从上到下，随着原子序数的递增，元素的金属性递增，非金属性递减。

4. 最高价氧化物所对应的水化物的酸碱性

同一周期中，元素最高价氧化物所对应的水化物的酸性增强（碱性减弱）；

如：$NaOH$，$Mg(OH)_2$，$Al(OH)_3$，H_2SiO_3，H_3PO_4，H_2SO_4，$HClO_4$

强碱　　中强碱　两性氢氧化物　弱酸　　中强酸　　强酸　　很强的酸

同一族中，元素最高价氧化物所对应的水化物的碱性增强（酸性减弱），例如，碱性：$LiOH < NaOH < KOH < RbOH < CsOH$。

5. 单质与氢气化合的难易程度

同一周期中，从左到右，随着原子序数的递增，单质与氢气化合越容易；同一族中，从上到下，随着原子序数的递增，单质与氢气化合越难。

6. 气态氢化物的稳定性

同一周期，从左到右，随着原子序数的递增，元素气态氢化物的稳定性增强，例如，稳定性方面，SiH_4（硅烷、四氢化硅）$< PH_3$（磷化氢）$< H_2S < HCl$。同一族中，从上到下，随着原子序数的递增，元素气态氢化物的稳定性减弱，例如，稳定性方面，$HF > HCl > HBr > HI$，氢化物水溶液酸性：$HF < HCl < HBr < HI$。

以上规律均不适用于稀有气体。

综上所述，同一周期元素，从左到右，原子半径逐渐减小，金属性逐渐减弱，非金属性逐渐增强。同一主族元素从上到下，原子半径逐渐增大，金属性增强，非金属性减弱。在周期表中，金属元素集中在左下部，非金属元素集中在右上部分，它们之间有一条分界线（见表2—3），但位于分界线附近的元素，既表现出某些金属的性质，又表现出某些非金属的性质。实际上，金属与非金属之间无绝对的界限，许多元素是重要的半导体材料，如硼、硅、锗、砷等。

表2—3　　金属元素与非金属元素的划分

族 / 周期	ⅠA，ⅡA，ⅢA，ⅣA，ⅤA，ⅥA，ⅦA　　0
1 2 3 4 5 6 7	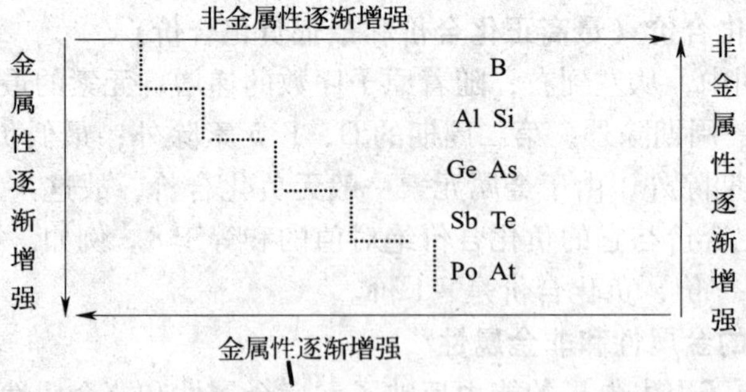 非金属性逐渐增强（→） B Al Si Ge As Sb Te Po At 金属性逐渐增强（←） 左侧：金属性逐渐增强（↓）；右侧：非金属性逐渐增强（↑）

三、元素周期表和元素周期律的作用

在化学发展史上，周期表一直指导着新元素的发现，如元素镓和锗的发现；也指导着新化合物的合成，如氟利昂的合成。在实践过程中，随着人们对物质结构、元素性质的认识不断深入，周期表和周期律也不断被补充和完善。但元素周期表和元素周期律，无论是在过去、现在还是将来，对化学的研究、工农业生产都具有重要的指导作用。

想一想

元素周期表中什么元素的金属性最强？什么元素的非金属性最强？碱性最强的是哪种元素？含氧酸中，酸性最强的是哪种元素？为什么？

第三节　化　学　键

想一想

为什么水要加热至1 000℃以上（或通电）才能分解成氢气和氧气？

前面已经学习过原子结构的知识，分子是由原子结合而成的，那么原子又是怎样构成分子或物质的呢？人们发现的元素只有一百零几种，而组成的物质却已经有几千万种，说明原子是以某种特殊的作用力相互结合成形形色色的物质，而不是简单的紧密堆积。分子中相邻原子（或离子）之间强烈的相互吸引作用称为化学键，破坏这种作用就需要消耗能量。根据原子间这种吸引作用性质的不同，化学键可分为离子键、共价键、金属键三种基本类型。

一、离子键

1. 定义

活泼金属与活泼非金属间很容易反应，它们的原子可以通过失去电子或得到电子而使最外层达到8个电子（第一周期的为2个）的稳定结构，带有相反电荷的正负离子因静电作用而相互吸引，从而结合在一起，例如氯化钠的形成（$2Na + Cl_2 = 2NaCl$），如图2—5所示。

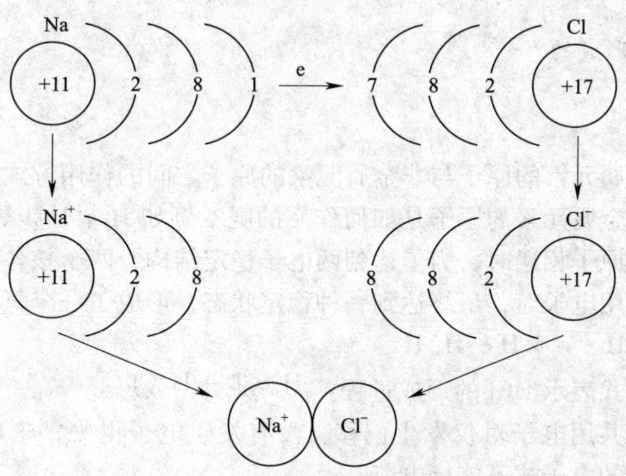

图2—5　Na和Cl形成离子键的过程

当 Na、Cl 原子通过得失电子形成稳定结构的 Na^+ 和 Cl^- 后，阴阳离子通过静电作用就会相互靠近，当它们接近到某一距离时，静电吸引与静电排斥（同电荷的电子与电子、原子核与原子核之间）就会达到平衡，Na^+ 和 Cl^- 这两种带电微粒就通过静电作用结合成 NaCl。像氯化钠这样，阳离子和阴离子间靠静电作用形成的化学键叫离子键。活泼金属（如钠、钾、钙等）与活泼非金属（如氯、溴等）化合时，都形成离子键。由离子键形成的化合物叫做离子化合物。成键离子既可以是单离子，如钠离子与氯离子；也可以是原子团，如钠离子与硫酸根离子等。

想一想

熔融的氯化钠能导电，而固态氯化钠不导电，为什么？

2. 特点

（1）无方向性

正负离子为球形或者近似球形，球形电荷对称分布，阴阳离子之间的作用可在任何方向上，因此离子键没有方向性。

（2）无饱和性

只要条件允许，阳离子周围就能够尽可能多地吸引阴离子，反之亦然，因为离子键没有饱和性。虽然在离子晶体中，一个离子只能与几个带相反电荷的离子直接作用（如 NaCl 中 Na^+ 可以与 6 个 Cl^- 直接作用，如图 2—6 所示），但是这是由于空间因素造成的。

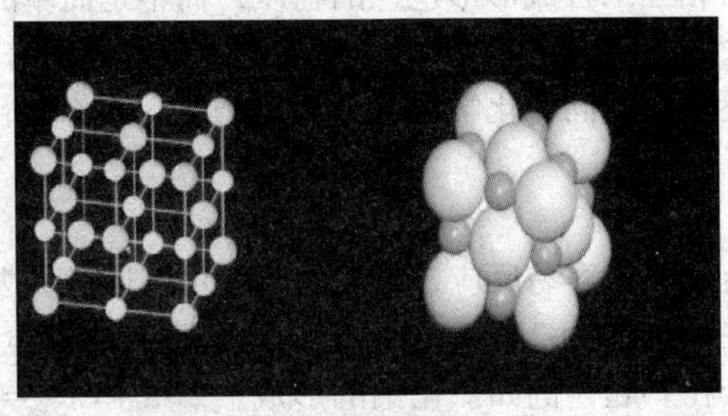

图 2—6　氯化钠的结构模型

想一想

HCl 分子是怎样形成的？

二、共价键

1. 定义

我们已经知道金属元素的原子与非金属元素的原子之间的作用方式。那么，同种非金属元素的原子或不同非金属元素的原子是如何作用的呢？例如 H_2、HCl 等分子。以 H_2 分子的形成为例，当两个氢原子相遇时，为了达到两电子稳定结构，两个核各以相等的力吸引对方的一个电子，形成共用电子对，最终达到一种稳定状态，形成了一个氢气分子。

用电子式表示：$H\cdot + \times H \rightarrow H\underset{\times}{\cdot}H$

同理：可用电子式表示 HCl 的形成过程：$H^{\times} + \cdot\underset{\cdot\cdot}{\overset{\cdot\cdot}{Cl}}: \rightarrow H\overset{\times}{\cdot}\underset{\cdot\cdot}{\overset{\cdot\cdot}{Cl}}:$

氯化氢分子中，共用电子对仅发生偏移，没有发生电子得失，未形成阴、阳离子，因此，书写共价化合物的电子式不能标电荷。

像这样原子间通过共用电子对所形成的化学键，称为共价键。原子间这种结合方式，没有发生电子由一个原子向另一个原子转移的过程，所以这种分子里没有离子。原子间通过共用电子对形成分子的化合物叫做共价化合物。

2. 特点

（1）有饱和性

一个原子的未成对电子与另一个原子的未成对电子配对成键，达到稳定结构后，就不能再与第三个原子的电子配对成键。

（2）有方向性

成键时，只有沿着一定的伸展方向重叠，才能形成稳定的分子。

以上共价键中的共用电子对都是由成键原子双方提供的，共用电子对能不能由成键原子单方面提供呢？我们可通过 NH_4^+ 的形成及结构进行说明。从氨分子的电子式可以看出，氨分子中的氮原子周围有一对未共用电子，而氢离子的周围正好是空的。当氨分子和氢离子相遇时，共用该对电子形成稳定结构。

$$\mathrm{H{:}\underset{H}{\overset{H}{N}}{:} + H^+ \longrightarrow [H{:}\underset{H}{\overset{H}{N}}{:}H]^+}$$

像这种共用电子对由成键原子单方提供的共价键，叫做配位键。配位键的性质和共价键相同，只是成键方式不同。

知识拓展

配位化合物

1. 配位化合物的组成

在试管中加入 2 mL 0.5 mol/L 的 $CuSO_4$溶液，逐滴加入浓氨水，这时立刻看到有浅蓝色的 $Cu(OH)_2$沉淀生成，当继续加入过量浓氨水时，沉淀消失，生成深蓝色的透明溶液。

经研究证明，此溶液为 $[Cu(NH_3)_4]SO_4$，取此溶液各 1 mL 于两支试管中，分别加入氢氧化钠和氯化钡。

$$[Cu(NH_3)_4]SO_4\begin{cases}\text{试管 1} \quad + NaOH \longrightarrow \text{无 } Cu(OH)_2 \text{ 沉淀产生} \\ \text{试管 2} \quad + BaCl_2 \longrightarrow \text{有 } BaSO_4 \text{ 沉淀产生}\end{cases}$$

说明 $[Cu(NH_3)_4]SO_4$易电离产生 SO_4^{2-}，难电离出 Cu^{2+}，即

$$[Cu(NH_3)_4]SO_4 = [Cu(NH_3)_4]^{2+} + SO_4^{2-}$$

$[Cu(NH_3)_4]^{2+}$叫铜氨配离子，在通常情况下，配离子是由一个简单的正离子和一定数目的中性分子或负离子以配位键结合起来的难以电离的复杂离子。含有配离子的化合物称为配位化合物，$[Cu(NH_3)_4]SO_4$就是一个配位化合物，也简称配合物。下面以 $[Cu(NH_3)_4]SO_4$为例，说明配合物的结构：

配位键　　离子键

[Cu ┆ $(NH_3)_4$]$^{2+}$ ┆ SO_4^{2-}

中心离子　配位体

内界　　外界

配合物

配合物分子分为内界和外界两部分，内界由中心离子和配位体通过配位键形成，即配离子部分，内界以外的部分称为外界。内界和外界之间是离子键。

2. 配合物的命名方法

与无机化合物的命名原则相同。但配离子有其特定的命名顺序，配离子一般按下列顺序依次命名：

配位体→合→中心离子（价数）

（1）若配离子为阳离子

1）外界是无氧酸根离子（如 Cl^- 等），称为“某化某”；如 $[Cu(NH_3)_4]Cl_2$ 称为氯化四氨合铜（Ⅱ）。

2）外界是含氧酸根离子（如 SO_4^{2-}），称为“某酸某”；如 $[Cu(NH_3)_4]SO_4$ 称为硫酸四氨合铜（Ⅱ）。

3）外界是 OH^- 离子，称为“氢氧化某”；如 $[Ag(NH_3)_2]OH$ 称为氢氧化二氨合银（Ⅰ）。

（2）若配离子是阴离子

1）外界阳离子是 H^+，称为“某酸”，如 $H_2[SiF_6]$ 称为六氟合硅（Ⅳ）酸。

2）外界是其他离子则称为“某酸某”，如 $K_4[Fe(CN)_6]$ 称为六氰合铁（Ⅱ）酸钾。

近几十年来，配合物的研究得到了迅速的发展，其应用也越来越广泛，人们对配合物的认识必将日益深化。

3. 极性键和非极性键

若成键两原子相同，吸引电子能力相同，共用电子对没有偏向任一原子，成键的原子都不显电性，这样的共价键叫非极性共价键，简称非极性键，如单质 H_2，Cl_2，N_2 等分子中的共价键；若成键两原子不同，吸引电子的能力不同，电子云偏向吸引电子能力较强的原子一方，因而吸引电子能力较弱的原子一方相对的显正电性。这样的共价键叫做极性共价键，简称极性键。如 HCl，H_2O 等分子中的 H—Cl，H—O 键。

4. 极性分子和非极性分子

（1）双原子分子

1）由同种元素原子构成的双原子分子，如 H_2，Cl_2，N_2 等，正负电荷中心重合，分子不具有极性，叫做非极性分子。

2）由不同元素原子构成的双原子分子，则是极性分子。即双原子分子是否有极性，取决于键是否有极性。

（2）多原子分子

若分子空间结构对称分布，正负电荷中心重合，则分子是非极性分子，如 CO_2，CH_4，CCl_4 等；反之，若不对称，则为极性分子，如 H_2O，NH_3 等。

【课堂演示 2—1】 如图 2—7 所示，在酸式滴定管中，注入 50 mL 蒸馏水，夹在滴定管夹上，在其下方放一个 200 mL 烧杯，打开玻璃活塞，让水如线状慢慢流下。把摩擦带电的玻璃棒靠近水流，观察水流的方向，发现有明显偏移；如用 CCl_4 代替水做上述实验，CCl_4 液流不改变方向。根据实验可知，水分子是有极性的，四氯化碳分子无极性。

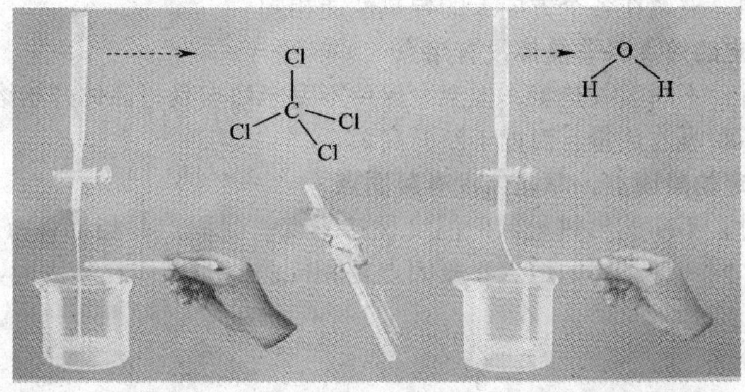

图 2—7　四氯化碳分子和水分子的极性实验

第四节　晶　　体

自然界中的固态物质一般可以分为两种：晶体和非晶体。

一、定义

由分子、原子或离子在空间按一定的规律重复排列而成几何多面体的固体叫做晶体。反之为非晶体。

二、晶体与非晶体的区别

1. 晶体一般具有规则的几何形状，非晶体则没有

例如食盐晶体呈立方体，石英的晶体是六棱柱形。而像玻璃、松香、沥青、石蜡、橡胶、塑料等非晶体则没有规则的几何外形，如图 2—8 所示。

a)

b)

图 2—8　晶体和非晶体的几何形状

a）水晶（晶体）　b）沥青（非晶体）

2. 晶体为各向异性，非晶体则为各向同性

晶体的各向异性即沿晶格的不同方向，原子排列的周期性和疏密程度不尽相同，由此导致晶体在不同方向的物理化学特性也不同，这就是晶体的各向异性。例如，在云母片上涂层薄石蜡，用烧热的钢针接触云母片的反面，云母片上的石蜡便会以接触点为中心，逐渐化成椭圆形；而盛载在玻璃片上的石蜡熔化后形成的图形是圆形的。以上说明云母在各个方向上的导热性能不相同，玻璃在各个方向上的导热性能相同。

3. 晶体有固定的熔点，非晶体没有熔点

晶体在熔化时，不断吸收热量，但温度保持不变。熔点是指晶体开始熔化时的温度。非晶体在熔化时，不断吸收热量，温度不断升高。

4. 晶体有固定的凝固点，非晶体没有凝固点

晶体在凝固时，不断放出热量，但温度保持不变。凝固点是指晶体（而不是固体）开始凝固时的温度。同一种晶体的熔点和凝固点是相同的。非晶体在凝固时，不断放出热量，温度不断降低。

三、晶体的分类

根据构成晶体微粒的不同，晶体一般分为离子晶体、原子晶体、分子晶体和金属晶体。

1. 离子晶体

在晶格结点上交错地排列着正、负离子，离子间通过离子键结合形成的晶体叫离子晶体。构成晶体的微粒有规则地排列在空间的一定的点，这些点按一定规则组成的几何图形叫做晶格。离子晶体一般具有较高的熔点和较大的硬度，在熔融状态下可以导电，如盐类、金属氧化物 、强碱。

2. 原子晶体

在晶格结点上排列着的微粒是原子，原子与原子之间以共价键结合的晶体叫原子晶体。常见的原子晶体有金刚石、硅晶体、二氧化硅（SiO_2）、金刚砂（SiC）。因为原子晶体中没有游离的电子，所以不导电。另外，原子晶体的熔点、沸点很高，硬度大。

3. 分子晶体

在晶格结点上排列着的微粒是分子，分子与分子之间以范德华力结合形成的晶体叫分子晶体。大多数非金属单质及其形成的化合物如干冰（CO_2）、I_2、大多数有机物，其固态均为分子晶体。分子晶体不导电，熔点、沸点较低，硬度很小。

4. 金属晶体

在晶格结点上排列着的微粒是金属原子和正离子，在原子与正离子之间存在着从金属原子上脱落下来的可自由移动的自由电子，这些自由电子将金属原子、离子联结在一起形成金属键。金属单质及一些金属合金都属于金属晶体，例如镁、铝、铁和铜等。金属晶体能导电、传热，有金属光泽和延展性，有较高的熔点、沸点。

知识拓展

门 捷 列 夫

看到元素周期表，人们便会想到它的最早发明者——门捷列夫。

门捷列夫（1834—1907）是俄国化学家，生在西伯利亚一位中学教师家中。门捷列夫从小就热爱劳动，热爱学习，他认为只有劳动，才能使人们得到快乐、美满的生活；只有学习，才能使人变得聪明。

门捷列夫在大学学习期间，表现出了坚韧、忘我的超人精神，1854 年，他以优异成绩毕业并荣获学院的金质奖章，毕业

后担任过中学化学教师，这期间，他一边教书，一边在极其简陋的条件下进行研究，1857年被批准为彼得堡大学化学教研室副教授，当时年仅23岁，31岁成为教授。

有人将门捷列夫对元素周期律的发现看得很简单，轻松地说他是用玩扑克牌的方法得到这一伟大发现的，门捷列夫却认真地回答说，从他立志从事这项探索工作起，花了大约20年的工夫。他的心血并没有白费，在1869年2月17日，他终于发现了元素周期律，完成了元素周期表的排布。

元素周期律的发现，不仅在预测元素（例如1871年发现的镓、1880年发现的钪和1886年发现的锗，这些新元素的原子量、密度和物理化学性质都与门捷列夫的预言惊人相符）、修正原子量方面起了积极作用，更重要的是结束了几百年来无机化学研究的零乱琐碎的局面，把各种元素的大量知识系统化组织起来，构成了一个完整而统一的体系。

门捷列夫一生在化学上贡献甚多，最大贡献是发现化学元素周期律。为了纪念他的成就，人们将美国化学家希伯格在1955年发现的第101号新元素命名为Mendelevium，即“钔”。

我们应该永远铭记门捷列夫的格言：“什么是天才？终身努力，便成天才!”更应该学习他不怕名家指责，不怕嘲讽，勇于实践，勇于探索的科学精神。

本章小结

一、原子结构

1. 原子（$^{A}_{Z}X$）$\begin{cases} 原子核—\begin{cases} 质子（Z个） \\ 中子（A-Z个） \end{cases} \\ 核外电子（Z个） \end{cases}$

注意：质量数（A）=质子数（Z）+中子数（$A-Z$）

原子序数=核电荷数=质子数=原子的核外电子数

2. 元素和同位素

元素是具有相同核电荷数的同一类原子的总称；同位素是质子数相同而质量不同的同一元素的不同原子。

二、原子核外电子的排布

按能量由低到高，分层排布，每层可以容纳的最多电子数为$2n^2$个，最外层电子数不得超过8个，次外层不得超过18个，倒数第三层不得超过32个。

三、元素周期表的结构

横的为周期，竖的为族。

3个短周期，3个长周期，1个不完全周期；

7个主族，7个副族，1个零族，1个第Ⅷ族。

周期数=电子层数

主族序数=最外层电子数=最高化合价

最高正价与最低负价绝对值之和为8。

四、元素周期律

1. 元素周期律

元素的性质（核外电子排布、原子半径、主要化合价、金属性、非金属性）随着核电荷数的递增而呈周期性变化的规律。元素性质的周期性变化实质是元素原子核外电子排布的周期性变化的必然结果。

2. 同周期元素性质递变规律

（1）电子排布

电子层数相同，从左到右，最外层电子数依次增加。

（2）原子半径

从左到右，原子半径依次减小。

（3）金属性、非金属性

从左到右，金属性减弱，非金属性增加。

（4）与 H_2 化合的难易

从左到右，由难到易。

（5）氢化物的稳定性

从左到右，稳定性增强。

（6）酸碱性变化规律

从左到右，最高价氧化物的水化物碱性减弱，酸性增强。

3. 同主族元素性质递变规律

（1）电子排布：最外层电子数相同。

（2）原子半径：从上到下，依次增加。

（3）金属性、非金属性：从上到下，金属的金属性增强，与酸或水反应从难到易，氢氧化物碱性增强；非金属的非金属性减弱，单质与氢气反应从易到难，氢化物稳定性减弱，无氧酸酸性增强。

五、化学键

化学键
- 离子键：正负离子靠静电引力成键
- 共价键：原子靠共用电子对成键，配位键是一种特殊共价键
- 金属键

自我检测

一、选择题

1. 下列各组中属于同位素关系的是（　　）。

A. ${}^{40}_{19}K$ 与 ${}^{40}_{20}Ca$　　B. ${}^{40}_{19}K$ 与 ${}^{39}_{19}K$

C. 金刚石与石墨　　D. 红磷和白磷

2. 下列说法错误的是（　　）。

A. 含有共价键的化合物一定是共价化合物

B. 在共价化合物中一定含有共价键

C. 含有离子键的化合物一定是离子化合物

D. 双原子单质分子中的共价键一定是非极性键

3. 下列各组中化合物的性质比较，不正确的是（　　）。

A. 酸性：$HClO_4 > HBrO_4 > HIO_4$　　B. 碱性：$NaOH > Mg(OH)_2 > Al(OH)_3$

C. 稳定性：$PH_3 > H_2S > HCl$　　D. 非金属性：$F > O > S$

4. X 元素的阳离子和 Y 元素的阴离子具有相同的核外电子结构，下列叙述正确的是（　　）。

A. 原子序数 $X < Y$　　B. 原子半径 $X < Y$

C. 离子半径 $X > Y$　　D. 原子最外层电子数 $X < Y$

5. 某粒子含有 6 个电子、7 个中子，净电荷数为 0，则它的化学符号可能是（　　）。

A. $_{13}Al$　　B. ^{13}Al　　C. ^{13}C　　D. $_{13}C$

6. 下列各物质中，酸性最强的是（　　）。

A. $HClO_4$　　B. HNO_3

C. H_3PO_4　　D. H_2SO_4

7. 在周期表中，第三、四、五、六周期的元素种数分别是（　　）。

A. 8、18、32、32　　B. 8、18、18、32

C. 8、18、18、18　　D. 8、8、18、18

8. 下列元素的单质中，最易跟氢气反应生成氢化物的是（　　）。

A. 硅　　B. 硫　　C. 碘　　D. 氯

9. 决定元素种类的是（　　）。

A. 中子数　　B. 质子数　　C. 电子数　　D. 相对分子质量

10. 下列粒子具有与 Ne 相同电子排布的是（　　）。

A. F　　B. Na　　C. Na^+　　D. Cl

11. 下列微粒中，中子数和质子数相等的是（　　）。

①^{18}O；②^{12}C；③^{26}Mg；④^{40}K；⑤^{40}Ca

A. ①②　　B. ②⑤　　C. 只有④　　D. ③④

12. 不同元素的原子或离子，（　　）。

A. 质子数一定不等　　B. 中子数一定不等

C. 质量数一定不等　　D. 核外电子数一定不等

二、填空题

1. 原子是由________和________构成的，________带正电荷，位于原子的中心，其电荷集中在________上；________带负电荷，在原子核外空间做高速运转。

2. $^{23}_{11}Na$ 的质量数为________，质子数为________，中子数为________，核外电子数为________。

3. 原子核外电子的运动是按电子能量由________到________分层排布的，能量最低的是第________层，用字母表示即________层。最高电子层目前是指第________层，即________层。

4. 周期表有________个周期，________个族，占________列，其中________个主族，________个副族。

5. 元素及其化合物的性质，随着核电荷数的增加，而呈________的变化，这个规律叫________。

6. 周期表中，同一周期，从左到右，金属性逐渐________，非金属性逐渐________；

同一主族，从上到下，金属性逐渐________，非金属性逐渐________。

7. 配合物 $K_2[HgI_4]$ 命名为________，中心离子是________，配离子即内界为________，内界与外界之间是________键。

三、计算题

有一主族元素 R，它的最高正化合价氧化物为 R_2O，每 12 g 的氢氧化物正好与400 mL 0.75 mol/L 的 HCl 中和，R 原子中质子数比中子数少一个，求该元素的相对原子质量，并指明元素名称。

第三章　非金属元素及其化合物

教学要求

1. 认识卤素单质及其化合物的性质，掌握氯气的性质、制法和用途，氯化氢和盐酸、氯的含氧酸及其盐的性质、用途；认识氟、溴、碘及其化合物的特性，Cl^-，Br^-，I^-的鉴别方法。

2. 认识氧化还原反应的基本概念：氧化和还原，氧化剂和还原剂。

3. 认识氧、硫及其主要化合物的性质、用途。

4. 认识氮、磷及其主要化合物的性质、用途。

5. 认识碳、硅及其主要化合物的性质、用途。

自然界虽然外表上是形形色色，多种多样的，其实一切物体都是由元素组成的。元素的数目虽然不算多，但它们按照不计其数的方式互相结合，组成了地球上名目繁多的物体。

地壳中各元素的含量从大到小依次为氧、硅、铝、铁、钙、钠、钾、镁、氢，其各自的含量如图 3—1 所示。

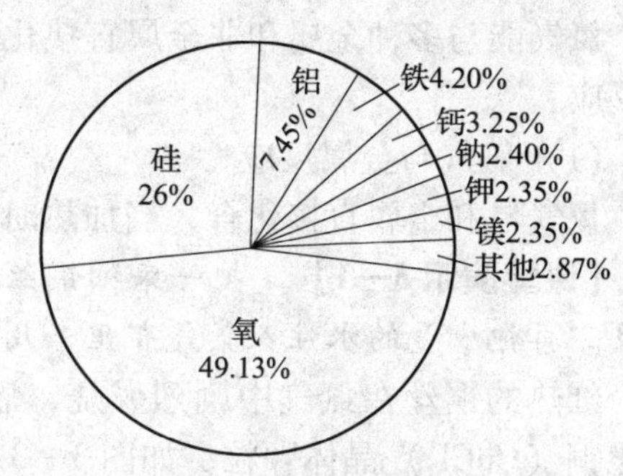

图 3—1　地壳中主要元素含量百分比图

非金属元素是元素的一大类，在周期表中，除氢以外，其他非金属元素都排在表的右侧和上侧。

非金属性是非金属元素的通性，它指某种非金属元素的原子得到电子的能力。某元素原子非金属性越强，即其得电子能力越强。本章以 Cl、O、S、N、P、C、Si 等几种非金属为主，介绍非金属元素单质及其化合物的性质、用途。

第一节　卤素单质及其化合物的性质

卤素是第ⅦA 族非金属元素，包括了氟（F）、氯（Cl）、溴（Br）、碘（I）和砹（At）五种元素，合称卤素，意思是易成盐元素。其中砹为放射性元素，人们通常所指的卤素是氟、氯、溴、碘四种元素，其最外层都有 7 个电子，易得一个电子，化学活泼性很强，自然界中不存在单质，都是以化合物状态存在。随着电子层数递增，原子半径依次增大，非金属性（得电子能力）逐渐减弱。其单质均为双原子分子，通常用 X_2 表示。

想一想

在第一次世界大战中，德国军队与英法联军在对峙。德军突然使用了化学武器，一种黄绿色的气体随风飘向联军，一股刺激性的气味使联军士兵不停咳嗽、昏迷甚至死亡。这种气体是什么？士兵越躲入战壕底部隐蔽，伤亡越严重，为什么？

一、氯气（Cl_2）

氯是很活泼的元素，因此在自然界中只以化合态形式存在。

1. 氯气的物理性质

氯气在常温下是黄绿色气体，具有强烈的刺激性气味，有毒。在标准状况下密度是空气的2.5倍。氯气加压易液化为黄绿色油状液体，工业上称为“液氯”，常储存于草绿色钢瓶中以便运输。

注意

氯气有毒，对上呼吸道黏膜会造成损伤，氯气中毒的明显症状是发生剧烈的咳嗽。症状重时，中毒者会发生肺水肿，继而因循环系统作用困难而死亡。所以，化学实验中遇到的任何气体都不应直接闻其气味，正确的方法是招气入鼻法，就是打开试剂瓶后，拿到距离人20 cm左右的地方，用手在瓶口轻轻扇动，仅使极少量的气体飘进鼻孔，如图3—2所示。

图3—2　闻氯气及其他化学气体的正确姿势

2. 氯气的化学性质

氯气能与多种金属和非金属直接化合，还能与水、碱等物质反应。

（1）氯气与金属反应

氯气易和金属直接化合，当加热时，许多金属还能在氯气中燃烧。

【课堂演示3—1】　把一束细铜丝灼热后，立即伸进盛有氯气的集气瓶中，观察发生的现象。再把少量的水注入集气瓶里，用毛玻璃片盖住瓶口，振荡，观察溶液颜色。

红热的铜丝在氯气中剧烈燃烧，瓶里充满棕色的烟，这是氯化铜（$CuCl_2$）晶体颗粒，如图3—3所示。方程式为：

$$Cu + Cl_2 \xlongequal{点燃} CuCl_2$$

氯化铜溶于水，成为绿色的氯化铜溶液。

图3—3　铜在氯气中燃烧图

在反应中，铜化合价从零价变为+2价，氯化合价从零价变为了-1价，像这样反应前后元素的化合价发生了变化的反应，称为氧化还原反应。其实质是由于电子得失，或共用电子对发生了偏移。氧化还原反应包括两个过程：氧化过程和还原过程。

氧化（被氧化）是指元素（原子或离子）失去电子，化合价升高的过程，如$Cu \rightarrow Cu^{2+}$，铜被氧化。

还原（被还原）是指元素（原子或离子）得到电子，化合价降低的过程，如$Cl_2 \rightarrow 2Cl^-$，氯被还原。氧化与还原的关系如图3—4所示。

凡在氧化还原反应中，能使另一种物质发生氧化作用的物质叫氧化剂，具有氧化性；能使另一种物质发生还原作用的物质叫还原剂，具有还原性。

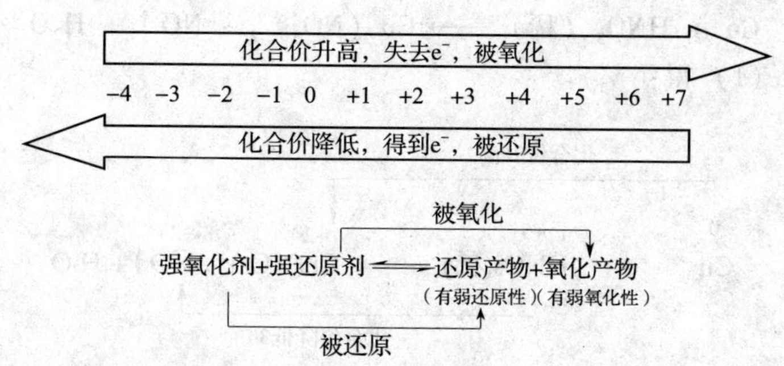

图3—4　氧化、还原以及氧化剂、还原剂关系示意图

例如在铜与氯气的反应中，反应物氯气是得电子的物质，本身被还原，而使对方被氧化，它是氧化剂，具有氧化性。而反应物铜，失电子，化合价升高，被氧化，自身作还原剂，具有还原性。

同样地，铁丝在氯气中燃烧，瓶中充满棕褐色的烟，在此反应中，铁化合价升高，被氧化，作还原剂，而氯化合价降低，被还原，作氧化剂，具有氧化性。

$$\overset{2\times 3e}{\overbrace{2Fe+3Cl_2}} \xlongequal{点燃} 2FeCl_3$$（棕褐色烟），（不生成 $FeCl_2$）

失电子　得电子

被氧化　被还原

还原剂　氧化剂

由于氯气的强氧化性，当与有变价的金属反应时（如铜、铁），一般使变价金属呈最高价。

在氧化还原反应中，得失电子的过程总是同时发生，即有得必有失，得失必相等。

知识拓展

氧化还原方程式的配平

1．配平原则

（1）得失电子守恒（化合价升降总数相等）。

（2）质量守恒（反应前后元素原子个数相等）。

（3）电荷守恒（适用于发生氧化还原反应的离子反应，反应前后离子所带正负电荷总数相等）。

2．配平的主要步骤

（1）根据给定的需要配平的反应式，找出化合价有变化的元素原子，求出氧化剂化合价降低数和还原剂化合价升高数。

（2）根据氧化剂化合价降低数等于还原剂化合价升高数的原则，求出最小公倍数，分别将系数乘在氧化剂和还原剂分子式前面，并写出相应的反应式。

（3）进一步调整分子前面的系数。一般是先调整其他原子个数，最后再调整H和O原子个数，使两边所有的原子个数相等，然后将箭头改为等号。

【例 3—1】 配平下列氧化还原反应方程式。

$$Cu + HNO_3\text{（稀）} \longrightarrow Cu(NO_3)_2 + NO\uparrow + H_2O$$

解： 按步骤（1）得：

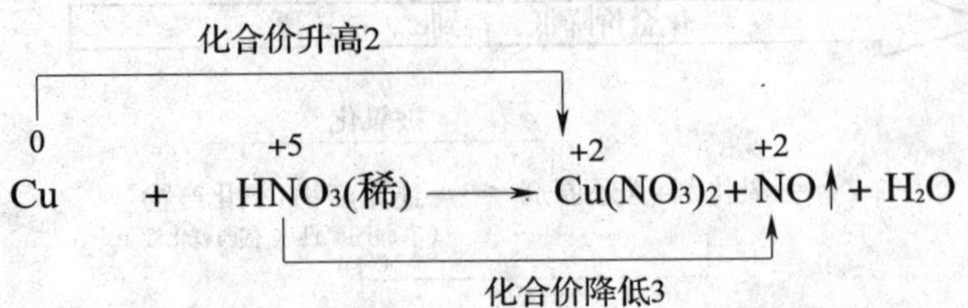

按步骤（2）得：

化合价升高2×3

$$\overset{0}{3Cu} + 2H\overset{+5}{N}O_3\text{(稀)} \longrightarrow 3\overset{+2}{Cu}(NO_3)_2 + 2\overset{+2}{N}O\uparrow + H_2O$$

化合价降低3×2

按步骤（3）作调整，配平后将箭头改为等号。

$$3Cu + 8HNO_3\text{（稀）} = 3Cu(NO_3)_2 + 2NO\uparrow + 4H_2O$$

想一想

燃烧是否一定要有氧气参加？

（2）氯气与非金属的反应

氯气能和许多非金属化合（如氢、磷等）。在常温下，没有光线照射时，氯气和氢气的化合非常缓慢；当点燃或用强光直接照射，氯气和氢气的混合物就会迅速反应，甚至爆炸，生成氯化氢气体，反应方程式如下：

$$H_2 + Cl_2 \xlongequal{\text{点燃或光照}} 2HCl$$

1）将纯净的氢气点燃后伸入盛有氯气的集气瓶中。如图 3—5 所示，氢气在氯气中安静地燃烧，火焰呈苍白色，瓶口有白雾。白雾是因为生成的氯化氢气体吸收空气中的水分，形成了盐酸的小液滴，即盐酸酸雾。工业上常用此反应合成盐酸。

2）氢气与氯气预先混合后，经强光照射发生爆炸，如图 3—6 所示。

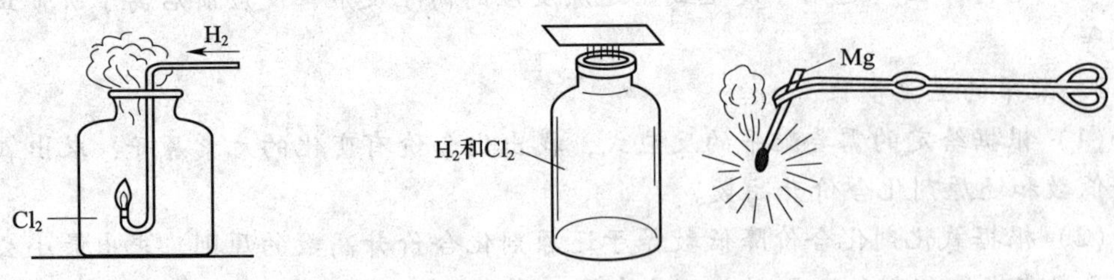

图 3—5 氢气在氯气中安静地燃烧　　图 3—6 氯气与氢气发生爆炸

氯化氢是无色有强烈刺激性的气体，在水中溶解度较大，其水溶液叫氢氯酸，习惯叫盐酸。盐酸是重要的三大无机强酸之一，纯盐酸是无色透明液体，工业盐酸一般由于含有$FeCl_3$而发黄。盐酸有强挥发性，所以要储存在密封容器中。

（3）氯气与水的反应

通常情况下，1 体积的水能溶解 2.5 体积氯气。氯气的水溶液称为氯水。在氯水中大部分氯气是以 Cl_2分子状态存在，有少部分氯分子与水反应，生成盐酸和次氯酸（HClO），反应方程式如下：

$$Cl_2 + H_2O \rightleftharpoons HCl + HClO$$

由于次氯酸不稳定，见光容易分解生成盐酸和氧气（反应方程式如下所示），因此氯水久置后次氯酸分子会减少，几乎变成了盐酸溶液。

$$2HClO = 2HCl + O_2 \uparrow$$

次氯酸是一种弱酸，但是一种强氧化剂，具有漂白杀菌能力。自来水常用氯气（1 L 水中约通入 0.002 g Cl_2）杀菌消毒。次氯酸也可用于游泳池的消毒。此外，次氯酸的强氧化性还能使某些染料和有机色素褪色，可作棉、麻和纸等的漂白剂。

【课堂演示 3—2】 取干燥和润湿的有色布条各一条，放在如图 3—7 所示的装置中，观察发生的现象。

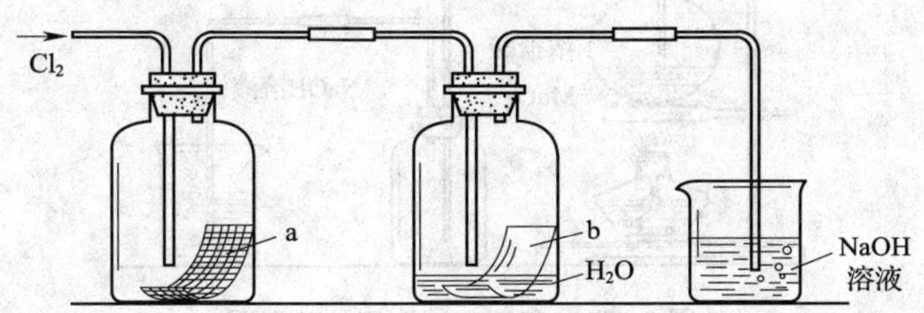

图 3—7　次氯酸使有色布条褪色

a—干燥的有色布条　b—润湿的有色布条

实验表明：润湿的布条褪色，干燥的布条无变化，说明干燥的 Cl_2无漂白能力，起漂白作用的是次氯酸。

想一想

液氯和氯水是不是一样？

（4）氯气与碱的反应

氯气与碱反应生成次氯酸盐、氯化物和水，反应方程式如下：

$$Cl_2 + 2NaOH = NaCl + NaClO + H_2O$$

次氯酸盐比次氯酸稳定，容易储运。市面上出售的漂白粉是混合物，其有效成分是次氯酸钙 $Ca(ClO)_2$。工业上用氯气与石灰乳反应生产漂白粉，反应方程式如下：

$$2Cl_2 + 2Ca(OH)_2 = CaCl_2 + Ca(ClO)_2 + 2H_2O$$

次氯酸钙需在酸性条件下转化为次氯酸，才有漂白杀菌作用，反应方程式如下：

$$Ca(ClO)_2 + 2HCl = CaCl_2 + 2HClO$$

$$Ca(ClO)_2 + H_2O + CO_2 = CaCO_3 \downarrow + 2HClO$$

注意

漂白粉有毒，人吸入后会引起鼻腔和喉咙疼痛，甚至全身中毒。

想一想

漂白粉为什么长时间暴露在空气中会失效？应该怎样保存漂白粉？

3. 氯气的制备

（1）氯气的实验室制法

氯气的发现应归功于瑞典化学家舍勒。1744 年，舍勒发现了氯气。当时他正在研究软锰矿（主要成分是二氧化锰），当他将软锰矿与浓盐酸混合并加热时，产生了一种黄绿色的气体，这就是氯气。现在实验室制取氯气仍用这种方法，实验装置如图 3—8 所示，反应方程式如下：

$$MnO_2 + 4HCl（浓）\xlongequal{\triangle} MnCl_2 + 2H_2O + Cl_2\uparrow$$

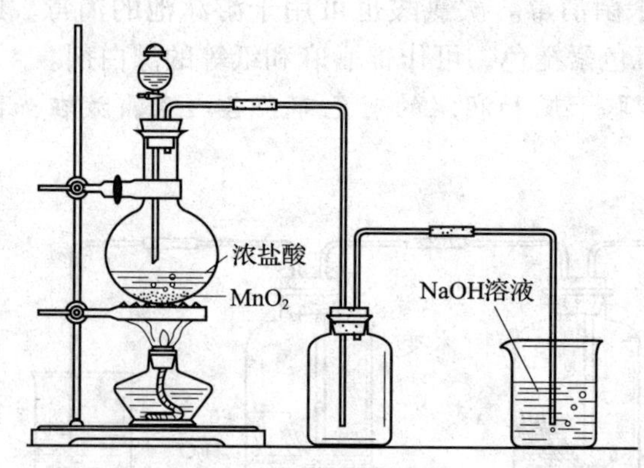

图 3—8　实验室制取氯气装置图

想一想

实验室制取氯气时，为什么用向上排空气法收集氯气？尾气用什么吸收处理？

（2）氯气的工业制法

工业上用电解饱和食盐水的方法制取氯气，反应方程式如下所示：

$$2NaCl + 2H_2O \xlongequal{电解} 2NaOH + H_2\uparrow + Cl_2\uparrow$$

4. 氯气的用途

氯气用途广泛，主要用于消毒、制盐酸、制漂白粉和多种农药，还用于制氯仿等有机溶剂，以及塑料加工工业等。

二、氟、溴、碘简介

1. 氟（F_2）

氟是淡黄绿色气体，有剧毒，腐蚀性极强。氟是最活泼的非金属元素，与所有的金属几乎都能反应，与 H_2 即使在低温暗处也会发生爆炸性反应，生成氟化氢（HF），其水溶液是一种弱酸。称为氢氟酸。氢氟酸有剧毒，接触皮肤会引起不易痊愈的灼伤，因此使用时要注意安全，应戴上防护眼镜和手套。F_2 与水反应剧烈，分解水，放出 O_2。氢氟酸和玻璃中的二氧化硅作用生成四氟化硅气体和水，因此对玻璃有腐蚀作用，反应方程式如下：

$$SiO_2 + 4HF \xlongequal{} SiF_4 \uparrow + 2H_2O$$

由于这一特性，氢氟酸被广泛用于在玻璃器皿上刻蚀花纹和标记。氢氟酸通常用塑料容器储存。

2. 溴（Br_2）

溴在常温下为深红棕色液体，易挥发，溴蒸气有强烈的窒息性恶臭气味，有毒，它能刺激人的眼黏膜，使人流泪不止，利用这种特性可制成催泪弹。液溴能对皮肤造成严重的伤害。溴应密闭保存于阴凉处。溴的化学性质同氯相似，但活泼性稍差。另外，溴可以腐蚀橡胶制品，因此在进行有关溴的实验时应避免使用胶塞和胶管。工业上溴主要用于制溴化物、药物、染料、烟熏剂等，也用于制造化学试剂、照相材料等。溴在水中的溶解度较小，在非极性溶剂（如四氯化碳、二硫化碳）中的溶解度较大。

3. 碘（I_2）

碘单质是紫黑色晶体，具有金属光泽，性脆，易升华，有毒性和腐蚀性，难溶于水，易溶于乙醚、乙醇、氯仿和其他有机溶剂，碘可以和大多数元素形成化合物，但是它不如其他卤素（F、Cl、Br）活泼，位于碘之前的卤素可以从碘化物中将碘置换出来。缺乏碘会导致人体甲状腺肿大。碘单质遇到淀粉会显深蓝色，这是碘的特征之一，实验中通常利用该特征鉴定碘的存在。

【课堂演示 3—3】

1. 取少量固体碘单质，放在烧杯中，在杯口放一个盛有冷水的圆底烧瓶，加热固体碘，观察现象。

该演示实验的现象是碘直接由固体变为气体，遇冷后重新在圆底烧瓶底部冷凝为固体，由固体直接变为气体这一过程叫升华，由气体直接变为固体的过程叫凝华。

2. 在 1 支试管中，加入 1 mL 0.1 mol/L 的碘化钾（KI）溶液，再加入 1～2 滴淀粉试液，观察实验现象。再滴入几滴氯水，振荡，观察现象。

该实验中可以看到：碘化钾溶液中加入淀粉后，无现象，再滴加氯水，变为蓝色。原因是 Cl_2 置换出了 KI 中的碘单质（I_2），而淀粉遇 I_2 变蓝。

3. 将少量新制的饱和氯水分别注入盛有溴化钠（NaBr）溶液、氯化钠溶液和碘化钠（NaI）溶液的试管中，用力振荡后，再注入少量四氯化碳，振荡，观察四氯化碳层和水层颜色的变化。将少量溴水分别注入盛有氯化钠、溴化钠和碘化钠溶液的试管中，用力振荡后，再注入少量四氯化碳，如图 3—9 所示，观察四氯化碳层和水层颜色的变化。

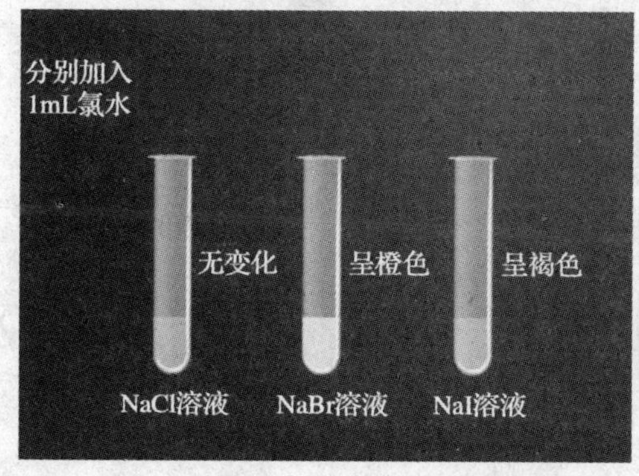

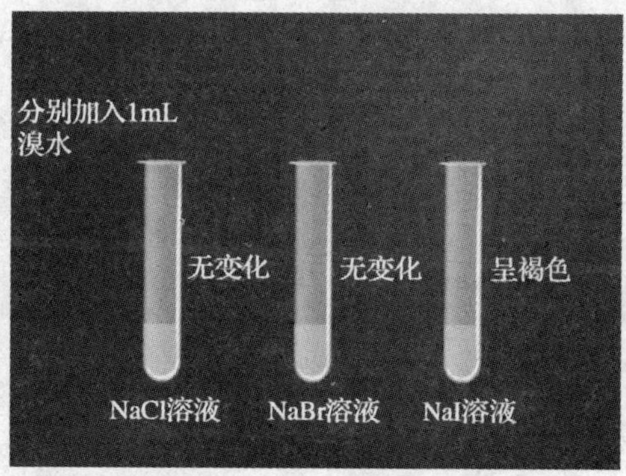

图 3—9　氯水与溴化钠、碘化钠，溴水与碘化钠的反应示意图

可以看到分别加氯水时，氯化钠溶液中无变化；溴化钠溶液变为橙色（浓度小时为黄色），若注入四氯化碳振荡后，四氯化碳层为橙红色；碘化钠溶液变为黄褐色，若注入四氯化碳振荡后，四氯化碳层为紫红色。分别加溴水时，氯化钠溶液、溴化钠溶液中无变化，碘化钠溶液变为黄褐色，若注入四氯化碳振荡后，四氯化碳层为紫红色（见彩图）。

四氯化碳层和水层颜色发生变化，说明氯可以把溴和碘分别从溴化物和碘化物中置换出来，溴可以把碘从碘化物中置换出来，反应方程式如下所示：

$$2NaBr + Cl_2 \xlongequal{} 2NaCl + Br_2$$

$$2NaI + Cl_2 \xlongequal{} 2NaCl + I_2$$

$$2NaI + Br_2 \xlongequal{} 2NaBr + I_2$$

三、卤离子的检验——硝酸银、稀硝酸法

本方法根据卤化银不溶于稀硝酸（HNO_3）且颜色不同的性质，使硝酸银与卤化物反应，从而检验卤素离子的存在。

【课堂演示3—4】 在四支试管中分别加入1 mL 0.1 mol/L的氯化钾、溴化钾、碘化钾、碳酸钠（Na_2CO_3）溶液，然后各加入几滴0.1 mol/L的硝酸银（$AgNO_3$）溶液，观察试管中沉淀的生成及颜色，再加入稀硝酸，有无变化？

产生白色沉淀且不溶于稀硝酸的是 Cl^-：$AgNO_3 + KCl \xlongequal{} AgCl\downarrow + KNO_3$

产生淡黄色沉淀且不溶于稀硝酸的是 Br^-：$AgNO_3 + KBr \xlongequal{} AgBr\downarrow + KNO_3$

产生黄色沉淀且不溶于稀硝酸的是 I^-：$AgNO_3 + KI \xlongequal{} AgI\downarrow + KNO_3$

白色碳酸银沉淀溶于稀硝酸，放出 CO_2 气体，以此可区别氯化银沉淀与碳酸银沉淀。

$$Na_2CO_3 + 2AgNO_3 \xlongequal{} Ag_2CO_3\downarrow + 2NaNO_3$$

$$Ag_2CO_3 + 2HNO_3 \xlongequal{} 2AgNO_3 + H_2O + CO_2\uparrow$$

注意

AgCl、AgBr、AgI难溶于水，而AgF则易溶于水，所以 F^- 不能用硝酸银、稀硝酸法检验。

四、卤素及其化合物的用途

卤素及其化合物可用于制造阻燃剂、制冷剂、有机化工原料、药品、农药杀虫剂、漂白剂、羊毛脱脂剂、卤素灯、含氟牙膏等，如图3—10所示。

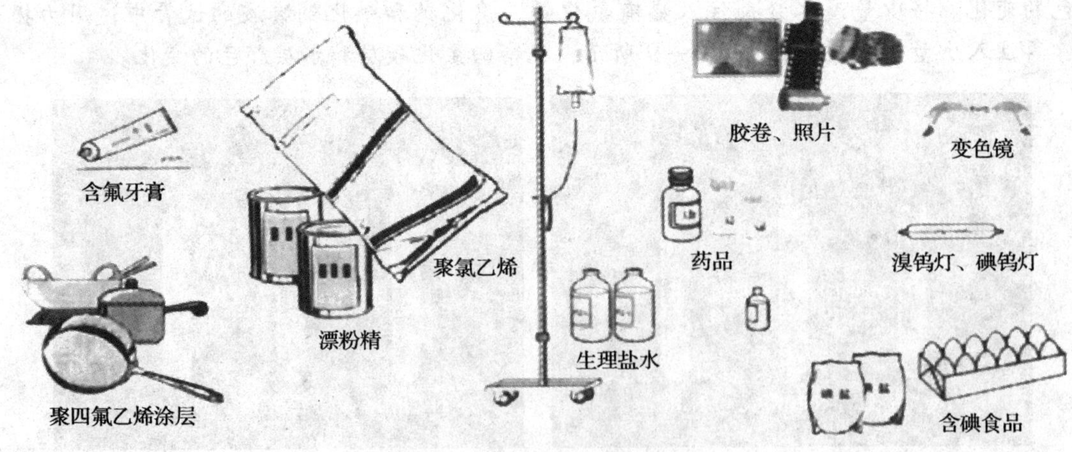

图3—10　卤素及其化合物的用途

五、卤素性质的比较

表 3—1 中列出了卤素单质的主要性质。

表 3—1　　卤素单质性质比较

性质	氟	氯	溴	碘
原子序数	9	17	35	53
最外层电子数	7	7	7	7
化合价	−1，0	−1，0，+1，+3，+5，+7	−1，0，+1，+3，+5，+7	−1，0，+1，+3，+5，+7
单质的常态	气体	气体	液体	固体
颜色	淡黄	黄绿	红棕	紫黑
毒性	有毒	有毒	易挥发，溴与皮肤接触会造成创伤，且较难治愈	易升华，蒸气有毒
单质的活泼性顺序	$F_2 > Cl_2 > Br_2 > I_2$			
气态氢化物稳定性	HF > HCl > HBr > HI			
酸性	从 HF 到 HI 依次增强			
氧化性	$F_2 > Cl_2 > Br_2 > I_2$			

知识拓展

碘酒和红药水能否混用?

碘酒和红药水都是外科常用的消毒剂。碘酒常用浓度为 2%，有强力的杀菌作用，主要用于皮肤消毒，碘酒有刺激性，不可涂在黏膜部位。红药水也叫红汞，浓度为 2% ~4%。其杀菌力弱，无刺激性，用于皮肤、黏膜及小伤口的消毒。二者都具有消毒杀菌作用，那么两种药水一起用，消毒作用是否会更好呢？答案是不能。这是因为红药水里的汞溴红和碘酒里的碘相遇时，会生成碘化汞。碘化汞是一种剧毒物质，对皮肤黏膜及其他组织会产生强烈的刺激作用，甚至引起皮肤损伤、黏膜溃疡。含量过高的碘化汞如果进入人体，就会导致汞中毒，还会使牙床红肿发炎，严重时会引起疲乏、头痛、体温下降等症状。所以，千万不能同时使用碘酒和红药水。

家用 84 消毒液和洁厕液能否混用?

洁厕灵和 84 消毒液都是清洁好帮手：洁厕灵能快速除去马桶内的污渍和异味，而 84 消毒液可有效杀灭真菌和一些细菌繁殖体。那么，是不是两者同时使用，就会达到既去污又消毒的效果？答案是否定的。因为家用 84 消毒液主要成分为 NaClO，洁厕液主要成分为盐酸，两者混用会发生化学反应，放出氯气，导致氯气中毒。所以，清洁马桶时，应该将这两种物品分开使用。

第二节　氧、硫及其化合物的性质和用途

氧和硫在周期表中都是第ⅥA 族元素（也称氧族元素），最外层电子都有 6 个电子，均能获得 2 个电子，从而达到稳定结构。氧和硫都是典型的非金属元素。

一、氧

1. 氧气（O_2）

（1）氧气的性质

氧是地壳中含量最丰富、分布最广的元素。氧气无色、无臭、无味，密度比空气大，占空气总体积的 21%，是空气的主要组成部分，在水中溶解度很小，有强助燃力，能使带火星的木条复燃，如图 3—11 所示。

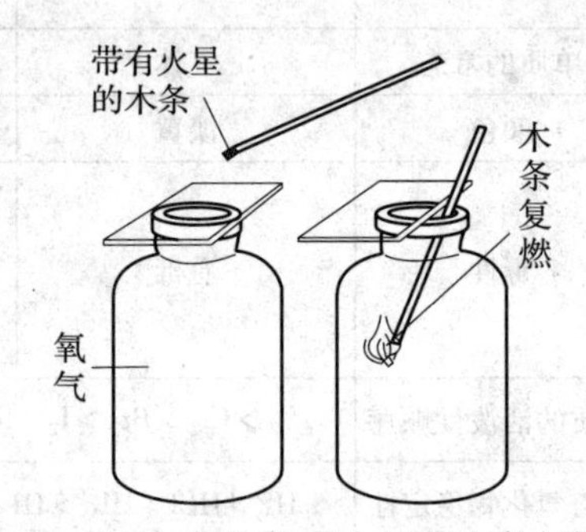

图 3—11　氧气使带火星的木条复燃

（2）氧气的制法

一般实验室制备氧气使用的方法是：二氧化锰做催化剂，加热氯酸钾，反应的方程式如下所示。工业制备氧气的方法是分离液态空气——利用氮气、氧气沸点的不同，用低温分馏的方法大量制备氧气。

$$2KClO_3 \xlongequal[\triangle]{MnO_2} 2KCl + 3O_2\uparrow$$

（3）氧气的用途

氧是心脏的“动力源”，是冶炼工艺、化学工业、国防工业中不可缺少的物质，在医疗保健方面可供给呼吸。

2. 臭氧（O_3）

臭氧的化学式为 O_3，常温、常压下是一种有特殊臭味的淡蓝色气体，密度比氧气大，也比氧气易溶于水。臭氧不稳定，易分解，是一种很强的氧化剂，氧化能力比氧气强得多。工业上常用做油脂、蜡、纺织品、淀粉的漂白剂，以及杀菌剂和饮水消毒剂，如图 3—12 所示。

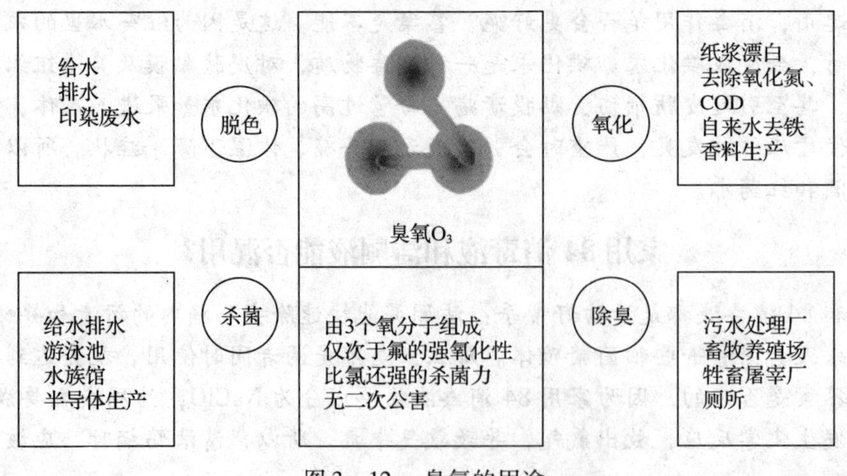

图 3—12　臭氧的用途

自然界中的臭氧有90%集中在距地面15~50 km的大气气流层中，也就是人们常说的臭氧层，它可以吸收来自太阳的大部分紫外线，因此，臭氧层是人类和其他生物的保护伞，我们务必保护好臭氧层，这也是保护人类赖以生存的生态环境。

氧气和臭氧是由同一种元素形成的性质不同的两种单质，称为同素异形体。

知识拓展

同素异形体与同位素

同素异形体是指同一种元素形成的不同单质。比如金刚石和石墨、氧气和臭氧（O_3），由于结构不同，彼此之间物理性质有差异，而化学性质相似。

而同位素是中子数不同但质子数相同的同种元素。注意，它只是元素，不是单独的物质。

3. 过氧化氢（H_2O_2）

过氧化氢是一种无色黏稠的液体，其水溶液俗称双氧水。通常使用含过氧化氢30%~35%的试剂或3%的稀溶液。过氧化氢不稳定，加热或加入二氧化锰（MnO_2）做催化剂，可分解放出氧气。过氧化氢既有氧化性又有还原性，还原性较弱，主要表现为强氧化性。过氧化氢常作氧化剂、消毒剂、杀菌剂、漂白剂。浓度大的双氧水与皮肤接触，会造成灼热疼痛感，且使皮肤发白，使用时应谨慎操作。

二、硫及其化合物

1. 硫（S）

硫是蛋白质构造中的重要组成部分，是动植物生长所必需的一种元素。硫在自然界中分布很广，如在火山喷口附近或地壳中广泛分布着硫，既有游离态，也有化合态。天然的金属硫化物中比较重要的是黄铁矿（FeS_2），天然的硫酸盐则有芒硝（$Na_2SO_4 \cdot 10H_2O$）、石膏等。

（1）物理性质

硫通常为淡黄色晶体，单质硫又称硫黄，其导热性和导电性都差，物性松脆，不溶于水。硫有多种同素异形体，如斜方硫与单斜硫。

（2）化学性质

硫的化学性质比较活泼，能与氧、金属、氢气、卤素（除碘外）及已知的大多数元素化合；还可以与强氧化性的酸、盐、氧化物，浓的强碱溶液反应。

1）硫的氧化性。高温下硫和铁反应，只能得到硫化亚铁，这说明硫的氧化能力比氧和氯要差些，反应的化学方程式如下所示：

$$Fe + S \xlongequal{\triangle} FeS$$

2）硫的还原性。硫在氧气中燃烧生成二氧化硫，如图3—13所示，在反应中硫表现出还原性，反应的化学方程式如下所示：

$$S + O_2 \xlongequal{点燃} SO_2$$

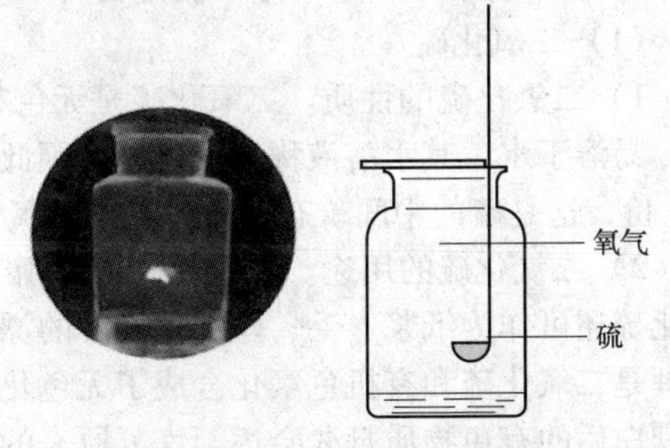

图3—13　硫在氧气中燃烧

（3）用途

硫在工业上用来制造硫酸、硫化橡胶、黑火药、硫化物等，在农业上用做杀虫剂，在医药上用硫黄软膏治疗皮肤病。

2. 硫化氢（H_2S）

硫化氢是比空气稍重的无色、有臭鸡蛋气味的有毒气体。

（1）毒性

空气中含有0.1%的硫化氢气体，即可使人感到头疼、眩晕，吸入大量的硫化氢气体可致人死亡。

（2）可燃性

硫化氢在空气中燃烧时，产生淡蓝色火焰。空气充足时生成二氧化硫和水；空气不足时，则生成硫单质和水。反应的化学方程式分别如下所示：

$$2H_2S + 3O_2 \xlongequal{点燃} 2H_2O + 2SO_2\uparrow \qquad 2H_2S + O_2 \xlongequal{点燃} 2H_2O + 2S$$

（3）不稳定性

高温下，硫化氢会分解，反应的化学方程式如下所示：

$$H_2S \xlongequal{\triangle} H_2\uparrow + S$$

（4）还原性

硫化氢有还原性，是强还原剂。如果在一个集气瓶中使 H_2S 与 SO_2 两种气体充分混合，不久在瓶壁上就有黄色固体物质——硫生成，反应的化学方程式如下所示：

$$2H_2S + SO_2 = 2H_2O + 3S$$

硫化氢的水溶液叫氢硫酸，是二元弱酸，能与许多金属离子作用生成不溶于水或酸的硫化物沉淀，不论硫化氢还是氢硫酸中硫都为 -2 价，都具有还原性。

知识拓展

硫化氢和氢硫酸

硫化氢和氢硫酸都可用 H_2S 表示，但它们却是两种不同的物质。

硫化氢是纯净物，只由一种分子（硫化氢分子）组成；氢硫酸是溶液，属混合物，含有不同的分子和离子（硫化氢分子、水分子、H^+、S^{2-}、HS^-、极少量 OH^-）。二者表现出来的性质也不同：硫化氢在与其他物质反应时只表现出还原性，氢硫酸可表现出酸性（能使蓝色石蕊试纸变红）、弱氧化性和强还原性。氢硫酸的还原性比硫化氢更强，氢硫酸在空气中放置时会被空气中的 O_2 氧化而析出硫单质，所以氢硫酸不宜在空气中长久保存，必须现用现配。

3. 二氧化硫（SO_2）与三氧化硫（SO_3）

（1）二氧化硫

1）二氧化硫的性质。二氧化硫是无色有刺激性气味的有毒气体，密度比空气大，易液化，易溶于水，其水溶液称为亚硫酸。因此，它又被称为亚硫酐。二氧化硫中硫的化合价为 +4 价，这是硫的中间价态，所以它既有氧化性又有还原性，但以还原性为主。

2）二氧化硫的用途。二氧化硫主要用于生产硫酸；也是制造各种亚硫酸盐的原料。二氧化硫还可作为纸浆、毛、丝、草帽等的漂白剂；但其漂白作用不持久，因为它的漂白作用机理是二氧化硫和有机色素化合成了无色化合物，而这种无色化合物不稳定，容易分解，所以漂白后的有色物质日久会逐渐恢复原来的颜色。例如，将 SO_2 气体通入品红溶液，红色变为无色，但在加热煮沸后，溶液又变为红色，如图3—14所示。

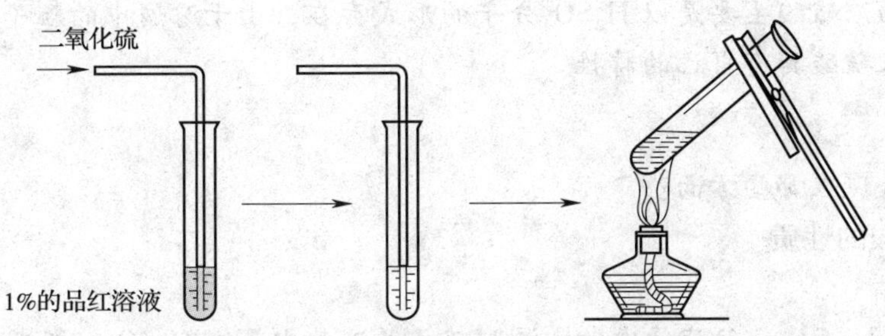

图 3—14　二氧化硫漂白品红溶液

二氧化硫还可在农业上用做熏蒸消毒剂；食品工业中用做防腐和消毒剂。液态二氧化硫是一些有机物的良好溶剂。

二氧化硫是大气中数量最大的有害成分，是造成全球范围内“酸雨”的主要原因，应控制二氧化硫的排放，保护环境。

（2）三氧化硫

三氧化硫在低温下是晶体，常温下为有强烈刺激臭味的无色透明液体，能与水发生异常剧烈的反应，生成硫酸，所以三氧化硫又称硫酸酐，但反应放出的热量使硫酸形成难以收集的酸雾，所以工业上不直接用水，而是用98%的浓硫酸来吸收三氧化硫，制得含过量三氧化硫的发烟硫酸。然后再用稀硫酸稀释，即得浓硫酸，反应的化学方程式如下所示：

$$SO_3 + H_2O = H_2SO_4$$

三氧化硫中的硫的化合价为其最高价—— +6 价，所以三氧化硫具有强氧化性，是一种强氧化剂。

4. 硫酸（H_2SO_4）

硫酸是重要的化工原料，被誉为“化学工业之母”，是工业三大强酸之一，我国现在是第一大硫酸生产国。纯硫酸是一种无色透明、难挥发、沸点较高（338℃）的油状液体，有毒。商品硫酸的质量分数一般为98%，密度为1.84 g/mL。浓硫酸极易溶于水，能以任意比例与水混溶，溶解时放出大量热。

稀释浓硫酸时，应将浓硫酸沿着容器内壁缓慢地注入水中，并用玻璃棒不断搅拌，使产生的热量迅速扩散。

想一想

现有失去标签的浓硫酸、浓盐酸各一瓶（瓶相同，酸体积相同），不用化学方法如何鉴别？

注意

稀释浓硫酸时，万万不能把水倒入浓硫酸中！若把水倒入浓硫酸中，由于水的密度较小，浮在硫酸的上面，溶解时放出的热不易散失，使水暴沸而骤然汽化，结果就像水滴入灼热的油锅一样，带着酸液向四周飞溅，引起伤害事故。

知识拓展

浓硫酸与稀硫酸

浓硫酸与稀硫酸的性质是不同的。稀硫酸是一种强酸，以 H^+ 和 SO_4^{2-} 的形式存在，具有酸的通性，而浓硫酸主要是以 H_2SO_4 分子的形式存在，由于溶液中的粒子不同，所以性质上有差异，即浓硫酸具有自己的特性。

想一想

酸的通性表现在哪些方面？

（1）浓硫酸的性质

1）吸水性。

【课堂演示3—5】 往试管中放少量胆矾，并滴加少量浓 H_2SO_4，振荡，观察固体的颜色由蓝变白。

实验中，白色固体为无水硫酸铜，由胆矾失去结晶水而来。这个实验说明浓硫酸具有吸水性。浓硫酸在工业和实验室中可作干燥剂，干燥一些不与其反应的气体，如氯气、二氧化碳、氧气、二氧化硫、氯化氢等，不能干燥硫化氢、溴化氢（HBr）、碘化氢（HI）、氨（NH_3）等。

想一想

浓硫酸敞口久置于空气中，质量有什么变化？如何保存浓硫酸？

2）脱水性。浓硫酸不仅能吸收游离状态的水，而且还能从许多不含游离水的物质中按 H_2O 的组成夺取水，使物质碳化。

【课堂演示3—6】 往200 mL烧杯中放入20 g蔗糖（$C_{12}H_{22}O_{11}$），加入几滴水，搅拌均匀，然后再加入15 mL98%的浓硫酸，迅速搅拌，观察实验现象。

实验中可以看到蔗糖变黑，放出大量热，体积膨胀，形成疏松多孔的海绵状的炭，并有刺激性气味的气体产生。蔗糖变黑是碳化现象，体现了浓硫酸的脱水性，反应的化学方程式如下所示：

$$C_{12}H_{22}O_{11} \xlongequal{\text{浓硫酸}} 12C + 11H_2O$$

3）氧化性。在上述实验中，蔗糖体积膨胀，形成疏松多孔的海绵状炭，如同一个“黑面包”，这又体现了浓硫酸的什么性质呢？其实是浓硫酸使蔗糖脱水碳化后，浓硫酸与生成的碳继续发生氧化还原反应，浓硫酸被还原成具有刺激性气味的二氧化硫，同时碳被浓硫酸氧化成二氧化碳，因此会出现疏松多孔的海绵状炭及刺激性气味产生的现象，反应的化学方程式如下所示，这体现了浓硫酸的强氧化性。

$$C + 2H_2SO_4\text{（浓）} \xlongequal{\quad} CO_2\uparrow + 2SO_2\uparrow + 2H_2O$$

除了能氧化非金属，浓硫酸的氧化性还表现在能氧化金属和还原性的化合物。浓硫酸与金属反应时，它的还原产物一般是二氧化硫，若遇活泼金属，会析出单质硫，甚至会生成硫化氢，但不会生成氢气，反应的化学方程式如下所示：

$$H_2S + H_2SO_4\text{（浓）} \xlongequal{\quad} S\downarrow + SO_2\uparrow + 2H_2O$$

$$Cu + 2H_2SO_4\text{（浓）} \xlongequal{\quad} CuSO_4 + SO_2\uparrow + 2H_2O$$

在上述反应中，铜（Cu）为还原剂，被氧化，氧化产物为硫酸铜（$CuSO_4$），浓硫酸是氧化剂，被还原，还原产物为二氧化硫。另外，常温下，浓硫酸与一些活泼金属如铁、铝、铬等并不反应。这是由于浓硫酸使金属表面生成了致密的氧化膜，保护了内部金属不继续与酸作用，即所谓的钝化现象。因此浓硫酸常用铁罐储运。

想一想

为什么铜与稀硫酸不反应?

（2）硫酸的制法和用途

1）硫酸的工业制法是接触法，步骤如下所示：

①燃烧硫或金属硫化物等原料来制取二氧化硫，反应的化学方程式如下所示：

$$4FeS_2 + 11O_2 = 2Fe_2O_3 + 8SO_2\uparrow$$

②使二氧化硫在适当的温度和催化剂的作用下氧化成三氧化硫，反应的化学方程式如下所示：

$$2SO_2 + O_2 \xrightarrow[(723\ K)]{V_2O_5} 2SO_3$$

③使三氧化硫和水化合而生成硫酸（实际是用浓硫酸吸收）。

2）用途。硫酸在工业上大量用于生产化学肥料，另外还用于制作多种化工产品。轻工系统的自行车、皮革行业，纺织系统的粘胶、纤维、维尼纶等产品，冶金系统的钢材酸洗，石油系统的原油加工以及医药工业等都离不开硫酸。

（3）硫酸根离子（SO_4^{2-}）的检验

硫酸盐大多溶于水，但硫酸钡（$BaSO_4$）不溶于水，也不溶于酸，借此性质可用于鉴别或分离 SO_4^{2-} 或 Ba^{2+}。

【课堂演示 3—7】 往分别盛有 3 mL 0.1 mol/L 的硫酸、硫酸钠（Na_2SO_4）、碳酸钠（Na_2CO_3）溶液的 3 个试管中，逐滴滴入 0.1 mol/L 的氯化钡（$BaCl_2$）溶液，观察现象。然后向各试管滴加1 mol/L的盐酸或硝酸（HNO_3）溶液，振荡试管，观察现象。

演示实验中可以看到，加入氯化钡溶液后，3 个试管中均出现白色沉淀。加盐酸或硝酸后，一个试管中沉淀溶解，为碳酸钡沉淀；另两个中沉淀不溶解，则为硫酸钡沉淀。相关的化学反应方程式如下所示：

$$H_2SO_4 + BaCl_2 = BaSO_4\downarrow + 2HCl$$

$$Na_2SO_4 + BaCl_2 = BaSO_4\downarrow + 2NaCl$$

$$Na_2CO_3 + BaCl_2 = BaCO_3\downarrow + 2NaCl$$

$$BaCO_3 + 2HCl = BaCl_2 + CO_2\uparrow + H_2O$$

第三节 氮、磷及其化合物

一、氮及其化合物

氮是地球上含量丰富的一种元素，既有游离态，又有化合态，它是构成蛋白质不可缺少的元素，也是动植物生长所需要的养料，但高等动物及大多数植物不能直接吸收氮。

1. 氮气（N_2）

氮气为无色、无味的气体，氮气分子由两个氮原子组成，氮气的化学性质很稳定，常温下很难与其他物质发生反应。氮气是空气的主要成分，约占空气体积的 78%。氮气对许多反应试剂是惰性的，但在一定的条件下也能与一些物质反应。

（1）与氢气反应

在高温、高压并有催化剂存在的情况下，氮和氢作用生成氨，工业上利用这一反应原理合成氨。

$$N_2 + 3H_2 \xrightleftharpoons[\text{高温、高压}]{\text{催化剂}} 2NH_3$$

（2）与氧气反应

空气中的单质氮和氧在雷电的作用下，可生成无色、不溶于水的一氧化氮（NO）气体。一氧化氮很容易与空气中的O_2化合，生成红棕色、有刺激性气味且有毒的二氧化氮（NO_2）气体，二氧化氮易溶于水，生成硝酸和一氧化氮，工业上利用这一反应制取硝酸。硝酸与土壤中的矿物作用，形成能被植物吸收的硝酸盐，促使植物生长。相关反应的化学方程式如下所示：

$$N_2 + O_2 \xlongequal{\text{放电}} 2NO$$

$$2NO + O_2 \xlongequal{} 2NO_2$$

$$3NO_2 + H_2O \xlongequal{} 2HNO_3 + NO$$

（3）氮的循环与氮的固定

氮在自然界中的循环转化过程是生物圈内基本的物质循环之一，如图3—15所示。氮的固定，是指将气态的游离态氮转变为可被有机体吸收的化合态氮的过程，主要有自然固氮（如由闪电、植物根瘤菌所固定）、人工固氮（工业固氮）两种方式。氮氧化物（NO_x）种类很多，造成大气污染的主要是一氧化氮和二氧化氮，它们是形成光化学烟雾和酸雨的重要原因。

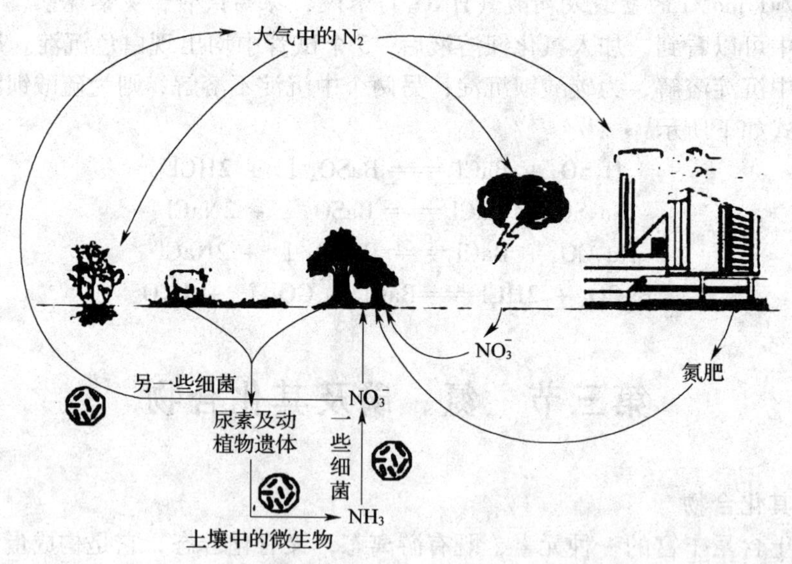

图3—15　氮的循环

2. 氨（NH_3）

氨气是无色、有特殊刺激性气味的气体，极易溶于水，1体积水约可溶700体积的氨，氨易液化，液氨可作制冷剂。

氨的主要化学性质有以下几个方面：

（1）氨与水反应

氨与水反应生成一水合氨（$NH_3 \cdot H_2O$），其溶液显弱碱性，能使酚酞溶液变红，使湿润的红色石蕊试纸变蓝，相关反应如下所示：

$$NH_3 + H_2O \rightleftharpoons NH_3 \cdot H_2O \rightleftharpoons NH_4^+ + OH^-$$

氨水可腐蚀许多金属，因此氨水一般不用金属容器盛装。

（2）氨与酸的反应

浓氨水遇氯化氢气体有白烟产生，生成微小的氯化铵（NH_4Cl）晶体，相关反应如下式所示：

$$NH_3 + HCl = NH_4Cl$$

（3）氨与氧气的反应

氨的催化氧化是放热反应，产物是一氧化氮，是工业制硝酸的重要反应，相关反应如下式所示：

$$4NH_3 + 5O_2 \xlongequal[\triangle]{催化剂} 4NO + 6H_2O$$

【课堂演示3—8】 在干燥的圆底烧瓶里充满氨气，用带有玻璃管和滴管（滴管里预先吸入水）的塞子塞紧瓶口。立即倒置烧瓶，使玻璃管插入盛有水的烧杯里（水里事先加入少量酚酞溶液），按图3—16所示安装好装置。挤压滴管的胶头，使少量水进入烧瓶，观察现象。

可以看到，由于圆底烧瓶中的氨气溶于滴管中的水，使得烧瓶内压力减小，外界压力将烧杯中的水压入烧瓶，氨气溶于水后，水溶液显碱性，使酚酞变红，大家就看到了红色的喷泉现象。

【课堂演示3—9】 在两个干燥的集气瓶中分别滴入两滴浓盐酸和浓氨水，然后将两个瓶子上下口对口扣在一起，如图3—17所示，观察现象。

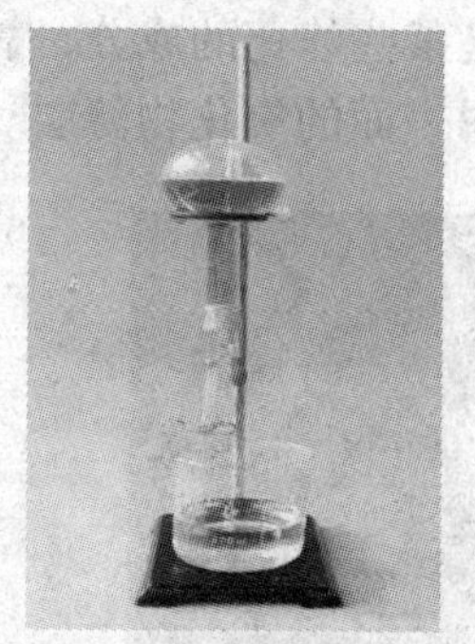

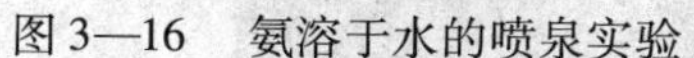

图3—16　氨溶于水的喷泉实验

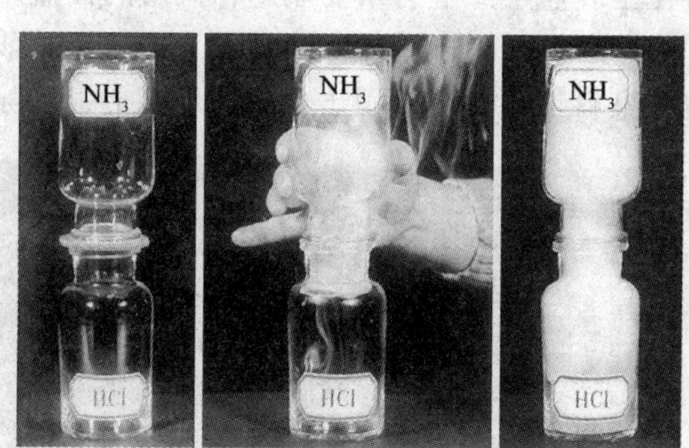

图3—17　浓氨水与浓盐酸的反应

可以看到，瓶中产生大量的白烟。这是由于浓氨水与浓盐酸反应生成微小的氯化铵（NH_4Cl）晶体的缘故。

氨主要用于生产氮肥、硝酸等。化学氮肥主要包括铵态氮肥（主要成分是NH_4^+）、硝态氮肥（主要成分是NO_3^-）和有机态氮肥——尿素。怎样科学地施用铵态氮肥，才能最大限度地发挥它的肥效？这就要了解铵盐的性质。

3. 铵盐

由铵根离子（NH_4^+）和酸根离子构成的化合物叫铵盐。铵盐都是晶体，并且都能溶于水。铵盐有以下一些性质：

（1）铵盐受热易分解

铵盐受热分解的产物与对应的酸以及加热的温度有关，一般为氨和相应的酸，氯化铵（NH_4Cl）受热分解的反应如图 3—18 所示，产生的氨气和氯化氢气体遇冷又重新结合为氯化铵，反应方程式如下所示：

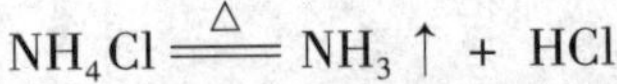

$$NH_4Cl \xlongequal{\triangle} NH_3\uparrow + HCl$$

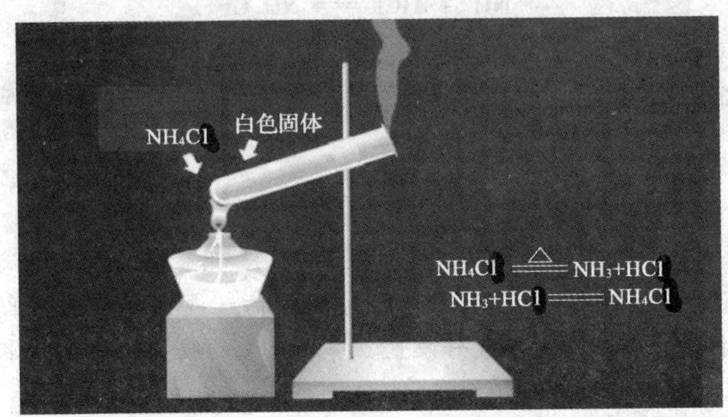

图 3—18　氯化铵受热分解反应

（2）铵盐跟碱反应放出氨气

铵盐遇碱放出氨气，这是铵盐的通性。实验室里利用此性质来制取氨，同时也利用这个性质来检验铵离子的存在，如图 3—19 所示。

铵盐在工农业生产上有重要用途，大量的铵盐用做氮肥，如碳酸氢铵（NH_4HCO_3）、硫酸铵（$(NH_4)_2SO_4$）和硝酸铵（NH_4NO_3）等。硝酸铵还是某些炸药的成分，氯化铵用于制备干电池和染料工业，也可用于金属的焊接上，以除去金属表面的氧化物薄层。

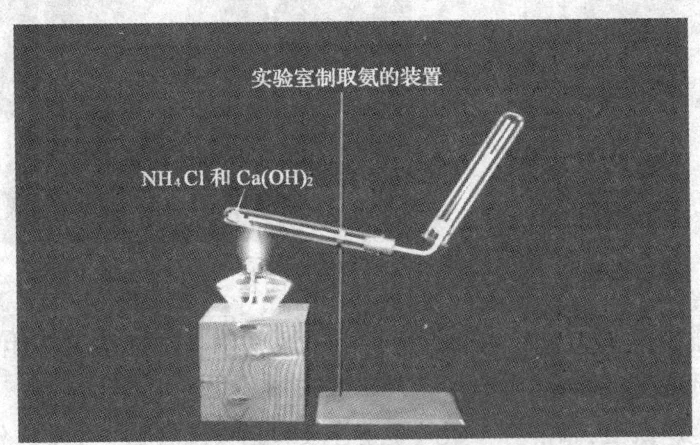

图 3—19　氨气的制备

实验室制备氨气的反应方程式如下所示：

$$2NH_4Cl + Ca(OH)_2 \xlongequal{\triangle} 2NH_3\uparrow + CaCl_2 + 2H_2O$$

由于铵盐遇碱放出氨气，会降低肥效，因此铵态氮肥不能与碱性物质如草木灰（K_2CO_3）等混合施用。

想一想

1. 实验室制 NH_3 能否用 NaOH、KOH 代替 $Ca(OH)_2$？

2. 用试管收集氨气为什么要堵棉花？

4. 硝酸（HNO_3）

硝酸是三大无机强酸之一，纯硝酸是无色、易挥发、有刺激性气味的液体。浓硝酸易挥发，挥发物与空气中的水蒸气形成微小的硝酸雾滴而产生“发烟”现象，故称发烟硝酸。

（1）化学性质

硝酸除了强酸性之外，还有不稳定性和强氧化性。

1）不稳定性。纯硝酸见光或受热易分解，分解生成的二氧化氮溶于硝酸，使硝酸带黄色，相关反应如下式所示。所以，应将硝酸储存于棕色试剂瓶中，放在阴暗的地方保存。

$$4HNO_3 \xlongequal[\triangle]{光} 2H_2O + 4NO_2\uparrow + O_2\uparrow$$

2）强氧化性。硝酸的水溶液无论浓稀均具强氧化性及腐蚀性，溶液越浓，其氧化性越强。能与除金、铂等少数金属外的其他所有金属发生氧化还原反应，浓硝酸还能与许多非金属发生氧化还原反应。在一般情况下，活泼金属与硝酸反应不生成氢气，浓硝酸的主要还原产物为红棕色的二氧化氮气体，稀硝酸的主要还原产物为无色的一氧化氮气体。

【课堂演示 3—10】 在两支试管中各放入一小块铜片，分别加入少量稀硝酸和浓硝酸，立即用蘸有 NaOH 溶液的棉花堵住试管口，观察现象。

实验中可以看到，铜与浓硝酸反应，产生红棕色的烟，为二氧化氮气体。铜与稀硝酸反应则生成无色的气体一氧化氮。相关反应如下：

$$Cu + 4HNO_3(浓) \xlongequal{} Cu(NO_3)_2 + 2NO_2\uparrow + 2H_2O$$

$$3Cu + 8HNO_3(稀) \xlongequal{} 3Cu(NO_3)_2 + 2NO\uparrow + 4H_2O$$

浓硝酸和浓盐酸按体积比 1∶3 混合，即为“王水”。其氧化能力更强，即使金、铂也能溶解。

常温下，浓硝酸也能使铁、铝等金属表面产生钝化现象，所以，可以用铝质、铁质容器盛装浓硝酸。

（2）用途

硝酸被用来制取一系列硝酸盐类氮肥，如硝酸铵、硝酸钾等；也用来制取硝酸酯类或含硝基的炸药，如三硝基甲苯（TNT）、硝化甘油。还被用来精炼金属。

知识拓展

硝 酸 铵

硝酸铵也是一种化肥，其含氮量比硫酸铵高，对于各种土壤都有较高的肥效。硝酸铵在气候比较潮湿时容易结块，使用时不太方便。有些人看到硝酸铵结块后，就用铁锤来砸碎，这是万万做不得的事情。因为硝酸铵受到冲击就可能发生爆炸！

二、磷及其化合物

在自然界中，磷以磷酸盐的形式存在，是生命体的重要组成元素，存在于人体所有细胞中。磷是维持骨骼和牙齿的必要物质，参与代谢过程，供给能量与活力。

1. 白磷和红磷

单质磷有几种同素异形体，常见的有白磷和红磷（又称黄磷和赤磷），其性质见表3—2。

表3—2　白磷和红磷的性质比较

项目	白磷	红磷
颜色状态	无色或淡黄色的固体	红棕色粉末
毒性	剧毒	无毒
溶解性	不溶于水，易溶解于 CS_2 溶剂	不溶于水，也不溶于 CS_2
着火点	40℃	240℃
保存	密闭，少量保存在水中	常规
相互转化	隔绝空气加热到260℃，白磷$\rightleftharpoons$红磷 加热到416℃升华后，冷却，红磷$\rightleftharpoons$白磷	

白磷和红磷在空气中完全燃烧后产物都是五氧化二磷（P_2O_5），相关反应如下式所示：

$$4P + 5O_2 \xlongequal{点燃} 2P_2O_5$$

注意

白磷在空气中可自燃，因此白磷是易燃危险品，必须密闭保存（少量白磷可浸入水中），使用时注意安全，谨防着火和灼伤。

白磷用于制造磷酸、燃烧弹和烟雾弹。红磷用于制造农药和安全火柴。

2. 五氧化二磷

五氧化二磷又称磷酸酐，是白色粉末状固体，极易吸水，主要用于制造高纯度磷酸，也可用做气体和液体干燥剂。

3. 磷酸和磷酸盐

纯净的磷酸是无色晶体，易溶于水。市售磷酸试剂是黏稠的、不易挥发的浓溶液，磷酸含量为83%～98%。磷酸是三元中强酸，不易挥发，不易分解，几乎没有氧化性，具有酸的通性。

磷酸盐有三类：正盐（含 PO_4^{3-}）、磷酸一氢盐（含 HPO_4^{2-}）和磷酸二氢盐（含 $H_2PO_4^-$）。正盐和磷酸一氢盐（除钾、钠、铵等少数盐外）一般难溶于水，但能溶于强酸；大多数磷酸二氢盐易溶于水。

第四节　碳、硅及其化合物

碳和硅都属于碳族（ⅣA 族）元素，最外层有 4 个电子，最高化合价为 +4 价。

想一想

钻石的成分是什么？

一、碳

碳是一种很常见的元素，存在形式多种多样，碳有好几种同素异形体，最常见的两种单质是高硬度的金刚石和柔软滑腻的石墨。碳是煤、石油、沥青、石灰石和其他碳酸盐以及一切有机化合物的最主要成分。

金刚石是一种天然矿物，是钻石的原石，钻石是指经过琢磨的金刚石。金刚石硬度大、活性差、熔点高，主要用做装饰品或用于切割玻璃、金属等；石墨是一种深灰色、有金属光泽、不透明的细鳞片状固体，质软，有滑腻感，具有优良的导电性能，主要用于制作铅笔、电极等。金刚石和石墨的用途如图 3—20 所示。

1. 一氧化碳（CO）

一氧化碳是无色、无臭、有毒的气体。人体中血红蛋白担负着输送氧气的功能，一氧化碳易和血红蛋白结合而破坏其输氧功能，从而引起中毒。

碳燃烧不完全会产生一氧化碳，其反应如下面的化学方程式所示，所以冬天用炭火取暖时，要注意通风，避免一氧化碳中毒。

$$2C + O_2 \xlongequal{点燃} 2CO$$

图 3—20　石墨和金刚石的用途

2. 二氧化碳（CO_2）

二氧化碳主要来自煤、石油、天然气及其他含碳化合物的燃烧，碳酸钙的分解，动物的呼吸以及发酵过程。植物吸收二氧化碳放出氧气，维持着大气中氧气和二氧化碳浓度的平衡。但是随着工业的高速发展，以及人类乱砍滥伐树木，大气中二氧化碳含量增多，温室效应加剧（二氧化碳是产生温室效应的主要因素之一）。

知识拓展

温室效应

温室效应，又称“花房效应”，是大气保温效应的俗称。大气能使太阳短波辐射到达地面，但地表向外放出的长波热辐射线却被大气吸收，这样就使地表与低层大气温度增高，因其作用类似于栽培农作物的温室，故名温室效应。二氧化碳气体具有吸热和隔热的功能。它在大气中增多的结果是形成一种无形的保温罩，使太阳辐射到地球上的热量无法向外层空间发散，使地球表面变热。其结果可能是：

1. 气候转变，全球变暖，海洋风暴增多。
2. 地球上的病虫害增加。

3．海平面上升。

4．土地干旱，沙漠化面积增大。

因此，降低温室效应是当今世界环境问题的一个热点。人们呼吁：开发清洁能源、减少二氧化碳排放量，保护森林，防止地球变暖。

二氧化碳是无色、无味、不助燃的气体，可用于灭火。二氧化碳加压后冷凝成雪花状的固体，称为干冰，干冰是一种很好的制冷剂。

向澄清的石灰水中通入二氧化碳会产生白色沉淀而使溶液浑浊，此法可检验二氧化碳气体的存在，相关反应如下式所示：

$$CO_2 + Ca(OH)_2 = CaCO_3 \downarrow + H_2O$$

3．碳酸（H_2CO_3）

习惯上把二氧化碳的水溶液称作碳酸，碳酸很不稳定，仅存在于水溶液中，纯的碳酸至今尚未制得。碳酸是二元弱酸。

4．碳酸盐

碳酸盐有正盐和酸式盐两种，如碳酸钠（Na_2CO_3）和碳酸氢钠（$NaHCO_3$）。

（1）碳酸钠

碳酸钠俗称纯碱、苏打，是白色粉末状晶体，长期暴露在空气中能吸收空气中的水分及二氧化碳，生成碳酸氢钠，并结成硬块。碳酸钠受热不易分解。

想一想

碳酸钠俗称纯碱，其水溶液呈碱性，它是碱吗？

（2）碳酸氢钠

碳酸氢钠俗称小苏打、苏打粉，是白色细小晶体，在水中的溶解度小于碳酸钠。溶于水时呈现弱碱性，受热易分解，放出二氧化碳气体，如图3—21所示。常利用此特性将其作为食品制作过程中的膨松剂，相关化学反应方程式如下所示：

$$2NaHCO_3 \xlongequal{\triangle} Na_2CO_3 + H_2O + CO_2 \uparrow$$

碳酸盐与酸（如盐酸）反应都能生成二氧化碳和水，如图3—22所示，这是碳酸盐的共同特征，以此可以与其他盐相区别。

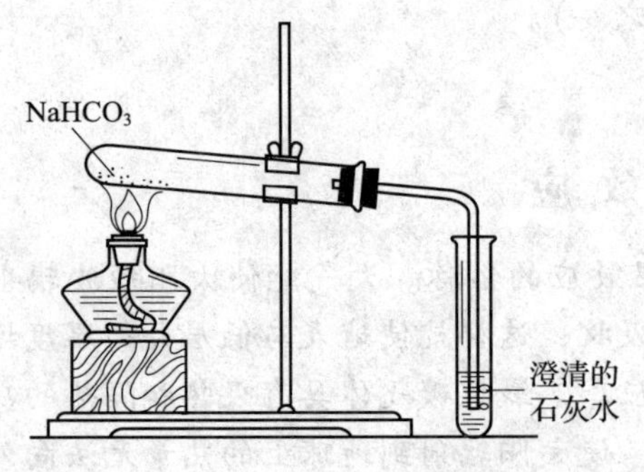

图3—21　碳酸氢钠受热分解

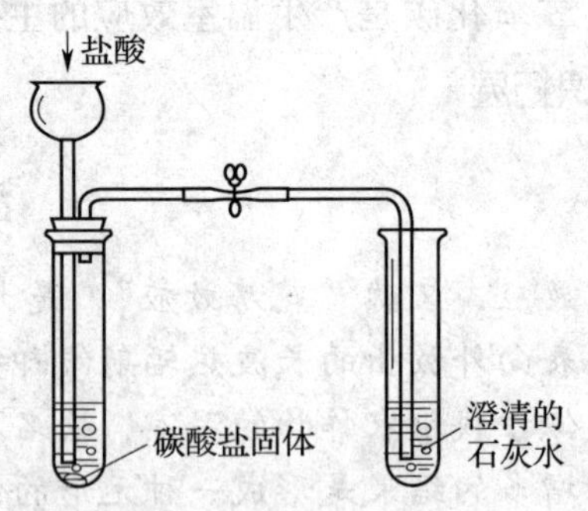

图3—22　碳酸盐与酸反应

知识拓展

化工专家——侯德榜

侯德榜是我国重化学工业的开拓者，福建省闽侯县人。他于20世纪20年代突破氨碱法制碱技术的奥秘，主持建成亚洲第一座纯碱厂；30年代领导建成了我国第一座兼产合成氨、硝酸、硫酸和硫酸铵的联合企业；1943年发明了连续生产纯碱与氯化铵的联合制碱工艺，此法被世人称为“侯氏制碱法”，为世界制碱技术开辟了一条新途径。他还积极传播交流科学技术，培育了很多科技人才，为中国化学工业发展作出卓越贡献，是中国近代化工工业的奠基人，世界制碱工业权威。

二、硅及其化合物

1. 硅（Si）

硅在自然界中分布很广，在地壳中的含量仅次于氧，居第二位。硅在自然界中无游离态，主要以化合物的形式存在，常见的有二氧化硅和硅酸盐。漂亮的玛瑙、水晶以及造房子用的砖、瓦、砂石、水泥、玻璃，吃饭、喝水用的瓷碗、水杯，洗脸间的洁具，它们看上去截然不同，其实主要成分都是硅的化合物。

单质硅在工业上通常是在高温下由碳还原二氧化硅而制得，相关反应如下：

$$SiO_2 + 2C \xlongequal{高温} Si + 2CO$$

硅有无定形硅和晶体硅两种同素异形体。晶体硅呈黑灰色，具有金属光泽和某些金属特性，因此常被称为准金属元素。晶体硅是一种半导体材料，可用于制作半导体器件和集成电路，还可以合金的形式（如硅铁合金）用于汽车和机械配件。

2. 二氧化硅（SiO_2）

二氧化硅又称硅石，在自然界分布很广，如石英、石英砂等，大而透明的棱柱状石英称为水晶。二氧化硅是酸性氧化物、硅酸的酸酐，化学性质很稳定，不溶于水也不跟水反应，不跟一般的酸起作用，能与强碱及碱性氧化物反应。由于玻璃的主要成分为二氧化硅，而氢氧化钠溶液与二氧化硅缓慢作用可以生成硅酸钠（Na_2SiO_3，俗称水玻璃，是一种建筑行业常用的胶黏剂），故储存强碱溶液的玻璃瓶不能用磨口玻璃塞，而用橡胶塞，以避免氢氧化钠与二氧化硅生成的硅酸钠将玻璃瓶塞和瓶口黏结在一起。

二氧化硅主要用于制造玻璃、光学仪器、建筑材料（如水泥）等，如图3—23所示。

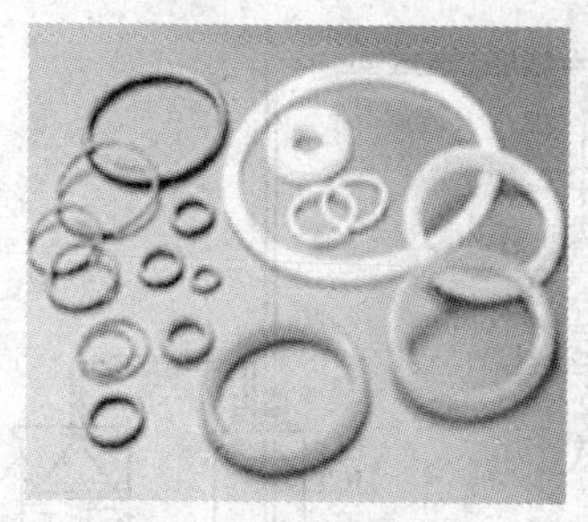

硅橡胶密封圈

陶瓷

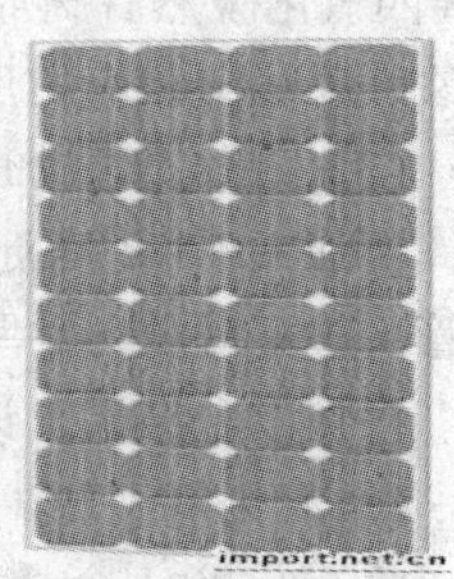

晶体硅太阳能电池板

图3—23　硅及其化合物的用途

知识拓展

有机硅的妙用

天安门广场上的人民英雄纪念碑为什么总能保持洁白、清新的状态？这要归功于有机硅塑料。有机硅塑料耐高温和低温、耐水性好，耐辐射、耐臭氧性好，是极好的防水涂布材料。在地下铁道四壁喷涂有机硅，可以一劳永逸地解决渗水问题。在古文物、雕塑的外表涂一层薄薄的有机硅塑料，可以防止青苔滋生，抵挡风吹雨淋和风化。天安门广场上的人民英雄纪念碑，便是经过有机硅塑料进行表面处理的，因此永远洁白、清新。

实验二　卤素及其化合物

一、实验目的

1. 熟悉卤素的性质，比较卤素单质的氧化性和卤离子的还原性。

2. 掌握卤离子的检验方法。

3. 掌握氯气的实验室制法。

二、实验用品

1. 仪器

圆底烧瓶、分液漏斗、导气管、广口瓶、铁架台、酒精灯、试管。

2. 药品

0.1 mol/L 的溴化钾溶液（KBr）及固体、0.1 mol/L 的碘化钾溶液（KI）及固体、0.1 mol/L的氯化钠溶液（NaCl）及固体、氯水、溴水、四氯化碳（CCl_4）、淀粉、浓硫酸、醋酸铅试纸、淀粉—碘化钾试纸、蓝色石蕊试纸、浓氨水、0.1 mol/L 的硝酸银（$AgNO_3$）溶液、3 mol/L 的硝酸（HNO_3）溶液。

三、实验内容和步骤

1. 卤素间的置换反应

（1）在试管中加入 2 滴 0.1 mol/L 的溴化钾溶液和 5 滴四氯化碳，然后滴加氯水，边加边振荡试管。观察现象，并写出反应方程式。

（2）在试管中加入 2 滴 0.1 mol/L 碘化钾溶液和 5 滴四氯化碳然后滴加氯水，边加边振荡试管。观察现象，并写出相应的反应方程式。

（3）在试管中加入 5 滴 0.1 mol/L 的碘化钾溶液，再加入 1～2 滴淀粉溶液，然后滴加溴水，振荡试管。观察现象，并写出相应的反应方程式。

根据以上结果，说明卤素单质的活泼顺序。

2. 氯化氢（HCl）的制取和性质

将 15～20 g 食盐放入 500 mL 圆底烧瓶中，按图实 2—1 将仪器装配好（在通风橱内）。从分液漏斗

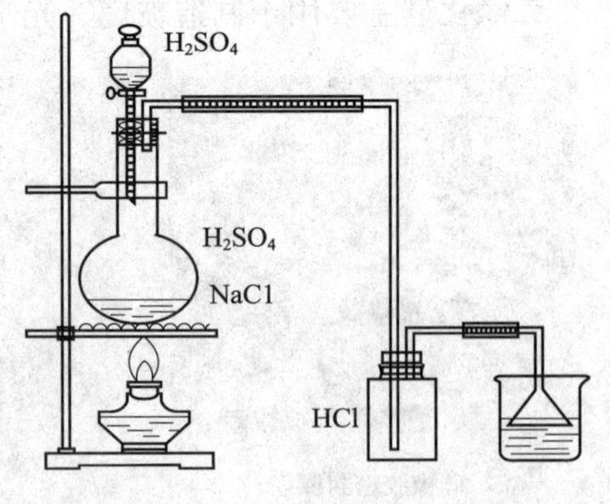

图实 2—1　氯化氢的制取实验

中逐次注入 30～40 mL 浓硫酸，微热，就有气体产生。用向上排气法收集生成的氯化氢气体，供下面实验用，写出该反应的方程式。

（1）用手指堵住收集氯化氢气体的试管口，并将试管倒插入盛水的大烧杯中，轻轻地把堵住试管的手指掀开一道小缝，观察现象，说明原因。再用手指堵住试管口，将试管自水中取出，用蓝色石蕊试纸检验试管中溶液的酸碱性。

（2）往上述盛有氯化氢溶液的试管中，滴加几滴 0.1 mol/L 的硝酸银溶液，观察现象，写出相应的反应方程式。

（3）把滴入几滴浓氨水的广口瓶与充有氯化氢气体的广口瓶口对口靠近，抽去瓶口的玻璃片，观察现象，说明原因。

3. 卤离子的还原性

（1）往装有少量碘化钾固体的试管中加入 1 mL 浓硫酸，观察现象，把润湿的醋酸铅试纸移近管口，若出现黑色，说明有什么气体逸出？

（2）往装有少量溴化钾固体的试管中加入 1 mL 浓硫酸，观察有什么析出；把润湿的淀粉—碘化钾试纸移近管口，观察试纸的变化情况。

（3）往装有少量氯化钠固体的试管中加入 1 mL 浓硫酸，观察氯化氢气体的逸出；用玻棒蘸取一些浓氨水，移近管口，现象是什么？

通过上述实验结果，比较 I^-、Br^-、Cl^- 的还原能力。

4. 卤离子的检验

（1）往试管中加入 1 mL 0.1 mol/L 的氯化钠溶液，然后加入 2 滴 0.1 mol/L 的硝酸银溶液，观察沉淀的颜色，弃去上层清液，往沉淀中加入 5 滴 3 mol/L 的硝酸溶液，振荡，观察现象。写出相应的反应方程式。

（2）往试管中加入 1 mL 0.1 mol/L 溴化钾溶液，然后加入 2 滴 0.1 mol/L 硝酸银溶液，观察沉淀的颜色。观察在 3 mol/L 的硝酸溶液中沉淀是否溶解。写出相应的反应方程式。

（3）往试管中加入 1 mL 0.1 mol/L 的碘化钾溶液，然后加入 2 滴 0.1 mol/L 的硝酸银溶液，观察沉淀的颜色。并试验在 3 mol/L 的硝酸溶液中沉淀是否溶解。写出有关的反应方程式。

想一想

1. 用食盐和浓硫酸反应制取氯化氢时，微热和强热（500℃以上）产物有何不同？在实验室的玻璃器皿中反应只能得到什么？

2. 含有 KCl、KBr、KI 三种固体，怎样将它们检验出来？

实验三　氧和硫的重要化合物

一、实验目的

1. 熟悉过氧化氢的氧化性和还原性。

2. 熟悉硫化氢的实验室制备和性质。

3. 熟悉二氧化硫的实验室制备及性质。

4. 掌握浓硫酸的特性和硫酸根离子（SO_4^{2-}）的检验。

二、实验用品

1. 仪器

试管、导气管、圆底烧瓶、烧杯、坩埚盖、铁架台、酒精灯。

2. 药品

0.1 mol/L 碘化钾（KI）溶液、2 mol/L 硫酸（H_2SO_4）溶液、3%（质量分数）双氧水（H_2O_2）溶液、0.01 mol/L 高锰酸钾（$KMnO_4$）溶液、块状硫化亚铁（FeS）、石蕊试液、碘水、亚硫酸钠（Na_2SO_3）晶体、浓硫酸、pH 试纸、品红溶液、0.1 mol/L 硫酸溶液、0.1 mol/L 硫酸钠（Na_2SO_4）溶液、0.1 mol/L 碳酸钠（Na_2CO_3）溶液、0.1 mol/L 氯化钡（$BaCl_2$）溶液、3 mol/L硝酸溶液。

三、实验内容和步骤

1. 过氧化氢的氧化性和还原性

（1）氧化性

在试管中加入 1 mL 0.1 mol/L 的碘化钾溶液、1 mL 2 mol/L 的硫酸溶液和 3～5 滴淀粉溶液，然后滴加3%（质量分数）双氧水溶液，观察现象并说明过氧化氢具有什么性质。

（2）还原性

在试管中加入 1 mL 2 mol/L 的硫酸溶液和 1 mL 0.01 mol/L 的高锰酸钾溶液，然后滴加 3%（质量分数）双氧水溶液，观察现象，并说明过氧化氢具有什么性质。

2. 硫化氢的制备和性质

将块状硫化亚铁装入大试管中，按图实 3—1 安装好装置（在通风橱内）。在分液漏斗中加入 20 mL 2 mol/L 的硫酸，使其与硫化亚铁反应，观察气体的产生。将产生的硫化氢气体通入盛有水的试管 3～5 min，制成硫化氢水溶液备用。写出相应的反应方程式。

（1）硫化氢水溶液的酸碱性

让硫化氢气体通入石蕊试液，观察现象，说明硫化氢水溶液的酸碱性。

（2）硫化氢气体的燃烧

在导管口点燃硫化氢气体，观察火焰的颜色。用一干燥的烧杯罩在火焰上，观察烧杯上有什么生成。将一条润湿的蓝色石蕊试纸置于火焰上方，观察试纸颜色的变化现象，说明缘由。继续将一冷的瓷坩埚盖置于硫化氢火焰中，观察坩埚盖上有什么生成。写出硫化氢燃烧的反应方程式。

（3）硫化氢的还原性

在两支试管中，分别加入 5 滴碘水和 0.01 mol/L 的高锰酸钾溶液，均以 5 滴 2 mol/L 的硫酸酸化后，再滴加上述制备好的硫化氢水溶液，振荡试管，观察现象，说明原因。

3. 二氧化硫的制备和性质

（1）二氧化硫的制备

在带塞导气管的圆底烧瓶中加入 3 勺亚硫酸钠晶体，由分液漏斗滴入浓硫酸，按图实 3—2 安装好仪器，加热，观察现象，写出相应的反应方程式。

（2）二氧化硫的性质

1）水溶液的酸碱性。将二氧化硫气体通入盛有水的试管中，用 pH 试纸检验其水溶液的酸碱性。

2）氧化性。将二氧化硫气体通入装有 3 mL 硫化氢水溶液的试管中，观察现象。写出相应的反应方程式。

3）还原性。将二氧化硫气体通入已酸化的高锰酸钾溶液（于试管中加 2 mL 0.01 mol/L 的高锰酸钾溶液和 10 滴 2 mol/L 的硫酸溶液），观察现象，说明原因。

4）漂白作用。将二氧化硫气体通入盛有 2～3 mL 品红溶液的试管中，观察现象。继续将试管加热，观察产生的现象，并说明原因。

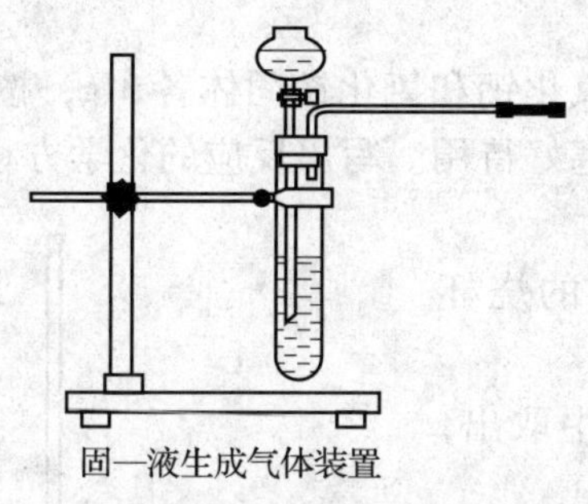

固—液生成气体装置

图实 3—1　硫化氢的制备实验

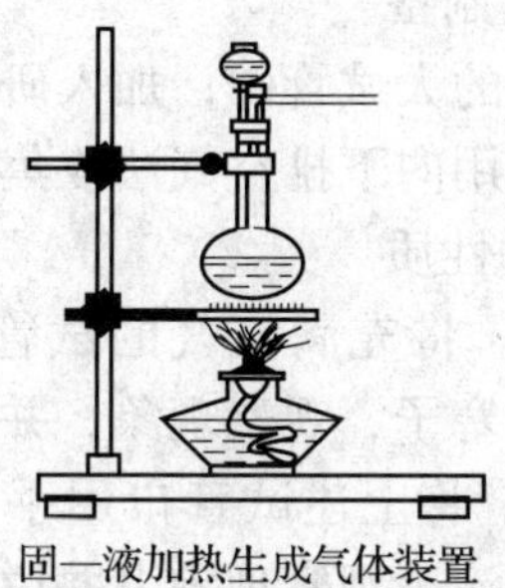

固—液加热生成气体装置

图实 3—2　二氧化硫的制备实验

4. SO_4^{2-} 的检验

在 3 支试管中分别加入 2 mL 0.1 mol/L 的硫酸溶液、0.1 mol/L 的硫酸钠溶液、0.1 mol/L 的碳酸钠溶液，再各加入 1 mL 0.1 mol/L 的氯化钡溶液，观察现象。然后向每支试管中滴加 3 mol/L 的硝酸溶液，振荡试管，现象又是什么。说明如何检验 SO_4^{2-}。

想一想

1. H_2S 的主要化学性质有哪些？为什么氢硫酸要现用现配？长期放置的氢硫酸为什么会出现浑浊？

2. 二氧化硫的漂白作用与氯气的漂白作用有何不同？

实验四　氮、磷及其化合物

一、实验目的

1. 掌握氨气的实验室制备方法和性质。
2. 熟悉铵盐的性质和检验。
3. 熟悉硝酸及其盐的性质。
4. 熟悉磷酸及磷酸盐的性质。

二、实验用品

1. 仪器

试管、带塞导管、烧杯、坩埚、铁架台、酒精灯。

2. 药品

氢氧化钙［$Ca(OH)_2$］和氯化铵固体（NH_4Cl）、酚酞溶液、浓氨水、浓盐酸、硝酸铵（NH_4NO_3）、硫酸铵［$(NH_4)_2SO_4$］、碳酸铵［$(NH_4)_2CO_3$］晶体、红色的石蕊试纸、

6 mol/L 氢氧化钠（NaOH）溶液、铜片、浓硝酸、硝酸钾（KNO_3）晶体、木炭、白磷、二硫化碳（CS_2）溶液、0.1 mol/L 磷酸钠（Na_3PO_4）、磷酸氢钠（Na_2HPO_4）、磷酸二氢钠（NaH_2PO_4）溶液、0.1 mol/L 氯化钙（$CaCl_2$）溶液、3 mol/L 硝酸（HNO_3）溶液、0.1 mol/L 硝酸银（$AgNO_3$）溶液。

三、实验内容和步骤

1．氨气的制备和性质

（1）氨气的制备

往一个干燥的大试管中，加入研细并混匀的氢氧化钙和氯化铵固体各 3 g，按图实 4—1 装置好。加热，用向下排空气法收集一试管氨气，塞好待用。写出反应的化学方程式。

（2）氨气的性质

1）溶解性。将充满氨气的试管倒置于盛有水的烧杯中，在水下打开塞子，观察现象，并说明原因。

2）酸碱性。将上述试管口用手指堵住，自水中取出，滴加几滴酚酞溶液，观察现象，并说明原因。

3）与氯化氢的反应。在坩埚中滴入 5 滴浓氨水，在小烧杯中滴入几滴浓盐酸浸润杯壁，然后将烧杯倒扣在坩埚上，观察现象，并说明原因。

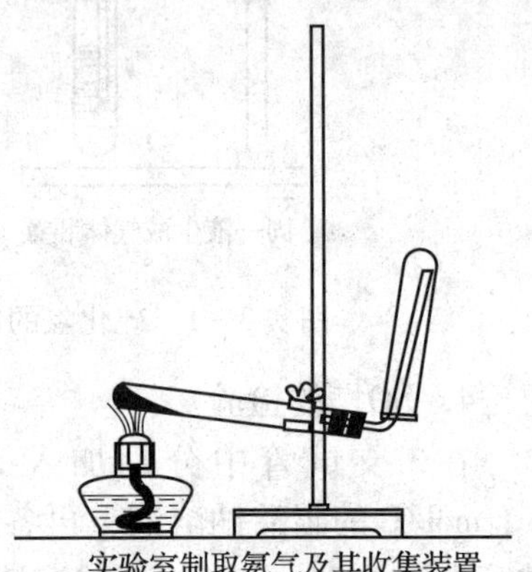
实验室制取氨气及其收集装置

图实 4—1　氨气的制备实验

2．铵盐的性质及检验

（1）溶解性

在 3 支试管中分别加入黄豆大小的硝酸铵、硫酸铵、碳酸铵晶体，再各加入 2 mL 水，振荡，观察现象。说明三种晶体在水中的溶解性如何？

（2）不稳定性

往试管中加入 1 g 氯化铵晶体，管口朝上，将其固定在铁架台上，加热试管底部，用湿润的红色石蕊试纸在试管口检验逸出的气体。观察试纸颜色的变化，同时观察试管上部内壁温度较低处的现象，并说明原因。

（3）遇碱放出氨气

往试管中放入一小药匙硫酸铵晶体，再加入 2 mL 6 mol/L 的氢氧化钠溶液，用湿润的红色石蕊试纸检验所放出的气体。观察现象，写出相应的反应方程式。

3．硝酸及其盐的性质

（1）硝酸的氧化性

往试管中放入一小块铜片，加入约 1 mL 浓硝酸，观察产生的气体和溶液的颜色，然后向试管中加入约 5 mL 水，观察反应情况的变化，写出反应的化学方程式。

（2）硝酸盐的热分解和氧化性

往试管中放入 1 g 硝酸钾晶体，加热至熔化，至产生气体时离开火焰，迅速向试管中投入一小块木炭，观察现象，其反应方程式为：

$$2KNO_3 \overset{\triangle}{=\!=\!=} 2KNO_2 + O_2\uparrow$$

$$C + 2KNO_3 = \!=\!= 2KNO_2 + CO_2\uparrow$$

4. 白磷的性质

取一块绿豆大小的白磷，用滤纸吸干上面的水分后将其投入盛有 1 mL 二硫化碳的试管中，轻轻摇动试管，观察白磷在二硫化碳中的溶解情况。用镊子夹取一滤纸条浸入白磷的二硫化碳溶液中，然后取出在空气中晃动，观察现象。

5. 磷酸盐的性质

（1）往三支试管中，分别加入 2 mL 浓度均为 0.1 mol/L 的磷酸钠、磷酸氢钠、磷酸二氢钠溶液，再各加入 1 mL 0.1 mol/L 的氯化钙溶液，观察各试管中有无沉淀产生，说明磷酸的三种钙盐的溶解性。

（2）用 pH 试纸分别测定 0.1 mol/L 磷酸钠、磷酸氢钠、磷酸二氢钠溶液的酸碱性。

（3）往试管中加入约 1 mL 0.1 mol/L 的磷酸钠溶液，再滴加 0.1 mol/L 的硝酸银溶液，观察现象，然后继续加入 3 mol/L 的硝酸溶液，现象是什么，说明原因。

想一想

1. 怎样检验铵盐？怎么证明铵盐遇碱放出的气体是氨气？氨气能否用排水集气法收集？

2. 铜与浓、稀硝酸作用时，其现象有何不同？

实验五　碳、硅及其化合物

一、实验目的

1. 掌握二氧化碳的实验室制法和性质。

2. 了解碳酸盐和酸式碳酸盐的热稳定性以及它们之间的相互转化。

3. 了解硅酸钠的性质。

二、实验用品

1. 仪器

大小试管、带塞导管、酒精灯。

2. 药品

6 mol/L 的盐酸（HCl）溶液、石灰石（$CaCO_3$）、澄清的石灰水［$Ca(OH)_2$］溶液、石蕊试液、固体碳酸氢钠（$NaHCO_3$）、蓝色石蕊试纸、无水碳酸钠（Na_2CO_3）、pH 试纸、1 mol/L的碳酸钠溶液和 1 mol/L 的碳酸氢钠溶液及 20% 的硅酸钠（Na_2SiO_3）溶液、碳酸铵［$(NH_4)_2CO_3$］固体、碳酸镁（$MgCO_3$）固体。

三、实验内容和步骤

1. 二氧化碳的制备和性质

（1）往装有导管的大试管中，装入少量石灰石和 6 mol/L 的盐酸溶液，用向上排空气法收集一试管二氧化碳（CO_2）气体，塞好待用。写出相应的反应方程式。

（2）将导管插入盛有澄清的石灰水溶液的试管中，观察现象，写出反应的化学方程式。

（3）将收集有二氧化碳气体的试管倒立于盛有水的烧杯中，去掉塞子，观察试管内水面的上升情况。解释现象。

（4）往试管中装入约 20 mL 水，并滴入两滴石蕊试液，然后通入二氧化碳气体，观察石蕊试液颜色的变化。移开导管，加热试管至液体沸腾，观察溶液颜色的变化。说明原因。

2. 碳酸盐和碳酸氢盐的热稳定性

（1）取一药匙固体碳酸氢钠于试管中，加热灼烧，在管口用湿润的蓝色石蕊试纸检验放出的气体，观察现象，写出反应方程式。

（2）用无水碳酸钠代替碳酸氢钠，做同样的实验，观察现象，比较它们的热稳定性。

3. 碳酸盐和酸式碳酸盐的相互转化

（1）将二氧化碳气体通入新配制的澄清的石灰水中，现象是什么？继续通入二氧化碳气体，又有何现象？说明原因。将所得溶液分成两份供步骤（2）、（3）用。

（2）向步骤（1）中所得的一份溶液中加入 $Ca(OH)_2$溶液，会有什么现象？写出反应方程式。

（3）将步骤（1）中所得的另一份溶液加热，观察现象，并说明原因。

4. 碳酸盐和硅酸盐溶液的其他性质

（1）用 pH 试纸检验 1 mol/L 的碳酸钠溶液和 1 mol/L 的碳酸氢钠溶液及 20% 的硅酸钠溶液的酸碱性。说明盐溶液是否一定是中性。

（2）取少量碳酸钠、碳酸氢钠、碳酸铵、碳酸钙、碳酸镁固体，将它们分别加入 5 个试管中，加水比较其溶解性。

（3）往上述 5 个试管中分别滴加 6 mol/L 的盐酸溶液，观察现象，说明原因。

（4）往试管中加入 2 mL 20% 的硅酸钠溶液，逐滴加入 6 mol/L 的盐酸溶液（每加一滴盐酸溶液后，摇匀稍停，再继续滴加）至乳白色出现，稍停即可生成硅酸水凝胶，说明原因。

想一想

1. 用石灰石与酸作用制备 CO_2 气体时，为什么通常用盐酸而不用硫酸？

2. 碳酸钠和碳酸氢钠相比，谁的热稳定性好？

本章小结

一、卤素

1. 卤素

（1）卤素包括 F、Cl、Br、I，单质以双原子分子形式——F_2（淡黄色有毒气体）、Cl_2（黄绿色有毒气体）、Br_2（红棕色液体）、I_2（紫黑色固体）存在。

（2）单质的活泼性顺序是 $F_2 > Cl_2 > Br_2 > I_2$，活泼的单质能把不如它活泼的单质置换出来。

（3）氢化物的稳定性是 HF > HCl > HBr > HI。

（4）氢化物水溶液氢卤酸的酸性。氢氟酸是弱酸，但有腐蚀玻璃的性质，其余是强酸，随原子序数的增加，酸性依次增强。

（5）碘单质遇淀粉显蓝色，可用于碘单质的检验。

（6）卤离子的检验——硝酸银、稀硝酸法。

2. 氧化还原反应

（1）氧化还原反应的定义

凡是物质之间有电子得失，反应前后元素化合价有改变的反应称为氧化还原反应。

（2）氧化还原反应同时包括两个过程

氧化反应——凡是物质失去电子，致使元素化合价升高的反应叫氧化；还原反应——凡是物质得到电子，致使元素化合价降低的反应叫还原。

（3）氧化剂

凡是在氧化还原反应中，能使另一种物质发生氧化作用的物质叫氧化剂，它自身被还原。氧化剂具有氧化性。

（4）还原剂

能使另一种物质发生还原作用的物质叫还原剂，它自身被氧化。还原剂具有还原性。

二、氧族元素

1. 氧族元素包括氧、硫、硒（Se）、碲（Te）、钋（Po），其中氧和硫是常见的重要非金属元素。

2. 氧气

氧气是空气的主要组成部分。实验室用二氧化锰作催化剂，加热分解氯酸钾制备，工业用分离液态空气法制备氧气。氧气有强助燃力，能使带火星的木条复燃。

3. 氧单质有两种同素异形体 $\begin{cases}\text{氧气（}O_2\text{）}\\\text{臭氧（}O_3\text{）}\end{cases}$

4. 氧和氢形成的化合物有两种 $\begin{cases}\text{水（}H_2O\text{）}\\\text{过氧化氢（}H_2O_2\text{）。过氧化氢的水溶液称为双氧水，其中的氧为 }-1\text{ 价。}\end{cases}$

5. 硫有多种同素异形体，最常见的是斜方硫和单斜硫。

6. 硫化氢为有臭鸡蛋味的有毒气体，其水溶液叫氢硫酸，弱酸，具有还原性。

7. 硫的氧化物有二氧化硫（SO_2）和三氧化硫（SO_3）。

8. 浓硫酸有强吸水性、脱水性、氧化性、腐蚀性，为三大强酸之一。稀释浓硫酸时，只能将浓硫酸缓慢沿杯壁注入水中，不能把水注入浓硫酸中。

三、氮族元素

1. 氮族元素包括氮、磷、砷（As）、锑（Sb）、铋（Bi），其中氮、磷是常见的重要非金属元素。

2. 氮气（N_2）是无色无臭的气体，空气的主要组成部分。

3. 氨气是无色有刺激性气味的气体，比空气轻，极易溶于水，其水溶液称为氨水，弱碱性。

4. 铵盐的共性是遇碱放出氨气。

5. 硝酸是强酸，有强氧化性，与金属反应得不到氢气。

6. 磷有几种同素异形体，其中主要有白磷和红磷。白磷有毒，易燃，红磷无毒。

7. 磷酸是中等强度的三元酸。磷酸盐中，大多数二氢盐易溶于水，磷酸氢盐和正盐（除钠、钾和铵盐外）一般都难溶于水。

四、碳族元素

1. 碳族元素包括碳、硅、锗（Ge）、锡（Sn）、铅（Pb），其中碳、硅是常见的重要非金属元素。

2. 碳单质有三种同素异形体$\begin{cases}\text{金刚石}\\\text{石墨}\\\text{无定形碳}\end{cases}$

3. 碳的氧化物有 CO、CO_2，CO 会让人中毒，固态 CO_2 叫做干冰。

4. 碳酸是很弱的二元酸，不稳定。碳酸盐有正盐和酸式盐两种，一般酸式盐的热稳定性比相应的碳酸盐弱。碳酸钠俗称纯碱或苏打，碳酸氢钠俗称小苏打。

5. 晶体硅分为单晶硅和多晶硅，单晶硅是重要的半导体材料。

6. 二氧化硅不溶于水，水晶、河沙的主要成分都是二氧化硅。

7. 硅酸有多种存在形式，最简单的是 H_2SiO_3，是很弱的二元酸，在水中溶解度不大，但可形成硅酸溶胶。

自我检测

一、填空题

1. 湿润的有色布条能在氯气中褪色，主要是________的缘故。

2. 磷有多种同素异形体，其中常见的是________和________。________有剧毒，在空气中能自燃，________无毒。

3. 氨水显________性，能使酚酞溶液变________。常温下，1 体积的水大约可溶解________体积的氨。

4. 王水是________和________按体积比________混合后得到的氧化性很强的混合酸。

5. 硝酸不稳定，易分解，故应该用________瓶盛装，________保存。

6. 金刚石和石墨，O_2 和 O_3 都是________，是由相同________组成的不同________。

7. 浓硫酸具有很强的________性、________性和________性。浓硫酸使纸张变黑，是由于浓硫酸的________性；浓硫酸能干燥某些气体，是由于它具有________性；浓硫酸可以与铜反应，是由于它具有________性。

8. 常见的砂粒、玛瑙、水晶的主要成分都是________。

9. 装氢氧化钠的试剂瓶，不能用________塞，而要用________塞，这是因为 NaOH 要与玻璃中的________作用，生成具有黏稠性的硅酸钠，使瓶塞和瓶子粘在一起，打不开。

10. 漂白粉是一种混合物，其主要成分是________，但起漂白作用的是其与酸反应生成________的缘故。

11. 发生氯气泄漏事件时，污染区居民切忌惊慌，应向________（上风向还是下风向）地区转移，并用________护住口鼻；到了安全地带要好好休息，避免剧烈________，以免加重心肺负担，恶化病情。

二、选择题

1. 下列物质的溶液中能与 $AgNO_3$ 溶液反应，生成不溶于稀硝酸的白色沉淀的是(　　)。

A. NaCl　　B. NaBr　　C. NaI　　D. Na_2CO_3

2. 在下列物质的溶液中，加入淀粉溶液，溶液变蓝的是(　　)。

A. KI　　B. Br_2　　C. I_2　　D. Cl_2

3. 下列物质中与氨反应产生白烟的是(　　)。

A. 氧气　　B. 水蒸气　　C. 浓硫酸　　D. 浓盐酸

4. 下列物质中硫的化合价是最高价 +6 价的是（　　）。

A. H_2S　　B. SO_2　　C. H_2SO_4　　D. H_2SO_3

5. 下列酸中可用铁制容器盛装的是（　　）。

A. 浓硫酸　　B. 稀硫酸　　C. 稀盐酸　　D. 稀硝酸

6. 有臭鸡蛋气味的有毒气体是（　　）。

A. NO_2　　B. SO_2　　C. H_2S　　D. CO

7. 铵盐的通性是（　　）。

A. 受热都放出氨气　　B. 水溶液都呈碱性

C. 与碱共热放出氨气　　D. 在水中溶解度都不高

8. 下列物质中属于硅酸盐的是（　　）。

A. 晶体硅　　B. 石英　　C. 水玻璃　　D. 小苏打

9. 下列各酸中是弱酸，但能腐蚀玻璃的是（　　）。

A. 氢氟酸　　B. 氢氯酸　　C. 氢溴酸　　D. 氢碘酸

三、判断题（对的打√，错的打×）

1. 实验室制取氯气不可用排水取气法收集，而要用向上排空气法。（　　）

2. 无论干燥的还是潮湿的氯气，都有漂白作用。（　　）

3. 硝酸能与活泼金属反应，放出氢气。（　　）

4. 铜不能与稀硫酸反应，却能与浓硫酸反应放出氢气。（　　）

5. 液氯和氯水是同一物质。（　　）

6. 氯化铵受热分解生成的气体遇冷仍变成氯化铵，所以氯化铵和碘都具有升华的特性。（　　）

7. 二氧化硅溶于水生成硅酸（$SiO_2 + H_2O = H_2SiO_3$）。（　　）

8. SO_2具有漂白和杀菌作用。（　　）

9. 用水稀释浓硫酸时，必须把浓硫酸缓慢地倒入水中，而万万不能把水倒入浓硫酸中。（　　）

10. 检验 SO_4^{2-} 可以用 $BaCl_2$ 和稀盐酸，若有不溶于稀盐酸的白色沉淀产生，证明含有 SO_4^{2-}。（　　）

四、指出下列反应中的氧化过程和还原过程，氧化剂和还原剂

1. $MnO_2 + 4HCl$（浓）$\xlongequal{} MnCl_2 + 2H_2O + Cl_2\uparrow$

2. $Cl_2 + H_2O \xlongequal{} HCl + HClO$

3. $2H_2S + SO_2 \xlongequal{} 2H_2O + 3S\downarrow$

4. $Cu + 2H_2SO_4$（浓）$\xlongequal{} CuSO_4 + SO_2\uparrow + 2H_2O$

五、简答题

1. 氯气与石蕊发生作用，为什么先变红色，后褪色？

2. 浓硫酸对皮肤有强烈的腐蚀性。如果做实验时皮肤不慎沾上浓硫酸，必须怎么办？

第四章　化学反应速率与化学平衡

教学要求

1. 了解化学反应速率的概念和表示方法，掌握影响化学反应速率的因素。
2. 理解化学平衡的概念和特征，掌握影响化学平衡移动的因素和化学平衡移动原理。
3. 学会用化学平衡移动原理判断化学平衡移动方向。
4. 理解化学平衡常数表达式，掌握有关化学平衡的计算。
5. 了解化学平衡原理的应用。

第一节　化学反应速率

一、化学反应速率的表示方法

不同的化学反应进行的快慢不一样，有些反应进行得很快，瞬间就能完成，如炸药爆炸、照相底片感光、酸碱溶液发生的中和反应等；而有的反应进行得很慢，如塑料的分解、石油的形成等都需要漫长的时间。为了度量化学反应进行的快慢，需要建立化学反应速率的概念。

化学反应速率通常是用单位时间内反应物浓度的减少或生成物浓度的增加来表示。反应速率通常用符号 υ（i）表示。

即
$$\upsilon = \frac{\text{浓度的改变量}}{\text{反应时间}} = \frac{\Delta c}{\Delta t}$$

浓度单位为 mol/L（摩尔/升），时间单位为 s（秒）、min（分）和 h（小时）。所以反应速率的单位为 mol/（L·s）、mol/（L·min）、mol/（L·h）。

例如，在一定条件下，合成氨的反应：

$$N_2 + 3H_2 \rightleftharpoons 2NH_3$$

	N_2	$3H_2$	$2NH_3$
起始浓度　(mol/L)	1.0	3.0	0
2 s 后浓度 (mol/L)	0.8	2.4	0.4

该反应的反应速度可分别表示为：

$$\upsilon(N_2) = \frac{1.0-0.8}{2} = 0.1\ \text{mol/(L·s)}$$

$$\upsilon(H_2) = \frac{3.0-2.4}{2} = 0.3\ \text{mol/(L·s)}$$

$$\upsilon(NH_3) = \frac{0.4-0}{2} = 0.2\ \text{mol/(L·s)}$$

注意

1. 用不同物质的浓度变化来表示同一反应的反应速率时，其反应速率的数值不一定相同。而它们之间的比值等于反应方程式中各物质化学计量数的比。例如就该反应而言：$v(N_2):v(H_2):v(NH_3)=1:3:2$。

2. 表示某一反应的反应速率时，应指明它是用哪一种物质的浓度的变化来表示的。

3. 公式中表示的反应速率是指某一时间段内的平均速率。

想一想

1. 在某一化学反应里，反应物 A 的浓度在 10 s 内由 2.0 mol/L 变成 0.8 mol/L，在这 10 s 内，A 的化学反应速率是多少？

2. 已知反应 $A+2B=3C$，A、B 的起始浓度均为 1 mol/L，2 min 后，测得 A 浓度为 0.6 mol/L，则 $v(A)=$________，$v(B)=$________，$v(C)=$________。

3. 同一化学反应，用不同的物质的浓度变化来表示反应速率，其数值相同吗？

二、影响化学反应速率的因素

化学反应速率的大小主要取决于反应物本身的性质，此外还受浓度、压力、温度和催化剂等外界因素的影响。

1. 浓度对化学反应速率的影响

【课堂演示 4—1】 往一支试管中加入 0.1 mol/L 硫代硫酸钠（$Na_2S_2O_3$）溶液 10 mL，往另一支试管中加入 5 mL 0.1 mol/L 的 $Na_2S_2O_3$ 溶液和 5 mL 蒸馏水。再取两支试管，分别加入 0.1 mol/L 硫酸 10 mL，并同时分别倒入上述两个盛 $Na_2S_2O_3$ 溶液的试管里。观察出现浑浊现象的情况。

实验发现，装有浓度大的 $Na_2S_2O_3$ 溶液的试管中，首先出现浑浊现象，说明反应物浓度大，反应速率快。上述反应的化学方程式可以表示为：

$$Na_2S_2O_3+H_2SO_4=Na_2SO_4+SO_2\uparrow+S\downarrow+H_2O$$

大量实验证明，在其他条件不变的情况下，增加反应物的浓度，可以增大（加快）反应速率；减小反应物浓度，可以减小（减慢）反应速率。浓度越大，单位体积里参加反应的物质分子越多，在单位时间内发生的有效碰撞次数越多，反应速率就越快。反之，反应速率就越小。

想一想

物质在空气中和在纯氧中燃烧，哪个燃烧更剧烈？为什么？

2. 压力（压强）对化学反应速率的影响

一定量气体的体积与其所受的压强成反比，也就是说，气体的压强增大一倍，气体的体积就缩小 50%，单位体积内的分子数就增加一倍。

因此，对有气体参加的反应来说，当温度一定时，增大压力（压强），气态反应物质的浓度增大，反应速率增大；反之，减小压力（压强），气态反应物质的浓度减小，反应速率减小。

对反应物为固体、液体的反应来说，由于压强的改变对它们的浓度影响很小，因此，在其他条件不变时，可认为压强与反应速率无关。也就是说，对于没有气体参加的反应，压强对反应速率影响很小，可忽略不计。

想一想

1. 对于反应：$Fe + CuSO_4 \xlongequal{} Cu + FeSO_4$，增大压强，能否加快化学反应速率？

2. 为什么说没有气体参加的反应，改变压强，化学反应速率不变？

3. 温度对反应速率的影响

许多化学反应是在加热的情况下发生的。例如常温下，煤在空气里甚至在纯氧中也不能燃烧，但在高温下则剧烈燃烧。氯气和氢气在常温下化合非常缓慢，但在强光直接照射氯气和氢气的混合气体时，就迅速化合发生爆炸。物质在溶液中进行的化学反应也有类似的情况。

【课堂演示4—2】 往两支试管中分别加入0.1 mol/L $Na_2S_2O_3$ 溶液10 mL，往另外两支试管中分别加入0.1 mol/L 硫酸溶液10 mL，然后将四支试管分成两组，使每组的两支试管一支盛 $Na_2S_2O_3$ 溶液，另一支试管盛硫酸溶液。将一组试管插入热水里，另一组试管插入冷水里。一段时间后，分别将每组中两支试管里的溶液同时混合，并仔细观察热水和冷水中盛混合溶液的试管里出现浑浊的情况。

实验发现，插在热水中盛混合溶液的试管里先出现浑浊现象，插在冷水中盛混合溶液的试管里后出现浑浊现象。这是因为前者温度高，反应速率快，首先析出硫，所以先出现浑浊现象；后者温度低，反应速率慢，硫析出较慢，后出现浑浊现象。

在其他条件不变的情况下，升高温度，化学反应速率增大；降低温度，化学反应速率减小。

一般情况下，温度每升高10℃，化学反应速率增大到原来的2～4倍。

想一想

食品放入电冰箱能保存较长时间，其主要原因是什么？

4. 催化剂对化学反应速率的影响

【课堂演示4—3】 往两支试管中分别加入5 mL 5%（质量分数）的 H_2O_2 溶液和3～4滴洗涤剂（表面活性剂，使生成气体现象更加明显），再向其中一支试管加入少量 MnO_2 粉末，观察反应现象。

实验发现，在加入 MnO_2 粉末的试管中，立刻有大量气泡产生，而在没有 MnO_2 粉末的试管中只有少量气泡出现。这是因为 MnO_2 在此反应中是催化剂，它使 H_2O_2 分解的速率加快了。上述反应的化学方程式为：

$$2H_2O_2 \xlongequal{MnO_2} 2H_2O + O_2\uparrow$$

催化剂是指在化学反应中能改变其他物质的化学反应速率，而本身的质量和化学性质在化学反应前后都没有改变的物质。

催化剂按其用途可分为正催化剂和负催化剂两类。能加快反应速率的催化剂称为正催化剂，能减缓化学反应速率的催化剂称为负催化剂。一般所说的催化剂都是指正催化剂。有催化剂参加的反应叫催化反应。在有催化剂存在的反应中，微量的杂质都可能使催化剂的催化活性急剧降低甚至丧失，这种现象称为催化剂中毒。

催化剂具有选择性，不同的反应要用不同的催化剂。所以，选择适宜的催化剂能大大加快反应速度，有的可以将反应速度提高千万倍，故催化剂在现代化学和化工生产中占有极为重要的地位。

影响化学反应速率的因素很多，除了浓度、压力、温度和催化剂外，还有光、超声波、激光、放射线、电磁波、反应物颗粒的大小、扩散速度、溶剂等。

想一想

影响化学反应速率的因素有哪些？分别是如何影响的？

知识拓展

工业催化剂的分类

工业催化剂有两种分类法，见表4—1。

表4—1 工业催化剂的分类

材质	功能	实例	
		催化剂	反应
金属	加氢	铁	氮与氢合成氨
		镍	油脂加氢制硬化油
	氧化	铂、钯	汽车尾气净化
		铂	氨氧化生成氧化氮
		银	甲醇氧化生成甲醛
金属氧化物	脱氢	氧化铬	丁烷脱氢生成丁烯
	氧化	氧化钒	二氧化硫氧化生成三氧化硫
	加氢	氧化铜、氧化铬	油脂加氢制高级脂肪醇
硫化物	加氢	硫化钼、硫化钨、硫化钴、硫化镍	石油加氢裂化、加氢精制、加氢脱硫
酸、碱、盐	裂化	硅酸铝	石油裂化
	异构化	分子筛	间二甲苯异构化生成对二甲苯
	烷基化	三氯化铝	乙烯与苯生成乙苯
	脱水	氧化铝	乙醇脱水生成乙烯
	水合	固体磷酸	乙烯水合生成乙醇

1. 按材质分类

由于活性组分为催化剂的关键组分，因此可按活性组分的化合状态对固体催化剂材料进行分类，目前主要有金属催化剂、金属氧化物催化剂、硫化物催化剂、酸碱催化剂和络合催化剂等。

2. 按功能分类

按所催化的反应过程来分类，例如用于加氢的催化剂称为加氢催化剂。此外，还有按使用领域进行分类的，例如石油化工催化剂、石油炼制催化剂、无机化工催化剂、环境保护催化剂等。

第二节 化 学 平 衡

一、可逆反应与不可逆反应

在一定条件下，不同的化学反应进行的程度是不同的，某些反应进行得很“彻底”，反应物几乎都转化为生成物。

例如，以二氧化锰作为催化剂，氯酸钾受热分解放出氧气的反应：

$$2KClO_3 \xlongequal[\triangle]{MnO_2} 2KCl + 3O_2 \uparrow$$

过氧化氢在二氧化锰催化下分解为水和氧气的反应：

$$2H_2O_2 \xlongequal{MnO_2} 2H_2O + O_2 \uparrow$$

这两个反应几乎是完全转化为生成物，反应完成后，反应物的量减小到测不出的程度。像这种几乎只能朝一个方向进行到底的反应叫做不可逆反应。不可逆反应用“$=\!=\!=$”或“$\longrightarrow$”符号表示。

但是在实际中，绝大多数的化学反应，在同一反应条件下，反应物不仅可以向着生成物方向进行转化，而且生成物也可以向着反应物方向进行转化。

例如，在密闭容器中，一定温度下，等物质的量的氢气和碘蒸气化合可以生成碘化氢；在同样的条件下，碘化氢也能分解生成氢气和碘蒸气，这两个反应是同时发生的，并且方向相反，可以合并写成下列形式：

$$H_2 + I_2 \rightleftharpoons 2HI$$

这种在相同的条件下，既能向一个方向进行，又能向相反方向进行的反应，称为可逆反应。习惯上把从左向右进行的反应叫做正反应，从右向左进行的反应叫做逆反应。也就是说，在相同条件下，既能向正反应方向进行，同时又能向逆反应方向进行的反应称为可逆反应。用“$\rightleftharpoons$”符号表示可逆反应。在可逆反应中，正、逆反应在同一个系统中同时发生。

注意

几乎所有的化学反应都具有一定的可逆性，可逆性是化学反应的普遍特征。可逆性即反应物不能全部转化为生成物。

想一想

NH_3和 HCl 反应生成 NH_4Cl，NH_4Cl 受热分解生成 NH_3和 HCl。此反应是可逆反应吗？

二、化学平衡

合成氨的反应是一个可逆反应，如下所示：

$$N_2\text{（g）} + 3H_2\text{（g）} \rightleftharpoons 2NH_3\text{（g）}$$

在温度为 873K 和压力为 2.026×10^7Pa 的条件下，将体积比为 1∶3 的 N_2和 H_2的混合气体，通入一个装有催化剂的密闭容器里进行反应。当反应混合气体中 NH_3的含量达到 9.2%（体积分数），未反应的 N_2和 H_2含量为 90.8%（体积分数）时，如果反应条件不改变，无论怎样延长时间，容器内反应物 N_2、H_2和生成物 NH_3在混合气体中的浓度都不再发生改变。

这是因为，当反应开始时，容器内只有 N_2 和 H_2，此时它们的浓度最大，因而正反应速率最大；而此时 NH_3 的浓度为0，因而逆反应速率也为0，即不存在逆反应。然而反应发生后，一旦生成 NH_3，逆反应便立即发生，随着反应的进行，反应物 N_2 和 H_2 的浓度逐渐减小，正反应速率也随之逐渐减慢；生成物 NH_3 的浓度逐渐增大，逆反应速率也随之逐渐加快。如果外界条件不发生变化，化学反应进行到一定程度时，就会出现正反应速率和逆反应速率相等（见图4—1），即单位时间内，正反应生成 NH_3 的分子数，等于逆反应分解为 N_2 和 H_2 的 NH_3 分子数。此时容器内反应物和生成物的浓度不再发生变化，反应物和生成物的混合物（简称反应混合物）就处于化学平衡状态。

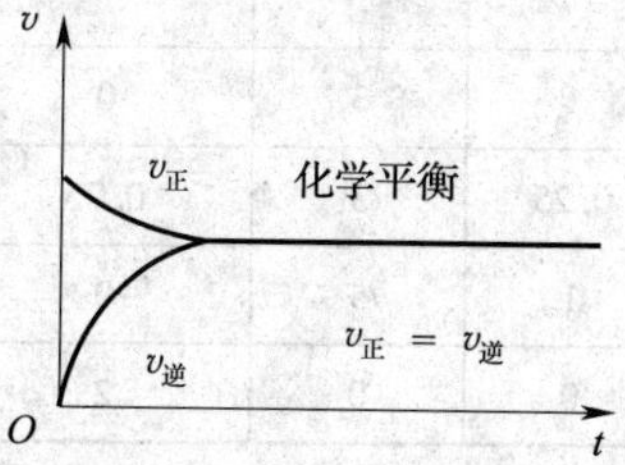

图4—1　正、逆反应速率与化学平衡的关系

这种在一定条件下进行的可逆反应，正反应速率和逆反应速率相等，反应物和生成物的浓度都不再随时间而变化的状态，叫做化学平衡状态，简称化学平衡。

实验证明，如果反应不是从 N_2（g）和 H_2（g）开始，而是从 NH_3（g）的分解反应开始，以相同的条件进行反应，最后结果与前者相同。即达到化学平衡时，反应混合物中各物质的浓度与前者完全相同。

化学平衡状态有以下重要特点：

1. 化学平衡状态最主要的特征是可逆反应的正逆反应速率相等

可逆反应达到平衡后，只要外界条件不变，反应体系中各物质的浓度都不随时间变化。

2. 化学平衡是一种动态的平衡

可逆反应达到平衡后，反应并没有终止，正、逆反应仍在进行。只是在单位时间里各物质（生成物和反应物）的生成量和消耗量相等，生成物与反应物处于动态平衡。

3. 化学平衡是有条件的平衡

当反应条件改变时，正、逆反应的速率发生变化，原有的平衡将受到破坏，直到在新的条件下建立起新的平衡。

4. 化学平衡可双向达到

反应是可逆的，所以化学平衡既可以由反应物开始达到平衡，也可以由生成物开始达到平衡。

想一想

在平衡状态下，生成物的浓度是否是此条件下所能达到的最大浓度？

三、化学平衡常数及应用

1. 化学平衡常数 K_c、K_p

在化学平衡状态时，生成物和反应物都达到相对稳定，那么能否找到在平衡时它们之间的定量关系呢？

下面以一氧化碳和水蒸气在高温时进行反应生成二氧化碳和氢气为例，找出平衡时各物质浓度之间的定量关系。反应式为：

$$CO(g) + H_2O(g) \rightleftharpoons CO_2(g) + H_2(g)$$

实验测定，在800℃时各物质的平衡浓度见表4—2。

表 4—2　　**CO 变换反应中各物质平衡浓度的关系**

起始浓度/（mol/L）				平衡浓度/（mol/L）				平衡浓度关系
c（CO）	c（H_2O）	c（CO_2）	c（H_2）	c（CO）	c（H_2O）	c（CO_2）	c（H_2）	$\frac{c(CO_2)\ c(H_2)}{c(CO)\ c(H_2O)}$
1	3	0	0	0.25	2.25	0.75	0.75	1.0
0.25	3	0.75	0.75	0.21	2.96	0.79	0.79	1.0
1	5	0	0	0.167	4.167	0.833	0.833	1.0
0	0	2	1	0.67	0.67	1.33	0.33	1.0

从表 4—2 的实验数据可知，在一定温度下，可逆反应无论从正反应开始，或是从逆反应开始，也无论反应物起始浓度的大小如何，最后达到平衡时，生成物浓度的幂的乘积与反应物浓度的幂的乘积的比值是一个常数，这个常数叫做该反应的化学平衡常数（简称平衡常数），用符号 K_c 表示。

$$K_c = \frac{c(CO_2)c(H_2)}{c(CO)c(H_2O)}$$

在这里 K_c 是以各物质在平衡状态下的浓度（即平衡浓度）来表示的，所以它又称为浓度平衡常数。

对于一般的可逆反应

$$aA + bB \rightleftharpoons dD + eE$$

在一定温度下，可逆反应达到平衡时，反应物和生成物的平衡浓度间的关系是：$K_c = \frac{[c(D)]^d[c(E)]^e}{[c(A)]^a[c(B)]^b}$

式中，A，B 代表反应物，D，E 代表生成物，a，b，d，e 代表化学方程式中相应物质分子式的化学计量数。c（A），c（B），c（D），c（E）分别为反应达到平衡时各物质的浓度，单位为 mol/L。K_c 为该温度下反应的浓度平衡常数。

该式是化学平衡常数的一般表达形式。它表明：在一定温度下，可逆反应达到平衡时，生成物浓度的幂的乘积与反应物浓度的幂的乘积之比是一个常数。

对于有气体物质参加的可逆反应，也可以用气体的平衡分压代替各物质的平衡浓度来计算该反应的平衡常数。用分压表示的平衡常数叫做压力平衡常数，用 K_p 表示。

对于有气体物质参加的一般可逆反应：

$$aA(g) + bB(g) \rightleftharpoons dD(g) + eE(g)$$

压力平衡常数的表达式为：

$$K_p = \frac{[p(D)]^d[p(E)]^e}{[p(A)]^a[p(B)]^b}$$

式中，A，B 代表反应物，D，E 代表生成物，a，b，d，e 代表化学方程式中相应物质分子式前面的化学计量数。p（A），p（B），p（D），p（E）分别为可逆反应达到平衡时各物质的平衡分压。K_p 为该温度下反应的压力平衡常数。

2. 应用平衡常数时应注意的几个问题

在具体应用平衡常数的概念时，必须注意下面几个问题：

（1）平衡常数与浓度（或压力）无关，只与温度有关，它随着温度的改变而改变。在一定温度下，对指定的可逆反应，K_c 和 K_p 是一个常数。

（2）平衡常数 K_c 或 K_p 中的浓度或分压，一定是反应达到平衡时各物质的浓度或分压。

（3）平衡常数的数值与化学方程式书写的方式有关。对同一化学反应，在同样的条件下达到平衡，由于化学方程式的写法不同，则平衡常数的数值也不相同。例如，氮气和氢气合成氨的反应，如果化学方程式写成：

$$N_2(g) + 3H_2(g) \rightleftharpoons 2NH_3(g)$$

则
$$K_c = \frac{[c(NH_3)]^2}{[c(N_2)][c(H_2)]^3},\ K_p = \frac{[p(NH_3)]^2}{[p(N_2)][p(H_2)]^3}$$

如果化学方程式写成：

$$\frac{1}{2}N_2(g) + \frac{3}{2}H_2(g) \rightleftharpoons NH_3(g)$$

则
$$K_c' = \frac{[c(NH_3)]}{[c(N_2)]^{\frac{1}{2}}[c(H_2)]^{\frac{3}{2}}} = \sqrt{K_c},\ K_p' = \frac{[p(NH_3)]}{[p(N_2)]^{\frac{1}{2}}[p(H_2)]^{\frac{3}{2}}} = \sqrt{K_p}$$

因此，在进行有关计算时，要注意使用与反应方程式对应的平衡常数的数值。

（4）对有固体或纯液体参加的反应，它们的浓度不写入平衡常数表达式中，因为它们的浓度可视为常数。例如：

$$CaCO_3(s) \rightleftharpoons CaO(s) + CO_2(g)$$

$$K_c = c(CO_2) \qquad K_p = p(CO_2)$$

$$CO_2(g) + H_2(g) \rightleftharpoons CO(g) + H_2O(l)$$

$$K_c = \frac{c(CO)}{c(CO_2)c(H_2)} \qquad K_p = \frac{p(CO)}{p(CO_2)p(H_2)}$$

3. K_c 与 K_p 的关系

对于有气体物质参加的一般可逆反应：

$$aA(g) + bB(g) \rightleftharpoons dD(g) + eE(g)$$

同一反应中，浓度平衡常数 K_c 和压力平衡常数 K_p 之间有如下关系：

$$K_p = K_c(RT)^{\Delta n}$$

式中 $\Delta n = (d+e) - (a+b)$

当 $\Delta n = 0$ 时，$K_p = K_c$

4. 平衡常数的意义

平衡常数是可逆反应的特征常数，平衡常数数值的大小表明了在一定条件下化学反应进行的程度。K 值越大，在平衡混合物中产物越多，反应进行的程度越大，达到平衡时正反应进行得越完全；K 值越小，反应物转化为生成物的程度就越小，反应就越不完全。

想一想

对于 K_c 和 K_p，下列说法正确与否？

1. K_c 和 K_p 与浓度或压力有关。

2. K_c 和 K_p 与温度有关。

3. K_c 和 K_p 与化学方程式的写法无关。

4. K_c 和 K_p 中的各物质浓度和压力，是起始时候的浓度和压力。

知识拓展

浓度平衡常数 K_c 和压力平衡常数 K_p 之间关系的推导。

在一定温度下，对于一般可逆反应：

$$aA\ (g)\ +bB\ (g) \rightleftharpoons dD\ (g)\ +eE\ (g)$$

设 n_A，n_B，n_D，n_E 分别代表反应物和生成物平衡时的物质的量，p（A），p（B），p（D），p（E）分别代表反应物和生成物平衡时的分压，根据理想状态方程式和分压定律，则有下列关系：

$$p(A) = \frac{n_A}{V} \cdot RT = c(A) \cdot RT$$

$$p(B) = \frac{n_B}{V} \cdot RT = c(B) \cdot RT$$

$$p(D) = \frac{n_D}{V} \cdot RT = c(D) \cdot RT$$

$$p(E) = \frac{n_E}{V} \cdot RT = c(E) \cdot RT$$

将上面关系式代入 K_p 的关系式：

$$K_p = \frac{[p(D)]^d[p(E)]^e}{[p(A)]^a[p(B)]^b} = \frac{[c(D)]^d(RT)^d[c(E)]^e(RT)^e}{[c(A)]^a(RT)^a[c(B)]^b(RT)^b}$$

$$= \frac{[c(D)]^d[c(E)]^e}{[c(A)]^a[c(B)]^b}(RT)^{(d+e)-(a+b)}$$

令（$d+e$）－（$a+b$）$=\Delta n$，即 Δn 为化学方程式中气态生成物化学计量数总和减去气态反应物计量数总和所得之差值。

则
$$K_p = K_c(RT)^{\Delta n}$$

四、化学平衡常数的计算

化学平衡常数计算的常见题型有以下几种：

1. 已知平衡浓度，求平衡常数和反应物的起始浓度

【例 4—1】　氮气和氢气在密闭容器中合成氨的反应：$N_2+3H_2 \rightleftharpoons 2NH_3$，在 400℃时达到平衡，测得各物质的平衡浓度为：c（N_2）$=3$ mol/L，c（H_2）$=9$ mol/L，c（NH_3）$=4$ mol/L，求在该温度下合成氨反应的平衡常数 K_c 及 N_2 和 H_2 的起始浓度。

解：
$$K_c = \frac{[c\ (NH_3)]^2}{[c\ (N_2)]\ [c\ (H_2)]^3} = \frac{4^2}{3\times 9^3} = 7.32\times 10^{-3}$$

设生成 4 mol NH_3 消耗 N_2 为 x mol，消耗 H_2 为 y mol。

则
$$N_2 + 3H_2 \rightleftharpoons 2NH_3$$

1 mol　3 mol　2 mol

x mol　y mol　4 mol

$1:x=2:4$　　解得 $x=2$（mol）

$$3:y=2:4 \quad 解得\ y=6\ (mol)$$

设密闭容器的体积为 1 L，则 N_2消耗浓度为 2 mol/L，H_2消耗浓度为 6 mol/L。

因为对可逆反应来说，平衡浓度 = 物质的起始浓度 − 消耗浓度

所以 物质的起始浓度 = 平衡浓度 + 消耗浓度

故 N_2的起始浓度 = 3 + 2 = 5（mol/L）

H_2的起始浓度 = 9 + 6 = 15（mol/L）

答：合成氨反应的平衡常数 K_c 为 7.32×10^{-3}，N_2 和 H_2 的起始浓度分别为5 mol/L和15 mol/L。

2. 已知平衡常数，求平衡浓度

【例 4—2】 已知某温度下，可逆反应：$CO(g)+H_2O(g) \rightleftharpoons CO_2(g)+H_2(g)$ 的平衡常数 $K_c=1.0$，如 CO（g）和 H_2O（g）的起始浓度分别为 0.2 mol/L 和 0.8 mol/L，求在该条件下这 4 种物质的平衡浓度。

解：设反应达到平衡时，$c(H_2)=c(CO_2)=x$ mol/L，则 $c(CO)=(0.2-x)$ mol/L，$c(H_2O)=(0.8-x)$ mol/L

	$CO(g)$	$+H_2O(g)$	$\rightleftharpoons CO_2(g)$	$+H_2(g)$
起始浓度/（mol/L）	0.2	0.8		
平衡浓度/（mol/L）	$0.2-x$	$0.8-x$	x	x

根据 $K_c=\dfrac{c(CO_2)\,c(H_2)}{c(CO)\,c(H_2O)}$，将上述平衡浓度代入平衡常数表达式，则：

$$K_c=\frac{c(CO_2)c(H_2)}{c(CO)c(H_2O)}=\frac{x\cdot x}{(0.2-x)(0.8-x)}=1.0$$

解方程得 $x=0.16$（mol/L）

因此四种物质的平衡浓度为：

$c(CO_2)=c(H_2)=0.16$（mol/L），$c(CO)=0.2-0.16=0.04$（mol/L）$c(H_2O)=0.8-0.16=0.64$（mol/L）

答：CO_2（g）、H_2（g）、CO（g）和 H_2O（g）的平衡浓度分别为 0.16 mol/L、0.16 mol/L、0.04 mol/L 、0.64 mol/L。

3. 已知平衡常数和反应物的起始浓度，求各物质的平衡浓度和某反应物的平衡转化率

平衡转化率是指反应达到平衡时，已转化了的某反应物的量（或物质的量浓度）与转化前该反应物总量（或起始浓度）之比。

$$平衡转化率=\frac{某反应物已转化的量（n）}{反应前该反应物的总量（n_{总}）}\times100\%$$

若反应前后体积不变，反应物的量可用浓度表示。

$$平衡转化率=\frac{某反应物已转化了的浓度（c）}{反应前该反应物的浓度（c_{总}）}\times100\%$$

$$=\frac{起始浓度-平衡浓度}{起始浓度}\times100\%$$

【例 4—3】 合成氨生产中 CO 的变换反应：$CO(g)+H_2O(g) \rightleftharpoons CO_2(g)+H_2(g)$，在 800℃时，平衡常数 $K_c=1.0$。若反应开始时，CO（g）和 H_2O（g）的浓度分别为

1 mol/L 和 3 mol/L，求平衡时各物质的浓度和 CO（g）转化为 CO_2（g）的平衡转化率。

解：设反应达到平衡时 $c(H_2) = c(CO_2) = x$ mol/L，

则 $c(CO) = (1-x)$ mol/L，$c(H_2O) = (3-x)$ mol/L。

$$CO(g) + H_2O(g) \rightleftharpoons CO_2(g) + H_2(g)$$

	CO (g)	H_2O (g)	CO_2 (g)	H_2 (g)
起始浓度/mol/L	1	3	0	0
平衡浓度/mol/L	$1-x$	$3-x$	x	x

将上述平衡浓度代入平衡常数表达式，则：

$$K_c = \frac{c(CO_2)c(H_2)}{c(CO)c(H_2O)} = \frac{x \cdot x}{(1-x)(3-x)} = 1.0$$

解方程得 $x = 0.75$ (mol/L)

平衡时 $c(CO_2) = c(H_2) = 0.75$ (mol/L)

$$c(CO) = 1 - 0.75 = 0.25 \text{ (mol/L)}$$

$$c(H_2O) = 3 - 0.75 = 2.25 \text{ (mol/L)}$$

$$\text{CO 的转化率} = \frac{\text{起始浓度} - \text{平衡浓度}}{\text{起始浓度}} \times 100\% = \frac{1-0.25}{1} \times 100\% = 75\%$$

答：CO_2（g），H_2（g），CO（g）和 H_2O（g）的平衡浓度分别为 0.75 mol/L、0.75 mol/L、0.25 mol/L、2.25 mol/L。CO（g）的平衡转化率为 75%。

4. 已知反应物的起始浓度和某反应物的平衡转化率，求各物质的平衡浓度（或气体的平衡分压）及浓度平衡常数（压力平衡常数）

【例 4—4】 在 308 K 和 50 kPa 下，测得可逆反应 $N_2O_4(g) \rightleftharpoons 2NO_2(g)$ 达到平衡时，N_2O_4 的平衡转化率为 40%，求各种气体的平衡分压和该反应的压力平衡常数 K_p。

解：设反应开始时 N_2O_4 的物质的量为 x mol，则：

$$N_2O_4(g) \rightleftharpoons 2NO_2(g)$$

	N_2O_4 (g)	NO_2 (g)
起始物质的量/mol	x	0
平衡时物质的量/mol	$x-0.4x$	$2\times0.4x$

平衡时混合气体的总的物质的量为：$n = x - 0.4x + 2\times0.4x = 1.4x$

平衡时各气体的分压为：

$$p(N_2O_4) = p \times \frac{x-0.4x}{1.4x} = 50 \times \frac{1-0.4}{1.4} \approx 21.43 \text{ (kPa)}$$

$$p(NO_2) = p \times \frac{2\times0.4x}{1.4x} = 50 \times \frac{2\times0.4}{1.4} \approx 28.57 \text{ (kPa)}$$

分压平衡常数为：

$$K_p = \frac{[p(NO_2)]^2}{p(N_2O_4)} = \frac{28.6^2}{21.43} \approx 38.2$$

答：N_2O_4 和 NO_2 平衡分压分别是 21.43 kPa 和 28.57 kPa，该反应的分压平衡常数为 38.2。

想一想

一个可逆反应的平衡常数越大，其反应物的转化率就越高。相反，平衡常数越小，反应平衡时反应物的转化率就越低，这句话对吗？

第三节　化学平衡的移动

一、化学平衡的移动

在一定条件下，当可逆反应达到平衡状态以后，反应物浓度和产物的浓度不再随时间而改变，如果条件不变，则平衡可以保持。一切平衡都是相对的、暂时的，是在一定条件下建立的。化学平衡和其他平衡一样，也只有在一定条件下，才能维持暂时的平衡状态。一旦条件改变，正、逆反应速率受到不同程度的影响，使正、逆反应速率不再相等，原有的平衡状态遭到破坏，反应物和生成物的浓度发生变化，可逆反应从暂时的平衡变为不平衡，直到在新的条件下又建立起新的暂时的平衡。在新的平衡状态中，反应物和生成物的平衡浓度与原来的平衡状态已经不相同。

如果一个可逆反应达到平衡状态后，由于反应条件（浓度、压力、温度等）发生改变，旧的平衡被破坏，引起平衡混合物中各组成物质含量随之改变，从而达到新平衡状态的过程，叫做化学平衡的移动。

研究化学平衡的目的，就是要研究如何利用外界条件的改变，使旧的化学平衡遭到破坏，建立新的较理想的化学平衡。在化工生产中有意识地控制影响化学平衡的因素，使平衡向着有利于生产需要的方向转化，让所需要的化学反应进行得更完全，以达到增加产品产率的目的。影响化学平衡的外界因素主要有浓度、压力和温度，现分别讨论如下。

二、影响化学平衡移动的因素

1. 浓度对化学平衡的影响

【课堂演示4—4】　向一个小烧杯中注入10 mL 0.01 mol/L的氯化铁溶液和10 mL 1 mol/L的硫氰化钾（KSCN）溶液，混合后溶液立即变成红色。

把所得的红色溶液平均分到三支试管里，在第一支试管里加入少量1 mol/L氯化铁溶液，在第二支试管里加入少量1 mol/L硫氰化钾（KSCN）溶液，第三支试管里的溶液留做比较。观察第一支、第二支试管里，因分别加入$FeCl_3$、KSCN溶液而引起溶液颜色的变化现象。

氯化铁溶液和硫氰化钾溶液混合后，发生下列反应：

$$FeCl_3 + 3KSCN \rightleftharpoons \underset{\text{红色}}{Fe(SCN)_3} + 3KCl$$

从上面的实验可以看到，在平衡混合物里加入氯化铁和硫氰化钾溶液后，两支试管里溶液的红色都加深了，表明硫氰化铁的浓度增大了。这说明增大任何一种反应物的浓度都促使化学平衡向正反应方向（即生成物方向）移动，生成了更多的硫氰化铁。

大量实验结果也可以证明：在达到化学平衡状态的可逆反应里，增大任何一种反应物的浓度或减小任何一种生成物的浓度，都将使正反应速率大于逆反应速率，使化学平衡向正反应方向移动；而减小反应物的浓度或增大生成物的浓度，都将使逆反应速率大于正反应速率，使化学平衡向逆反应方向移动。

由此可见，在其他条件不变的情况下，增加反应物浓度或减少生成物的浓度，可以使化学平衡向着正反应方向（即生成物方向）移动；增加生成物浓度或减少反应物的浓度，可以使化学平衡向着逆反应方向（即反应物方向）移动。

需要注意的是，增加平衡混合物中固体及纯液体的量，并不能改变固体及纯液体浓度。因此，增加固体或纯液体的量，不会使化学平衡发生移动。

2. 压力对化学平衡的影响

压力的变化对固体和液体的体积影响很小，因此对于没有气体参加的可逆反应，可以忽略压力对化学平衡的影响。

由于压力对气体的体积影响非常大，所以压力对化学平衡的影响，主要是对有气体物质参与的反应而言的。处于平衡状态的反应混合物里，只要有气体存在，那么，在一定温度下，增大（或减小）压力时，使气体的体积减小（或增大），这样就增加（或减小）了单位体积内气体的分子数，即增加（或减小）了单位体积气体的物质的量，也就是增加（或减小）了气体的浓度，这样就会影响化学平衡的正、逆反应速率。但是，由于气体反应的类型不同，因而改变总压，对平衡的影响也是不一样的。

（1）对于反应物气体分子总数与生成物气体分子总数不相等的可逆反应，在一定温度下，如果改变平衡体系的压力，无论是气态反应物还是气态生成物的浓度，都要随压力成比例地变化。由于反应前后气体总分子数不同，而气体总分子数多的一方，浓度较大，其反应速率受压力的影响较大，这就会使正反应速率和逆反应速率不再相等（正反应速率与逆反应速率变化的倍数不同），而使化学平衡发生移动，例如如下反应：

$$\underset{\text{红棕色}}{2NO_2(g)} \rightleftharpoons \underset{\text{无色}}{N_2O_4(g)}$$

反应前气体分子数为2，反应后气体分子数为1，所以正反应方向为气体分子数减少的方向，即气体体积减小的方向；逆反应方向为气体分子数增大的方向，即气体体积增大的方向。

因反应前气体分子数较多，受压力的影响较大，所以，当在一定温度下，若增大压力，反应物浓度变化的倍数比生成物变化的倍数大，使得正反应速率比逆反应速率大，所以化学平衡向正反应方向（生成 N_2O_4 方向）移动；相反，若减小压力，生成物浓度受压力的影响较小，生成物浓度变化的倍数比反应物浓度变化的倍数小，相对生成物浓度较大，使得逆反应速率比正反应速率大，所以化学平衡向逆反应方向（生成 NO_2 方向）移动。

由此可见：当温度不变时，增大反应压力，化学平衡向着气体分子数减少（气体体积缩小）的方向移动；减小压力，化学平衡向着气体分子数增大（气体体积增大）的方向移动。

（2）对于反应物气体分子总数与生成物气体分子总数相等的可逆反应，例如：

$$CO(g) + H_2O(g) \rightleftharpoons CO_2(g) + H_2(g)$$

在一定温度下达到平衡时，正反应速率和逆反应速率相等。当平衡混合物的压力增大一倍（或减小50%）时，因各气体的平衡浓度同时增大一倍（或减小50%），仍然能保持正反应速率和逆反应速率相等，所以不会使平衡遭到破坏，因此，不能使平衡移动。

3. 温度对化学平衡的影响

化学反应总是伴随着热量的变化，有的反应吸热，有的反应放热。对于一个可逆反应来说，如果正反应是放热反应，则逆反应必然是吸热反应；相反，如果正反应是吸热反应，其逆反应一定是放热反应，而且放出的热量和吸收的热量是相等的。例如：

$$2NO_2\ (g) \rightleftharpoons N_2O_4\ (g) \quad \Delta H < 0\ (放热反应)$$

红棕色　　　　无色

在二氧化氮生成四氧化二氮的反应里，正反应是放热反应，逆反应是吸热反应。

在吸热或放热的可逆反应中，反应混合物达到平衡状态以后，温度改变时，吸热反应和放热反应的速率会发生不同的变化，因而使正逆反应速率不再相等，从而使化学平衡发生移动。

【课堂演示 4—5】 将已达到平衡状态的二氧化氮和四氧化二氮的混合气体，充满在两个连通的圆底烧瓶里。把一个圆底烧瓶浸入冰水（或冷水）中，把另一个圆底烧瓶浸入热水中（如图 4—2 所示）。观察瓶内混合气体颜色的变化，并与常温时盛有相同混合气体的烧瓶中的颜色比较。

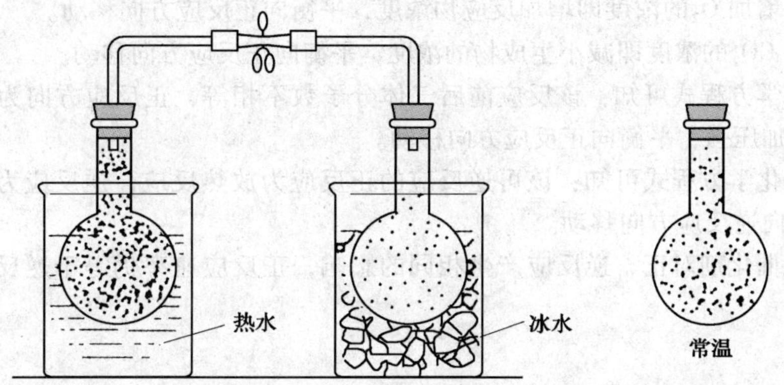

图 4—2　温度对化学平衡的影响

通过实验可以看到，浸入冰水或冷水（降低温度）中的圆底烧瓶内，混合气体的红棕色变浅了，说明二氧化氮浓度减小，四氧化二氮的浓度增加，平衡向正反应方向（放热反应的方向）移动；浸入热水（升高温度）中的圆底烧瓶内，混合气体的颜色变深，说明二氧化氮的浓度增加，四氧化二氮的浓度减小，平衡向逆反应方向（吸热反应的方向）移动。

由此可见，在其他条件不变的情况下，升高温度，会使化学平衡向着吸热反应的方向移动；降低温度，会使化学平衡向着放热反应的方向移动。

温度对化学平衡的影响，与浓度、压力对化学平衡的影响不同。浓度或压力虽然影响可逆反应的平衡，可使平衡发生移动但不能改变平衡常数，而温度的变化却改变了平衡常数，从而使平衡发生移动。

综合上述影响化学平衡移动的各种因素，1884 年法国科学家吕·查德里（Le Chatelier）概括出一条普遍规律：当可逆反应达到化学平衡后，如果改变影响平衡的一个条件（如浓度、压力或温度等），平衡就向能够减弱这种改变的方向移动。这个规律称为吕·查德里原理，又称平衡移动原理。

平衡移动原理是一条普遍的规律，它适用于所有已经达到的动态平衡。但必须指出，它只能用于已经建立的平衡体系，对于非平衡体系是不适用的。

在化工生产和科学实验中，常常应用平衡移动原理选择适宜的反应条件，使反应向着所需要的方向进行，以提高产品的产率和产量。

4. 催化剂与化学平衡

催化剂能影响化学反应的速率，而且对化学反应速率的影响是很敏感的。但是催化剂不能使化学平衡发生移动。

在可逆反应中，催化剂能同等程度地影响可逆反应的正、逆反应速率。也就是说，催化剂既能加快正反应的速率，又能同等程度地加快逆反应的速率。因此，催化剂不能使平衡发生移动，不能改变达到平衡状态时反应混合物的组成，不能改变平衡常数，而只能缩短到达平衡的时间。

【例题4—5】 可逆反应 $2CO\ (g)\ +O_2\ (g) \rightleftharpoons 2CO_2\ (g)$，$\Delta H<0$。达到平衡时，如果：(1) 增加 O_2的浓度；(2) 减少 CO_2的浓度；(3) 增加压强；(4) 升高温度；(5) 加入催化剂，平衡是否移动？若平衡发生移动，指出移动方向。

答：(1) 增加 O_2的浓度即增加反应物浓度，平衡向正反应方向移动。

(2) 减少 CO_2的浓度即减小生成物的浓度，平衡向正反应方向移动。

(3) 由化学方程式可知：该反应前后气体分子数不相等，正反应方向为分子数减小的方向，因此增加压强，平衡向正反应方向移动。

(4) 由热化学方程式可知：该可逆反应的正反应为放热反应，逆反应为吸热反应，升高温度，平衡向逆反应方向移动。

(5) 加入催化剂对正、逆反应产生相同的影响，正反应速率仍等于逆反应速率。平衡不移动。

想一想

1. 催化剂为什么不能影响平衡状态？

2. 下列可逆反应 ($2SO_2\ (g)\ +O_2\ (g) \rightleftharpoons 2SO_3\ (g)$，$\Delta H<0$) 达到平衡时，在保持其他条件不变的情况下，分别改变下列条件：①增大 O_2的浓度；②减小 SO_3的浓度；③增大压强；④升高温度；⑤使用催化剂。这些改变将分别对化学平衡产生什么影响？说明理由。

3. 影响化学平衡的因素有哪些？各是如何影响的？

三、化学反应速率和化学平衡原理在化工生产中的应用

化学反应速率涉及一定条件下反应的快慢，但不涉及反应进行的程度；而化学平衡涉及的是在一定条件下反应进行的程度，即反应产率的大小，不涉及达到平衡所需的时间，即反应速率的快慢。化工生产的目的是低成本、更多更快地生产出高质量的产品。这样就要求既要提高产率，又要加快化学反应速率，使反应进行得比较完全，提高产量和生产效率。然而在化工生产实际中，化学反应速率和化学平衡以及外界条件对它们的影响是错综复杂的，外界条件对化学反应速率和化学平衡的影响，往往是互相矛盾的，而且还必须顾及设备、技术等限制问题。所以要解决生产问题，必须把影响化学反应速率和影响化学平衡的各种因素联系起来综合考虑，抓住关键，同时还要与生产中的具体技术问题结合起来考虑，才能确定适宜的工艺条件。下面我们用化学反应速率和化学平衡的知识来分析合成氨工艺条件的选择。

1. 化学反应速率和化学平衡原理的应用举例

工业生产上用氮气和氢气为原料合成氨，其化学方程式如下：

$$N_2\text{（g）}+3H_2\text{（g）}\rightleftharpoons 2NH_3\text{（g）}\quad \Delta H<0\text{（正反应为放热反应）}$$

（1体积）（3体积）　　　（2体积）

合成氨的反应是一种可逆的、放热的、气体总分子数减小的反应。为了提高氨的产量，一方面应该考虑单位时间内氨的生成数量多，即要求反应速率快。另一方面必须考虑平衡时混合气体中氨的含量高，即化学平衡向生成氨的方向移动。

下面把影响反应速率的因素（浓度、压力、温度、催化剂）和影响化学平衡的因素（浓度、压力、温度）及设备、技术等问题联系起来，综合分析选择适宜的合成氨生产条件。

（1）浓度

增大反应物浓度，既可以使反应速率加快，又可以使平衡向正反应方向移动，增加平衡混合物中氨的含量。所以在合成氨实际生产中，需要将生成的氨及时从混合气体中分离出来（减少生成物的量）；并且不断地向循环气中补充氮气和氢气（增大反应物的浓度）。

（2）压力

合成氨是一个气体总分子数减小的反应，因此在温度一定时，增大压力，不但能增大反应速率，而且也有利于平衡向生成氨的方向移动，这样反应速率快，氨的产率也高。但是压力越大，需要的动力也就越大，对材料的强度和设备的要求也越高，生产成本增大。因此，必须采用适当的压力，合成氨厂一般采用的压力是20～50 MPa。

（3）温度

升高温度能加快化学反应速率，使反应较快地趋向平衡，但由于合成氨反应是可逆放热反应，当压力一定时，升高温度，会使平衡向逆反应方向（氨分解的方向）移动，氨的平衡浓度会降低。可见温度对合成氨反应速率和化学平衡的影响有时是互相矛盾的。为了提高氨的平衡浓度，从反应的理想条件来看，氨的合成反应，在较低的温度下进行有利，但是温度越低，反应速率越慢，到达平衡所需要的时间越长，单位时间内的产量就会很低，这在工业上是很不经济的。为了处理好反应速率和反应进行程度之间的矛盾，氨的合成采用合适的催化剂以提高化学反应速率。因此在实际生产中，综合各种影响因素，经过试验及生产实践得出结论：氨合成操作温度控制在470～520℃较为合适。

（4）催化剂

因为氮气非常稳定，所以氮气和氢气是极不容易化合的，即使采用高温、高压的条件，化合也十分缓慢。为了解决反应速率和反应进行程度间的矛盾，使反应在较低温度下，就能获得较快的反应速率，从而加速平衡的到达，得到较高的转化率，所以采用催化剂。可以作为合成氨催化剂的物质很多，如铁、铂、锰、钨和铀等。但由于以铁为主体的催化剂具有原料来源广、价格低廉、在低温下活性较好，抗毒能力强，使用寿命长等优点，因此铁催化剂被广泛使用。目前在工业上使用比较普遍的合成氨催化剂，主要是以铁为主体的多成分催化剂。

2. 选择合理生产条件的一般原则

在化工生产和科学实验中，化学反应速率和化学平衡是两个非常重要并且彼此密切相关的问题。在实际生产中，应当反复实践，综合分析，采取有利的工艺条件，以达到多、快、好、省地进行生产的目的。为了选择合理的生产条件，可参考以下几项原则。

（1）对于任何一个可逆反应，如果增大反应物浓度，既能使反应速率加快，又能提高转化率，在生产中常使一种价廉易得的原料适当过量，以提高另一种原料的转化率。但是，当使一种原料过量时应该还要考虑原料配比适当，否则会引起设备利用率降低或产品不易分离、提纯等不良后果。

（2）对反应后气体体积缩小（分子数减少）的气体反应，增大压力不但能加快化学反应速率，同时可使平衡向生成物方向移动，提高产率。但必须考虑设备的耐压能力和安全防护等。

（3）对吸热反应，升高温度既能加快化学反应速率，又能提高转化率。但要考虑温度过高，反应物或产物的过热分解以及燃料的合理消耗。

对于放热反应，升高温度能使化学反应速率加快，但使转化率降低。可选择合理的催化剂来解决这个矛盾，使用催化剂可以提高反应速率而不致影响化学平衡，而且和分段控制温度结合起来，力争达到一个较高的转化率。但使用催化剂时必须注意催化剂的活性温度，防止催化剂“中毒”，以提高其使用寿命。

（4）对相同的反应物，如果同时存在几个副反应的可逆反应，而实际上只需要其中一个反应发生时，首先必须选择合适的有选择性的催化剂，保证主反应的进行，遏制副反应发生，然后再考虑其他条件。

想一想

工业上制取硫酸有以下反应：$2SO_2$（g）$+O_2$（g）$\rightleftharpoons$$2SO_3$（g）（正反应为放热反应）。为什么在生产上要用过量的空气，使用五氧化二钒催化剂，并在适当的温度下进行该反应？

知识拓展

法国化学家吕·查德里简介

1850 年 10 月 8 日，吕·查德里出生于巴黎的一个化学世家。他从小就受化学家们的熏陶，中学时代特别爱好化学实验，经常到祖父的水泥厂实验室做化学实验。普法战争使吕·查德里大学中途辍学。因为他父亲曾任法国矿山总监的缘故，战后他专修矿冶工程学。1875 年，他以优异的成绩毕业于巴黎工业大学，1887 年获博士学位，随即在高等矿业学校取得普通化学教授的职位。1907 年还兼任法国矿业部长，在第一次世界大战期间出任法国武装部长，1919 年退休。吕·查德里于 1936 年 9 月 17 日卒于伊泽尔。

吕·查德里研究过水泥的煅烧和凝固、陶器和玻璃器皿的退火、磨蚀剂的制造以及燃料、玻璃和炸药的发展等问题。吕·查德里还发明了热电偶和光学高温计，高温计可测定 3 000℃以上的高温。此外，他还对乙炔气进行深入研究，发明了氧炔焰发生器，迄今仍用于金属的切割和焊接。

他在 1884 年概括出吕·查德里原理。吕·查德里原理的应用可以使某些工业生产过程的转化率达到或接近理论值，故而得到广泛应用。吕·查德里原理因可预测特定变化条件下化学反应的方向，所以有助于化学工业的合理化安排和指导化学家们最大限度地减少浪费，生产出所希望的产品。例如哈伯（德国物理化学家、合成氨的发明者）借助这个原理设计

出从大气氮中生产氨的反应工艺。

实验六　化学反应速率和化学平衡

一、实验目的

1. 巩固浓度、温度、催化剂对化学反应速率影响的知识。

2. 巩固浓度、温度对化学平衡影响的知识。

二、实验用品

1. 仪器

试管、烧杯（100 mL）、试管架、量筒、玻璃棒、胶头滴管、温度计、秒表、酒精灯、二氧化氮平衡球、铁架台、火柴。

2. 药品

3%（质量分数）$Na_2S_2O_3$溶液、H_2SO_4溶液（体积比为1∶20）、3%（质量分数）H_2O_2溶液、MnO_2粉末、0.01 mol/L $FeCl_3$溶液、0.01 mol/L KSCN 溶液、$FeCl_3$饱和溶液、木条。

三、实验内容和步骤

1. 浓度对化学反应速率的影响

将三支试管分别编为1、2、3号，按表实6－1所规定的数量在1、2、3号三支试管中分别加入5 mL、7 mL、10 mL 3%（质量分数）$Na_2S_2O_3$溶液和5 mL、3 mL、0 mL蒸馏水。摇匀后，把三支试管都放在一张有字的纸前，这时，隔着试管可以清楚地看到字迹。然后再向每支试管中滴入10滴 H_2SO_4溶液。从加入第一滴 H_2SO_4溶液时开始记录时间，到溶液中出现的浑浊使试管后面的字迹看不见时停止计时，把记录的时间填入表实6－1中。

表实6－1　　溶液出现浑浊所需的时间记录

试管编号	$Na_2S_2O_3$ 溶液的体积/mL	H_2O 的体积/mL	H_2SO_4/滴	出现浑浊所需的时间/s
1	5	5	10	
2	7	3	10	
3	10	0	10	

化学反应方程式：______________________________。

实验结论：增大反应物的浓度，化学反应速率____________。

2. 温度对化学反应速率的影响

往三支试管里各加入$Na_2S_2O_3$溶液5 mL。室温下，在第一支装有5 mL $Na_2S_2O_3$溶液的试管里加入5滴 H_2SO_4溶液，从加入第一滴硫酸时开始记录时间，到溶液中出现的浑浊使试管后面的字迹看不见时，停止计时，将记录的时间填入表实6－2中。再把第2、3支试管放在水浴中加热，使两个试管的温度分别比室温高10℃和20℃，再分别向这两支试管中滴入5滴硫酸，从加入第一滴硫酸时开始记录时间，到溶液中出现的浑浊使试管后面的字迹看不见时停止计时，将记录的时间填入表实6－2中。

表实 6-2 溶液出现浑浊所需的时间记录

试管编号	$Na_2S_2O_3$ 溶液的体积/mL	H_2SO_4/滴	温度/℃	出现浑浊所需的时间/s
1	5	5	室温	
2	5	5	室温+10℃	
3	5	5	室温+20℃	

化学反应方程式：________________________________。

实验结论：升高温度，化学反应速率____________。

3. 催化剂对化学反应速率的影响

向一支试管中加入 2 mL 3%（质量分数）H_2O_2溶液，观察是否有气泡产生。然后加入少量 MnO_2粉末，观察是否有气泡产生，并用带火星的木条放在试管口检验产生的气体。

现象：（1）不加 MnO_2：______________；（2）加入少量 MnO_2后：________。

化学反应方程式______________________________。

实验结论：催化剂可以__________化学反应速率。

4. 浓度对化学平衡的影响

在小烧杯中，加入 0.01 mol/L $FeCl_3$溶液和 0.01 mol/L KSCN 溶液各 10 mL，混合后溶液呈现______色，化学方程式为________________________。

将此混合溶液平均地倒入三支试管中，然后向第一支试管中加入少量 $FeCl_3$饱和溶液，向第二支试管中加入 0.01 mol/L KSCN 溶液。将上述的两个试管分别与第三支试管比较，观察溶液颜色的变化。

试管 1 溶液颜色比试管 3 溶液颜色______________；试管 2 溶液颜色比试管 3 溶液颜色______________。

实验结论：增加反应物浓度，化学平衡向________________移动。

5. 温度对化学平衡的影响

取装有 NO_2和 N_2O_4的平衡球，在室温下观察混合气体的颜色，然后将平衡球分别浸在盛有热水和冷水的烧杯里，观察并记录下两球中气体颜色的变化。

混合气体呈____色。化学方程式：________________________。

置于热水中气体的颜色变__________，说明平衡向______方向移动。此方向的反应是____热反应。

置于冷水中气体的颜色变__________。说明平衡向______方向移动。此方向的反应是____热反应。

实验结论：升高温度，化学平衡向________热反应方向移动；降低温度，化学平衡向________热反应方向移动。

想一想

1. 在做浓度、温度对化学反应速率影响的实验时，为什么溶液的总体积必须保持相等？

2. 在实验内容及步骤 2 中，为什么先在水浴中使两个试管的温度分别比室温高 10℃和 20℃后，才分别向这两支试管滴加硫酸？

3．化学平衡在什么情况下发生移动？如何判断平衡移动的方向？

本章小结

一、化学反应速率

意义：表示化学反应进行的快慢。

表示方法：

1．常用单位时间内反应物浓度的减少或生成物浓度的增加来表示。

2．表达式：$v=\dfrac{\Delta c}{\Delta t}$。

3．单位：mol／（L·s），mol/（L·min），mol/（L·h）。

4．同一反应速率用不同物质的浓度变化表示时，其值之比等于化学方程式中各物质的化学计量数之比。

5．一般不用固体物质表示。

6．反应速率为某段时间内的平均反应速率。

影响因素：

- 内因（主要因素）：反应物本身的性质。
- 外因
  - 浓度——增加反应物的浓度，可以增大反应速率。
  - 压强——增大气体反应的压强，可以增大反应速率。
  - 温度——升高温度，可以增大反应的速率。
  - 催化剂——正催化剂，可以增大反应速率；负催化剂，可以减小反应速率。
  - 其他因素：略。

二、化学平衡

意义：表示化学反应进行的程度。

概念：

在一定条件下进行的可逆反应，正反应和逆反应速率相等，反应混合物中各物质的含量保持不变的状态叫化学平衡状态。

特征：

1．动：$v_{正}=v_{逆}\neq0$，动态平衡。

2．定：外界条件一定，各组分含量一定（不是相等）。

3．变：外界条件改变，平衡发生移动而建立新的平衡。

4．双向：从正反应或逆反应开始都可以建立平衡状态。

化学平衡移动：

1．原因：反应条件改变引起$v_{正}\neq v_{逆}$。

2．结果：速率、各组分含量与原平衡比较均发生变化。

3．平衡移动方向
- $v_{正}>v_{逆}$　向正反应方向移动。
- $v_{正}=v_{逆}$　平衡不移动。
- $v_{正}<v_{逆}$　向逆反应方向移动。

注意：其他条件不变，改变影响平衡的一个条件才能应用。

平衡移动原理（吕·查德里原理）

1. 浓度——增大反应物浓度或减小生成物浓度，平衡向正反应方向移动。

2. 压强——增大（或减小）压强，平衡向气体分子数减少（气体分子数增大）的方向移动。

3. 温度——升高（或降低）温度，平衡向吸热（或放热）方向移动。

4. 催化剂——对化学平衡状态无影响。

三、化学平衡常数

1. 定义：在一定温度下达到平衡时，平衡常数 K 用各生成物平衡浓度（或平衡分压）幂的乘积与各反应物平衡浓度（或平衡分压）的幂的乘积之比表示。K_c 表示浓度平衡常数，K_p 表示压力平衡常数。

2. 表达式：

对于一般可逆反应 $aA(g) + bB(g) \rightleftharpoons dD(g) + eE(g)$

$$K_c = \frac{[c(D)]^d[c(E)]^e}{[c(A)]^a[c(B)]^b} \qquad K_p = \frac{[p(D)]^d[p(E)]^e}{[p(A)]^a[p(B)]^b}$$

3. K_c 与 K_p 的关系：$K_p = K_c(RT)^{\Delta n}$，$\Delta n = (d+e) - (a+b)$

4. 意义：K 值的大小，表示一定温度下，该反应达到平衡时，反应进行的程度，K 值越大，正反应进行的程度越大，反应物的转化率越大。

5. 注意：使用 K 时，必须指明温度、具体反应，并且反应达到平衡状态。

四、有关计算

1. 各种浓度的关系

对于反应物：平衡浓度 = 起始浓度 - 消耗浓度

对于生成物：平衡浓度 = 起始浓度 + 生成浓度

2. 平衡转化率

$$转化率 = \frac{某反应物已转化的量(n)}{反应前该反应物的总量(n_{总})} \times 100\% = \frac{某反应物已转化了的浓度(c)}{反应前该反应物的浓度(c_{总})} \times 100\%$$

$$= \frac{起始浓度 - 平衡浓度}{起始浓度} \times 100\%$$

自 我 检 测

一、填空题

1. 化学反应速率是用________反应物浓度的________或生成物浓度的________来表示。

2. 影响化学反应速率的因素有________、________、________和________。

3. 如果参加反应的物质是固体、液体或溶液时，可以认为________的改变不影响化学反应的速率。

4. 通常把化学方程式中由________向________进行的反应叫正反应，由生成物向反应物方向进行的反应叫________反应。在一定条件下既能向正反应方向进行，又能向逆反应方向进行的反应叫做________反应。

5. 化学平衡是一种________平衡。当达到化学平衡状态时，正反应速率和逆反应速率

________，反应物和生成物的浓度都不随________，反应速率不等于________。

6. K_c 表示________常数，K_p 表示________平衡常数。在同一个反应中，它们的关系是________。平衡常数与________或________无关，随着________的改变而改变。K 值越大，在平衡混合物中________越多，反应进行的程度________，达到平衡时正反应进行得越完全。

7. 写出下列可逆反应的浓度平衡常数和压力平衡常数表达式，并写出 K_c 和 K_p 在相同温度时的关系。

(1) $2NO_2$ (g) $\rightleftharpoons$ N_2O_4 (g)

____________，____________，____________。

(2) $2H_2O$ (l) $\rightleftharpoons$ $2H_2$ (g) + O_2 (g)

____________，____________，____________。

(3) C (s) + H_2O (g) $\rightleftharpoons$ CO (g) + H_2 (g)

____________，____________，____________。

(4) $CaCO_3$ (s) $\rightleftharpoons$ CaO (s) + CO_2 (g)

____________，____________，____________。

8. 可逆反应中旧的化学平衡被破坏，新的化学平衡建立的过程叫做________。

9. 某温度下，在密闭容器中发生反应　$2SO_2$ (g) + O_2 (g) $\rightleftharpoons$ $2SO_3$ (g)，$\Delta H<0$，当反应达到平衡时：

(1) 将混合气体体积减少一半，平衡将向________方向移动。

(2) 在混合气体中加入 2mol 的 O_2，平衡将会向________方向移动。

(3) 升高温度，平衡将会向________方向移动。

(4) 减小体系的压力，平衡向________方向移动。

二、选择题

1. 浓度的单位用 mol/L，时间的单位用 s 表示时，反应速率的单位是（　　）。

A. mol/（L·s）　B. mol/（L·h）　C. mol/L·min　D. mol/（L·s）

2. 在密闭的容器中发生反应 $2SO_2$ (g) + O_2 (g) $\rightleftharpoons$ $2SO_3$ (g)，$\Delta H<0$。现控制下列 4 种不同的条件，当反应刚开始时，正反应速率最快的是（　　）；正反应速率最慢的是（　　）。

A. 在 400℃时，10 mol SO_2 和 5 mol O_2 反应

B. 在 400℃时，20 mol SO_2 和 5 mol O_2 反应

C. 在 300℃时，10 mol SO_2 和 5 mol O_2 反应

D. 在 300℃时，20 mol SO_2 和 5 mol O_2 反应

3. 已知 $2SO_2$ (g) + O_2 (g) $\rightleftharpoons$ $2SO_3$ (g)，若反应速率分别用 $v(SO_2)$、$v(O_2)$、$v(SO_3)$〔单位：mol/（L·s）〕表示，则错误的关系是（　　）。

A. $v(SO_2)=2v(O_2)$　B. $v(SO_2)=v(SO_3)$

C. $2v(O_2)=v(SO_3)$　D. $v(SO_2)+v(O_2)=v(SO_3)$

4. 一定条件下，反应 $2SO_2$ (g) + O_2 (g) $\rightleftharpoons$ $2SO_3$ (g)，$\Delta H<0$ 达到平衡状态的标志是（　　）。

A. 反应物和产物的质量分数相等　B. SO_3 的生成速率和分解速率相等

C. 整个体积等于最初体积的一半　　　　　　　D. 反应停止

5. 在A（g）+B（g）$\rightleftharpoons$2C（g）的反应中，当反应处于平衡状态时（　　）。

A. 正、逆反应速率相等

B. A、B、C 物质的量的浓度相等

C. A、B 反应物转化率相等

D. A 和 B 物质的量之和等于 C 物质的量

6. 在可逆反应 Fe_3O_4（s）+$4H_2$（g）$\rightleftharpoons$3Fe（s）+$4H_2O$（g）中，Δn 等于（　　）。

A. －2　　　　B. －3　　　　C. 2　　　　D. 0

7. 可逆反应 CO（g）+H_2O（g）$\rightleftharpoons$$CO_2$（g）+$H_2$（g）达到平衡时，下列式子不正确的是（　　）。

A. $K_c = c(CO_2)\,c(H_2)\,/\,c(CO)\,c(H_2O)$　　　　B. $\Delta n = 0$

C. $K_p = p(CO)\,p(H_2O)\,/\,p(CO_2)\,p(H_2)$　　　　D. $K_c = K_p$

8. 在高温下，反应 2HBr（g）$\rightleftharpoons$$H_2$（g）+$Br_2$（g），$\Delta H > 0$ 达到平衡时，要使混合气体颜色加深，可采用的方法是（　　）。

A. 增大 H_2的浓度　　　　　　　B. 减小压强

C. 缩小体积　　　　　　　　　　D. 升高温度

9. 压强变化不会使下列化学反应的平衡移动的是（　　）

A. H_2（g）+I_2（g）$\rightleftharpoons$2HI（g）

B. $3H_2$（g）+N_2（g）$\rightleftharpoons$$2NH_3$（g）

C. $2SO_2$（g）+O_2（g）$\rightleftharpoons$$2SO_3$（g）

D. C（s）+CO_2（g）$\rightleftharpoons$2CO（g）

10. 对于处于平衡状态的可逆反应：

$$aA(g) + bB(g) \rightleftharpoons dD(g) + eE(g)$$

当其他条件不变时，增大压力，D 的含量减少，则（　　）

A. $d + e < a$　　　　B. $a + b > d + e$　　　　C. $d + e > a$　　　　D. $a + b < d + e$

11. 下列反应达到平衡时，增加压强或升高温度，平衡都向正反应方向移动的是（　　）。

A. N_2（g）+$3H_2$（g）$\rightleftharpoons$$2NH_3$（g），$\Delta H < 0$

B. CO（g）+H_2O（g）$\rightleftharpoons$ CO_2（g）+H_2（g），$\Delta H < 0$

C. N_2（g）+O_2（g）$\rightleftharpoons$2NO（g），$\Delta H > 0$

D. CaO（S）+CO_2（g）$\rightleftharpoons$$CaCO_3$（S），$\Delta H > 0$

12. 催化剂对化学反应的影响是（　　）。

A. 能加快正反应的速率

B. 能使不发生化学反应的物质互相反应

C. 缩短达到平衡所需的时间

D. 使化学反应平衡常数和反应物的转化率增大

13. 合成氨工业上 CO 的变换反应：CO（g）+H_2O（g）$\rightleftharpoons$$CO_2$（g）+$H_2$（g），为提高 CO 转化率常采取的措施是（　　）。

A. 加入过量的 CO　　B. 加入过量的水蒸气

C. 减少水蒸气的量　　D. 增大压力

14. 根据化学平衡移动原理，在合成氨反应 N_2（g）$+3H_2$（g）$\rightleftharpoons 2NH_3$（g），$\Delta H<0$ 中，能提高氨产量的措施是（　）。

A. 及时把生成的氨液化分离　　B. 升温有利于氨的生成

C. 使用催化剂促进氮气的转化　　D. 降低压力，有利于氨的生成

15. 反应 2A（g）$\rightleftharpoons$ 2B（g）+D（g），$\Delta H>0$ 达到平衡时，要使 A 的浓度增大，应采取的措施是（　）。

A. 加压　　B. 减压　　C. 升温　　D. 减小 D 的浓度

三、判断题（下列叙述正确的在题后括号内画“√”，错误的画“×”）

1. 一定条件下，一个化学反应的速率可以有几种不同的表示方法。（　）

2. 任何条件下，催化剂都能大大加快化学反应的速率。（　）

3. 催化剂有选择性，不同的反应需要选用不同的催化剂。（　）

4. 改变压强一定可以改变化学反应速率。（　）

5. 当其他条件不变时，温度每升高 10℃，反应速率通常增大到原来的 10 倍。（　）

6. 可逆反应的特征是正反应速率总是与逆反应速率相等。（　）

7. 在一定温度下，可逆反应达到化学平衡状态以后，平衡混合物中各物质的浓度都不再变化，反应完全停止。（　）

8. 在一定条件下，任何可逆反应达到平衡时，平衡浓度一定是该条件下反应物转化为生成物的最高浓度。（　）

9. 对于一个有气体参加的可逆反应来说，在一定温度下，K_c 和 K_p 是一个常数。（　）

10. 平衡常数 K_c 或 K_p 中的浓度或分压，一定是开始时各物质的浓度或分压。（　）

11. 在一定温度下，可逆反应 2HI（g）$\rightleftharpoons I_2$（g）$+H_2$（g）达到平衡，因为反应物和生成物的物质的量相等，所以增大或减小压力，不能使平衡发生移动。（　）

12. PCl_5的分解反应是：PCl_5（g）$\rightleftharpoons PCl_3$（g）$+Cl_2$（g），已知在200℃时有48.5%的 PCl_5分解，300℃时有97%的 PCl_5分解，说明上述反应的正反应是吸热反应。（　）

13. 处于平衡状态的可逆反应，若其他条件不变，只要使用催化剂，平衡就会向右移动，生成物的含量就会增多。（　）

14. 对于某一反应来说，使用正催化剂的作用是增大反应的速率，改变平衡混合物的组成。（　）

15. 化学平衡发生移动时，其平衡常数一定随着改变。（　）

16. 工业上往往采取加入过量的廉价原料的方法来提高贵重原料的转化率。（　）

四、计算题

1. 在 10 L 的容器中进行如下反应：A（g）+2B（g）$\rightleftharpoons$ 2C（g），2 min 后，B 的物质的量由 2 mol 减少到 1.2 mol，请分别用 A、B、C 的浓度变化来表示以上反应的反应速率，并比较 A、B、C 的速率数值与化学方程式中各物质的化学计量数有什么关系。

2. 对于反应 $2N_2O_5 \rightleftharpoons 4NO_2+O_2$，$N_2O_5$的起始浓度为 2.1 mol/L，经过 100 s 后，N_2O_5的浓度变为 1.95 mol/L，计算这一反应的 v（N_2O_5）和 v（NO_2）。

3．可逆反应 N_2（g）$+3H_2$（g）$\rightleftharpoons$ $2NH_3$（g）在某温度时达到平衡，测得各物质的平衡浓度是：c（N_2）$=2$ mol/L，c（H_2）$=2$ mol/L，c（NH_3）$=1$ mol/L，求该反应在某温度时的浓度平衡常数及 N_2、H_2两种气体的起始浓度。

4．在一密闭容器中进行的可逆反应：CO（g）$+H_2O$（g）$\rightleftharpoons$$CO_2$（g）$+H_2$（g），某温度下，其反应平衡常数 $K_c=1.0$，CO（g）和 H_2O（g）的起始浓度分别为0.4 mol/L 和0.8 mol/L，求这4种物质的平衡浓度。

5．可逆反应 $2SO_2$（g）$+O_2$（g）$\rightleftharpoons$$2SO_3$（g），在某温度达到平衡时，各物质的平衡浓度分别为：c（SO_2）$=0.1$ mol/L，c（O_2）$=0.05$ mol/L，c（SO_3）$=0.9$ mol/L。求该温度下的浓度平衡常数 K_c 和 SO_2的转化率。

6．在308 K 和101.325 kPa 下，可逆反应 N_2O_4（g）$\rightleftharpoons$$2NO_2$（g）达到平衡时，实验测得 N_2O_4的转化率为27.0%，求各气体的平衡分压和压力平衡常数 K_p。

第五章　电解质溶液

教学要求

1. 能判断强电解质和弱电解质。
2. 理解弱电解质的电离平衡的有关知识，能进行酸、碱溶液的 pH 值的简单计算。
3. 能准确判断 pH 值与溶液酸碱性的关系。
4. 能根据盐的水解知识，正确判断盐溶液的酸碱性。
5. 能根据离子反应进行的条件，正确书写离子反应方程式。
6. 熟悉溶度积常数和溶度积规则。

第一节　强弱电解质的电离和离子反应

想一想

能导电的物质就是电解质吗？电解质一定能导电吗？

一、电解质及其强弱

在水溶液里或熔融状态下能够导电的化合物叫电解质。酸、碱、盐在水溶液里或固体受热熔化能导电，都是电解质。绝大多数有机物，如乙醇、蔗糖、甘油等在水溶液或熔融状态下不能导电，是非电解质。铜、铝等能导电，但它们是单质，不是化合物，因而不是电解质。

想一想

在相同条件下，相同体积、相同浓度的盐酸、醋酸、氢氧化钠、氯化钠、氨水的导电能力是不是一样？

【课堂演示 5—1】　按图 5—1 所示，连接烧杯中的电极、灯泡和电源，5 个烧杯中分别盛有 1 mol/L 的盐酸、醋酸（CH_3COOH）、氢氧化钠、氯化钠、氨水 100 mL。接通电源，观察各灯泡的明亮程度。

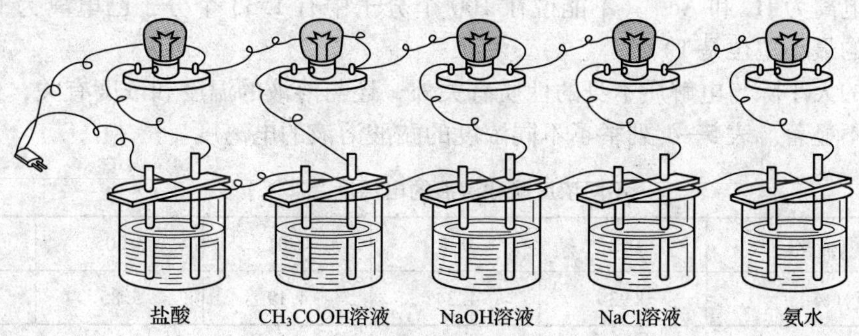

图 5—1　电解质溶液导电能力比较

实验现象是醋酸、氨水溶液的电极上的灯泡暗，盐酸、氢氧化钠、氯化钠溶液电极上的灯泡亮。

各灯泡的明亮程度不同，是因为盐酸、氢氧化钠、氯化钠溶液的导电能力强，而醋酸、氨水溶液的导电能力弱。说明相同体积、相同浓度的电解质的导电能力是不相同的。这是因为在相同条件下，不同电解质在溶液中的电离程度不一样。盐酸、氢氧化钠、氯化钠在水中全部电离，溶液中离子多，所以导电能力强；而醋酸、氨水只有少部分电离，溶液中离子少，所以导电能力弱。根据电离程度的不同将电解质分为两类：

1. 强电解质

在水溶液中能完全电离的电解质叫强电解质，如强酸（盐酸、硫酸、硝酸等）、强碱（如氢氧化钠、氢氧化钾等）及其大多数无机盐。强电解质在水溶液中全部电离，是以离子形式存在，所以导电能力强。

2. 弱电解质

在水溶液中仅能部分电离的电解质叫弱电解质，如弱酸（醋酸、氢氟酸、次氯酸、氢氰酸（HCN）、氢硫酸等）、弱碱（$NH_3 \cdot H_2O$ 等）以及少数盐如醋酸铅［$Pb(Ac)_2$］。弱电解质在溶液中只是小部分电离，大部分仍以分子形式存在，故而导电能力弱。

（1）电离度

弱电解质在水溶液中只有小部分发生电离，而电离生成的离子又会重新结合成分子。所以弱电解质的电离是一个可逆过程，如醋酸（HAc）的电离如下：

$$HAc \rightleftharpoons H^+ + Ac^-$$

在一定条件下，当电解质分子电离成离子的速率和离子结合成分子的速率相等时，电离过程就达到了平衡状态，这叫做电离平衡。电离平衡是化学平衡的一种，是动态平衡。在平衡状态下弱电解质的电离程度叫电离度，用符号 α 表示。

电离度就是弱电解质在电离平衡时，已电离的弱电解质的分子数和电离前它的分子总数之比；或是已电离的电解质浓度和电解质的原始浓度之比。即：

$$\alpha = \frac{\text{已电离分子数}}{\text{电离前分子总数}} \times 100\%$$

或

$$\alpha = \frac{\text{电解质已电离部分的浓度（mol/L）}}{\text{电解质的原始浓度（mol/L）}} \times 100\% \qquad (5—1)$$

例如，18℃时，0.1 mol/L HAc 溶液的电离度为 1.33%，说明在 10 000 个分子中有 133 个分子已经电离为 H^+ 和 Ac^-（不能说在 100 个分子中有 1.33 个分子已电离为 H^+ 和 Ac^-，因为分子数的最小单位是 1）。

电离度的大小除与电解质本身的性质有关外，还与溶液的温度和浓度有关，但温度对电离度的影响不显著。表 5—1 列举了不同浓度的醋酸溶液的电离度。

表 5—1　不同浓度醋酸溶液的电离度（25℃）

溶液浓度（mol/L）	0.2	0.1	0.01	0.005	0.001
电离度（%）	0.934	1.34	4.19	5.85	12.4

从表 5—1 可以看出，同种弱电解质溶液的浓度越稀，其电离度越大。因此，在提到某电解质的电离度时，必须指明溶液的浓度。

电离度的大小可以说明弱电解质电离能力的相对强弱。在相同浓度和温度下，电离度越大，电解质越强；电离度越小，电解质越弱。表 5—2 中列出了某些弱电解质溶液的电离度（25℃，0.1 mol/L）。

表 5—2　　某些电解质溶液的电离度（25℃，0.1 mol/L）

电解质	分子式	电离度（%）	电解质	分子式	电离度（%）
氢氟酸	HF	8.0	醋酸	HAc	1.34
亚硝酸	HNO_2	7.16	氢氰酸	HCN	0.01
甲酸	HCOOH	4.24	氨水	$NH_3 \cdot H_2O$	1.33

（2）弱电解质的电离平衡

想一想

弱电解质的强弱除了用电离度的大小来衡量外，还可以用什么来衡量？

弱电解质在水溶液中的电离存在着电离平衡。当弱电解质电离达到动态平衡时，离子浓度的乘积与未电离的分子浓度之比，在一定温度下是个常数，称为电离平衡常数，简称电离常数，用符号“K_i”表示。K_a 表示弱酸的电离常数，K_b 表示弱碱的电离常数。

如 HAc、$NH_3 \cdot H_2O$ 在水溶液中的电离，若设 HAc 的原始浓度为 c，电离度为 α：

$$\begin{array}{lccc} & HAc & \rightleftharpoons H^+ & + Ac^- \\ \text{起始浓度(mol/L)} & c & 0 & 0 \\ \text{平衡浓度(mol/L)} & c - c\alpha & c\alpha & c\alpha \end{array}$$

$$K_a = \frac{c(H^+)c(Ac^-)}{c(HAc)} = \frac{c^2\alpha^2}{c - c\alpha} = \frac{c\alpha^2}{1-\alpha}$$

当 K_a 值很小（$c/K_a > 500$）时，电离度 α 也很小，$1-\alpha \approx 1$

所以

$$K_a = c\alpha^2 \text{或} \alpha = \sqrt{K_a/c} \tag{5—2}$$

$$c(H^+) = c\alpha = \sqrt{K_a \cdot c} \tag{5—3}$$

公式说明电离度 α 值与该电解质的电离常数 K_i 值的平方根成正比，与溶液浓度的平方根成反比，所以称这种关系叫稀释定律。

同理，$NH_3 \cdot H_2O \rightleftharpoons NH_4^+ + OH^-$ 中，

$$K_b = \frac{c(NH_4^+)c(OH^-)}{c(NH_3 \cdot H_2O)}$$

若氨水的电离度为 α，起始浓度为 c，当 K_b 很小，$c/K_b > 500$ 时，也可作近似计算。

$$c(OH^-) = c\alpha = \sqrt{K_b \cdot c} \tag{5—4}$$

在一定温度下，各种弱电解质都有其确定的电离常数，电离常数可由实验测定。一些弱电解质在 25℃时的电离常数见表 5—3。

表 5—3　　常见的几种弱电解质的电离常数（25℃）

电解质	分子式	电离常数
醋酸	HAc	$K_a = 1.79 \times 10^{-5}$
碳酸	H_2CO_3	$K_1 = 4.3 \times 10^{-7}$ $K_2 = 5.6 \times 10^{-11}$
氢氰酸	HCN	$K_a = 4.93 \times 10^{-10}$
磷酸	H_3PO_4	$K_1 = 7.52 \times 10^{-3}$ $K_2 = 6.23 \times 10^{-8}$ $K_3 = 2.2 \times 10^{-13}$（18℃）
亚硫酸	H_2SO_3	$K_1 = 1.54 \times 10^{-2}$ $K_2 = 1.02 \times 10^{-7}$
氢硫酸	H_2S	$K_1 = 9.1 \times 10^{-8}$ $K_2 = 1.1 \times 10^{-12}$
氨水	$NH_3 \cdot H_2O$	$K_b = 1.79 \times 10^{-5}$
氢氟酸	HF	$K_a = 3.53 \times 10^{-4}$

电离常数越大，说明达到平衡时，同类型同浓度的弱电解质溶液中，离子浓度越大，弱电解质的电离能力越强；反之，电离常数越小，其电离能力越弱。电离常数不随溶液浓度改变而随温度改变，但变化不显著，一般不影响其数量级。电离度的大小不仅与温度有关，还与浓度有关。

二、离子方程式

1. 离子方程式的定义

电解质在水溶液里的反应，实质上是离子之间的相互反应。把电解质在水溶液中发生的离子间的反应称为离子反应。离子反应通常用离子方程式来表示。用实际参加反应的离子的符号来表示化学反应的式子叫做离子方程式。如：化学反应 $AgNO_3 + KCl = AgCl\downarrow + KNO_3$，由于 $AgNO_3$、KCl、KNO_3在水溶液中完全电离，以离子形式存在，因此可以写成离子形式：

$$Ag^+ + NO_3^- + K^+ + Cl^- = AgCl\downarrow + K^+ + NO_3^-$$

由上式看出，整个过程中 K^+ 和 NO_3^- 没有参加反应，消去 K^+ 和 NO_3^-，得到离子方程式：

$$Ag^+ + Cl^- = AgCl\downarrow$$

又如：$HCl + AgNO_3 = AgCl\downarrow + HNO_3$，HCl、$AgNO_3$、$HNO_3$写成离子形式，并消去未参加反应的离子：

$$H^+ + Cl^- + Ag^+ + NO_3^- = AgCl\downarrow + H^+ + NO_3^-$$

$$Cl^- + Ag^+ = AgCl\downarrow$$

得到和前一反应相同的离子方程式，说明离子方程式不仅可以表示一定物质间的化学反应，而且可以表示同一类型的化学反应。

2. 书写离子方程式的步骤

书写离子方程式的步骤，可以概括为“一写，二改，三消，四查”。以氢氧化钠溶液和盐酸溶液的反应为例来说明离子方程式的书写方法。

一写：写出配平的化学反应方程式。

$$NaOH + HCl \longequal NaCl + H_2O$$

二改：将反应前后，易溶易电离的物质写成离子形式；难电离物质、难溶物、水、气体用分子形式表示。

$$Na^+ + OH^- + H^+ + Cl^- \longequal Na^+ + Cl^- + H_2O$$

三消：消去方程式左右两边相同的离子。

$$OH^- + H^+ \longequal H_2O$$

四查：检查方程式两边各元素的原子个数和离子电荷数是否相等。

$$OH^- + H^+ \longequal H_2O$$

注意

书写离子方程式时，必须熟知电解质的溶解性和电离的程度。只有易溶、易电离的电解质才能写成离子形式。

3. 离子反应的条件

溶液中离子间的反应式是有条件的，不是任意的几种离子互相混合就能发生反应。例如：$NaCl + KNO_3 \neq KCl + NaNO_3$

只有具备以下三个条件之一，离子反应才能进行。

(1) 有沉淀生成

(2) 有气体生成

(3) 有水或其他难电离的物质生成。

想一想

怎样书写下列反应的离子方程式。

1. $CaCO_3 + 2HCl \longequal Cacl_2 + CO_2\uparrow + H_2O$

2. $CaSO_4 + H_2S \longequal CuS\downarrow + H_2SO_4$

第二节　溶液的酸碱性

想一想

水能导电吗?

一、水的电离和溶液的酸碱性

通常认为纯水不能导电，但通过精密仪器检验，发现水有微弱的导电性，说明纯水也能进行微弱的电离，水是极弱的电解质。

水发生部分电离的离子方程式为：

$$H_2O \rightleftharpoons H^+ + OH^-$$

当达电离平衡时，$K_{H_2O}=\dfrac{c(H^+)\ c(OH^-)}{c(H_2O)}$

经过实验测定，在25℃时，1 L水中只有10^{-7} mol水分子电离，说明水的电离度非常小，水中的c（H^+）和c（OH^-）都等于10^{-7} mol/L，电离时消耗的水分子可以忽略不计，所以，电离前后水的浓度可以看成一个常数，$c_{H_2O}\times K_{H_2O}$仍为常数，用K_w表示，得到：

$$K_w=c(H^+)\cdot c(OH^-)=1\times10^{-14} \qquad (5—5)$$

K_w称为水的离子积常数，简称水的离子积。在一定温度下，水中H^+浓度和OH^-浓度乘积是一个常数。K_w随温度升高而增大，常温下一般以$K_w=c(H^+)\cdot c(OH^-)=1\times10^{-14}$计算。

二、溶液的酸碱性

在常温下，$c(H^+)\cdot c(OH^-)=1\times10^{-14}$是一个常数。而在水溶液中$H^+$和$OH^-$总是同时存在的，其中$c$（$H^+$）和$c$（$OH^-$）的大小可能不同，如果知道$H^+$浓度，可以根据$K_w$求$OH^-$浓度，反之亦然。还可根据$H^+$浓度和$OH^-$浓度的相对大小来确定溶液的酸碱性。溶液中若$c(H^+)>10^{-7}$ mol/L，即$c(H^+)>c(OH^-)$时，水溶液呈酸性，c（H^+）越大，酸性越强；若$c(H^+)<10^{-7}$ mol/L，即$c(H^+)<c(OH^-)$时，水溶液呈碱性，c（OH^-）越大，碱性越强；若$c(H^+)=10^{-7}$ mol/L，即$c(H^+)=c(OH^-)$时，水溶液呈中性。

三、溶液 pH 大小的判断方法

在稀溶液中氢离子浓度很小，使用和记忆起来不方便，为了简便，采用pH来表示溶液的酸碱性。所谓pH，是指氢离子浓度的常用对数的负值。

$$pH=-\lg c(H^+) \qquad (5—6)$$

根据pH的定义可得

酸性溶液$c(H^+)>10^{-7}$ mol/L时，pH<7

碱性溶液$c(H^+)<10^{-7}$ mol/L时，pH>7

中性溶液$c(H^+)=c(OH^-)$时，$c(H^+)=10^{-7}$ mol/L，pH=7

c（H^+）越大，pH越小，酸性越强；c（H^+）越小，pH越大，碱性越强，如表5—4所示。

表5—4　　溶液的酸碱性与pH的关系

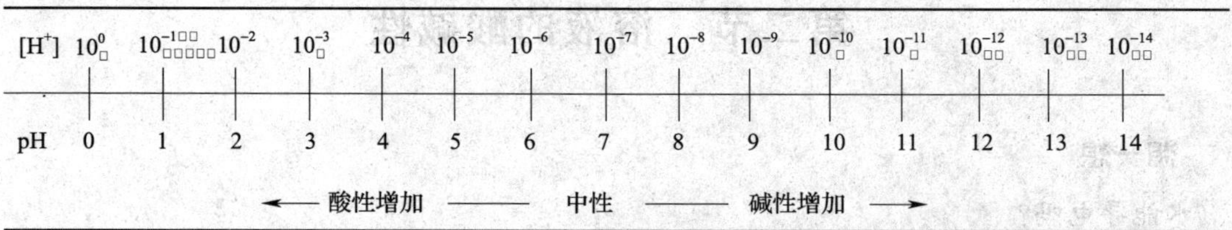

pH的常用范围是0～14。超过此范围，酸碱性直接用H^+和OH^-浓度表示。同样，$c(OH^-)$也可以用pOH来表示，pOH的定义与pH相似，即：

$$pOH=-\lg c(OH^-) \qquad (5—7)$$

在常温下，任何水溶液中由关系式$c(H^+)\cdot c(OH^-)=1\times10^{-14}$可推出：

$$pH+pOH=14 \qquad (5—8)$$

想一想

怎么计算 1 mol/L 的 HCl 或 NaOH 溶液的 pH 值?

【例 5—1】 计算 0.001 mol/L 的 H_2SO_4的 pH 值?

解：硫酸是强电解质，又是二元酸，在水溶液中全部电离成 H^+和 SO_4^{2-}，所以 $c(H^+) = 2\times0.001 = 0.002$ mol/L。水电离出来的 $c(H^+)$ 与 0.002 mol/L 相比，浓度很小，可以忽略不计。所以 0.001 mol/L 的 H_2SO_4的 pH 为：

$$pH = -\lg c(H^+) = -\lg 2\times10^{-3} = 3 - \lg 2 = 2.70$$

答：该溶液的 pH 值为 2.70。

【例 5—2】 计算 0.02 mol/L HAc 溶液的 pH 值。已知 $K_{HAc} = 1.8\times10^{-5}$。

解：若一元弱酸溶液浓度为 $c_{酸}$，当 $c/K_a > 500$ 时，则可作近似计算。

$$c(H^+) = \sqrt{K_a c_{酸}}$$

$$c(H^+) = \sqrt{0.02\times1.8\times10^{-5}} = 6\times10^{-4}$$

$$pH = -\lg c(H^+) = -\lg 6\times10^{-4} = 3.22$$

答：该醋酸溶液的 pH 值是 3.22。

同理，若为一元弱碱，先根据公式 $c(OH^-) = \sqrt{K_b c_{碱}}$近似计算出 $c(OH^-)$，由 $pOH = -\lg c(OH^-)$ 计算出 pOH 值后，再由 pH + pOH = 14，计算出 pH 值。

知识拓展

pH 值与日常生活

pH 值是个在生活中常见的化学名词，在提到液体酸碱性的时候经常用到它，比如说酸雨的时候，pH 值小于 5.6 的雨水为酸雨。生活中常见的酸最典型的可能算酸醋了，这个物质的名称在化学里正好倒过来，叫醋酸，也叫乙酸，食用酸醋一般是 6% 左右的醋酸溶液，根据其电离常数可以计算出其 pH 值为 2.4 左右，直接喝酸醋当然会觉得很酸。其实我们身体里有比这个更酸的：胃液，其 pH 值常在 2 以下，即比酸醋要酸 5 倍左右（氢离子浓度大 5 倍左右）。跟酸相对的是碱，pH 值大于 7，在生活中最有代表性的碱当数熟石灰（学名氢氧化钙）。能食用的小苏打（学名碳酸氢钠）也是碱性的，它是一种弱碱，pH 值大小与浓度有关。其实很多人都尝过纯碱和小苏打的味道，小苏打常被用做制造面食的膨松剂、碳酸饮料等。

指 示 剂

指示剂是用以指示滴定终点的试剂，一般可分为酸碱指示剂、氧化还原指示剂、金属指示剂、吸附指示剂等。

酸碱指示剂是借助颜色变化来指示溶液酸碱性的物质。指示剂发生颜色变化的 pH 范围叫做指示剂的变色范围。常用的酸碱指示剂有酚酞、石蕊、甲基橙等。

1. 石蕊

性状为蓝紫色粉末，是从地衣植物中提取得到的蓝色色素，能部分地溶于水而显紫色。石蕊是一种常用的酸碱指示剂，能溶于水，不溶于酒精，变色范围是 pH 值 5.0~8.0 之间。

在酸性溶液里，溶液呈红色；在碱性溶液里，溶液呈蓝色；在中性溶液里，溶液呈紫色，如图 5—2 所示。

以石蕊作为化学指示剂检验溶液的酸碱性是由英国化学家、物理学家波义耳（Robert Boyle，1627—1691）首先发现并推广使用的。今天能十分容易地检测出溶液的酸碱性，这应该感谢伟大的波义耳！同时，我们应学习他善于观察、勤于思考、勇于探求真理的精神。

2. 酚酞

酚酞为白色或微带黄色的细小晶体，如图 5—3 所示，难溶于水而易溶于酒精。因此通常把酚酞配制成酒精溶液使用。当酚酞试剂滴入水或中性、酸性的水溶液时，会出现白色浑浊物，这是由于酒精易溶于水，从而使试剂中难溶于水的酚酞析出的缘故。

图 5—2　石蕊溶液

图 5—3　酚酞试剂

酚酞在不同溶液中呈现的颜色见表 5—5。

表 5—5　　酚酞在不同溶液中呈现的颜色

pH	<0（浓硫酸中）	0 ~ 8.2	8.2 ~ 12.0	>12.0
条件	强酸性	酸性、近中性	碱性	强碱性
颜色	橙黄色	无色	粉红色	无色

酚酞指示剂一般为 0.5% 酚酞乙醇溶液，配制时取 0.5 g 酚酞，用 95% 的乙醇溶解，并稀释至 100 mL。

第三节　盐溶液的酸碱性

想一想

酸溶液的 pH 值小于 7，碱溶液的 pH 值大于 7，那么盐溶液的 pH 值一定等于 7 吗？

一、盐类的水解

由上节知道，酸溶液中含的 H^+ 多，pH < 7，碱溶液中含的 OH^- 多，pH > 7；像正盐既不能电离出 H^+ 又不能电离出 OH^-，那么其溶液的 pH 是不是都等于 7 呢？用 pH 试纸测得，NaCl 的 pH = 7，NH_4Cl 的 pH < 7，NaAc 的 pH > 7，CH_3COONH_4 的 pH = 7。为什么同样是盐的水溶液，它们的酸碱性相差这么大？这是因为盐溶于水时盐的离子要与水中的 H^+ 或 OH^- 结合成弱酸或弱碱，导致水的电离平衡被破坏，盐溶液就呈现酸碱性或中性。像这种溶液中盐的离子与水电离出的 H^+ 或 OH^- 结合生成弱电解质的反应，称为盐的水解。

1. 强酸弱碱盐的水解

以氯化铵为例，氯化铵是强电解质，完全电离为 NH_4^+ 和 Cl^-，水是弱电解质，部分电离为 OH^- 和 H^+，此时 $c(H^+)=c(OH^-)$。Cl^- 和 H^+ 不会结合，当 NH_4^+ 和 OH^- 结合成难电离的 $NH_3 \cdot H_2O$ 时，就破坏了水的电离平衡，使水的平衡向右移动。随着溶液中的 $c(OH^-)$ 不断减少，相应地 $c(H^+)$ 就增大，到一定程度又建立起水和 NH_4Cl 的电离平衡时，此时溶液中 $c(H^+)>c(OH^-)$，所以 NH_4Cl 溶液呈酸性。它们之间的反应如下：

$$
\begin{array}{ccccc}
NH_4Cl & = & NH_4^+ & + & Cl^- \\
 & & + & & \\
H_2O & \rightleftharpoons & OH^- & + & H^+ \\
 & & \Updownarrow & & \\
 & & NH_3 \cdot H_2O & &
\end{array}
$$

氯化铵的水解离子方程式可表示为：$NH_4^+ + H_2O \rightleftharpoons NH_3 \cdot H_2O + H^+$。大量实验表明：强酸弱碱盐因为水解，其水溶液呈酸性。

2. 弱酸强碱盐的水解

以醋酸钠为例，醋酸钠溶液中存在以下电离平衡：

$$
\begin{array}{ccccc}
NaAc & = & Na^+ & + & Ac^- \\
 & & & & + \\
H_2O & \rightleftharpoons & OH^- & + & H^+ \\
 & & & & \Updownarrow \\
 & & & & HAc
\end{array}
$$

由醋酸钠电离出来的 Ac^- 和水电离出来的 H^+ 结合成难电离的醋酸（HAc），使水的平衡破坏，平衡向右移动，当达到新平衡时，$c(H^+)<c(OH^-)$，溶液呈碱性。

醋酸钠的水解离子方程式可表示为：$Ac^- + H_2O \rightleftharpoons OH^- + HAc$。大量实验表明：弱酸强碱盐因为水解，其水溶液呈碱性。

3. 弱酸弱碱盐的水解

以醋酸铵为例。在醋酸铵溶液中存在以下电离平衡：

$$
\begin{array}{ccccc}
NH_4Ac & = & Ac^- & + & NH_4^+ \\
 & & + & & + \\
H_2O & \rightleftharpoons & H^+ & + & OH^- \\
 & & \Updownarrow & & \Updownarrow \\
 & & HAc & & NH_3 \cdot H_2O
\end{array}
$$

由醋酸铵电离出的 Ac^- 和 NH_4^+ 分别和水电离出来的 H^+ 和 OH^- 结合成难电离的 HAc 和 $NH_3 \cdot H_2O$，使水的平衡向右移动。当达到新平衡时，水溶液的酸碱性取决于水解生成的弱酸和弱碱的电离常数的相对大小。由于醋酸的 K_a 和氨水的 K_b 相等，所以溶液呈中性。

醋酸铵的水解离子方程式：$Ac^- + NH_4^+ + H_2O \rightleftharpoons HAc + NH_3 \cdot H_2O$。弱酸弱碱盐水解时，溶液的酸碱性有三种情况：当 $K_a = K_b$ 时，盐水解后溶液呈中性；当 $K_a > K_b$ 时，盐水解后溶液呈酸性；当 $K_a < K_b$ 时，盐水解后溶液呈碱性。

4. 强酸强碱盐不水解

例如氯化钠（NaCl）溶液，氯化钠电离出 Na^+ 和 Cl^-，不管哪种离子都不能和水电离出来的 H^+ 和 OH^- 结合成弱电解质，所以不影响水的电离平衡，水电离出来的 $c(H^+)$ 和 $c(OH^-)$ 还是相等。所以强酸强碱盐不水解，溶液呈中性。

二、盐的水解的影响因素

影响盐水解的主要因素是盐本身的性质。组成盐的弱酸或弱碱越弱，盐就越易水解，而且水解的程度就越大。

另外，盐的水解还受温度、浓度等因素的影响。盐的水解是吸热反应，升高温度能促进水解；盐的浓度越小，水解程度越大。

了解盐水解的原理和影响因素后，我们可以根据需要防止水解或促进水解。例如在实验室配制二氯化锡（$SnCl_2$）溶液时，常用盐酸溶液而不用蒸馏水配制，就是为了防止二氯化锡水解。这是因为：

$$SnCl_2 + H_2O \rightleftharpoons Sn(OH)Cl\downarrow + HCl$$

使用盐酸可使水解平衡向左移动，减少二氯化锡的水解，阻止沉淀析出。

知识拓展

泡沫灭火器

泡沫灭火器内有两个容器，分别盛放两种液体，它们是硫酸铝（$Al_2(SO_4)_3$）和碳酸氢钠（$NaHCO_3$）溶液，两种溶液互不接触，不会发生任何化学反应（平时千万不能碰倒泡沫灭火器）。当需要使用泡沫灭火器时，把灭火器倒立，两种溶液混合在一起，就会产生大量的二氧化碳气体，反应方程式如下：

$$Al_2(SO_4)_3 + 6NaHCO_3 = 3Na_2SO_4 + 2Al(OH)_3\downarrow + 6CO_2\uparrow$$

泡沫灭火器的作用原理就是利用了盐的水解。硫酸铝是强酸弱碱盐，水解呈酸性，碳酸氢钠是强碱弱酸盐，水解呈碱性，二者酸碱中和，使得水解很彻底，产生了氢氧化铝沉淀和二氧化碳气体。

图 5—4　泡沫灭火器

除两种反应物外，灭火器中还加入了一些发泡剂。打开开关，泡沫从灭火器中喷出，覆盖在燃烧物品上，使燃着的物质与空气隔离，并降低温度，达到灭火的目的，如图 5—4 所示。

泡沫灭火器可用来扑灭木材、棉布等燃烧引起的失火，还能扑救油类等可燃液体火灾，但不能扑救带电设备和醇、酮、酯、醚等有机溶剂的火灾。使用手提式泡沫灭火器时，应一手握提环，一手抓底，把灭火器颠倒过来，轻轻抖动几下，喷出泡沫，进行灭火。

第四节 难溶电解质的沉淀与溶解平衡

想一想

有没有绝对不溶的电解质？

一、溶度积常数与溶解度

严格地说，在水中绝对不溶的物质是没有的。用水作溶剂时，习惯上把溶解度小于0.01 g/100 g H_2O 的物质叫做难溶物。例如，在一定温度下，将过量氯化银（AgCl）固体投入水中，Ag^+和 Cl^-离子在水分子的作用下会不断离开固体表面而进入溶液，形成水合离子，这是氯化银的溶解过程。同时，已溶解的 Ag^+和 Cl^-离子又会因固体表面的异性电荷离子的吸引而回到固体表面，这就是氯化银的沉淀过程。当沉淀与溶解两过程达到平衡时，称为沉淀溶解平衡。

例如氯化银在水中溶解的部分与固体部分会建立起如下平衡：

$$AgCl(s) \underset{沉淀}{\overset{溶解}{\rightleftharpoons}} Ag^+ + Cl^-$$

这个平衡叫做沉淀溶解平衡，和电离平衡一样，也有平衡常数：

$$K = c(Ag^+)c(Cl^-)/c(AgCl)$$

由于氯化银是固体，它的浓度不写在平衡关系式中，所以：

$$K_{sp} = c(Ag^+) \cdot c(Cl^-)$$

上式表明在难溶电解质的饱和溶液中，当温度一定时其离子浓度的乘积为一常数，称为溶度积常数，简称溶度积，用符号 K_{sp}表示。K_{sp}值的大小与物质的溶解度有关，它反映了物质的溶解能力，在一定温度下是一个常数。例如25℃时，铬酸银 Ag_2CrO_4的溶度积为 1.1×10^{-12}，可表示如下：

$$Ag_2CrO_4 \rightleftharpoons 2Ag^+ + CrO_4^{2-}$$

$$K_{sp} = c(Ag^+)^2 \cdot c(CrO_4^{2-}) = 1.1 \times 10^{-12}$$

对于一般的沉淀物质可用通式表示：

$$A_mB_n \rightleftharpoons mA^{n+} + nB^{m-}$$

$$K_{sp} = [A^{n+}]^m[B^{m-}]^n \qquad (5—9)$$

溶解度是物质的重要性质之一。溶解度被定义为：在一定温度下，达到溶解平衡时，一定量的溶剂中含有的溶质的质量。对于水溶液来说，通常以饱和溶液中每100 g水所含的溶质质量表示。

溶度积和溶解度都可以用来表示物质溶解能力大小。两者既有联系又有区别。它们之间可以互相换算，既可由溶度积算出溶解度，也可以已知溶解度算出溶度积。它们的区别：溶度积是未溶解的固相与溶液中相应离子达到平衡时离子浓度的乘积，只与温度有关；溶解度不仅与温度有关，还与溶液的组成、pH 等因素有关。K_{sp}的物理意义：

1. K_{sp}的大小只与反应温度有关，而与难溶电解质的质量无关。

2. 表达式中的浓度是沉淀溶解达平衡时离子的浓度，此时的溶液是饱和溶液。

3. 由 K_{sp}的大小可以比较同种类型难溶电解质的溶解度的大小；不同类型的难溶电解质不能用 K_{sp} 比较溶解度的大小。

一些常用难溶电解质的溶度积见表 5—6。

表 5—6　　一些常用难溶电解质的溶度积

难溶电解质	K_{sp}（25℃）	难溶电解质	K_{sp}（25℃）
Ag_2CrO_4	1.1×10^{-12}	$CaCO_3$	2.8×10^{-9}
AgI	8.3×10^{-17}	Cu（$OH)_2$	2.2×10^{-20}
AgCl	1.8×10^{-10}	CdS	8.0×10^{-27}
AgBr	5.0×10^{-13}	Fe（$OH)_3$	4×10^{-38}
$BaSO_4$	1.1×10^{-10}	Fe（$OH)_2$	8.0×10^{-16}
$BaCO_3$	5.1×10^{-9}	$PbSO_4$	1.6×10^{-8}
$BaCrO_4$	1.2×10^{-10}	$PbCrO_4$	2.8×10^{-13}
$CaSO_4$	9.1×10^{-6}	Mg（$OH)_2$	1.8×10^{-11}
$CaC_2O_4\cdot H_2O$	4.0×10^{-9}	Mn（$OH)_2$	1.9×10^{-13}

二、溶度积规则

想一想

是否任意浓度下的两种可产生沉淀反应的溶液互相混合就能产生沉淀？

难溶电解质固体与溶液中的水合离子的平衡关系如下：

$$A_mB_n \rightleftharpoons mA^{n+} + nB^{m-}$$

$$K_{sp} = [A^{n+}]^m[B^{m-}]^n$$

在任一状态下的离子浓度以离子反应系数为指数的幂乘积用 Q_i 表示。$Q_i = [c(A^{n+})]^m c[(B^{m-})]^n$，$Q_i$ 称为难溶电解质的离子积，可以用 Q_i 与 K_{sp}进行比较来判断沉淀的生成或溶解。

1. 当 $Q_i = K_{sp}$时，沉淀和溶解刚好达到平衡，溶液称为饱和溶液。

2. 当 $Q_i < K_{sp}$时，溶液未达到饱和状态，若溶液中有难溶电解质固体存在，固体将溶解形成离子进入溶液，溶液中离子浓度增大，直到 $Q_i = K_{sp}$时达到平衡。

3. 当 $Q_i > K_{sp}$时，溶液处于过饱和状态，会有沉淀生成，随着沉淀生成溶液中离子浓度不断下降，直到 $Q_i = K_{sp}$时溶液达到沉淀溶解平衡为止。

以上三条规则就是溶度积规则，我们可以利用溶度积规则来判断溶液中是否有沉淀的生成，还可以控制溶液中离子的浓度，让沉淀溶解或产生沉淀。

三、溶度积规则应用

1. 判断沉淀的生成和溶解

现在以碳酸钙沉淀的生成和溶解为例来说明。

【例 5—3】　将浓度为 0.1 mol/L 的 $CaCl_2$溶液与浓度为 0.001 mol/L 的 Na_2CO_3溶液等体积混合，判断是否有碳酸钙沉淀产生？

解：相应的反应式有：

$$CaCl_2 + Na_2CO_3 \xlongequal{} CaCO_3 \downarrow + 2NaCl$$

$$CaCO_3 \rightleftharpoons Ca^{2+} + CO_3^{2-}$$

等体积混合，浓度为原来的0.5倍，$c(Ca^{2+}) = 0.1 \times 0.5$，$c(CO_3^{2-}) = 0.001 \times 0.5$，此时，$Q_i = c(Ca^{2+})\ c(CO_3^{2-}) = 1/4 \times 0.1 \times 0.001 = 2.5 \times 10^{-5}$，而$CaCO_3$的$K_{sp} = 2.8 \times 10^{-9}$，$Q_i > K_{sp}$，按溶度积规则，有沉淀生成。反应完全后，$Q_i = K_{sp}$，溶液中的离子与生成的沉淀建立起新的平衡。如此时再向溶液中加几滴稀盐酸溶液，将会发生下列反应：

$$CO_3^{2-} + H^+ \rightleftharpoons HCO_3^-$$

$$H^+ + HCO_3^- \rightleftharpoons H_2CO_3$$

溶液中$[CO_3^{2-}]$减少，使得$Q_i < K_{sp}$，根据溶度积规则，沉淀要溶解。当加入的稀酸很少时，沉淀只有部分溶解直到$Q_i = K_{sp}$时，沉淀的溶解停止。当加入的稀酸足够多时，沉淀可能全部溶解。

2. 判断沉淀的完全程度

当用沉淀反应制备产品或者分离产品时，沉淀是否完全是人们最关心的问题。在一定温度下，K_{sp}为常数，由此得出没有一种沉淀反应是绝对完全的。所谓沉淀完全并不是说溶液中某种离子完全不存在，而是指含量极少。一般在定性分析中要求离子浓度小于10^{-5} mol/L；在定量分析中要求离子浓度小于10^{-6} mol/L，就认为沉淀完全了。可通过K_{sp}计算离子浓度，判断沉淀是否完全。

实验七　电解质溶液

一、实验目的

1. 掌握强电解质与弱电解质的区别，巩固pH的概念。
2. 熟悉盐类的水解及其影响因素。
3. 了解溶度积规则及沉淀平衡的移动。

二、实验用品

1. 仪器

烧杯、试管、玻棒、酒精灯、试管夹。

2. 药品

盐酸（HCl）（0.1 mol/L、2 mol/L）、醋酸（HAc）（0.1 mol/L）、氢氧化钠（NaOH）（0.1 mol/L）、醋酸钠（NaAc）（0.1 mol/L）、氯化铵（NH_4Cl）（0.1 mol/L、1 mol/L）、氯化钠（NaCl）（0.1 mol/L）、硫化钠（Na_2S）（0.1 mol/L）、醋酸铵（NH_4Ac）（0.1 mol/L）、氯化镁（$MgCl_2$）（0.1 mol/L）、氯化铁（$FeCl_3$）（固体、0.1 mol/L）、碘化钾（KI）（0.1 mol/L）、硝酸铅［$Pb(NO_3)_2$］（0.1 mol/L）、碳酸钠（Na_2CO_3）饱和溶液、硫酸铝［$Al_2(SO_4)_3$］饱和溶液、碳酸钙（$CaCO_3$）粉末、锌粒、甲基橙、酚酞、pH试纸。

三、实验内容及步骤

1. 测定pH值，判断溶液酸碱性的强弱

先计算出0.1 mol/L下列溶液的pH值，填入表实7—1，再取下列溶液各1滴，用pH

试纸测定溶液的 pH 值，记录在表实 7—1 中。

表实 7—1　　　　　　　　　　　　溶液 pH 测定

名称	HCl	HAc	$NH_3 \cdot H_2O$	NaOH
理论 pH				
测量 pH				
pH 由小到大				

2. 通过实验现象比较醋酸和盐酸溶液的酸性

（1）在两支试管中，分别加入 0.1 mol/L 的 HAc 溶液 1 mL 和 0.1 mol/L 的 HCl 溶液 1 mL,再在每支试管中各加入甲基橙和 1 mL 水，比较两个试管中的颜色。

（2）在两支试管中，分别加入 2 mol/L 的 HAc 溶液 2 mL 和 2 mol/L 的 HCl 溶液2 mL,再在每支试管中各加入锌粒两颗，比较两支试管中的反应情况，写出反应方程式。

通过上面实验，说明 HAc 和 HCl 溶液的酸性的强弱。

3. 盐类的水解

（1）用 pH 试纸测定浓度均为 0.1 mol/L 的下列溶液的 pH，并说明各种盐溶液的 pH 为什么不相等。

NaAc　NH_4Cl　NaCl　Na_2S　NH_4Ac　$MgCl_2$　$FeCl_3$

（2）往一支大试管中加入 5 mL 饱和硫酸铝溶液和 5 mL 饱和碳酸钠溶液，解释发生的现象。反应方程式为：

$$Al_2(SO_4)_3 + 3Na_2CO_3 + 3H_2O \xlongequal{\quad} 2Al(OH)_3\downarrow + 3Na_2SO_4 + 3CO_2\uparrow$$

（3）在试管中加入 0.1 mol/L NaAC 溶液 2 mL 和一滴酚酞试液，观察溶液的颜色，再用小火加热溶液，观察溶液颜色的变化，并加以解释。

（4）取一药匙 $FeCl_3$ 固体于小烧杯中，加少量水使其溶解，观察溶液的颜色。将溶液分盛于三支试管中。在第一支试管中加入两滴 6 mol/L HCl 溶液，观察溶液颜色的变化；将第二支试管用小火加热，观察有何变化。第三支试管用做比较。说明上述实验现象。

4. 沉淀平衡

（1）取黄豆大小的粉末状的 $CaCO_3$ 放入试管中，加入 2 mL 水，振荡，观察是否溶解。再向试管中滴加 2 mol/L 的 HCl 溶液，振荡，观察现象，写出反应的化学方程式。

（2）向试管中滴加 0.1 mol/L 的 Pb（NO_3）$_2$溶液 1 mL，再滴加 0.1 mol/L 的 KI 溶液，观察黄色沉淀的产生，写出反应的化学方程式。静置，待沉淀沉降后，向上层清液中继续滴加 0.1 mol/L 的 KI 溶液，观察并说明所产生的现象。

四、思考题

1. 相同浓度的 HAc 和 HCl 溶液，它们的 H^+ 离子浓度大小如何？pH 大小又如何？

2. 如何证明 Al_2（SO_4）$_3$和 Na_2CO_3反应生成的沉淀是 Al（OH）$_3$，而不是 Al_2（CO_3）$_3$？

知识拓展

四酸三碱的使用、储运及烧伤救护常识

在化学工业中将硫酸、盐酸和硝酸简称为三强酸，加上磷酸就是四酸；三碱指纯碱

（碳酸钠）、烧碱（氢氧化钠，又称火碱）、重碱（碳酸氢钠）。当然，这三碱中，纯碱和重碱是盐，只有烧碱是碱。四酸三碱都是重要的化工原料，广泛应用于化学、国防、石油、冶金、纺织、食品等工业。强酸具有强烈的腐蚀性，触及皮肤会造成严重灼伤，难以治愈，而且还能引起腐蚀性中毒。

1．使用和储运

四酸三碱使用和储运时应注意下面几点：

（1）使用和搬运强酸强碱时应穿耐酸碱防护衣，戴橡皮手套、围裙、眼镜，并穿深筒胶鞋。

（2）搬运酸、碱前，应仔细进行下列几项检查：

1）装运器具的强度。

2）装酸或碱的容器是否封严。

3）容器的位置固定是否稳妥。

4）搬运时，不许用背搬运容器。

（3）量取强酸时要用量筒，绝对不要用吸液管，要用虹吸管，不要用漏斗，以防酸、碱溶液溅出。

（4）酸碱或其他苛性液，禁止用嘴直接吸取；如无吸气器可用量筒量取。

（5）在稀释酸（尤其是硫酸）时，应当一面搅拌冷水，一面慢慢将酸注入。禁止将水注入酸内。

（6）废酸、废碱必须倒在专门的缸子内。缸子应放在安全的地方。

（7）拿取碱金属及其氢氧化物和氧化物时，必须用镊子夹取或用磁匙采取。化学物品如强酸强碱等可引起皮肤黏膜的烧伤，其对人体组织的损伤程度与其浓度及接触时间有关。它们具有强烈的腐蚀性，并能向人体组织深层侵蚀。如果酸类通过口腔进入消化道，则会造成口腔、食道、胃黏膜腐蚀、糜烂、溃疡出血，黏膜水肿，甚至造成胃穿孔，严重者引起休克。强碱对人体的烧伤及腐蚀情况与强酸基本相同，但它能渗透到组织的较深层，故愈后形成的疤痕也较深。

2．酸烧伤的急救措施

（1）立即用大量清水冲洗局部（此法不适用于浓硫酸烧伤）。

（2）用弱碱溶液中和，如苏打水、肥皂水，很淡的石炭水等。对石炭酸烧伤使用淡酒精中和为好。

（3）如果酸类经口咽下，应口服黏膜保护剂如牛奶、淀粉、稠米汤、面糊或氢氧化铝等。为防止胃穿孔，一般不应洗胃。

（4）剧烈疼痛者，应给予止痛剂，如强痛定、杜冷丁、吗啡等，防止出现疼痛性休克。患者如有呼吸困难，循环衰竭，应注射强心剂、呼吸兴奋剂、吸氧或作其他对症处理。

（5）较重的烧伤均应送医院治疗。

3．碱烧伤的急救措施

除用弱酸性溶液醋酸（食醋）等中和外，其他方法与强酸烧伤的急救方法相同。

本 章 小 结

一、电解质类型

电解质分为强电解质和弱电解质两种类型。

1. 电离度

电离度是表示弱电解质在达到电离平衡时，已经电离的程度，用符号 α 表示。它等于已电离的弱电解质的分子数和电离前它的分子总数之比；或是已电离的电解质浓度和电解质的原始浓度比。即

$$\alpha = \frac{\text{已电离分子数}}{\text{电离前分子总数}} \times 100\%$$

或

$$\alpha = \frac{\text{电解质已电离部分的浓度（mol/L）}}{\text{电解质的原始浓度（mol/L）}} \times 100\%$$

2. 电离平衡常数

电离平衡常数是指弱电解质电离达到动态平衡时，离子浓度的乘积与未电离的分子浓度之比，在一定温度下是个常数，简称电离常数，用符号“K_i”表示。K_a 表示弱酸的电离常数，K_b 表示弱碱的电离常数。

3. 电离度与电离平衡常数的关系

电离度和电离平衡常数都可以用来表示弱电解质的相对强弱。但二者又有区别，电离度不仅与温度有关，还与浓度有关，电离平衡常数只与温度有关，而与浓度无关。转化关系式如下：

$$K_a = c\alpha^2 \text{ 或 } \alpha = \sqrt{K_a/c}$$

$$c(H^+) = c\alpha = \sqrt{K_a \cdot c}$$

$$c(OH^-) = c\alpha = \sqrt{K_b \cdot c}$$

二、离子反应方程式

1. 书写步骤

一写，二改，三消，四查。

2. 反应条件

只有具备以下三个条件之一，离子反应才能进行：

（1）有沉淀生成。

（2）有气体生成。

（3）有水或其他难电离的物质生成。

三、水的电离

1. 水的电离平衡常数叫做水的离子积常数，用符号 K_w 表示。

$$K_w = c(H^+) \cdot c(OH^-) = 1 \times 10^{-14}$$

2. pH 是指氢离子浓度的常用对数的负值。

$$pH = -\lg c(H^+)$$

根据 pH 的定义可得：

酸性溶液　$c(H^+) > 10^{-7}$ mol/L，pH < 7

碱性溶液　$c(H^+) < 10^{-7}$ mol/L，pH > 7

中性溶液　$c(H^+) = c(OH^-) = 10^{-7}$ mol/L，pH = 7

$c(H^+)$ 越大，pH 越小，酸性越强；$c(H^+)$ 越小，pH 越大，碱性越强。

四、盐的水解

1. 定义

溶液中，盐的离子与水电离出的 H^+ 和 OH^- 结合生成弱电解质的反应，称为盐的水解。

2. 盐溶液的酸碱性

（1）强酸弱碱盐因水解，溶液呈酸性

（2）弱酸强碱盐因水解，溶液呈碱性

（3）弱酸弱碱盐水解后，溶液的酸碱性有三种情况：

$$\begin{cases} 当 K_a = K_b 时,盐水解呈中性 \\ 当 K_a > K_b 时,盐水解呈酸性 \\ 当 K_a < K_b 时,盐水解呈碱性 \end{cases}$$

（4）强酸强碱盐不水解，溶液呈中性。

五、难溶电解质的沉淀与溶解平衡

1. 溶度积常数 K_{sp} 的含义和表示方法。

2. 溶度积规则及其应用。

自我检测

一、选择题

1. 下列物质中属于电解质的是（　　）。

①硫酸　②氢氧化钠　③氯化钠　④蔗糖　⑤铜　⑥二氧化碳　⑦醋酸

A. ①②③⑦　　B. ④⑤⑥　　C. ①②⑤⑦　　D. ①⑥⑦

2. 下列说法中正确的是（　　）。

A. 液态 HCl、固态 NaCl 均不导电，所以 HCl、NaCl 均是非电解质

B. NH_3、CO_2 的水溶液均导电，所以 NH_3、CO_2 均是电解质

C. 铜、石墨均导电，所以它们是电解质

D. 蔗糖、酒精在水溶液和熔化时均不导电，所以它们是非电解质

3. 下列物质中导电性能最差是的（　　）。

A. 熔化的氢氧化钠　　B. 0.1 mol/L 氢氧化钙

C. 0.1 mol/L 醋酸　　D. 氯化钾固体

4. 下列说法中正确的是（　　）。

A. 两种溶液中，导电能力较强的就是强电解质

B. 稀 H_2SO_4 是电解质溶液

C. 固体硫酸钠不能导电，它是非电解质

D. 两种溶液中，溶质的量越多，导电能力越强

5. 下列物质中属于强电解质的是（　　）。

A. CH_3COOH　　B. H_2O

C. $AgNO_3$　　D. $NH_3 \cdot H_2O$

6. 现有以下物质：①NaCl 晶体　②液态 HCl　③$CaCO_3$固体　④熔融 KCl　⑤蔗糖　⑥铜　⑦CO_2　⑧H_2SO_4　⑨KOH 固体　⑩NH_3　⑪硫酸钡　⑫水　⑬氯水。

（1）以上物质中能导电的是（　　）。

（2）以上物质中属于电解质的是（　　）；属于非电解质的是（　　）。

（3）以上物质中溶于水后能导电的是（　　）。

7. 下列物质在水溶液中电离时，（　　）能生成Cl^-。

A. 氯化钙　　B. 次氯酸钠　　C. 氯酸钾　　D. 氯水

8. 下列物质中是弱电解质的是（　　）。

A. NaAc　　B. NH_4Cl　　C. KNO_3　　D. H_2S

9. 下列物质中其水溶液呈中性的是（　　）。

A. NaCl　　B. K_2CO_3　　C. $Al_2(SO_4)_3$　　D. $(NH_4)_2SO_4$

10. 下列反应中其离子方程式可以用 $H^+ + OH^- = H_2O$ 表示的是（　　）。

A. NaOH 和 HAc　　B. KOH 和 HNO_3

C. $Ba(OH)_2$和 H_2SO_4　　D. $NH_3 \cdot H_2O$ 和 HAc

11. 0.1mol/L H_2SO_4溶液中 H^+浓度为（　　）mol/L。

A. 0.1　　B. 0.2　　C. 0.3　　D. 0.4

12. 下列离子方程式中，正确的是（　　）。

A. 硫化亚铁与盐酸 $S^{2-} + 2H^+ = H_2S\uparrow$

B. 硝酸钡与硫酸钠 $Ba^{2+} + SO_4^{2-} = BaSO_4\downarrow$

C. 醋酸与氢氧化钠 $H^+ + OH^- = H_2O$

D. 石灰石与盐酸 $CO_3^{2-} + 2H^+ = CO_2\uparrow + H_2O$

13. 下列电离方程式中正确的是（　　）。

A. $H_2SO_4 = 2H^+ + SO_4^{2-}$　　B. $Ba(OH)_2 = Ba^{2+} + OH^{2-}$

C. $FeCl_3 = Fe^{2+} + 3Cl^-$　　D. $NaHCO_3 = Na^+ + H^+ + CO_3^{2-}$

14. 在含有 0.1 mol/L HCl 的 0.1 mol/L 的 CH_3COOH 溶液中，$[H^+]$ 同 $[Ac^-]$ 关系正确的是（　　）。

A. $[H^+] = [Ac^-]$　　B. $[Ac^-] > [H^+]$

C. $[H^+] > [Ac^-]$　　D. 无法知道

15. 常温时，以下四种溶液中，pH 最小的是（　　）。

A. 0.01 mol/L 醋酸溶液

B. 0.02 mol/L 醋酸与 0.02 mol/L NaOH 溶液的等体积混合液

C. 0.03 mol/L 醋酸与 0.01 mol/L NaOH 溶液的等体积混合液

D. pH = 2 的盐酸与 pH = 12 的 NaOH 溶液的等体积混合液

16. 在 100mL 的 0.01 mol/L KCl 溶液中，加入 1 mL 的 0.01 mol/L $AgNO_3$溶液，下列说

法正确的是（　　）（AgCl 的 $K_{sp}=1.8\times10^{-10}$）。

A. 有 AgCl 沉淀析出　　B. 无 AgCl 沉淀

C. 无法确定　　D. 有沉淀但不是 AgCl

二、填空题

1. 强电解质是指能够________电离的电解质，强酸、强碱和盐是强电解质；反之称为弱电解质，如弱酸和弱碱。常见的强酸有________，常见的强碱有________。

2. 弱电解质的电离平衡是指：在一定条件下（如温度、浓度），当________和________相等时，电离过程就达到了平衡状态，这叫做电离平衡。

3. 电离度 = ________，同一弱电解质溶液的浓度越低，其电离度越________。

4. 书写下列物质的电离方程式

硫酸________

醋酸________

氯化铵________

碳酸氢钠________

氢氧化钠________

醋酸钠________

水________

5. 写出下列弱电解质的电离常数表达式

HAc ________ HCN ________ HClO ________ $NH_3\cdot H_2O$ ________

6. 盐类水解是指在盐溶液中盐的弱酸阴离子或弱碱阳离子跟水电离出的________结合生成弱酸、弱碱的反应。最终使水的电离平衡________移动，溶液 pH 发生变化。

7. 书写下列各物质的溶液中所发生的水解的离子方程式，并判断溶液的酸碱性：

①NH_4Cl 显（　　）性________

②CH_3COONa 显（　　）性________

④K_2S 显（　　）性________

⑤$KHCO_3$ 显（　　）性________

⑥NaClO 显（　　）性________

8. 影响盐类水解的因素如下：

内因：组成盐的酸（碱）相对强弱；结论：酸越弱，其盐的水解程度________，碱性越________。

外因：盐类水解是吸热反应，升温________水解；稀释________水解。

9. 难溶化合物不是不溶解，只是其溶解度较小（20℃下，每 100 g 水中溶解量小于 0.01 g）而已，在水溶液中存在溶解平衡，化学上常常用其溶度积常数 K_{sp} 来表示其溶解量的多少。

$AgCl(s) \rightleftharpoons Ag^+(aq) + Cl^-(aq)$　　$K_{sp}=$________

$Mg(OH)_2(s) \rightleftharpoons Mg^{2+}(aq) + 2OH^-(aq)$　　$K_{sp}=$________

三、计算题

1. 在 2 L 的 2 mol/L 电解质溶液里，有 0.15 mol 溶质电离为离子，计算该电解质的电离度。

2. 计算下列溶液的 pH，请写出计算步骤。

（1）0.1 mol/L 的盐酸。

（2）0.005 mol/L 的醋酸，已知 $K_{HAc}=1.8\times10^{-5}$。

（3）0.1 mol/L 的氢氧化钠溶液。

3. 已知 0.1 mol/L HCN 的电离度为 0.007%，求电离平衡常数。

4. 写出难溶电解质 $PbCl_2$、AgBr、Ag_2S 的溶度积表达式。

5. 在 100 mL 0.010 mol/L $Pb(NO_3)_2$溶液中，加入等体积的 0.01 mol/L NaCl 溶液（忽略体积改变，$K_{sp,PbCl_2}=1.6\times10^{-5}$），通过计算说明有无沉淀生成。

第六章　电化学基础知识

教学要求

1. 掌握原电池与电解池的区别与联系。

2. 能理解电极电势、电动势等概念，可以正确查阅标准电极电势，并能根据标准电极电势的大小，判断标况下氧化剂和还原剂的强弱，氧化还原反应进行的方向。

3. 了解电解的应用、金属腐蚀情况和防腐方法。

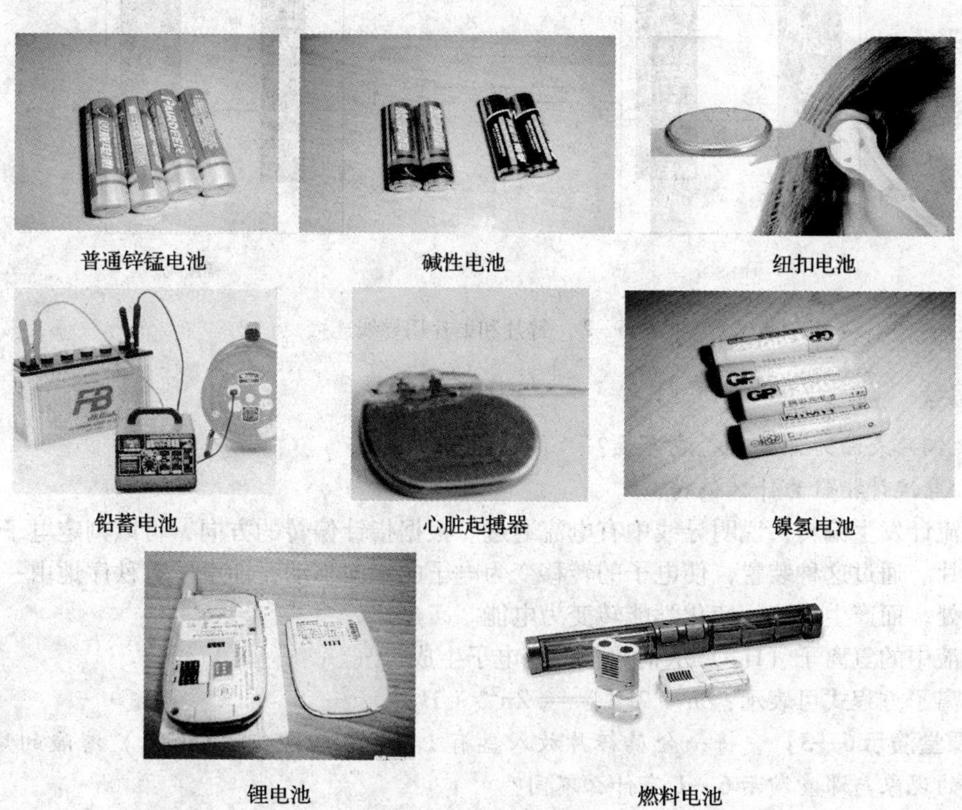

普通锌锰电池　碱性电池　纽扣电池

铅蓄电池　心脏起搏器　镍氢电池

锂电池　燃料电池

图 6—1　各种电池

第一节　原　电　池

一、原电池的工作原理

【课堂演示 6—1】　将锌片（Zn）、铜片（Cu）插入稀硫酸溶液中，观察现象。

实验发现，锌片表面有气泡产生，铜片表面无气泡产生。

锌片表面有气泡，说明有气体生成，然而铜片表面没有气泡产生，原因是铜和稀硫酸不发生化学反应。因此气泡是由锌片和硫酸溶液反应产生的，该反应为氧化还原反应，反应式如下：

$$Zn + H_2SO_4 \xlongequal{} ZnSO_4 + H_2\uparrow$$

【课堂演示6—2】 如图6—2所示，在锌片、铜片之间连接电流计，并将锌片和铜片插入稀硫酸，观察现象。

实验发现，电流计发生偏转，铜片表面有气泡生成。

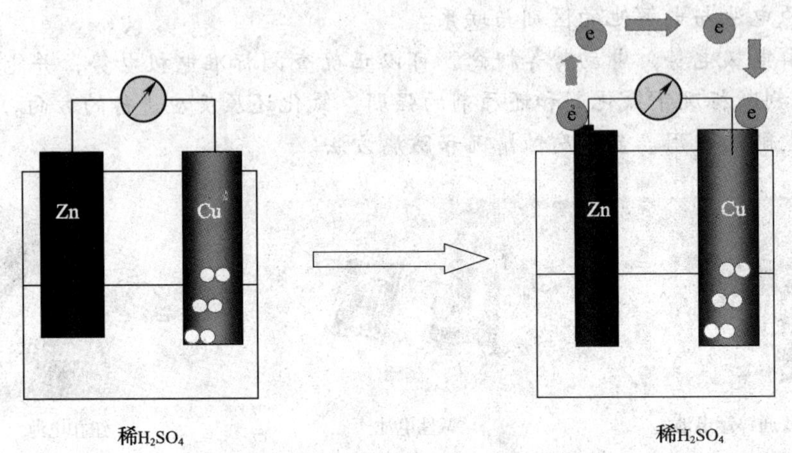

图6—2　锌片和铜片用导线连接

思考

1. 铜片表面为什么有气泡产生？
2. 电流计指针为什么偏转？

电流计发生偏转，说明导线中有电流通过。根据指针偏转的方向，可以判定电子从锌片流向铜片。通过这种装置，使电子的转移变为电子的定向移动，即电子有秩序地由一处流动到另一处，而产生电流，使化学能转变为电能。

溶液中的氢离子（H^+）从铜片上得到电子生成氢气。

其离子方程式可表示：$Zn + 2H^+ \xlongequal{} Zn^{2+} + H_2\uparrow$

【课堂演示6—3】 将一金属锌片放入盛有1 mol/L硫酸铜（$CuSO_4$）溶液的烧杯中，观察到的现象与课堂演示6—1有什么不同？

实验发现，锌片缓慢地溶解，同时锌片上有红褐色的铜不断析出，硫酸铜溶液的蓝色逐渐变淡。

由现象发现锌片和硫酸铜都发生了变化，说明它们都参与了化学反应，即氧化还原反应，其反应方程式及电子的转移方向可表示为：

$$\overset{2e}{\overbrace{Zn + Cu}}SO_4 \xlongequal{} Cu + ZnSO_4$$

反应的实质是锌原子失去电子，被氧化成二价锌离子（Zn^{2+}）进入溶液，而二价铜离子（Cu^{2+}）得到电子，被还原成铜单质沉积在锌片上，此反应发生了电子转移。由于锌（Zn）

和硫酸铜溶液直接接触，电子从锌原子直接转移给溶液中的二价铜离子，但这时电子的流动是无秩序的，不会形成电子的定向移动，不能产生电流。随着氧化还原反应的进行，溶液的温度有所升高，说明化学能转变为热能。

如果设计一个装置，能使课堂演示图 6—3 中的电子的转移变为定向移动，产生电流，那么通过这种装置，就能使氧化还原反应的化学能转变为电能。

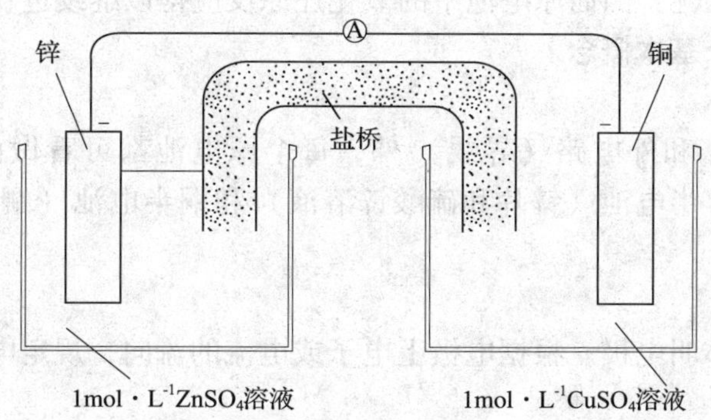

图 6—3　原电池示意图

【课堂演示 6—4】　如图 6—3 所示，在一个烧杯中放入 1 mol/L 硫酸锌（$ZnSO_4$）溶液和锌片，在另一个烧杯中放入 1 mol/L 硫酸铜（$CuSO_4$）溶液和铜片。若用导线将锌片和铜片连接起来，并在导线上串联一个电流计，观察现象。若将两个烧杯的溶液用一个充满电解质溶液（通常用含琼胶的氯化钾饱和溶液）的倒置 U 形管，即盐桥联系起来，再观察有何变化？

可以观察到，插入盐桥之前，无任何现象发生，插入盐桥之后电流计指针立即发生偏转，说明导线中有电流通过，同时，指针往铜片方向偏转，可知电子流动的方向是从锌片流向铜片。

还可以观察到锌片逐渐溶解，而铜片上逐渐有铜沉积，说明锌片和铜片同时参与化学反应。锌片溶解，说明锌原子失去电子，形成二价锌离子进入溶液中，即锌片发生氧化反应：

$$Zn - 2e = Zn^{2+}$$

在硫酸铜溶液中，铜离子从铜片上获得电子，成为单质铜沉积在铜片上，即铜片发生了还原反应：

$$Cu^{2+} + 2e = Cu$$

两个反应式相加，得到该装置发生的总反应：

$$Zn + Cu^{2+} = Zn^{2+} + Cu$$

若取出盐桥，电流计指针回至零点，放入盐桥，电流计指针再次偏转，说明盐桥起到了导线的作用，构成电路通路。

课堂演示 6—3 中同样发生氧化还原反应，但不会有电流的产生。因为反应中，电子由锌片直接转移给了溶液中的铜离子，电子的流动是无秩序的。而课堂演示 6—4 是通过导线转移帮助电子定向运动，从而产生了电流（电流计偏转），使化学能转变为电能。

这种借助氧化还原反应，将化学能转变为电能的装置叫做原电池。上述原电池称为铜锌原电池。

随着反应的进行，硫酸锌溶液中锌离子增多而使溶液带正电；同时，硫酸铜溶液中因铜离子不断变为单质铜而析出，使得硫酸根离子（SO_4^{2-}）相对增多而使溶液带负电，将影响电子从锌片流向铜片，阻碍锌片的溶解和铜离子的还原析出。但盐桥的作用在于其中钾离子可向硫酸铜溶液扩散，氯离子向硫酸锌溶液扩散，分别中和两溶液中过剩的正、负电荷，使两种溶液一直保持电中性，因而原电池中的氧化还原反应得以继续进行。

二、原电池的几个基本概念

1. 半电池

除内电路（盐桥）和外电路（导线）外，每个原电池都可看做由两个“半电池”组成，如铜锌原电池由锌半电池（锌片和硫酸锌溶液）和铜半电池（铜片和硫酸铜溶液）组成。

2. 电极

构成半电池的导体叫电极。根据电极上电子或电流的流向，规定电极的极性如下：

（1）正极

流入电子（电流流出）的电极，可用符号“+”标出，如铜锌原电池中的铜片为正极。

（2）负极

流出电子（电流流入）的电极，可用符号“-”标出，如铜锌原电池中的锌片为负极。

有些电极材料本身参与得失电子；有些电极只传递电子而不参与得失电子，这样的电极称为惰性电极，如石墨或铂（Pt）是常用的惰性电极。

3. 电极反应和电池反应

原电池上的正极是接受电子的电极，电极上发生还原反应；负极是流出电子的电极，电极上发生氧化反应。在电极上发生的氧化或还原反应，称为该电极的电极反应，或叫原电池的半反应。两个半电池反应合并起来构成原电池的总反应，或称电池反应。铜锌原电池上发生的电极反应为：

负极　$Zn - 2e = Zn^{2+}$（氧化反应）

正极　$Cu^{2+} + 2e = Cu$（还原反应）

电池反应　$Zn + Cu^{2+} = Zn^{2+} + Cu$

4. 原电池符号

原电池的装置可用符号表示。如铜锌原电池表示为：

$$(-)Zn \mid ZnSO_4 \parallel CuSO_4 \mid Cu(+)$$

式中（-）、（+）分别表示原电池的负极和正极，习惯上把负极写在左边、正极写在右边。Zn 和 Cu 表示两个电极，$ZnSO_4$和 $CuSO_4$表示电解质溶液。“|”表示两相（电极 Zn 与电解质溶液 $ZnSO_4$）之间的接触界面；“‖”表示盐桥，写在中间。

应用原电池原理，可以制作多种电池，如干电池、蓄电池、充电电池、高能电池等，以满足不同的需要。在现代生活、生产和科学技术的发展中，电池发挥着越来越重要的作用，例如宇宙火箭、人造卫星、空间电视转播站、飞机、计算机、手机、照相机和电子手表等，都离不开各种各样的电池。

知识拓展

常见的各种电池

1. 锌－锰干电池

手电筒中的干电池一般是普通的锌－锰干电池，它是根据原电池原理制成的，其结构和反应原理如图 6—4 所示，干电池外壳是用锌制成的圆筒作负极，筒内装有氯化铵、氯化锌和淀粉的糊状混合物作为电解质（目的是防止一旦锌筒损坏后，大量电解质溶液流出来而损坏所用电器），并用多孔性纸将其与锌筒隔开（目的是使锌筒能有效地与电解质溶液接触），用涂有二氧化锰和炭粉混合物的碳棒插在圆筒中央作为正极，最后用沥青或蜡加盖密封，即制成了干电池。

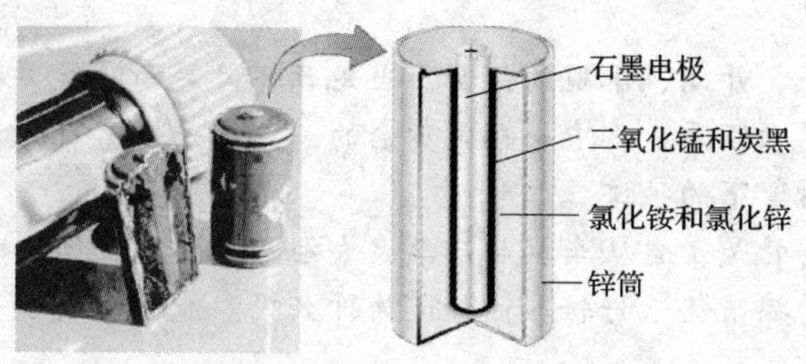

图 6—4　锌－锰干电池

2. 铅蓄电池

目前汽车上用的电池大多是铅蓄电池，如图 6—5 所示。

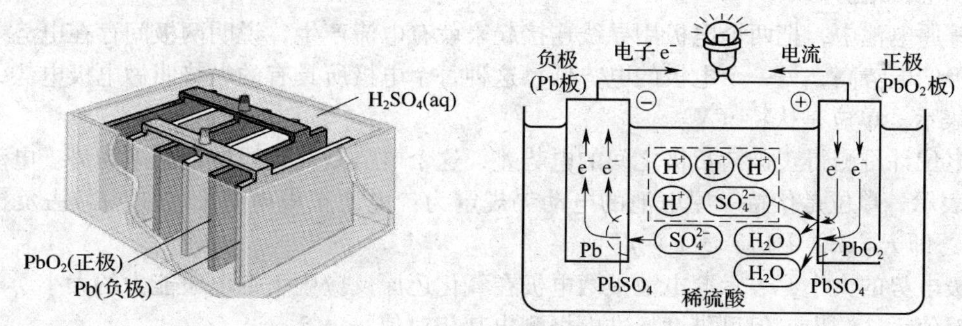

图 6—5　铅蓄电池

3. 燃料电池

氢氧燃料电池如图 6—6 所示，这类电池和其他化学电池如锌锰干电池、铅蓄电池等是类似的。但不同的是，它工作时需要连续地向其供给反应物质——燃料和氧化剂。由于它是把燃料通过化学反应释出的能量变为电能输出，所以被称为燃料电池。工作时向负极供给燃料（氢），向正极供给氧化剂（空气，起作用的成分为氧气）。该电池具有能量转化效率高、其燃烧产物为水，不污染空气的优点。该电池被广泛作为燃料电池电动汽车、移动电话、便携式摄像机、笔记本电脑、电动玩具等的电源，甚至在航空航天领域以及军事领域也得到了成功的应用。

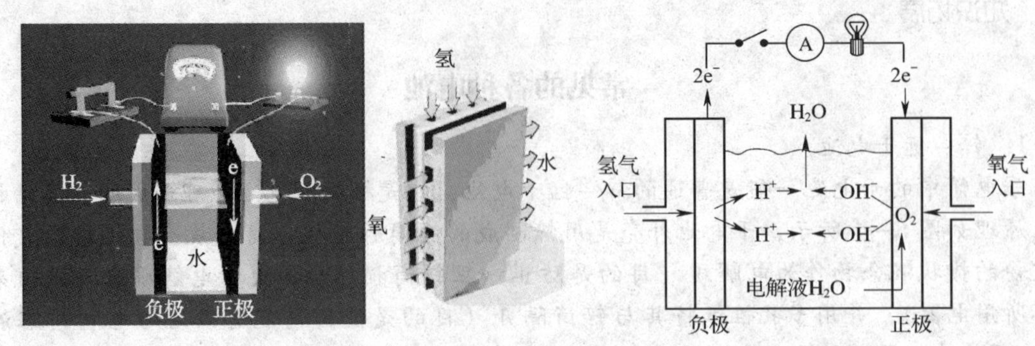

图 6—6　燃料电池

想一想

李太太是一位漂亮、开朗、乐观的妇女，当她开怀大笑的时候，人们可以发现她一口整齐洁白的牙齿中镶有两颗假牙：其中一颗是黄金的——这是她富有的标志；另一颗是不锈钢的——这是一次车祸后留下的痕迹。

令人百思不得其解的是，自从车祸后，李太太经常头痛，夜间失眠，心情烦躁……医生绞尽了脑汁，李太太的病情仍未好转。你知道为什么吗？能给李太太开个处方吗？

第二节　电 极 电 势

一、电极电势

铜锌原电池中，把两个电极用导线连接起来就有电流产生，说明两极间存在电势差，即一个电极的电势高，另一个电极的电势低。这种每个电极所具有的电势叫做电极电势，可用符号 φ 表示，单位是伏特（V）。

用电位计可测得正极与负极之间的电势差，这个电势差就是原电池的电动势。电动势用符号 E 表示，单位是伏特。原电池的电动势规定为：电池正极电势 $\varphi(+)$ 减去负极电势 $\varphi(-)$，即 $E=\varphi(+)-\varphi(-)$。

电极电势的大小，表示原电池中两电极在氧化还原反应中争夺电子能力的大小。电极电势的绝对值无法测出，但可借助标准电极测出其相对值。

二、标准氢电极

如同海拔是以平均海平面作标准一样，测定电极电势也选取一个标准电极作为标准。目前采用的标准电极是氢电极，它的结构如图 6—7 所示。将一片由铂丝连接的镀有蓬松铂黑的铂片，浸入氢离子浓度为 1 mol/L 的盐酸溶液中，在 298 K 时，从玻璃管上部侧口不断地通入 101.325 kPa 的纯氢气，氢气为铂黑所吸附，被氢所饱和的铂片就像用氢气制成的电极一样。被铂黑吸附达饱和的氢气与溶液中的氢离子建立了如下的平衡：

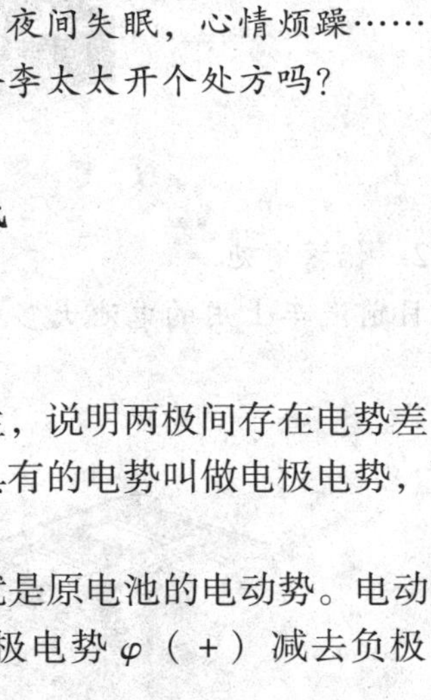

氢气
H_2(1atm)
Pt —— 铂片
HCl
盐酸溶液

图 6—7　标准氢电极

$$2H^{+} + 2e \rightleftharpoons H_2$$

上述被 H_2 所饱和了的铂片与酸溶液构成的电极就叫做标准氢电极。规定标准氢电极的电极电势值为零，记为：$\varphi^{\ominus}$（H^{+}/H_2）$=0$ V，右上角的"$\ominus$"表示标准状态。

三、标准电极电势

用标准氢电极与其他各种标准状态下的电极组成原电池，测得这些电池的电动势，就是各种电极的标准电极电势。所谓标准状态是：温度为 298 K，气体压力为 101.325 kPa，组成电极的离子浓度为 1 mol/L。标准电极电势用符号表示为 $\varphi^{\ominus}_{氧化态/还原态}$。

例如，如图 6—8 所示，要测定锌电极的标准电极电势，可将其与标准氢电极构成原电池，由电位计指针偏转方向可知，锌电极为负极，氢电极为正极。该原电池符号为：

$$(-)Zn \mid Zn^{2+}(1\ mol \cdot L^{-1}) \parallel H^{+}(1\ mol \cdot L^{-1}) \mid H_2(100\ kPa), Pt(+)$$

由电位计读数可知，该原电池的标准电动势 E＝0.763 V：

$$E^{\ominus} = \varphi^{\ominus}(+) - \varphi^{\ominus}(-) = \varphi^{\ominus}_{H^{+}/H_2} - \varphi^{\ominus}_{Zn^{2+}/Zn} = 0.763\ V$$

$$\varphi^{\ominus}_{Zn^{2+}/Zn} = \varphi^{\ominus}_{H^{+}/H_2} - E^{\ominus} = 0\ V - 0.763\ V = -0.763\ V$$

类似的方法，可测得其他各氧化还原电对的标准电极电势值。将标准电极电势值按一定顺序排列起来，即得标准电极电势表。

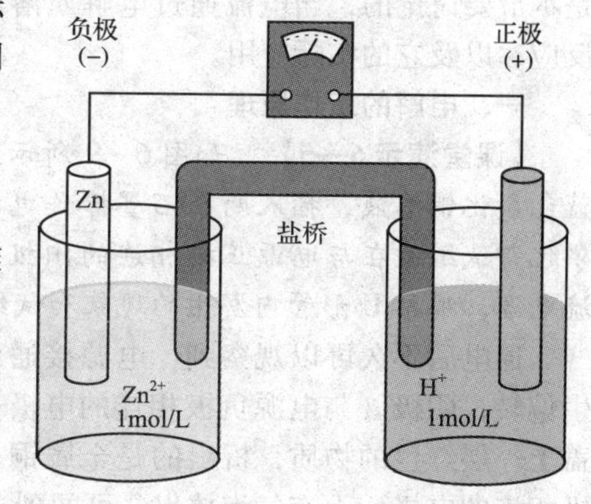

图 6—8　测定锌电极的标准电极电势

四、标准电极电势的应用

1. 比较氧化剂、还原剂的相对强弱

电极电势值的大小，反映了物质得失电子的难易，也反映了其氧化、还原能力的强弱。

电极电势值越小，表明该电对中的还原态物质越易失去电子，还原能力越强；电极电势值越大，表明该电对的氧化态物质越易获得电子，氧化能力越强。

实际上，金属活泼性顺序表就是根据标准电极电势值的大小比较出来的。

【例 6—1】　在 Cu^{2+}/Cu 和 Cl_2/Cl^{-} 两电对中，哪个是较强的氧化剂，哪个是较强的还原剂？

解：从附录表查出：$\varphi^{\ominus}_{Cu^{2+}/Cu}=0.34$ V，$\varphi^{\ominus}_{Cl_2/Cl^{-}}=1.36$ V，由于 $\varphi^{\ominus}_{Cu^{2+}/Cu} < \varphi^{\ominus}_{Cl_2/Cl^{-}}$，因此氧化能力 $Cl_2 > Cu^{2+}$，即 Cl_2 是较强的氧化剂；还原能力 $Cu > Cl^{-}$，即 Cu 是较强的还原剂。

2. 判断氧化还原反应的发生

对于给定的氧化还原反应，均可以组成一个原电池，那么，氧化还原反应自发进行的条件就是，由两个氧化还原电对组成的原电池的标准电动势大于零。具体判断步骤是：

（1）按给定反应方向，根据元素化合价的变化情况，找出氧化剂、还原剂。

（2）分别查出氧化剂电对和还原剂电对的标准电极电势。

（3）以反应物中的氧化剂电对作为正极，还原剂电对作负极组成原电池，按下式计算原电池的标准电动势：

$$E^{\ominus} = \varphi^{\ominus}(+) - \varphi^{\ominus}(-)$$

若 $E^{\ominus}>0$，则在标准状态下反应自发正向（向右）进行；若 $E^{\ominus}<0$，则在标准状态下

反应自发逆向（向左）进行；若 $E^{\ominus}=0$，则在标准状态下体系处于平衡状态。

【例 6—2】 判断反应 $Zn + Cu^{2+} = Zn^{2+} + Cu$ 在标准状态下自发进行的方向。

从给定的反应式可看出，Cu^{2+} 是氧化剂，Zn 是还原剂。当组成原电池时，Cu^{2+}/Cu 电对作正极，Zn^{2+}/Zn 电对作负极。从附录表中查得：

$$\varphi^{\ominus}_{Cu^{2+}/Cu} = 0.34\ V, \varphi^{\ominus}_{Zn^{2+}/Zn} = -0.763\ V。$$

$$E^{\ominus} = \varphi^{\ominus}_{Cu^{2+}/Cu} - \varphi^{\ominus}_{Zn^{2+}/Zn} = 0.34\ V - (-0.763\ V) = 1.103\ V$$

因为 $E^{\ominus}>0$，所以在标准状态下这个原电池反应能自发正向进行。

第三节 电 解

前面我们已经知道，原电池是化学能转变成为电能的装置，例如，氢氧燃料电池中，氢气和氧气燃烧生成水，化学能直接转变为电能。相反，能不能使电能转变为化学能呢？这就是本节要讨论的，当电流通过电解质溶液时所发生的化学反应，以及它的实际应用。

一、电解的工作原理

【课堂演示 6—5】 如图 6—9 所示，往 U 形管中注入蓝色氯化铜溶液，插入两个石墨棒作电极，把湿润的淀粉碘化钾试纸放在与电源正极相连的阳极管口附近，接通直流电源，观察 U 形管内发生的现象和试纸的颜色变化。

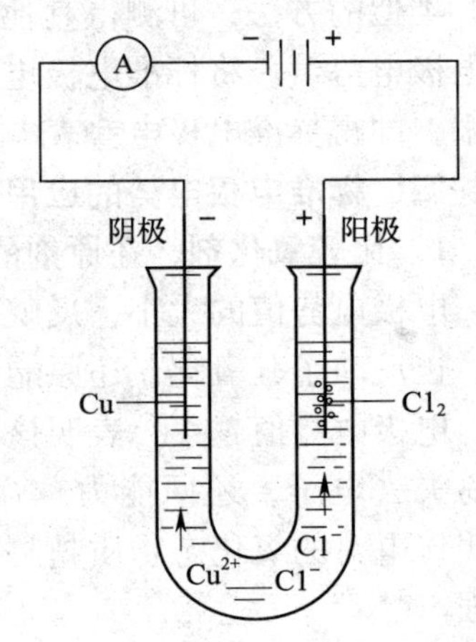

图 6—9 电解氯化铜溶液实验装置

通电后不久可以观察到，电源接通后，电流计指针发生偏转，阴极（与电源负极相连的电极）石墨棒上逐渐覆盖上一层红色的物质，析出的是金属铜；阳极（与电源正极相连的电极）上有气泡放出，可闻到一种刺激性的气味，湿润的淀粉碘化钾试纸放在阳极管口后，试纸立刻变蓝，于是可推断放出的气体是氯气。

想一想

通电时，为什么氯化铜分解成铜和氯气呢？

氯化铜属于强电解质，它在水溶液中全部电离为铜离子和氯离子：

$$CuCl_2 = Cu^{2+} + 2Cl^-$$

通电前，如图 6—10 所示，铜离子和氯离子在溶液中做自由移动；通电后，在电场的作用下，自由移动的离子改做定向移动。根据电荷异性相吸的原理，带负电的氯离子向阳极移动，带正电的铜离子向阴极移动。

在阳极，氯离子失去电子被氧化成氯原子，接着两两结合成氯分子，从阳极放出，即看到阳极上放出气泡；在阴极，铜离子得到电子被还原成铜原子，覆盖在阴极石墨棒的表面，即看到阴极上有红色的铜析出。两个电极上发生的反应可表示如下：

$$阳极：\quad 2Cl^- - 2e = Cl_2 \quad（氧化反应）$$

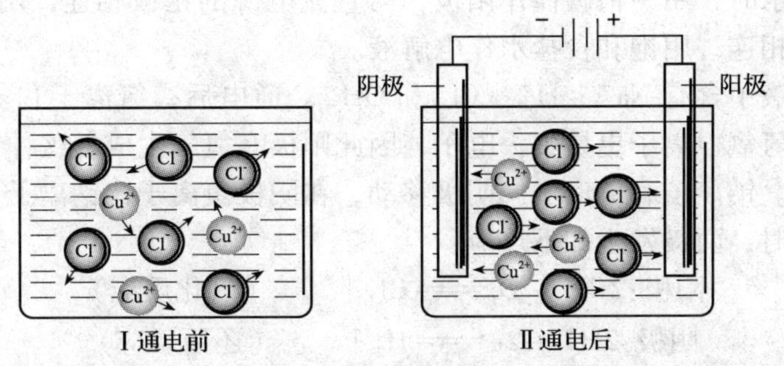

图 6—10　通电前后溶液中离子移动示意图

$$阴极：\quad Cu^{2+} + 2e = Cu \quad （还原反应）$$

$$电解总反应：\quad CuCl_2 \xlongequal{电解} Cu + Cl_2\uparrow$$

这种使电流通过电解质溶液而在阴、阳两极引起氧化还原反应的过程叫做电解。借助于电流引起氧化还原反应的装置，也就是把电能转变为化学能的装置，叫做电解池或电解槽。

如图 6—11 所示，电解过程的实质是，在直流电的作用下，使电解质溶液发生氧化还原的过程。通电时，电子从电源的负极沿导线流入电解池的阴极；另一方面，电子从电解池的阳极流出，沿导线流回电源的正极。这样，在阴极上电子过剩，在阳极上电子缺少，所以，电解质溶液中的阳离子移向阴极，在阴极上得到电子发生还原反应；阴离子移向阳极，在阳极上失去电子发生氧化反应。

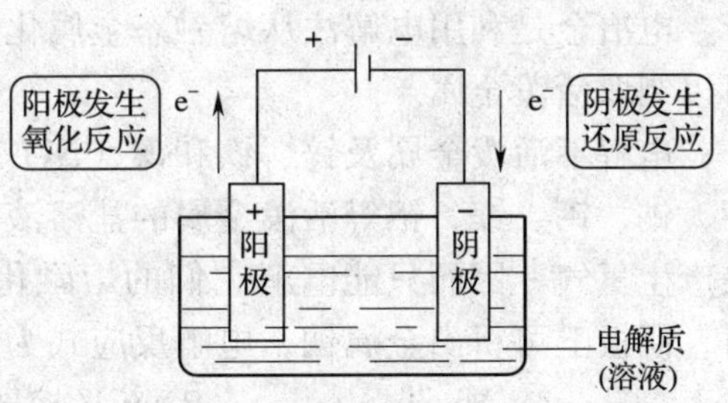

图 6—11　电解池与直流电源的连接

在叙述氯化铜溶液的电解过程中，没有提到水溶液中的氢离子和氢氧根离子的变化。其实，水也会电离，在水溶液中存在电离平衡：

$$H_2O \rightleftharpoons H^+ + OH^-$$

因此，在氯化铜（$CuCl_2$）溶液中存在着 Cu^{2+}、Cl^-、H^+、OH^- 四种离子。电解时，铜离子和氢离子都移向阴极，但由于铜离子比氢离子易得电子（因为 $\varphi^{\ominus}_{Cu^{2+}/Cu}=0.34\ V$，$\varphi^{\ominus}_{H^+/H_2}=0\ V$，$\varphi^{\ominus}_{Cu^{2+}/Cu}>\varphi^{\ominus}_{H^+/H_2}$），因此，铜离子在阴极优先得到电子而析出铜单质。另外，氯离子和氢氧根离子移向阳极，在这样的实验条件下，氯离子比氢氧根离子易失去电子，所以氯离子在阳极上失去电子，生成氯气。

电解时，阳离子得到电子或阴离子失去电子的过程叫离子放电。

二、电解的应用

电解在工业上有很重要的用途，主要用于以下几个方面：

1. 电解工业

在电解工业中，通过电解的方法制得难以通过一般化学反应得到的产物，或实现一般不能实现的化学反应。例如，电解饱和食盐水制取氯气和烧碱，电解水制取氢气和氧气等。还可以用电解法制取一些无机盐和有机化合物等。

电解饱和食盐水时，用一根碳棒作阳极，与直流电源的正极相连，用一根铁棒作阴极，与直流电源的负极相连，用饱和食盐水作电解液。

饱和食盐水溶液中含有 Na^+、H^+、Cl^- 和 OH^-。通电后，氯离子和氢氧根离子向阳极移动，但氯离子比氢氧根离子更易失去电子，因此阳极有氯气生成。这种气体能使湿润的淀粉碘化钾试纸变蓝。钠离子和氢离子向阴极移动，在阴极氢离子比钠离子更易得电子，因此有氢气生成。电解时，两极发生如下反应：

$$\text{阳极}: 2Cl^- - 2e = Cl_2\uparrow \quad \text{（氧化反应）}$$

$$\text{阴极}: 2H^+ + 2e = H_2\uparrow \quad \text{（还原反应）}$$

由于氢离子在阴极不断得到电子而生成氢气放出，破坏了阴极附近水的电离平衡，水继续电离成氢离子和氢氧根离子，氢离子又不断得到电子，结果溶液中氢氧根离子的浓度相对增大，于是在阴极附近形成了氢氧化钠溶液，能使酚酞试液变红。

电解饱和食盐水溶液的电解反应式如下：

$$2NaCl + 2H_2O \xlongequal{\text{电解}} 2NaOH + H_2\uparrow + Cl_2\uparrow$$

2. 电冶金工业

电冶金是利用电解法从熔融态金属化合物中冶炼金属，它既可以制取不活泼的金属，也可以制取活泼金属。

电解不活泼金属及锌、铁和镍（Ni）等金属的盐溶液时，可得到相应金属单质；电解钾、钠、钙、镁、铝等活泼金属的盐溶液时，它们的阳离子较难得到电子被还原，阴极上总是产生氢气，因而只能电解它们的熔融化合物来制取活泼金属的单质。如电解熔融氯化钠时，阴极上可析出金属钠，电解反应式为：

$$2NaCl(\text{熔融}) = 2Na + Cl_2\uparrow$$

工业上，还常用电解的方法精炼（或提纯）金属。例如利用电解精炼粗铜。用待精炼的粗铜作阳极，纯铜板作阴极，硫酸铜溶液作电解液。电解时，作为阳极的粗铜不断溶解，铜原子失去电子成为铜离子，铜离子在阴极逐渐还原为纯铜而析出。两极发生如下反应：

$$\text{阳极}: Cu - 2e = Cu^{2+} \text{（粗铜溶解）}$$

$$\text{阴极}: Cu^{2+} + 2e = Cu \text{（在纯铜板上析出）}$$

此时的阳极粗铜中的活泼金属如锌、铅（Pb）、铁等金属杂质与铜一样，失去电子，成为相应的二价阳离子进入溶液，但它们在阴极却不能析出。粗铜中的不活泼金属如金（Au）、银（Ag）、铂（Pt）等不能溶解，沉淀为阳极泥，可以从这些阳极泥中进一步提炼这些贵金属。用电解法可将粗铜提炼为含铜达 99.9% 的精铜，被广泛用以制作导线和电器等。

3. 电镀工业

电镀是应用电解原理，在某些金属或其他制品表面上，镀上一薄层其他金属或合金的过程。电镀可以使金属增强抗腐蚀能力，增加美观和表面硬度。镀层金属通常选用一些在空气或溶液中较稳定而不易引起变化的金属，例如铬（Cr）、锌、镍、金、银等或合金（铜锌合金、铜锡合金），如图 6—12 所示为电镀制品。

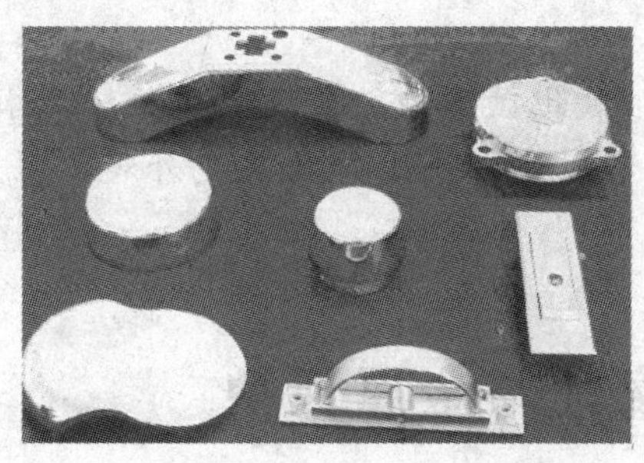  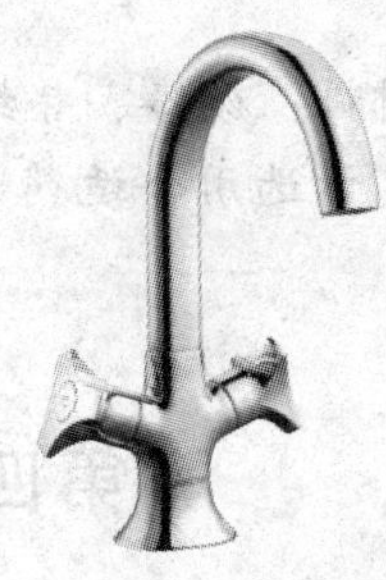

图 6—12　电镀制品

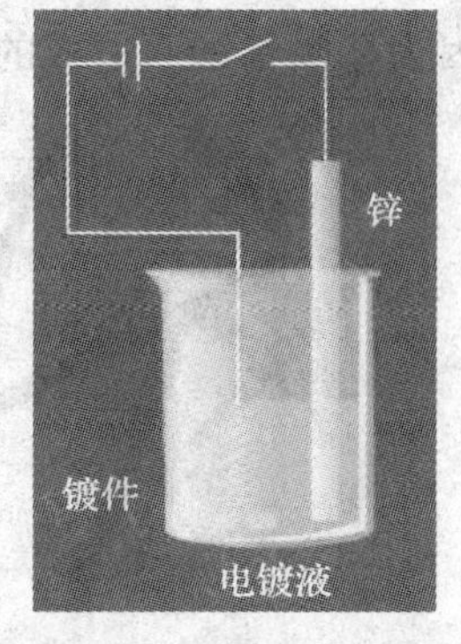

图 6—13　铁制品上镀锌

电镀时，把待镀的金属制品（称镀件）作阴极，把镀层金属作阳极，用含有镀层金属离子的溶液作电解液（又称电镀液）。在直流电源作用下，镀件表面被覆盖上一层光亮、均匀、致密的镀层。

例如，在铁制品上镀锌，如图 6—13 所示。将铁制品（镀件）作阴极，镀层金属锌作阳极，氯化锌溶液作电镀液。电镀反应如下：

阳极：$Zn - 2e = Zn^{2+}$（镀层金属溶解）

阴极：$Zn^{2+} + 2e = Zn$（锌被镀在铁制品表面）

由此可见，镀锌过程包括了在阳极锌失去电子和在阴极锌离子得到电子的氧化还原过程。所以，电镀过程实质是一个电解过程，阳极本身也参加了电解反应，失去电子而溶解。

实际生产远比反应过程复杂得多，为了使镀层致密、坚固、光亮，必须严格控制电镀条件，如电镀液的浓度、pH 值、温度、电流密度、配位剂的使用等。

知识拓展

怎样把海水变成漂白水

对一般人来说，海水的功用不外乎是晒干后可以提纯成食盐。可是，人们常用的漂白水也是由海水制造出来的。漂白水是一种混合物，其中含有的次氯酸钠是漂白水的重要成分，次氯酸钠是由钠离子和次氯酸根离子所组成。所以要把海水变成漂白水，关键就得制造出它的重要成分次氯酸钠。首先，把海水中的杂质清除，然后蒸发一部分水分，剩下是饱和食盐水，再电解饱和食盐水，阳极便会把氯离子氧化成氯气。只要把氯气通入氢氧化钠溶液中，便产生次氯酸钠。

$$Cl_2 + 2NaOH = NaCl + NaClO + H_2O$$

电解不同浓度盐水或使用不同电极，就会制造出不同的产品（见表 6—1）。

表 6—1　　**电解不同浓度的食盐**

浓度	电极	阳极主要生成物	阴极主要生成物
熔融食盐	石墨（阳极），水银（阴极）	氯气	钠
浓食盐水	石墨（阴极和阳极）	氯气	氢气
稀食盐水	石墨（阴极和阳极）	氧气	氢气

想一想

有下列材料：碳棒、导线、硫酸铜溶液、氯化铁溶液、氯化钠溶液，外接直流电源，金属小饰物，请选用合适药品和仪器设计一个装置，使小饰物改变外观，并画出设计草图。

第四节　化学腐蚀与金属保护

我国作为世界上钢铁产量最多的国家，每年被腐蚀的铁占到我国钢铁年产量的1/10，因为金属腐蚀而造成的损失占到国内生产总值的2%～4%，如图6—14所示。

图6—14　生锈的金属

金属腐蚀的主要害处，不仅在于金属本身的损失，更严重的是金属制品结构损坏所造成的经济损失和人身安全危害。国内外都曾发生过许多灾难性腐蚀事故，如飞机因某一零部件破裂而坠毁；桥梁因钢梁产生裂缝而塌陷；油管因穿孔或裂缝而漏油，引起着火爆炸；化工厂中储酸槽穿孔泄漏，造成重大环境污染；工厂管道和设备因跑、冒、滴、漏而破坏生产环境，有毒气体如氯气、硫化氢、氢氰酸（HCN）等的泄漏，更会危及工作人员和附近居民的生命安全。

金属为什么会被腐蚀？如何防止金属的腐蚀？这就是本节要讨论的问题。

一、金属的腐蚀

金属或合金与周围接触到的气体和液体进行化学反应而使金属表面遭到破坏，这种现象叫做金属的腐蚀。

根据金属与周围物质的作用不同，金属的腐蚀可分为化学腐蚀和电化学腐蚀两大类。

1. 化学腐蚀

金属跟接触到的物质（一般是非金属物）直接发生化学反应而引起的腐蚀叫做化学腐蚀。这类反应仅仅是金属与氧化剂之间的氧化还原反应。

例如，金属与氧气、硫化氢、二氧化硫和氯气等干燥的气体接触直接发生反应，在表面生成氧化物、硫化物、氯化物等所引起的腐蚀，都属于化学腐蚀。另外，金属在非电解质液体中，如钢管在石油中发生的腐蚀也是化学腐蚀。

2. 电化学腐蚀

不纯的金属或合金，接触到电解质溶液，发生原电池反应，比较活泼的金属失去电子被氧化而产生腐蚀，叫电化学腐蚀。

钢铁在潮湿的空气里所发生的腐蚀是电化学腐蚀中最普遍的例子。

知识拓展

钢铁的腐蚀

钢铁在干燥的空气中长时间不易被腐蚀，但在潮湿的空气中却很快被腐蚀，为什么呢？

在潮湿的空气中，钢铁表面形成一层水膜，水虽然是一种极弱的电解质，但能电离出少量的氢离子和氢氧根离子，空气中的二氧化碳溶解于水中，使水中的氢离子增多：

$$H_2O + CO_2 \rightleftharpoons H_2CO_3 \rightleftharpoons H^+ + HCO_3^-$$

由于水膜内存在着氢离子、氢氧根离子和碳酸根离子等离子，相当于钢铁表面上积聚了一层电解质溶液的薄膜，它跟钢铁里的铁和少量的碳构成无数微小的原电池。其中，铁是负极，碳是正极。负极的铁失去电子而被氧化成亚铁离子：

$$Fe - 2e = Fe^{2+}$$

而杂质充当正极，发生还原反应，在正极上发生的反应有两种情况：

如果钢铁表面的水膜酸性很弱或者呈中性，在正极上是溶解在水膜中的氧气得到电子而被还原（钢铁的腐蚀主要是这种情况）：

$$2H_2O + O_2 + 4e = 4OH^-$$

负极上生成的亚铁离子就和正极上的氢氧根离子发生反应，生成氢氧化亚铁，再继续被氧化成三价的氢氧化铁，氢氧化铁部分脱水生成红褐色的三氧化二铁（$Fe_2O_3 \cdot xH_2O$），即铁锈。

如果水膜的酸性较强，在正极上是溶液中的氢离子得到电子而被还原：

$$2H^+ + 2e = H_2\uparrow$$

金属的腐蚀是一个复杂的过程，从本质上，化学腐蚀和电化学腐蚀都是铁等金属原子失去电子变成阳离子的过程，也就是发生了氧化还原反应。一般金属腐蚀，是化学和电化学腐蚀共同作用的结果，但电化学腐蚀更普遍。

二、金属的保护

影响金属腐蚀的因素主要是金属的本性和介质两方面，可采取以下方法：

1. 制成耐腐蚀的合金

在钢铁中，加入其他金属成分（如铬、钼、钛、镍等）或非金属制成合金，可以大大提高金属的抗腐蚀能力。例如，含铬 18% 的不锈钢能耐硝酸的腐蚀。

知识拓展

不　锈　钢

不锈钢的主要成分是铁，还含有抗腐蚀性很强的铬和镍。铬的含量一般在 13% 以上，镍的含量也在 10% 左右。以及其他元素如碳、硅等。

2. 在金属表面覆盖保护层

在要防护的金属表面涂盖一层保护涂层，使金属与周围介质隔离。如在金属表面涂油脂、油漆、沥青或覆盖橡胶，喷镀塑料或电镀其他金属等，如图 6—15 所示。

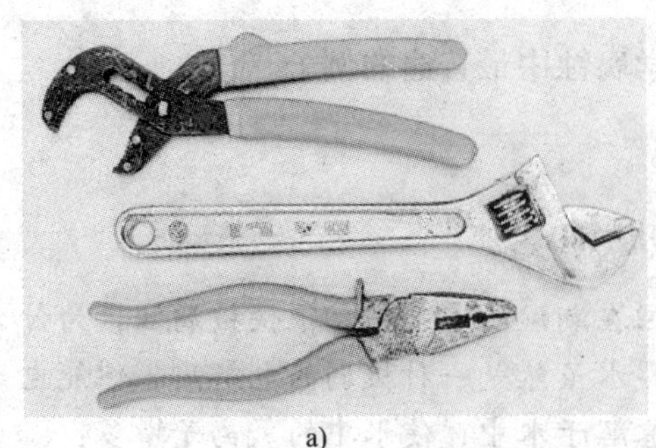
a)

b)

图 6—15 金属的防锈保护层

a）工具的机械转动部分涂油防锈 b）防护栏刷油漆防锈

3. 电化学防护

金属及其制品长期接触电解质溶液时，常采用电化学保护法。在要保护的金属上连接一种比该金属更容易失去电子的金属或合金，当发生电化学腐蚀时，作为阳极的活泼金属被消耗掉，作为阴极的金属被保护着。如图 6—16 所示，在钢铁设备上连接一块比铁更活泼的金属锌、镁或铝等，当发生原电池反应时，失去电子的是比铁活泼的金属，而铁则得到了保护。通常在轮船船身上装上一定数量的锌块、在地下钢铁管道中连接镁块来防止钢铁的腐蚀等。

图 6—16 用锌块保护船身

知识拓展

新 能 源

新能源包括太阳能、氢能、生物质能、风能、地热能、海洋能等。它们的共同特点是资源丰富，可以再生，没有污染。

1. 太阳能——烧不完的“天火”

太阳能是指由太阳发射出来并由地球表面接收的辐射能。这是一个巨大的能量资源，可谓取之不尽，用之不竭，而且太阳能洁净和无污染，所以太阳能资源的开发利用前景十分广阔。

太阳能的利用方式是光－电转化和光－热转化。人们已经能够将太阳能直接转化为电能，制成太阳能电池。太阳能电池可以作为人造卫星、宇宙飞船的能源，还可以用于制造以太阳能为动力的飞机、小型汽车等。将太阳能直接转化为热能制成的太阳能集热器的应用比较普遍，已在世界范围内得到了广泛采用，如图 6—17 所示。

图 6—17 太阳能热水器

2. 氢能

氢能是利用其他能源来制取的二次能源。氢气质量轻、燃烧值大，而且氢燃烧后的唯一产物是水，具有无环境污染的特点。氢能源应用广泛，可用做火箭的动力燃料，或制造燃料电池直接发电。

3. 生物质能

生物质是指由光合作用而产生的各种有机体。生物能是太阳能以化学能形式储存在生物中的能量，它直接或间接地来源于植物的光合作用。生物质能是独特的，它是储存的太阳能，更是一种唯一可再生的碳源，资源丰富，也是太阳能最好的储存方式。生物质能最早的利用方式是人工制沼气，即把动物和人的粪便、动物的尸体等在厌氧的条件下，利用有机物进行分解，代谢产物的主要成分是甲烷。沼气能源的使用如图 6—18 所示。

4. 风能——蓝色的煤

风能的最大优点是能量大，可以反复使用，同时是一种干净的能源，不会污染环境，人们最早利用风力的标志是风车和风帆，风力被称为“蓝色的煤”。风能的利用主要是以风能做动力和风力发电两种形式，其中又以风力发电为主。风能的使用如图 6—19 所示。

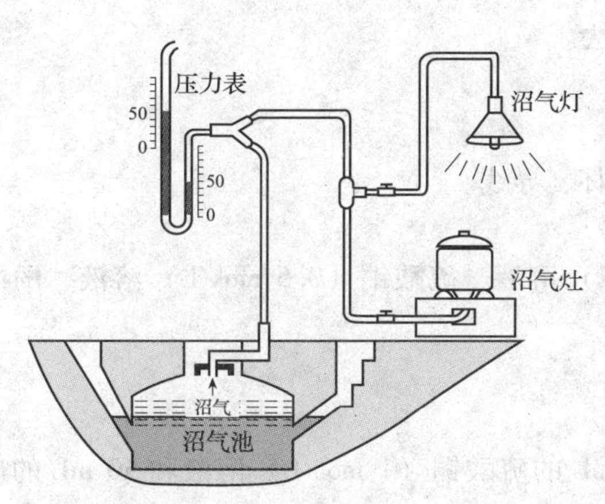

图 6—18 沼气能源的使用

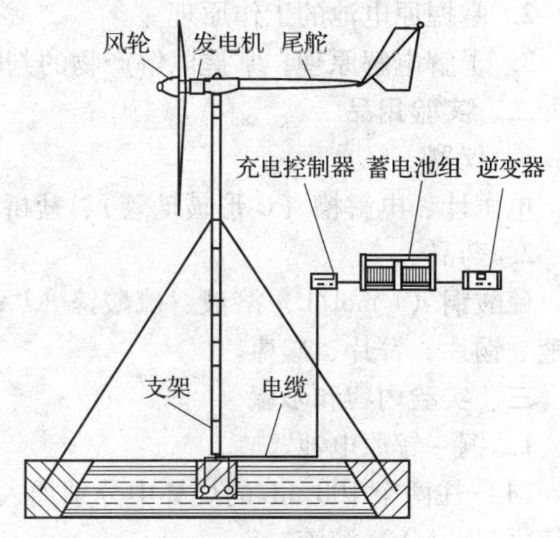

图 6—19 风能的使用

5. 地热能——地底下的“大火炉”

地球内部是一个“大火炉”，温度高达 7 000℃，科学家利用这巨大的热源来为人类提供能量，这种能量就是地热。地热能是可再生资源。

地热发电是地热利用的最重要方式，将地热能直接用于采暖、供热和供热水是仅次于地热发电的地热利用方式。此外，地热在农业中的应用也很广阔，温泉也是地热的一种表现形式，地热的各种应用如图 6—20 所示。

图 6—20 地热的各种应用

6. 海洋能——动力之乡

地球表面有70%的面积是海洋，海水中蕴藏着巨大的热能，海底埋藏着丰富的石油和原子能矿藏，所以海洋被比作“动力之乡”。海洋能从本质上可分为两类：一种是由太阳能诱发的海洋热能和动能，例如海水温差能、盐差能、波浪能等；另一种是由月球引力的变化引起的潮汐现象，潮汐导致海水平面周期性地升降，因海水涨落及潮水流动所产生的能量称为潮汐能。

实验八　电化学实验

一、实验目的

1. 学会组装原电池、电解池装置。

2. 掌握原电池的工作原理。

3. 了解电解原理，掌握电解产物的判断方法。

二、实验用品

1. 仪器

电压计、电解槽（U形玻璃管）、盐桥、烧杯、导线。

2. 药品

硫酸铜（1 mol/L）溶液、硫酸锌（1 mol/L）溶液、硫酸钠（0.5 mol/L）溶液、酚酞试液、铜片、锌片、碳棒。

三、实验内容和步骤

1. 铜－锌原电池

（1）往两个100 mL的烧杯中分别加入50 mL的硫酸铜（1 mol/L）溶液和50 mL的硫酸锌（1 mol/L）溶液。

（2）往装有硫酸铜溶液的烧杯中插入铜片，而往装有硫酸锌溶液的烧杯中插入锌片，组成两个电极。

（3）两烧杯用盐桥连接，并将铜片和锌片用导线分别与电压计的正极和负极相连接，测量两极间的电势差，如图实8—1所示。

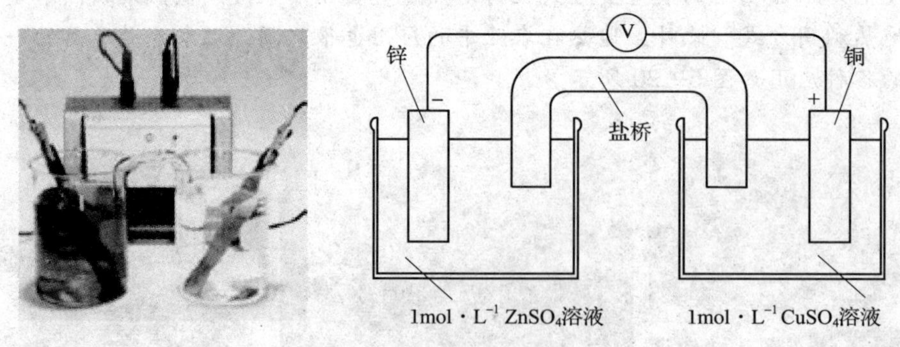

图实8—1　原电池装置实物图和模拟图

2. 以铜－锌原电池为电源，电解硫酸钠溶液

（1）将两组铜－锌原电池（按照上述铜锌原电池实验步骤组装）串联起来，作为电解池的电源。

（2）将原电池的两极分别与碳棒连接。

（3）将碳棒插入装有 50 mL 硫酸钠（0.5 mol/L）溶液的烧杯中，并滴加 2 滴酚酞试液，观察现象。

想一想

1. 写出铜－锌原电池的两极反应式和电池反应式。

2. 电解硫酸钠溶液的实验中，如果插入硫酸钠溶液中的碳棒相距太近，会对实验现象造成何种影响？

3. 电解硫酸钠溶液的实验中，阴极为什么没有单质钠析出？

4. 写出电解硫酸钠溶液的电极反应方程式和总反应方程式。

本章小结

一、原电池和电解池的比较

	原电池		电解池	
实例	铜－锌原电池		电解氯化铜	
原理	发生氧化还原反应，将化学能转变为电能		电流通过电解质溶液在阴、阳两极引起氧化还原反应	
能量转换	化学能→电能		电能→化学能	
形成条件	活泼性不同的两个电极，电极需插进电解质溶液中，必须形成闭合回路，自发进行氧化还原反应		有外接直流电源，有与电源相连的两个电极，电极需插入电解质溶液中，形成闭合回路	
电极	负极：电子流出的电极	正极：电子流进的电极	阳极：连接电源的正极	阴极：连接电源的负极
电极反应	失电子，氧化反应	得电子，还原反应	氧化反应	还原反应
	负极：$Zn-2e = Zn^{2+}$（氧化反应） 正极：$2H^{+}+2e = H_2\uparrow$（还原反应）		阳极：$2Cl^{-}-2e = Cl_2$（氧化反应） 阴极：$Cu^{2+}+2e = Cu$（还原反应）	
电子方向	（外电路）负极→正极		电源负极→阴极，阳离子在阴极得到电子，阴离子在阳极失去电子，电子由阳极→电源正极构成回路	
电流方向	（外电路）正极→负极		电源正极→阳极→阴极→电源负极	
反应是否自发进行	能够自发进行氧化还原反应		不能自发进行，要在外电场作用下才能进行氧化还原反应	
应用	电池、金属防腐等		氯碱工业、电镀、金属冶炼等	

二、电极电势

1. 标准电极电势

每个电极所具有的电势叫做电极电势。规定：在温度为 298 K，与电极有关的离子浓度

为1 mol/L，气体压力为101.325 kPa的标准状态下，所测得的电极电势称为某电极的标准电极电势。以标准氢电极为参比电极可得到各种物质的标准电极电势。

2. 标准电极电势的应用

应用标准电极电势可以比较各种物质在溶液中的氧化还原能力。标准电极电势值越小，表明标准状态下电对中还原态的还原能力越强，氧化态的氧化能力越弱；反之，标准电极电势值越大，表明标准状态下电对中氧化态的氧化能力越强，还原态的还原能力越弱。

三、金属的腐蚀和防护

1. 金属的腐蚀

金属或合金与周围接触到的气体和液体进行化学反应而使金属表面遭到破坏，这种现象叫做金属的腐蚀。金属腐蚀的本质是金属原子失去电子，发生氧化反应而生成金属阳离子的过程。化学腐蚀与电化学腐蚀的比较见下表：

	化学腐蚀	电化学腐蚀
原理	金属和其他物质直接接触发生氧化还原反应而引起的腐蚀	不纯金属或合金发生原电池反应，使较活泼的金属失去电子被氧化而引起的腐蚀
条件	金属化学物质（一般是非电解质，如 O_2、SO_2 等）直接接触	不纯金属或合金和电解质溶液接触
本质	金属被氧化	较活泼金属被氧化
现象	腐蚀过程无电流产生	有微弱电流产生
影响因素	与接触物质的氧化性及温度有关	与电解质溶液的酸碱性及金属活泼性有关
联系	两者往往同时发生，电化学腐蚀更普遍，速率更快	

2. 金属腐蚀的防护

金属腐蚀的防护方法	防止金属腐蚀的原理
制成耐腐蚀的合金	改变金属组成和结构，从而改变其性质
在金属表面覆盖保护层	隔绝金属与周围其他介质
电化学防护	被保护金属与活泼性更强的金属形成原电池，或利用电解池原理，被保护的金属作阴极，从而保护金属不被腐蚀

自 我 检 测

一、填空题

1. 原电池是把________能转化为________的装置。在原电池工作时，正极发生________反应，负极发生________反应。其中盐桥的作用是________。

2. 在原电池反应中，活泼金属作________，活泼性较弱的金属或非金属作________极。

3. 标准电极电势的值越高，说明________态的________能力越强；其值越低，则________态的________能力越强。

4. 根据下列电对的标准电极电势：$\varphi^{\ominus}_{Fe^{2+}/Fe}=-0.44$ V，$\varphi^{\ominus}_{Fe^{3+}/Fe^{2+}}=-0.77$ V，$\varphi^{\ominus}_{Cl_2/Cl^-}=1.36$ V，$\varphi^{\ominus}_{MnO_4^-/Mn^{2+}}=1.51$ V，$\varphi^{\ominus}_{S/H_2S}=0.141$ V。氧化态物质的氧化能力由强到弱的顺序为

________；还原态物质还原能力由强到弱的顺序为________。

5．在 MnO_4^-/Mn^{2+}，Fe^{3+}/Fe^{2+}，Sn^{4+}/Sn^{2+}，Cl_2/Cl^- 电对中，最强的氧化剂是________，最弱的氧化剂是________；最强的还原剂是________，最弱的还原剂是________，反应最易进行的是________和________反应。

6．________称电解池。电解池中与直流电源正极相连的极称________极，它发生________反应；与直流电源负极相连的极称为________极，它发生________反应。

7．用石墨电极电解硫酸铜溶液，阳极产物为________，反应式为________；阴极产物为________，反应式为________。电解反应式为________。

8．电镀时，待镀工件作________极，镀层金属作________极，________作电镀液。

二、选择题

1．对于原电池的电极名称，叙述有误的是（　　）。

A．电子流入的一极为正极　　B．发生氧化反应的一极为正极

C．电子流出的一极为负极　　D．比较不活泼的金属构成的一极为正极

2．原电池的正极和电解池的阴极所发生的反应分别是（　　）。

A．氧化、还原　　B．还原、氧化

C．氧化、氧化　　D．还原、还原

3．如图 6—21 所示，下列哪些装置能构成原电池？（　　）

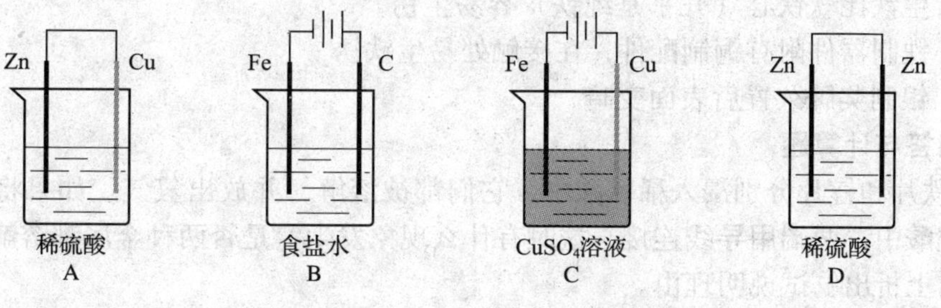

图 6—21　选择题第 3 题图

4．蓄电池在放电时起原电池的作用，在充电时起电解池的作用。下面是爱迪生蓄电池分别在充电和放电时发生的反应：

$$Fe + NiO_2 + 2H_2O \underset{充电}{\overset{放电}{\rightleftharpoons}} Fe(OH)_2 + Ni(OH)_2$$

下列有关爱迪生蓄电池的推断中错误的是（　　）。

A．放电时，Fe 是负极，NiO_2是正极

B．蓄电池的电极可以浸入某种酸性电解质溶液中

C．充电时，阴极上的电极反应为：$Fe(OH)_2 + 2e = Fe + 2OH^-$

D．放电时，电解质溶液中的阴离子向正极方向移动

5．下列关于铜电极的叙述中正确的是（　　）。

A．铜锌原电池中铜是正极

B．用电解法精炼粗铜时粗铜作阴极

C．在镀件上电镀铜时可用金属铜作阳极

D．电解稀硫酸制 H_2、O_2时，铜作阳极

6. 如图6—22所示，在铁圈和银圈的焊接处，用一根棉线将其悬在盛水的烧杯中，使之平衡；小心地向烧杯中央滴入 $CuSO_4$ 溶液，片刻后可观察到的现象是（　　）。

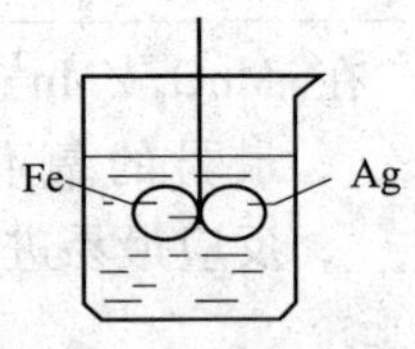

图6—22　选择题第6题图

A. 铁圈和银圈左右摇摆不定

B. 保持平衡状态

C. 铁圈向下倾斜

D. 银圈向下倾斜

7. 2000年5月，保利集团在香港拍卖会上花费3 300万港币购回在火烧圆明园时流失的国宝：铜铸的牛首、猴首和虎首。普通铜器搁置时间稍久表面容易出现铜绿，其主要成分是碱式碳酸铜［$Cu_2(OH)_2CO_3$］，这三件1760年铜铸的国宝在240年后看上去仍然熠熠生辉不生锈，下列对其原因的分析中，最可能的是（　　）。

A. 它们的表面都电镀上了一层耐腐蚀的黄金

B. 环境污染日趋严重，它们表面的铜绿被酸雨溶解洗去

C. 铜的金属活泼性比氢小，因此不易被氧化

D. 它们是含一定比例金、银、锡、锌的合金

8. 以下现象中与电化学腐蚀无关的是（　　）。

A. 黄铜（铜锌合金）制作的铜锣不易产生铜绿

B. 生铁比软铁心（几乎是纯铁）容易生锈

C. 铁制器件附有铜制配件，在接触处易生铁锈

D. 银制奖牌久置后表面变暗

三、问答与计算题

1. 将铁片和锌片分别浸入稀硫酸中，它们都被溶解，并放出氢气。如果将两种金属同时浸入稀硫酸中，两端用导线连接，这时有什么现象发生？是否两种金属都溶解了，氢气在哪一片金属上析出？试说明理由。

2. 将镍片与1 mol/L的 Ni^{2+} 溶液，锌片与1 mol/L的 Zn^{2+} 溶液构成原电池，哪个是正极？哪个是负极？写出电极反应和电池反应式，并计算电池的标准电动势。

3. 银质奖章搁置较长时间后会变黑，表面形成黑锈，可以采用抛光的方法恢复光泽，抛光的简单方法是：将表面发黑的奖章放入盛有食盐的铝锅中，放置一段时间后，黑锈就被除去，而银不会损失，试分析以下问题：

（1）形成黑锈的原因。

（2）除锈的原理。

第七章　重要的金属元素及其化合物

教学要求

1．了解金属的通性，掌握钠、钾及其重要化合物的性质；掌握钙、镁、钡及其重要化合物的性质、制法和主要用途。

2．认识碱金属和碱土金属的性质递变规律。了解硬水及其软化。

3．认识铝、铜、铁、银及其化合物性质。

图 7—1　常见的金属物品

在已发现的200多种元素中，金属元素大约占元素总数的4/5。金属广泛地应用在日常生活、工业、国防等领域。在工业上，人们根据金属的颜色，通常将其分为黑色金属（铁、锰、铬以及它们的合金，主要是钢铁）和有色金属（除铁、锰、铬之外的所有金属）两大类。另外，还可以根据金属的密度大小，把金属分为轻金属（密度小于4.5 g/cm^3的金属例如钠、钾、钙、镁、铝等）和重金属（密度大于4.5 g/cm^3的金属例如铜、镍、铅、汞等）。此外，还可以把金属分为常见金属和稀有金属，稀有金属是指自然界中含量很少的金属，例如铷、铯、锆、钽等。

金属在物理性质和化学性质方面有很多共同点，具体见表 7—1。

一、物理性质

表 7—1　　金属的理性物质

	物理性质状况	备注
色态	常温下，大部分金属是具有银白色金属光泽的固体	例如，金为黄色，铜为红色等（汞是液体）
密度	金属的密度相差较大	密度最大的是锇（Os）

续表

	物理性质状况	备注
硬度	一般较大	硬度最大的是铬（Cr）
熔沸点	一般较高，且相差较大	汞（Hg）的熔沸点最低（－38.85℃，356.7℃），钨（W）最高（3 387℃，5 900℃）
延展性	大多数金属可以利用压片、抽丝、锻造等工艺加工成各种形状	少数金属如锑、铋、锰等延展性很差
导电导热性	良好	可应用于电子工业上

图 7—2　金属的导热性和金属拉成细丝、压成薄片

二、化学性质

金属的化学性质主要表现在，金属发生化学反应时，容易失去最外层电子变成阳离子，表现出较强的还原性。但是，不同的金属失去电子的能力不同。越容易失去电子的金属，它们的化学性质越活泼，越容易与其他物质发生反应，还原性质越强。金属化学性质和金属活动顺序关系见表 7—2。

表 7—2　　金属化学性质和金属活动性顺序表

金属活动性顺序	K　Ca　Na	Mg　Al　Mn　Zn Fe　Sn　Pb　(H)	Cu　Hg　Ag	Pt　Au
金属原子失电子能力	依次减小，还原性减弱 →			
空气中跟氧气的反应	易被氧化	常温时能被氧化	加热时能被氧化	不能被氧化
跟水的反应	常温可置换出水中的氢	加热或与水蒸气反应时能置换出水中的氢	不与水反应	

续表

<table>
<tr><td>金属活动性顺序</td><td colspan="4">K Ca Na Mg Al Mn Zn Fe Sn Pb (H) Cu Hg Ag Pt Au</td></tr>
<tr><td rowspan="2">跟酸的反应</td><td colspan="2">能置换出稀酸（如 HCl、H_2SO_4）中的氢</td><td colspan="2">不能置换出稀酸中的氢</td></tr>
<tr><td>反应剧烈</td><td>反应程度依次减弱</td><td>能跟浓硫酸、硝酸反应</td><td>能跟王水反应</td></tr>
<tr><td>跟盐的反应</td><td colspan="4">位于金属活动性顺序前面的金属可以将后面的金属从其（溶解的或熔融的）盐中置换出来</td></tr>
<tr><td>跟碱的反应</td><td colspan="4">Al、Zn 等具有两性的金属可以与碱反应</td></tr>
<tr><td>自然界中存在状态</td><td colspan="2">仅化合态</td><td>化合态和游离态</td><td>游离态</td></tr>
</table>

第一节　钠、钾及其化合物

钠和钾属于元素周期表中 IA 族的元素。IA 族包括氢（H）、锂（Li）、钠（Na）、钾（K）、铷（Rb）、铯（Cs）、钫（Fr）7 种元素。除氢外的其余 6 种元素的氧化物的水溶液均显强碱性，所以称为碱金属，如图 7—3 所示。

锂　钠　钾　铷　铯

图 7—3　碱金属

碱金属原子最外层都只有一个电子，金属性由上至下逐渐增强，均为活泼金属，具有很强的还原性。

一、钠及其重要化合物

1. 钠的物理性质

【课堂演示 7—1】　*从煤油中取出一小块钠，用滤纸擦拭表面的煤油，用小刀切去一端的外皮，观察新切断面的颜色，以及在新切的断面上发生的变化。*

金属钠很软，可以用刀切割。切去外皮后，钠是具有银白色金属光泽的金属，如图7—4 所示。它的密度是 0.97 g/cm³，比水轻，能浮在水面上。因此，钠通常保存在煤油中。钠是热和电的良导体，熔点为 98℃，沸点为 883℃。

2. 钠的化学性质

钠原子的最外电子层上只有 1 个电子，在化学反应中，极易失去最外层电子，形成 +1 价阳离子，钠的化学性质非常活泼。

（1）与氧气的反应

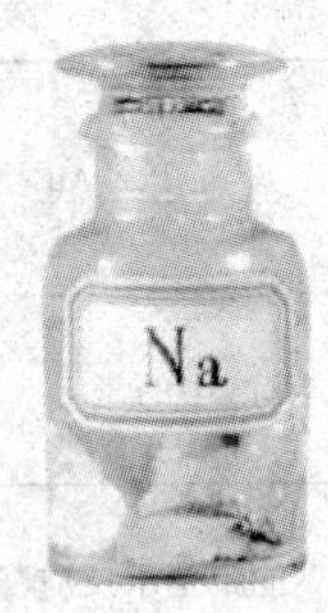

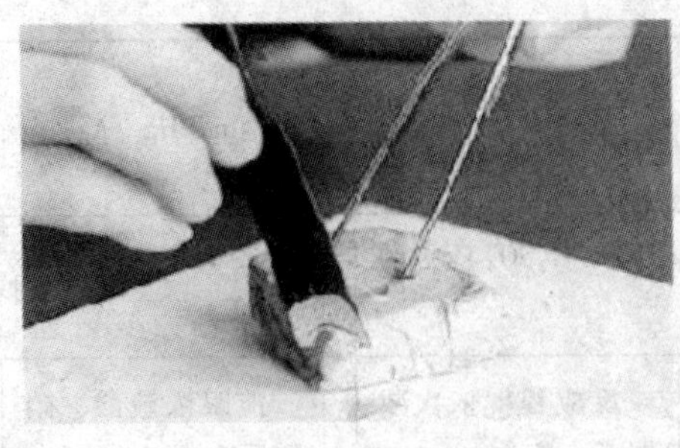

图 7—4　被切去外皮的钠

【课堂演示 7—2】　将一小块金属钠放在燃烧匙中（或坩埚上）加热，观察发生的现象。

从课堂演示 7—1 可以看到，新切开的银白色的金属钠断面在空气中很快变暗。说明在常温下，钠很容易与空气中的氧气反应，生成一薄层氧化钠：

$$4Na + O_2 = 2Na_2O$$

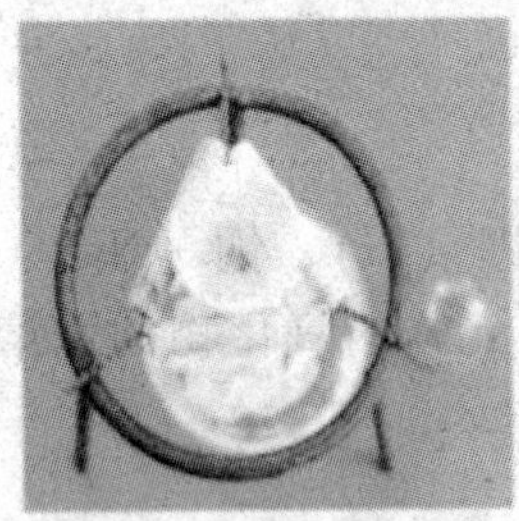

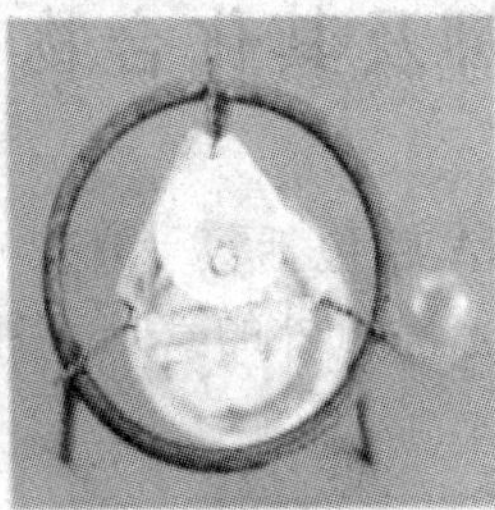

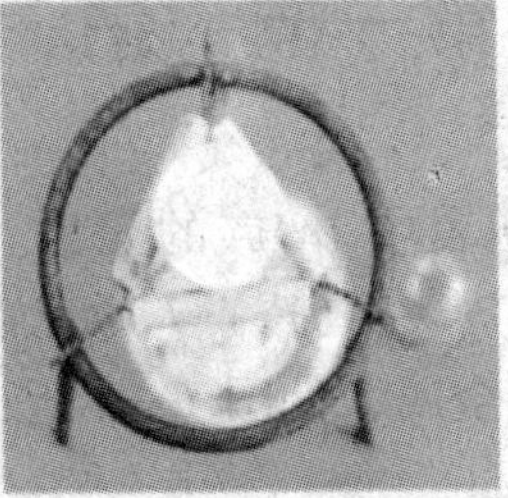

图 7—5　钠在空气中燃烧

从课堂演示 7—2 发现，钠受热后能在空气中燃烧（在纯氧中燃烧更为剧烈），燃烧时发出黄色的火焰，生成淡黄色的过氧化钠固体：

$$2Na + O_2 \overset{\triangle}{=} 2Na_2O_2$$

（2）与其他非金属的反应

常温下，钠能与卤素、硫、磷等非金属单质直接反应，生成化合物。例如，钠与硫的反应非常剧烈，甚至发生爆炸，生成硫化钠。

$$2Na + S \overset{\triangle}{=} Na_2S$$

钠与氢气反应，生成白色的氢化钠，与卤素反应，可以生成卤化钠。

（3）与水反应

【课堂演示 7—3】　向一盛水的烧杯中滴加几滴酚酞溶液，然后用镊子取一颗绿豆大的金属钠放入烧杯中，观察钠与水反应的现象和溶液颜色的变化。

可以看到，钠投入水中，比水轻，浮在水面上，立即与水发生剧烈反应；反应中产生大量的热，使钠熔化成一个银白色的小球；同时反应还有气体产生，于是这小球在水面上迅速四处游动，并发出嗞嗞声，小球逐渐缩小，最后完全消失，如图 7—6 所示。

想一想

钠与水反应后，滴入酚酞溶液，水溶液由无色变成红色，说明什么？

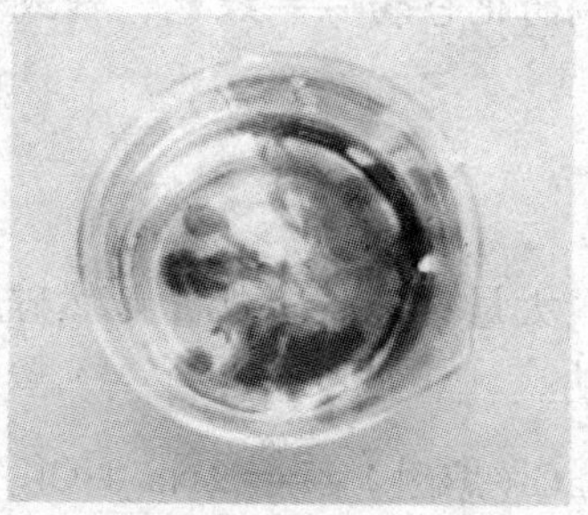

图 7—6 钠与水反应

水溶液变成红色，说明溶液显碱性，钠与水反应生成碱性物质，为氢氧化钠，反应方程式如下：

$$2Na + 2H_2O \xlongequal{\quad} 2NaOH + H_2\uparrow$$

钠熔成的小球向四处游动，并发出嗞嗞声，说明钠与水反应产生气体，这气体是氢气。如图 7—7 所示，把钠用铝箔包好，铝箔上事先用针刺出若干小孔，再用镊子夹住，放在试管口下，用排水法收集气体，等试管中气体收集满时，小心地取出试管，把试管口向下移近酒精灯火焰，检验钠与水反应生成的气体。

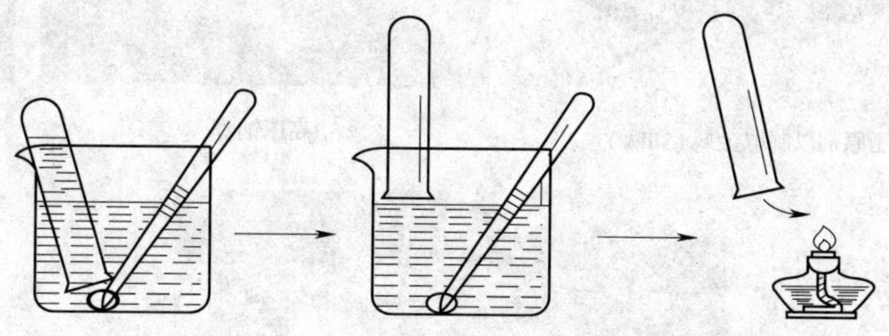

图 7—7 检验钠与水反应生成的气体装置

注意

由于钠与水能剧烈反应，所以钠着火时，只能用沙土或干粉灭火，绝不能用水灭火。

想一想

为什么不能用手拿金属钠？

知识拓展

焰色反应

节日燃烧的五彩缤纷的烟花呈现出不同的颜色，这就是碱金属、锶、钡等金属化合物的焰色反应。所谓的焰色反应就是某些金属或它们的化合物在灼烧时，火焰呈现出的特殊颜色。

钠或钠的化合物被灼烧时火焰呈黄色，钾或钾的化合物灼烧时的火焰呈紫色（透过蓝色钴玻璃观察），其余的还有：钙或钙化合物——砖红色，钡或钡的化合物——黄绿色，锶或锶的化合物——洋红色，铜或铜的化合物——绿色，锂或锂的化合物——红色。金属焰色反应照片参见封二彩图。

3. 钠的制备与用途

（1）钠的制备

钠在自然界中以化合态存在，大量存在于食盐、天然硅酸盐等矿物中。工业上常采用电解熔融氯化钠的方法来制取金属钠。

$$2NaCl(熔融) \xlongequal{电解} 2Na + Cl_2\uparrow$$

（2）钠的用途

钠具有很强的还原性，可用于某些金属的冶炼，工业上可用钠还原金属钛、锆、铌、钽等金属。钠与钾的合金在常温下呈液态，可用做核反应堆的冷却剂。钠也应用在电光源上。高压钠灯发出的黄光射程远，透雾能力强，对道路平面的照度比高压水银灯高几倍，钠的主要用途如图 7—8 所示。

做还原剂以制取金属（如钛）

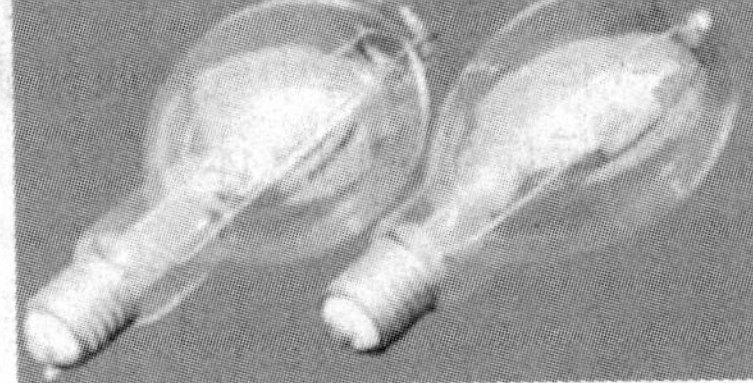

高压钠灯

某些核反应堆的冷却剂

图 7—8　钠的主要用途

4. 钠的主要化合物

（1）氧化钠（Na_2O）

氧化钠是一种白色固体，具有碱性氧化物的性质，能与酸反应生成盐和水，与酸性氧化物反应生成盐，也能与水剧烈反应生成氢氧化钠，反应方程式如下：

$$Na_2O + 2HCl \xlongequal{} 2NaCl + H_2O$$

$$Na_2O + CO_2 \xlongequal{} Na_2CO_3$$

$$Na_2O + H_2O \xlongequal{} 2NaOH$$

（2）过氧化钠（Na_2O_2）

过氧化钠是淡黄色固体粉末，易吸潮。

【课堂演示 7—4】 向盛有过氧化钠固体的试管中滴加水，用带有火星的木条靠近试管口，发现木条剧烈燃烧，证明有氧气放出。

过氧化钠与水或稀酸反应，生成氢氧化钠和氧气，并放出大量的热。

$$2Na_2O_2 + 2H_2O \xlongequal{} 4NaOH + O_2\uparrow$$

过氧化钠是一种强氧化剂，工业上用做漂白剂，可漂白织物、麦秆、纸浆等，还可消毒杀菌和除臭。

过氧化钠还能与二氧化碳反应，也能生成氧气。因此，过氧化钠可用于呼吸面具和潜水艇里吸收二氧化碳和供给氧气。

$$2Na_2O_2 + 2CO_2 \xlongequal{} 2Na_2CO_3 + O_2\uparrow$$

（3）氢氧化钠（NaOH）

氢氧化钠又称苛性钠、烧碱或火碱，是白色固体，在空气中易吸水而潮解，因而固体氢氧化钠常用做干燥剂。氢氧化钠易溶于水，溶解时还放出大量的热。氢氧化钠的浓溶液对皮肤、纤维等有强烈的腐蚀作用。

氢氧化钠是一种强碱，能和酸、酸性氧化物、某些盐类反应。此外，氢氧化钠极易吸收二氧化碳，生成碳酸钠，因此要密闭保存。

$$2NaOH + CO_2 \xlongequal{} Na_2CO_3 + H_2O$$

氢氧化钠与玻璃中的主要成分二氧化硅发生反应，生成硅酸钠。

$$2NaOH + SiO_2 \xlongequal{} Na_2SiO_3 + H_2O$$

硅酸钠的水溶液俗称水玻璃，是一种胶粘剂，因此存放氢氧化钠溶液的试剂瓶要用橡皮塞，而不用玻璃塞，以免玻璃塞与瓶口粘在一起。在滴定实验中，酸式滴定管不能装碱溶液。

氢氧化钠是重要的化工原料之一，广泛用于造纸、制皂、纺织、冶金等工业。

（4）碳酸钠（Na_2CO_3）

碳酸钠俗称苏打，又称为纯碱，是白色粉末物质，易溶于水。碳酸钠晶体含结晶水，化学式是 $Na_2CO_3 \cdot 10H_2O$，碳酸钠晶体在空气中易风化失去结晶水，变成白色粉末。它的溶液呈碱性。

碳酸钠是一种基本化工原料，可用于加工玻璃、造纸、制皂、漂染、炼钢及其他有色金属的冶炼，还可作为制备其他钠盐的原料。在分析化学中，它可作为酸标准滴定溶液的基准物。

（5）碳酸氢钠（$NaHCO_3$）

碳酸氢钠俗称小苏打，是细小的白色晶体，可溶于水，但溶解度比碳酸钠小，它的水溶液呈弱碱性，因此它在医疗上可用于治疗胃酸过多。

【课堂演示 7—5】 在盛有碳酸钠和碳酸氢钠的两支试管里，分别加入少量盐酸。观察实验的现象，比较它们放出气体的快慢程度。

实验发现，碳酸钠和碳酸氢钠与盐酸都能反应，放出气体，这种气体是二氧化碳。

$$Na_2CO_3 + 2HCl \xlongequal{} 2NaCl + H_2O + CO_2\uparrow$$

$$NaHCO_3 + HCl \xlongequal{} NaCl + H_2O + CO_2\uparrow$$

碳酸氢钠（$NaHCO_3$）遇酸放出二氧化碳的程度比碳酸钠（Na_2CO_3）剧烈得多。

【课堂演示 7—6】 按照图 7—9 搭建好装置，将碳酸氢钠和碳酸钠分别装入试管中，观察装有澄清石灰水的试管中的变化。

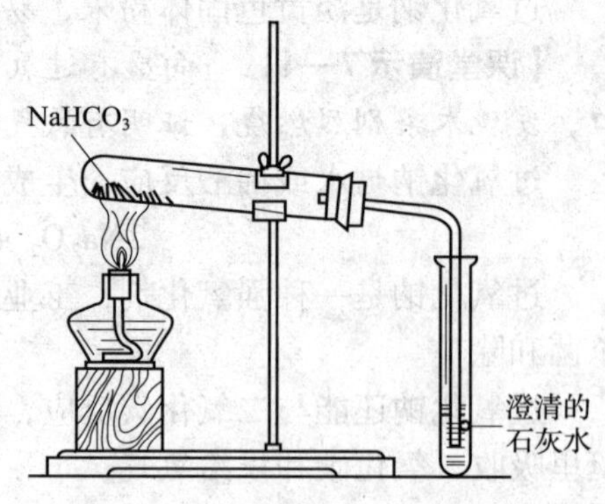

图 7—9 碳酸氢钠加热分解装置

碳酸钠受热无变化，石灰水也没有变化。碳酸氢钠受热会分解，导管中冒出气泡，因为碳酸氢钠加热至160℃即分解产生二氧化碳气体，使澄清的石灰水变成浑浊。因此碳酸氢钠是发酵粉的主要成分。

$$2NaHCO_3 \xlongequal{} Na_2CO_3 + CO_2\uparrow + H_2O$$

这个反应可以用于鉴别碳酸钠和碳酸氢钠。

知识拓展

为什么火腿、香肠、腌肉能保持色泽鲜红?

火腿、香肠、腌肉等肉类产品之所以能保持色泽鲜红，是因为其中加入了硝酸钠和亚硝酸钠作为防腐剂。这些防腐剂不但令肉类产生特有的红色素，也能防止肉毒杆菌在食物中生长和繁殖。这些腌制肉类是不宜多吃的，因为硝酸钠和亚硝酸钠能与食物中的胺类物质在人体内合成致癌物质——亚硝胺，尤其那些经过煎炸程序高温处理过的食物，其中亚硝胺的成分更高。

长时间加热沸腾或反复加热沸腾的水，由于水分不断蒸发，致使水中硝酸盐含量增大，饮用后部分硝酸盐在人体内能被还原成具有潜在致癌风险的亚硝酸盐，所以对人体也会造成危害。

二、钾及其重要化合物

1. 钾的物理性质

钾与钠的性质相近，也是一种具有银白色金属光泽的软金属，比水轻，密度为 0.86 g/cm^3，也是电和热的良好导体。它的化学性质和钠一样，很活泼，能与氧、卤素等非金属，水、稀酸发生化学反应，所以也要保存在煤油中。

2. 钾的化学性质

（1）与氧气反应

钾暴露在空气中可被氧化生成氧化钾，因此单质钾的表面一般是暗黄色的，覆盖着一层氧化物。进一步氧化可得过氧化钾（K_2O_2），点燃可得超氧化钾（KO_2）。

$$4K + O_2 \xlongequal{} 2K_2O \qquad K + O_2 \xlongequal{点燃} KO_2$$

（2）与其他非金属反应

单质钾也和钠一样，能与大多数的非金属反应。

（3）与水反应

钾与水的反应比钠与水反应更为剧烈，能发生燃烧，若钾含量较大时会发生爆炸。

$$2K + 2H_2O \xlongequal{} 2KOH + H_2\uparrow$$

3. 钾的制备和用途

（1）钾的制备

金属钾在熔融液中溶解度较大，一般不采用钾的电解熔融盐方法制备。工业上常采用高温还原法，在高温条件（约850℃）下，用金属钠从液态氯化钾中还原出单质钾。

$$KCl(l) + Na(l) \xlongequal{\text{高温}} NaCl(l) + K(g)$$

钾也能像钠一样还原其他金属化合物，因此常用做还原剂。

（2）钾的主要用途

单质钾具有非常活泼的化学性质和强传热性，主要用于冶金工业和原子能工业中，是重要的还原剂和核反应堆的导热剂。

如图7—10所示，金属钾的化合物（如硫酸钾、氯化钾、碳酸钾等）是重要的化学肥料，由于钾的化合物大部分易溶于水，所以钾盐作为化肥容易被农作物吸收。

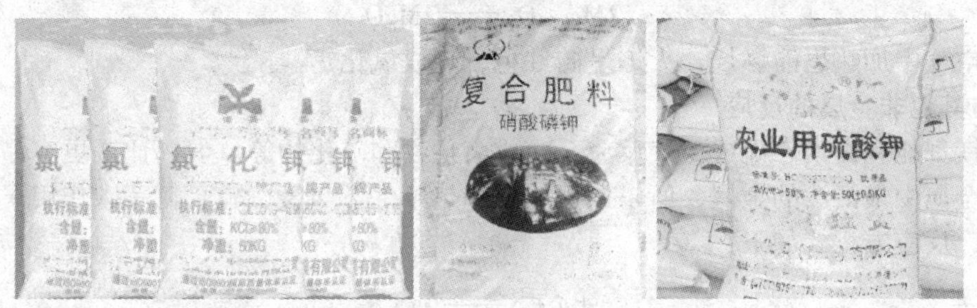

图7—10　钾的化合物广泛用于钾肥

第二节　钙、镁及其化合物

元素周期表中第Ⅱ主族元素，包括铍（Be）、镁（Mg）、钙（Ca）、锶（Sr）、钡（Ba）、镭（Ra）六种金属元素，其中镭为放射性元素，前五种统称为碱土金属，因为它们的氧化物呈碱性，但又类似于“土”（以前把难溶、难熔的物质称为土）。碱土金属元素原子的最外层只有两个电子，在化学反应中容易失去最外层电子而呈+2价，为较活泼的金属元素，但化学性质比同周期相应的碱金属差。碱土金属的熔点、沸点、密度比同周期的碱金属高。

碱土金属随着原子序数的增加，其元素的金属性逐渐增强。

一、镁、钙和钡的物理性质

镁和钙都是银白色的轻金属，但密度都比水大，分别为1.74 g/cm^3和1.54 g/cm^3，镁的熔点是650℃，钙的熔点为845℃，钡的熔点为725℃；镁的沸点为1 100℃，钙的沸点是1 439℃，钡的沸点是1 140℃。

二、镁、钙和钡的化学性质

1. 与氧的反应

常温下，镁、钙和钡在空气中能氧化生成相应的氧化物，使表面失去光泽。但镁与氧气反应较缓慢，在表面生成一层十分致密的氧化膜，阻止内部的镁被氧化，因此镁可以保存在空气中。相比之下，钙比镁更活泼，钙暴露在空气中立刻被氧化，在表面形成一层疏松的氧化膜，对内部的钙不起保护作用，因此钙必须密闭保存。钡能和氧直接反应，钡粉在潮湿空气中也能自燃，所以一般保存在煤油中。

【课堂演示 7—7】 取一根镁条，用砂纸擦去其表面的氧化物，用镊子夹住放在酒精灯上灼烧，观察其现象。

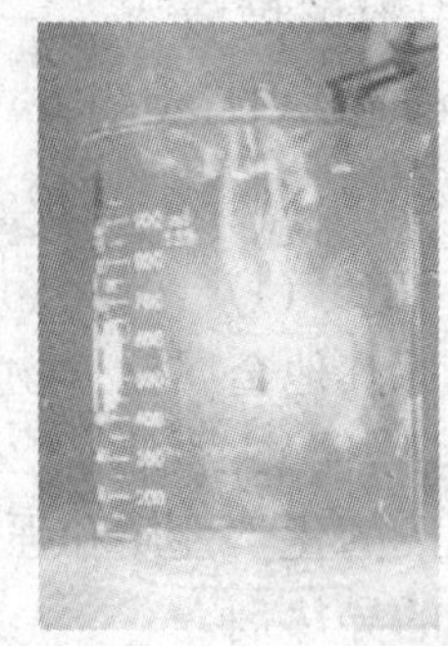
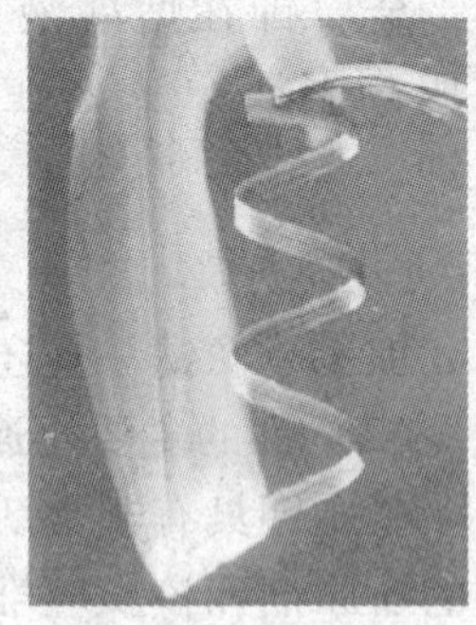

图 7—11 镁在空气中燃烧

如图 7—11 所示，镁在空气中燃烧，发出耀眼的白光，放出大量的热，并生成白色粉末状的氧化镁，因此可用镁制造照明灯和照相镁灯，反应的化学方程式如下：

$$2Mg + O_2 \xlongequal{点燃} 2MgO$$

钙在空气中加热也能燃烧，火焰呈砖红色，生成氧化钙。

2. 与其他非金属的反应

钙和镁都能和卤素、硫或氮气反应，生成卤化物和硫化物等。但钙比镁更容易反应，而钡是碱土金属中最活泼的金属，所以钡也能在加热条件下与氢、硫、氮、碳作用，生成相应的化合物，反应方程式如下：

$$Ba + S \xlongequal{\triangle} BaS$$

3. 与水、稀酸、氧化物的反应

【课堂演示 7—8】 在烧杯中加入少量水，滴入几滴酚酞。将一段去掉氧化膜的镁条投入试管中，观察现象，如果无反应时，可用酒精灯加热试管至水沸腾，观察反应情况。

镁在常温下与水反应缓慢，几乎察觉不出有反应，但在沸水中反应明显，并有气泡冒出，因为镁与水反应生成的氢氧化镁在冷水中溶解度小，覆盖在镁的表面，阻碍了反应的进行。反应后的水溶液呈玫红色，说明溶液呈碱性。

$$Mg + 2H_2O \xlongequal{沸水} Mg(OH)_2\downarrow + H_2\uparrow$$

若取一小块被擦去表面煤油的金属钙，投入装有少量水的烧杯中，钙在冷水中能剧烈反应，将酚酞滴入反应后的水溶液，溶液由无色变成玫红色。

$$Ca + 2H_2O = Ca(OH)_2 + H_2\uparrow$$

钡与水猛烈反应，生成氢氧化钡和氢气。

$$Ba + 2H_2O = Ba(OH)_2 + H_2\uparrow$$

镁和钙都能与稀酸迅速反应，生成大量气泡，且放出热量，试管内壁温度升高。反应放出氢气，生成相应的盐。

$$Mg + 2HCl = MgCl_2 + H_2\uparrow$$

$$Ca + 2HCl = CaCl_2 + H_2\uparrow$$

【课堂演示 7—9】 把擦去氧化物保护膜的镁条点燃后伸入装满二氧化碳气体的集气瓶中，观察现象。

可以看到，镁条剧烈燃烧，发出耀眼的白光，伴有白烟，在瓶的内壁有黑色的固体炭生成，如图 7—12 所示。

$$2Mg + CO_2 = 2MgO + C$$

图 7—12 镁条在二氧化碳中燃烧

三、镁、钙、钡的制备和用途

1. 制备

工业上通过电解熔融氯化物的方法制取金属钙、镁和钡，反应方程式如下：

$$MgCl_2\text{（熔融）} \xlongequal{\text{电解}} Mg + Cl_2\uparrow$$

$$CaCl_2\text{（熔融）} \xlongequal{\text{电解}} Ca + Cl_2\uparrow$$

$$BaCl_2\text{（熔融）} \xlongequal{\text{电解}} Ba + Cl_2\uparrow$$（在氯化铵存在下电解）

2. 用途

镁的主要用途是制造各种轻合金，例如铝镁合金（含镁10%～30%）、电子合金（90%镁和微量的铝、铜、锰等），这些合金质量轻、硬度大，韧性强，耐腐蚀，适用于制造飞机、汽车和导弹；在稀有金属的冶炼中，镁常用做还原剂；还可用于制造照明灯；同时镁也是叶绿素中不可缺少的元素，如图 7—13 所示。

图 7—13　镁合金的用途

钙在加热时，几乎能和所有的金属氧化物反应，将其还原为单质，因此钙主要用于高纯度金属的冶炼。钙和铅的合金可用做轴承材料。同时，钙也是植物生长的营养素之一。

金属钡在电子管、显像管中用做消气剂，钡也可做轴承合金的成分。钡镍合金用于电子管工业。

镁和钙在自然界均以化合态存在，镁的主要矿物有菱镁矿、白云石、光卤石，海水中有氯化镁。钙的矿物是含碳酸钙的各种矿石，如石灰石、大理石等，还有石膏（$CaSO_4\cdot 2H_2O$）、萤石（CaF_2），动物的骨骼和牙齿也含有钙，如图 7—14 所示。钡在地壳中的含量为 0.05%，主要矿物有重晶石和毒重石。

四、镁、钙、钡的重要化合物及其用途

1. 氧化物

氧化镁（MgO）俗称苦土，是一种难溶于水、质量很轻的白色粉末状固体，由于熔点高达 2 800℃，可做耐火材料，用来制备坩埚、耐火砖、金属陶瓷等；医学上将纯的氧化镁用做抑酸剂，中和过多的胃酸。氧化镁是碱性氧化物，能与水缓慢反应生成氢氧化镁，也能和酸或酸性氧化物反应，生成相应的盐和水。

石灰石 $CaCO_3$　　石膏 $CaSO_4 \cdot 2H_2O$

萤石 CaF_2

图 7—14　钙的几种常见化合物

氧化钙（CaO）俗称生石灰，是一种白色块状或粉末状固体，熔点为 2 562℃，也可做耐火材料。同时，氧化钙很容易与水反应生成氢氧化钙，放出大量的热，有很强的吸湿性，因此可做干燥剂。

$$CaO + H_2O = Ca(OH)_2$$

氧化钙在高温下能和二氧化硅、五氧化二磷反应生成相应的硅酸钙和磷酸钙，可用于建筑工业，或造纸、冶金和玻璃等。

氯化钡（BaO）呈白色，固体，有毒，是重土的主要成分，熔点为 1 918℃。溶于酸，与水作用生成氢氧化钡；极易从空气中吸收水分，并吸收二氧化碳而成碳酸钡；主要用于玻璃工业、陶瓷工业，也可用做气体的干燥剂。

2. 氢氧化物

氢氧化镁［$Mg(OH)_2$］是微溶于水的白色粉末，属于中强碱，通常用易溶于水的镁盐和强碱反应制取。医药上常将氢氧化镁配成乳剂，称镁乳，用做轻泻剂，也有抑制胃酸的作用。氢氧化镁还可用于造纸工业中的填充材料和制造牙膏和牙粉的原料。

氢氧化钙［$Ca(OH)_2$］俗称熟石灰或消石灰，是一种微溶于水的白色粉末，其溶解度随温度的升高而减小，氢氧化钙的饱和溶液称为“石灰水”，是一种最便宜的强碱。它在空气中能吸收二氧化碳，产生碳酸钙白色沉淀，常用这个反应来检验二氧化碳气体。

$$Ca(OH)_2 + CO_2 = CaCO_3 \downarrow + H_2O$$

氢氧化钙是重要的建筑材料，在化学工业上用以制造漂白粉（有效成分为次氯酸钙）、纯碱（碳酸钠）等。

氢氧化钡［$Ba(OH)_2$］是一种溶于水的白色粉末，有毒，碱性是碱土金属氢氧化物中最强的，为强碱，极易与空气中的 CO_2 作用生成碳酸钡：$Ba(OH)_2 + CO_2 = BaCO_3 \downarrow + H_2O$

氢氧化钡主要用于制造特种肥皂、杀虫剂，也用于硬水软化、甜菜糖精制、锅炉除垢、玻璃润滑等，用于有机合成和钡盐制备。

3. 盐

(1) 氯化物

氯化镁（$MgCl_2$）是一种无色、易溶于水的晶体，味苦，从海水晒盐的母液中可制得不纯的氯化镁，叫卤块。普通食盐的潮解现象就是由于其中含有氯化镁的缘故，因为它极易吸水。纺织工业中用氯化镁来保持棉线的湿度而使其柔软。将灼烧过的氧化镁和氯化镁的浓溶液按一定的比例混合，所得浆液可凝成固体，俗称镁水泥，这种水泥可用于制造人造大理石、刨光板。

氯化钙（$CaCl_2$）是一种极易溶于水的白色固体，无水的氯化钙具有多孔结构，吸水很强，在实验室可作为干燥剂，但不能用来干燥氨水和乙醇，因为氯化钙会与它们反应。同时，氯化钙可做制冷剂，氯化钙与水按 1.44∶1 的比例混合，可获得 -55℃ 的低温。将氯化钙溶解在水中后，溶液的冰点大大降低，在工厂里称其为冷冻盐水。

氯化钡（$BaCl_2$）是最重要的可溶性钡盐，剧毒，熔沸点高，用于制热处理刀具弹簧及机械零件。

(2) 硫酸盐

硫酸镁（$MgSO_4$）是一种无色晶体，易溶于水，其溶液带有苦味。常温时，在水中结晶，析出无色易溶于水的化合物七水合硫酸镁，它在医药上被用做泻药，故称为泻盐。另外，还应用于纺织业和造纸业。

天然的硫酸钙有硬石膏（$CaSO_4$）和石膏（$CaSO_4 \cdot 2H_2O$）两种。石膏为无色晶体，微溶于水，当加热到 150℃ 时失去 3/4 的结晶水转变为熟石膏（$(CaSO_4)_2 \cdot H_2O$）。当熟石膏与水混合成浆状物后，又会转变为石膏并凝固成硬块。利用这种特性可以用熟石膏制造模型、雕像、粉笔、医疗用的石膏绷带，也可用石膏来调节水泥的凝结时间。

硫酸钡（$BaSO_4$）又称钡白，是重要的钡化合物，无毒，既不溶于水，也不溶于酸和碱，不会产生有毒的钡离子，它还具有不被 X 射线所穿透的能力，因此在医院中用于肠胃病的钡餐检查。硫酸钡没有气味，吃后会自动排出体外。此外，硫酸钡在造纸工业上也应用广泛，可使纸张更加光亮洁白。钻井探测石油时为了增大泥浆密度，也可加入硫酸钡。

知识拓展

钡离子（Ba^{2+}）的检验

利用 $Ba^{2+} + SO_4^{2-} = BaSO_4\downarrow$ 反应，可检验钡离子的存在。往待测液中加入稀硫酸或带有硫酸根的化合物的溶液，若待测液析出白色沉淀时，再滴加少量的稀硝酸，白色沉淀仍不溶解，可说明待测液中含有钡离子。

(3) 碳酸盐

碳酸镁（$MgCO_3$）为白色固体，微溶于水。若将二氧化碳通入碳酸镁的悬浮液，则生成可溶性的碳酸氢镁。

$$MgCO_3 + CO_2 + H_2O = Mg(HCO_3)_2$$

碳酸钙（$CaCO_3$）为白色粉末，难溶于水，但能溶于含有二氧化碳的水中，生成可溶性的碳酸氢钙，两者可相互转化。

$$CaCO_3 + CO_2 + H_2O \rightleftharpoons Ca(HCO_3)_2$$

自然界中的石灰石、大理石的主要成分是碳酸钙，石灰石长期受到饱和的二氧化碳水溶液侵蚀形成溶洞，而碳酸氢钙长期流滴转变为碳酸钙，形成了溶洞中悬挂的钟乳石。

碳酸钙是建筑、冶金、颜料以及制造粉笔的原料。

碳酸钡（$BaCO_3$）不溶于水，但可溶于酸，碳酸钡进入人体后会与胃酸反应，生成有毒的钡盐，所以碳酸钡有毒。但碳酸钡可用于颜料、烟火、光学玻璃、陶瓷、杀鼠剂等。

知识拓展

硬水及其软化

1. 硬水和软水

天然水与空气、岩石、土壤等长期接触，溶解了许多无机盐、某些可溶性有机物和气体等，使天然水通常含有钙、镁等阳离子和碳酸根、碳酸氢根、硫酸根、氯离子、硝酸根等阴离子。不同地区的天然水中含有的这些离子的种类和数量都各不相同。含有较多钙离子、镁离子的水叫做硬水；含有较少量或不含钙离子、镁离子的水，称为软水。

硬水可分为暂时硬水和永久硬水两种。含有钙和镁的酸式碳酸盐的硬水叫做暂时硬水；含有钙和镁的硫酸盐或氯化物的硬水叫做永久硬水。经煮沸后，暂时硬水中的酸式碳酸盐会分解，钙、镁离子生成不溶性的碳酸盐沉淀而被去除。

2. 硬水的危害

硬水不宜用于洗涤，因为硬水中的钙、镁离子能与肥皂中的可溶性脂肪酸反应，生成难溶性的硬脂肪盐，不仅浪费肥皂，而且污染衣物。

硬水用于印染时，织物上因沉积有钙、镁盐而使染色不匀，且易退色。锅炉若长期使用硬水，锅炉内壁日久就会形成锅垢，不仅消耗更多燃料，严重的还会使炉管局部过热，当超过金属的允许工作温度时，炉管将变形、损坏，甚至引起锅炉爆炸。长期饮用硬度过高的水对身体健康不利。

3. 硬水的软化方法

（1）煮沸法

暂时硬水可用煮沸的方法使其软化。但天然水中既有暂时硬水的成分，又有永久硬水的成分，仅用煮沸的方法达不到软化要求。

（2）石灰—纯碱法

在水中加入石灰乳和纯碱，使水中所含的钙、镁可溶性盐转变成难溶性盐，并以沉淀形式析出而去除。石灰—纯碱法成本低，但软化效果较差，适用于处理大量硬度较大的水，例如发电厂一般采用此法将硬水进行初步软化。

（3）离子交换法

离子交换法是借助离子交换剂来软化硬水的一种常用方法。离子交换剂包括天然沸石、磺化煤和离子交换树脂等。离子交换软化水的方法具有软化后水质高、设备简单、占地面积小，又可重复使用的优点。

第三节　铝及其化合物

铝在地壳中含量达7.7%，仅次于氧和硅，是地壳中含量最高的金属。铝在自然界主要以化合态形式存在于各种岩石或矿石里，例如长石、云母、高岭土、铝矾土、冰晶石等。

铝的冶炼曾经相当困难，导致铝的价格相当昂贵，甚至超过了黄金，直到1886年，美国人霍尔用电解法冶炼得到铝，才使得铝在生产、生活中的应用得以迅速普及。

铝是元素周期表中第ⅢA族的元素，第ⅢA族元素分别是硼、铝、镓、铟、铊五种元素，统称为硼族元素。这些元素的原子最外层有3个电子，在化学反应中容易失去这3个电子而形成+3价的阳离子。但比其同周期的碱金属和碱土金属来说，硼族元素失去电子的能力较弱，所以它们的还原性较弱。

一、铝

1. 物理性质

铝是一种银白色有金属光泽的轻金属，密度为2.7 g/cm^3，质地软，熔点660℃。它具有良好的延展性、传热性和导电性。所以常用来制造电线和高压电缆。

2. 化学性质

铝的性质较活泼，是强还原剂，能与非金属、酸等起反应，也能与强碱溶液起反应。

（1）铝与氧气反应

常温下，铝能与空气中的氧气反应，在铝的表面生成一层致密的氧化铝（Al_2O_3）保护膜，从而使铝失去光泽，但它能阻止铝进一步氧化和与水反应。因此铝在空气和水中均很稳定。铝具有抗腐蚀的性能，铝器在空气中不容易发生锈蚀。

铝粉或铝箔能够在氧气或空气中燃烧，发出耀眼的白光，同时放出大量的热。

$$4Al + 3O_2 \xlongequal{\text{点燃}} 2Al_2O_3$$

（2）铝与氯气、硫反应

铝与氯气在微热时，能剧烈地燃烧，生成三氯化铝。

$$2Al + 3Cl_2 \xlongequal{\text{加热}} 2AlCl_3$$

在加热条件下，铝与硫反应生成硫化铝。

$$2Al + 3S \xlongequal{\text{加热}} Al_2S_3$$

（3）铝与酸、碱的反应

【课堂演示7—10】 将铝片分别浸入装有浓硝酸、浓硫酸、2 mol/L硫酸、2 mol/L盐酸、2 mol/L氢氧化钠溶液的试管中，观察现象。

实验表明，铝片在浓硝酸和浓硫酸中没有溶解，无任何现象发生。但铝在稀盐酸、稀硫酸和氢氧化钠溶液中迅速反应，放出气泡，说明有气体生成，如图7—15所示。

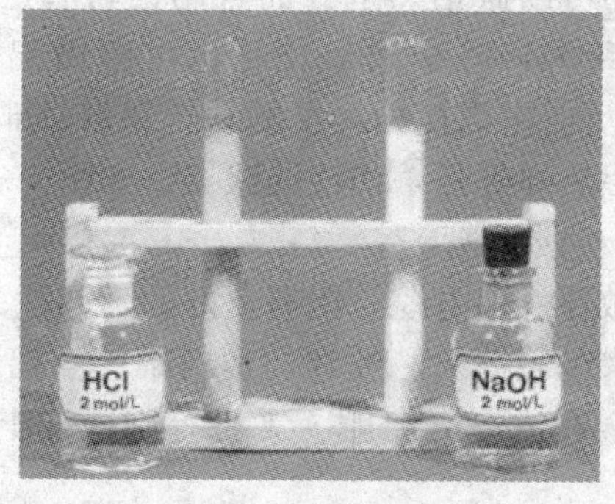

图7—15 铝与盐酸和氢氧化钠溶液反应

想一想

铝与稀盐酸、稀硫酸或氢氧化钠溶液反应生成的气体是什么?

铝与稀盐酸、稀硫酸因发生反应而溶解，反应如下:

$$2Al + 6HCl \xlongequal{} 2AlCl_3 + 3H_2\uparrow$$

$$2Al + 3H_2SO_4 \xlongequal{} Al_2(SO_4)_3 + 3H_2\uparrow$$

铝除了能与酸反应，还能与氢氧化钠的碱性溶液反应，生成偏铝酸钠:

$$2Al + 2NaOH + 2H_2O \xlongequal{} 2NaAlO_2 + 3H_2\uparrow$$

可见，铝是两性元素，既能与酸反应，又能与碱反应。但是，铝在冷的浓硝酸或浓硫酸中却不溶解，是因为铝在冷的浓硝酸或浓硫酸中被氧化后，在铝表面会生成一层致密的氧化物保护膜，使内层铝不再继续被酸所氧化或起反应，这种现象称为金属的钝化。所以，铝制容器可用来储存和运输浓硝酸和浓硫酸。

(4) 与某些金属氧化物、盐反应

铝不但能与氧气反应，还能夺取一些金属氧化物中的氧，将这些金属还原出来，并放出大量的热，足以使生成的金属单质熔化，这个反应称为铝热反应。如图 7—16 所示为铝热反应装置，图 7—17 所示为铝热反应的效果图。

【课堂演示 7—11】 取一张圆形滤纸，倒入氧化铁粉末，再倒入铝粉，将两者混合均匀。将两张圆形滤纸分别折叠成漏斗状，取出其中一个，在底部剪一个孔，用水润湿，再跟另一个漏斗套在一起，使四周都有四层滤纸。将漏斗架在铁圈上，下面放置盛有沙的蒸发皿，把混合均匀的氧化铁粉末和铝粉放在纸漏斗中，上面加少量氯酸钾，并在混合物中间插一根镁条。点燃镁条，观察发生的现象。

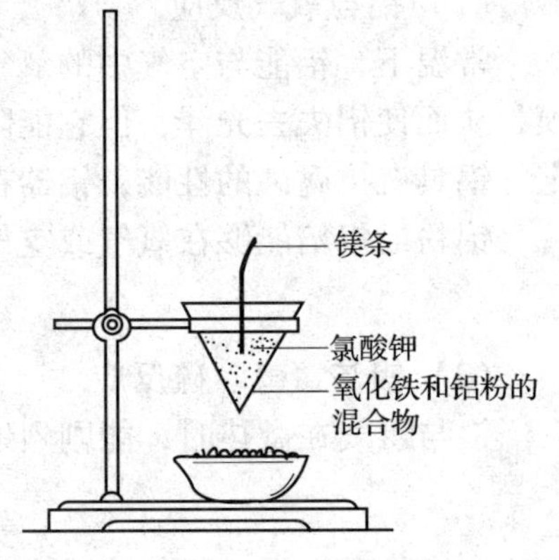

图 7—16 铝热反应装置

镁条为引燃剂，氯酸钾为助燃剂，观察实验现象：可以看到镁条剧烈燃烧，放出一定的热量，使三氧化二铁粉末和铝粉在较高的温度下发生剧烈的反应，放出大量的热，同时纸漏斗被烧穿，有熔融物落入沙中，待熔融物冷却后，除去外层溶渣，发现落下的是铁珠。

$$铝热反应: 2Al + Fe_2O_3 \xlongequal{} Al_2O_3 + 2Fe$$

不仅用铝粉和铁的氧化物可以做铝热剂，而且用铝粉和三氧化二铬 (Cr_2O_3)、五氧化二钒 (V_2O_5)、二氧化锰 (MnO_2) 等金属氧化物也可以做铝热剂，其铝热反应效果如图 7—17所示。工业上常用铝热反应来焊接损坏了的铁轨和钢材部件，也可冶炼难溶的铬、钒、锰等金属，军事上可以制作铝热弹等强杀伤性的武器，如图 7—18 所示。

3. 用途

纯铝的导电性好，可以做导线和电缆。铝有良好的延展性，可以抽成细丝，也可以压成薄片成为铝箔，铝箔可以用来包装糖果、胶卷、塑料罐等。铝还可以和许多元素形成合金，如硅铝合金、硬铝等，其合金在汽车、船舶、飞机等制造业上及日常生活里都有广泛的用途，如图 7—19 所示。

图 7—17　铝热反应的效果图

图 7—18　铝热反应应用在焊接铁轨上

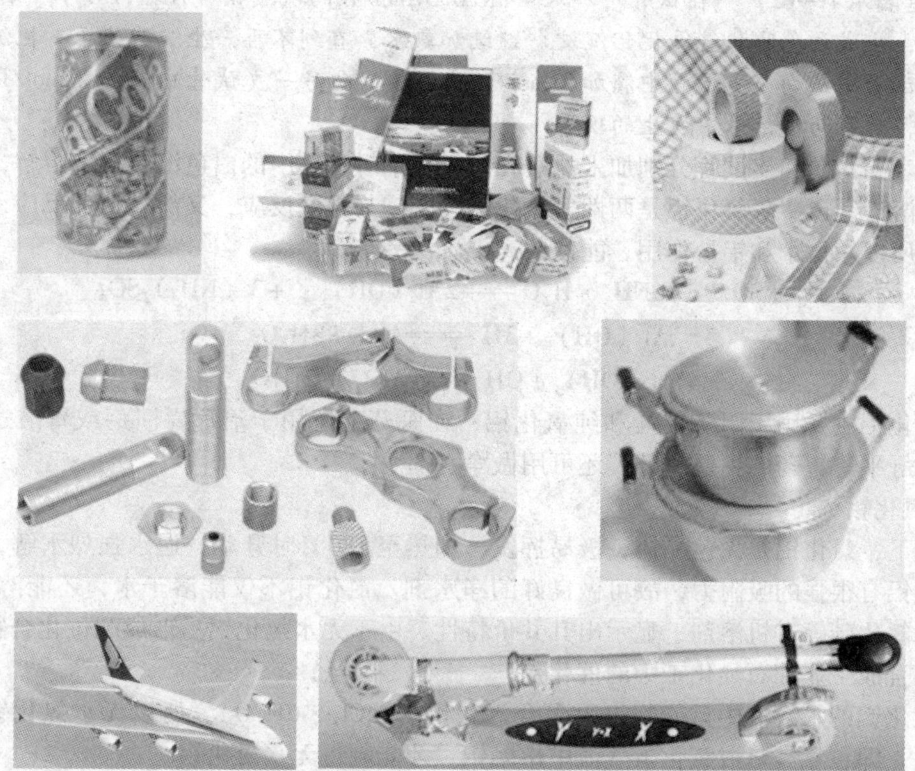

图 7—19　铝的各种用途

二、铝的重要化合物

1. 氧化铝

氧化铝是一种难溶于水的白色粉末固体，典型的两性氧化物，既可以和酸反应，也可以和碱反应。

$$Al_2O_3 + 6HCl = 2AlCl_3 + 3H_2O$$

$$Al_2O_3 + 2NaOH = 2NaAlO_2 + H_2O$$

知识拓展

天然氧化铝

自然界存在的铝的氧化物主要是铝土矿，铝土矿又称矾土。以晶体状态存在的天然氧化铝则称为刚玉，它的硬度大，仅次于金刚石，常因含有其他元素而呈现不同的颜色。例如，含微量氧化铬呈红色，称为红宝石；含微量钛、铁氧化物呈蓝色，称为蓝宝石。红宝石是优良的激光材料。矾土经高温煅烧后可得人造刚玉。

氧化铝是冶炼铝的原料，也是一种较好的耐火材料，可用来制造耐火坩埚、耐火管和耐高温的实验仪器。刚玉常用来做砂轮、研磨石或研磨纸灯，也可做精密仪器或钟表的轴承。

2. 氢氧化铝

氢氧化铝是不溶于水的白色胶状物质。它能凝聚水中悬浮物，又有吸附色素的性能。

【课堂演示 7—12】 在试管中加入 4 mL 0.5 mol/L 的硫酸铝［$Al_2(SO_4)_3$］溶液，再滴加氨水，生成白色胶状氢氧化铝沉淀。继续加氨水，直到不再产生沉淀为止。把沉淀分别装在两支试管中，向一支试管中滴加 2 mol/L 的盐酸；向另一支试管中滴加 2 mol/L 的氢氧化钠溶液，观察两支试管中发生的现象。

实验表明：向两支试管分别加入盐酸和氢氧化钠时，其中的白色沉淀全部溶解，变成澄清的无色溶液。说明氢氧化铝是两性氢氧化物，既能与强酸反应，又能与强碱反应，但不溶于氨水。所以用氨水和铝盐作用，能使铝离子沉淀完全。

$$Al_2(SO_4)_3 + 6NH_3 \cdot H_2O = 2Al(OH)_3 \downarrow + 3(NH_4)_2SO_4$$

$$Al(OH)_3 + 3H^+ = Al^{3+} + 3H_2O$$

$$Al(OH)_3 + OH^- = AlO_2^- + 2H_2O$$

氢氧化铝主要用于制备铝盐和纯氧化铝，在医药上还用于治疗胃溃疡或胃酸过多等症状，是胃舒平等胃药的主要成分。还可用做净水剂。

3. 氯化铝

常温下，氯化铝是无色晶体，极易挥发，加热至 180℃时升华，遇水强烈水解，其产物碱式氯化铝有很强的吸附力，故可做良好的净水剂。氯化铝不仅能溶于水，还能溶于乙醇、乙醚、四氯化碳等有机溶剂，显示出其共价特性。由于无水氯化铝易形成配位化合物，故常用做有机合成工业和石油化工中的催化剂。

从氯化铝的水溶液中只能制得六水合氯化铝（$AlCl_3 \cdot 6H_2O$），所以无水氯化铝只能用干法制取，即在氯气流或氯化氢气流中熔融铝，才能制得无水氯化铝。

4. 硫酸铝［$Al_2(SO_4)_3$］和明矾［$KAl(SO_4)_2 \cdot 12H_2O$］

无水硫酸铝是白色粉末，常温下从水溶液中析出的是无色针状晶体。

在硫酸铝溶液中加入等物质的量的硫酸钾溶液，蒸发、结晶后可得到一种复盐（复盐是指两种不同的金属离子和一种酸根离子组成的盐），俗称明矾。明矾为无色晶体，易溶于水，在水中可完全电离：

$$KAl(SO_4)_2 \cdot 12H_2O = K^+ + Al^{3+} + 2SO_4^{2-} + 12H_2O$$

图 7—20　明矾晶体

在硫酸铝和明矾的水溶液中，铝离子水解产生氢氧化铝胶体，其水溶液呈酸性，由于氢氧化铝有强烈的吸附能力，所以硫酸铝和明矾都可以作为净水剂，可吸附悬浮在水中的杂质而沉淀下来，使水澄清。明矾还可用做棉织物染色的媒染剂或用于澄清油脂、石油脱臭、脱色等。硫酸铝在泡沫灭火器中常用做酸性反应液。

第四节　铜、铁、银及其化合物

一、铜及其化合物

1. 铜的性质和用途

（1）物理性质

铜元素位于元素周期表第四周期，是一种不活泼的重金属元素。纯铜呈紫红色，很软，又称紫铜。铜具有良好的导电性、导热性和延展性，其熔点是1 083℃，密度是8.95 g/cm^3，是人类最早使用的金属之一。

（2）化学性质

1）铜与氧气反应。常温下，铜在干燥的空气中很稳定，不与氧化合。但在潮湿的空气中，铜表面慢慢生成一层绿色的铜锈，其主要成分是碱式碳酸铜［$Cu_2(OH)_2CO_3$］，俗称铜绿。

$$2Cu + CO_2 + O_2 + H_2O = Cu_2(OH)_2CO_3$$

在空气中将铜加热，能生成黑色的氧化铜。

$$2Cu + O_2 \xlongequal{\triangle} 2CuO$$

2）铜与非金属反应。在高温下，铜能和卤素、硫等非金属直接化合。

$$Cu + Cl_2 \xlongequal{燃烧} CuCl_2(棕色)$$

3）铜与水、酸反应。铜不能与水或稀硫酸反应，置换出氢。但能被硝酸、浓硫酸等氧化性较强的酸氧化而溶解。

$$3Cu + 8HNO_3(稀) = 3Cu(NO_3)_2 + 2NO\uparrow + 4H_2O$$

$$Cu + 4HNO_3(浓) = Cu(NO_3)_2 + 2NO_2\uparrow + 2H_2O$$

$$Cu + 2H_2SO_4(浓) = CuSO_4 + SO_2\uparrow + 2H_2O$$

（3）用途

由于铜导电性好，又不易被腐蚀，所以高纯度的铜在电气工业中大量用来制造电线、电缆和电工器材等。铜可以和其他金属形成合金，例如青铜（80%铜、15%锡、5%锌），有很强的耐腐蚀性和耐磨性，多用来制造日用器材、工具、武器等，图7—21为古代青铜鼎；黄铜（60%铜、40%锌），用于制造散热器、油管、仪器零件；白铜（50%～70%铜、13%～15%镍、13%～25%锌），主要用于刀具。

中国是青铜、黄铜、白铜的首创者，在三千多年前就炼出了青铜，两千多年前就炼出了黄铜和白铜。

图7—21　古代青铜鼎

2. 铜的化合物及其用途

（1）氧化物

1）氧化亚铜（Cu_2O）。氧化亚铜呈红色，热稳定性很好，不溶于水，具有半导体性质。

氧化亚铜在潮湿的空气中可缓慢被氧化成氧化铜；能溶于稀酸，溶于氨水中能形成稳定的无色配合物 $[Cu(NH_3)_2]^+$。

氧化亚铜是制造玻璃和搪瓷的红色颜料；因它具有半导体性质，常用它和铜装成亚铜整流器。此外，因其可杀死低级海生动物，还可用做船舶底漆和农业上的杀虫剂。

2）氧化铜（CuO）。氧化铜呈黑色，热稳定性好，要加热到 1 000℃时才开始分解，生成氧化亚铜。

$$4CuO \xlongequal{1\,000℃} 2Cu_2O + O_2\uparrow$$

高温时氧化铜可表现出强氧化性。有机分析中，常应用氧化铜的氧化性来测定有机物中碳和氢的含量。氧化铜还可作为制造铜盐的原料。

（2）氢氧化物

氢氧化铜 $[Cu(OH)_2]$ 是淡蓝色胶状沉淀。可溶性的铜盐与适量的碱液混合，可立即生成淡蓝色的氢氧化铜沉淀。

$$Cu^{2+} + 2OH^- \xlongequal{} Cu(OH)_2\downarrow$$

【课堂演示 7—13】 取四支试管，分别加入 0.1 mol/L 硫酸铜（$CuSO_4$）溶液 2 mL，再向各试管中滴加 2 mol/L 的氢氧化钠溶液，至生成大量的蓝色氢氧化铜沉淀，摇匀，分别进行下列实验：

将第一支试管在酒精灯上加热，观察沉淀颜色的变化；向第二支试管中加入 2 mol/L 的硫酸溶液，边加边振荡，观察沉淀的变化；向第三支试管中加入 6 mol/L 的氢氧化钠溶液，边加边振荡，观察沉淀的变化；向第四支试管中加入 2 mol/L 氨水溶液，一直滴加至有变化，观察现象。

实验表明：氢氧化铜难溶于水，受热易分解，生成黑色的氧化铜和水。

$$Cu(OH)_2 \xlongequal{\triangle} CuO + H_2O$$

氢氧化铜沉淀加入硫酸和氢氧化钠溶液后，沉淀溶解，变成蓝色溶液，说明氢氧化铜具有微弱的两性，并以碱性为主，易溶于酸，只溶于浓的强碱中。

$$Cu(OH)_2 + 2H^+ \xlongequal{} Cu^{2+} + 2H_2O$$

（蓝色）

$$Cu(OH)_2 + 2OH^- \xlongequal{} [Cu(OH)_4]^{2-}$$

（深蓝色）

当氢氧化铜沉淀中滴加氨水后，沉淀完全溶解，转变成深蓝色溶液：

$$Cu(OH)_2 + 4NH_3 \xlongequal{} [Cu(NH_3)_4]^{2+} + 2OH^-$$

（深蓝色）

氢氧化铜与氨形成的溶液称为铜氨溶液。这种铜氨溶液具有溶解纤维的性能，在所得的纤维溶液中再加酸时，纤维又可沉淀析出。工业上利用这种性质来制造人造丝。

（3）氯化物

1）氯化亚铜（CuCl）。在热的浓盐酸中用铜还原氯化铜，可制得氯化亚铜。

$$CuCl_2 + Cu \xlongequal[\triangle]{浓 HCl} 2CuCl$$

氯化亚铜为白色晶体，难溶于水，它是共价化合物。氯化亚铜在潮湿空气中迅速被氧化，由白色变成绿色。它能溶于氨水、浓盐酸、氯化钾和氯化钠溶液，分别生成相应的配离子。

氯化亚铜是有机合成的催化剂和干燥剂，是石油工业的脱硫剂和脱色剂，是肥皂、脂肪的凝聚剂，还可用做杀虫剂和防腐剂。在分析化学中，氯化亚铜的氨水溶液可作为一氧化碳气体的吸收剂。

2）氯化铜（$CuCl_2$）。无水氯化铜为棕黄色固体，有毒，是共价化合物，易溶于水，以及乙醇、丙酮等有机溶剂。二水氯化铜为绿色晶体，在潮湿空气中潮解，在干燥空气中却易风化。氯化铜浓溶液为黄绿色或绿色，稀溶液为蓝色。

氯化铜受热分解，可得到氯化亚铜：

$$2CuCl_2 \xlongequal{\triangle} 2CuCl + Cl_2\uparrow$$

（4）硫酸盐

用热的浓硫酸溶解铜屑，或在氧气存在时用热的稀硫酸与铜屑反应可得到五水硫酸铜 $CuSO_4 \cdot 5H_2O$。

$$Cu + 2H_2SO_4(\text{浓}) \xlongequal{\triangle} CuSO_4 + SO_2\uparrow + 2H_2O$$

$$2Cu + 2H_2SO_4(\text{稀}) + O_2 \xlongequal{\triangle} 2CuSO_4 + 2H_2O$$

硫酸铜是白色粉末，有毒，极易吸水，生成蓝色水合物 $[Cu(H_2O)_4]^{2+}$，故无水硫酸铜可以用来检验或除去有机物（如乙醇、乙醚）中的微量水分；还可以制备其他含铜化合物，并可作为媒染剂、杀虫剂、木材防腐剂及制造人造丝等。

含有五个结晶水的硫酸铜俗称蓝矾或胆矾，为蓝色晶体，在干燥的空气中能慢慢失去结晶水而风化，胆矾加热时逐步失去结晶水，最后变成白色的无水硫酸铜粉末。

二、铁及其化合物

1. 铁的性质

铁位于元素周期表第四周期第Ⅷ族，是一种重要的过渡元素，也是已发现的金属元素中应用最广泛、用量最多的元素。铁在化合物中主要化合价为 +2 和 +3 价，以 +3 价更为稳定。

由于铁的化学性质较活泼，所以地壳中铁均以化合态存在，游离态的铁只存在于陨石中。铁的主要矿石有赤铁（Fe_2O_3）矿、磁铁（Fe_3O_4）矿、菱铁（$FeCO_3$）矿、褐铁（$2Fe_2O_3 \cdot 3H_2O$）矿、黄铁（FeS_2）矿等，如图 7—22 所示。

赤铁矿　磁铁矿　菱铁矿　褐铁矿

图 7—22　主要铁矿石

（1）铁的物理性质

纯净的铁是具有银白色光泽的金属，密度为 7.85 g/cm³，熔点为 1 535℃，沸点为

2 750℃。纯铁的抗腐蚀力相当强，但通常所用的铁一般含有碳和其他元素，从而使它的抗腐蚀能力减弱，熔点也显著降低。铁也有良好的延展性和导热性，铁的导电性次于铜、铝。铁能被磁体吸引，在磁场作用下，铁自身也能产生磁性。

（2）铁的化学性质

铁在金属化学活泼性顺序表里位于氢的前面，是比较活泼的金属。

1）铁与氧气及其他非金属的反应。常温下，铁在干燥的空气中很稳定，几乎不与氧气、硫、氯气等发生化学反应，故工业上常用钢瓶储运干燥的氯气和氧气。但在加热时，铁能与它们发生反应，如图7—23所示。在高温下，铁还能与碳、硅、磷等化合。

$$3Fe + 2O_2 \xlongequal{500℃} Fe_3O_4\text{（黑色）}$$

$$Fe + S \xlongequal{\triangle} FeS$$

$$2Fe + 3Cl_2 \xlongequal{\triangle} 2FeCl_3$$

2）铁与水的反应。常温下，铁不与水反应，但红热的铁能与水蒸气发生化学反应，生成四氧化三铁和氢气，实验室反应装置如图7—24所示。

$$3Fe + 4H_2O \xlongequal{高温} Fe_3O_4 + 4H_2\uparrow$$

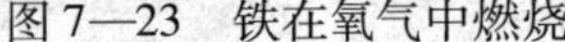

图7—23　铁在氧气中燃烧

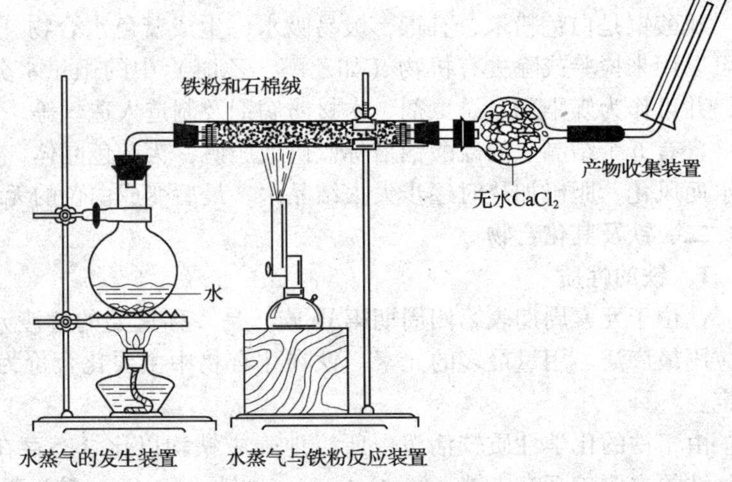

图7—24　铁与水反应的装置

3）铁与酸、盐的反应。常温下，铁不与浓硫酸、浓硝酸反应，因为铁在冷的浓硫酸或浓硝酸中发生钝化。所以浓硫酸、浓硝酸可用铁罐储运。但铁与稀酸可以反应。

【课堂演示7—14】　常温下取两支试管，分别放入两根洁净的铁钉，然后向试管中滴加盐酸和稀硫酸溶液，观察反应现象。

实验表明，铁能与稀盐酸、稀硫酸发生化学反应，溶液由无色变成浅绿色，生成+2价的亚铁盐，并有大量气泡冒出，放出氢气。

$$Fe + 2HCl \xlongequal{} FeCl_2 + H_2\uparrow$$

$$Fe + H_2SO_4 \xlongequal{} FeSO_4 + H_2\uparrow$$

【课堂演示7—15】　把洁净的铁丝放入已盛有蓝色硫酸铜溶液的试管中，放置一段时间，观察实验现象。

放置一段时间后，铁丝表面有红色的物质析出——铜，蓝色溶液变成浅绿色溶液，如图7—25所示。实验说明铁与硫酸铜反应，生成单质铜和硫酸亚铁（$FeSO_4$），也说明了铁的化学性质比铜活泼。

$$Fe + CuSO_4 = FeSO_4 + Cu$$

2. 铁的化合物及其用途

（1）铁的氧化物

1）氧化亚铁（FeO）是黑色粉末，不稳定，在空气中加热，能迅速被氧化成四氧化三铁，它也可溶于酸而成亚铁盐（Fe^{2+}）。

2）氧化铁（Fe_2O_3）是不溶于水的红棕色粉末，俗称铁红。它可溶于酸，成三价铁盐。氧化铁可用于陶瓷涂料的颜料、某些反应的催化剂、磨光粉等，如图7—26所示。

图7—25 铁与硫酸铜反应

图7—26 氧化铁可做外墙涂料

知识拓展

如何防止铁生锈

铁在潮湿的空气中能与氧气反应生成铁锈，因此，要防止铁生锈，必须做到：保持铁表面洁净、干燥；给铁涂上保护膜，如喷漆、涂油等，以隔绝空气和防水；在铁表面镀上其他比铁活泼的而又不易腐蚀的金属；通过化学反应让铁表面生成一层致密的氧化膜。

想一想

被雨水淋湿的自行车必须要先用干布擦净后才能用带油的布擦，为什么？

3）四氧化三铁（Fe_3O_4）是黑色有磁性的物质，又称磁性氧化铁，可看成氧化亚铁与氧化铁所组成的一种复杂的化合物。

（2）铁的氢氧化物

铁的氢氧化物有两种，即氢氧化亚铁［$Fe(OH)_2$］和氢氧化铁［$Fe(OH)_3$］。氢氧化亚铁和氢氧化铁是与氧化亚铁和氧化铁相对应的碱。这两种氢氧化物都可用相应的可溶性铁盐与碱溶液反应制得。

【课堂演示7—16】 在试管里加入少量新制备的硫酸亚铁溶液，再用滴管吸取氢氧化钠溶液，将滴管端插入试管里溶液液面下，逐滴滴入氢氧化钠溶液，观察发生的现象。

从实验看到，滴入氢氧化钠溶液后，开始时析出一种白色的絮状沉淀，这就是氢氧化亚铁。

$$FeSO_4 + 2NaOH \xlongequal{\quad} \underset{(白色)}{Fe(OH)_2} \downarrow + Na_2SO_4$$

但这白色絮状沉淀迅速被空气里的氧所氧化，变成灰绿色，最后变成红褐色的氢氧化铁 $Fe(OH)_3$，如图 7—27 所示。

$$4Fe(OH)_2 + O_2 + 2H_2O \xlongequal{\quad} 4Fe(OH)_3(红褐色)$$

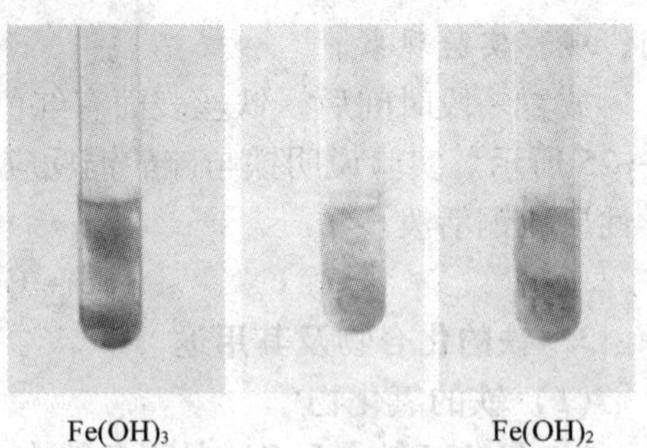

图 7—27　氢氧化亚铁和氢氧化铁

【课堂演示 7—17】　在试管里加入少量氯化铁溶液，再逐滴滴入氢氧化钠溶液，观察发生的现象。

从实验中看到，氯化铁溶液滴入氢氧化钠溶液时，立即生成了红褐色的氢氧化铁沉淀。

$$FeCl_3 + 3NaOH \xlongequal{\quad} Fe(OH)_3 \downarrow + 3NaCl$$

氢氧化铁受热后失去水，生成了红棕色的氧化铁沉淀。

$$2Fe(OH)_3 \xlongequal{\triangle} Fe_2O_3 + 3H_2O$$

氢氧化亚铁和氢氧化铁都是不溶性碱，它们能与酸反应，分别生成亚铁盐和铁盐。

$$Fe(OH)_2 + 2HCl \xlongequal{\quad} FeCl_2 + 2H_2O$$

$$Fe(OH)_3 + 3HCl \xlongequal{\quad} FeCl_3 + 3H_2O$$

（3）亚铁盐和铁盐

1）硫酸亚铁（$FeSO_4$）。硫酸亚铁为白色粉末，它可由金属铁与稀硫酸反应可制得。带有 7 个结晶水的 $FeSO_4 \cdot 7H_2O$ 为蓝绿色晶体，俗称绿矾，如图 7—28 所示。

绿矾的用途很广，它可以用做木材的防腐剂、织物染色时的媒染剂、还原剂及制造蓝黑墨水，在医疗上可以治疗贫血，在农业上用做农药等。但绿矾在空气中可逐渐风化，且表面容易氧化为黄褐色碱式硫酸铁。

$$4FeSO_4 + 2H_2O + O_2 \xlongequal{\quad} 4Fe(OH)SO_4$$

这是由于亚铁盐有较强的还原性，易被氧化成三价的铁盐。亚铁盐在酸性介质中较稳定，在碱性介质中立即被氧化，因而在保存亚铁盐溶液时，应加入一定量的酸，同时加入少量的铁屑以防止氧化。

图 7—28　绿矾晶体

$$2Fe^{3+} + Fe \xlongequal{\quad} 3Fe^{2+}$$

2）氯化铁（$FeCl_3$）。黑色的无水氯化铁可由铁屑与氯气在高温下直接合成而制得，此反应放热，所生成的氯化铁因升华而分离出来。无水的氯化铁在潮湿的空气中易潮解，易溶于水并放出大量的热。

氯化铁常用做氧化剂，如制作印刷电路板的腐蚀剂，使铜板被氧化而腐蚀：

$$2FeCl_3 + Cu \xlongequal{\quad} 2FeCl_2 + CuCl_2$$

又例如往氯化铁溶液中加入铁粉，发现溶液颜色由原来棕黄色变成浅绿色；过一段时间后，再往原试管的溶液滴入数滴氯水，振荡之后溶液又变回原来的棕黄色，如图 7—29 所示。因为溶液进行如下反应：

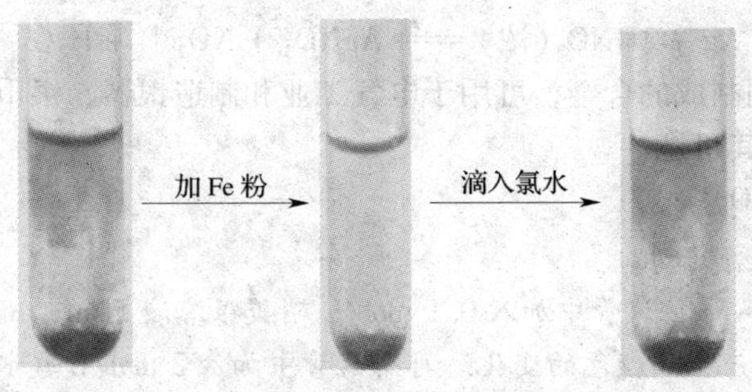

图 7—29　Fe^{3+}与Fe^{2+}的转化

$$2FeCl_3 + Fe = 3FeCl_2 \qquad 2FeCl_2 + Cl_2 = 2FeCl_3$$

该实验说明了三价铁离子具有氧化性。

氯化铁还可用做净水剂，用于有机染料的生产，在有机合成中还可做催化剂。由于它具有引起蛋白质迅速凝聚的作用，因此在医疗上可作外伤用的止血剂。

3. Fe^{3+}和Fe^{2+}的检验

【课堂演示 7—18】　*在试管中加入少量$FeCl_3$溶液，再滴加几滴硫氰化钾（KSCN）溶液，观察实验现象。*

从实验中发现，氯化铁遇硫氰化钾溶液显血红色：

$$FeCl_3 + 3KSCN = \underset{\text{硫氰化铁(血红色)}}{Fe(SCN)_3} + 3KCl$$

但亚铁盐（Fe^{2+}）溶液遇硫氰化钾或硫氰化铵溶液不显红色。所以，利用以上反应可以检验Fe^{3+}的存在。

想一想

如何检验Fe^{2+}的存在？

三、银及其化合物

银位于周期表中第五周期，是一种不活泼的重金属元素，通常形成化合价为+1价的化合物。

1. 银的性质

（1）银的物理性质

银是具有银白色光泽的软金属，密度为10.5 g/cm³，熔点为961℃，在所有金属中，银是热、电的最良导体，同时具有很好的延展性，因此银常用来制作灵敏度极高的物理仪器元件，各种自动化装置、火箭、潜水艇、计算机、核装置以及通信系统中的大量的接触点都是用银制作的。

（2）银的化学性质

银的化学性质较稳定，在空气中不易被氧化。但当空气中含有硫化氢时，其表面会生成一层黑色硫化银（Ag_2S），使银失去金属光泽。

$$4Ag + 2H_2S + O_2 = 2Ag_2S + 2H_2O$$

银的标准电极电势比氢高，所以它不能从稀酸中置换出氢，但能溶于热的浓硫酸或硝酸中。

$$4Ag + 4H_2SO_4(\text{热、浓}) = 2Ag_2SO_4 + 2SO_2\uparrow + 4H_2O$$
$$3Ag + 4HNO_3(\text{稀}) = 3AgNO_3 + NO\uparrow + 2H_2O$$

$$Ag + 2HNO_3(浓) \xlongequal{} AgNO_3 + NO_2\uparrow + H_2O$$

在银中加入少量铜制成的合金，可用于电气工业和制造银器、银币等。

2. 银的化合物及其用途

(1) 氧化银 (Ag_2O)

氧化银为黑色，难溶于水。

【课堂演示7—19】 往试管中加入0.1 mol/L 硝酸银溶液5 mL，逐滴加入2 mol/L 氢氧化钠溶液，观察沉淀的产生和颜色的变化。再向试管中加入2 mol/L 氨水，观察沉淀的溶解。

在硝酸银溶液中加入氢氧化钠溶液，首先析出白色的氢氧化银（AgOH）沉淀，但是氢氧化银极不稳定，立即分解为棕黑色的氧化银和水。

$$AgNO_3 + NaOH \xlongequal{} AgOH\downarrow + NaNO_3$$

$$2AgOH \xlongequal{} Ag_2O + H_2O$$

氧化银虽然难溶于水，但可溶于氨水中，生成无色的银氨溶液。此法可作为 Ag^+ 的鉴别反应。

(2) 硝酸银 ($AgNO_3$)

在银的化合物中，只有硝酸银、氟化银（AgF）溶于水，其他化合物均难溶于水。

硝酸银是最重要的一种可溶性银盐，将银溶于硝酸，然后蒸发并结晶即得硝酸银。硝酸银是一种无色晶体，受热或光照时容易分解，因此硝酸银应保存于棕色瓶中。硝酸银有一定的氧化能力，遇微量有机物即能被还原成单质银，因而皮肤或衣服沾上硝酸银溶液后会逐渐变成黑色。

硝酸银被广泛用于感光材料、制作照相底片、制镜、保温瓶胆、电镀和电子等工业；质量分数为10%的硝酸银溶液在医药上用做消毒剂或腐蚀剂。

(3) 卤化银（AgX）

在硝酸银溶液中加入卤化物，可生成白色的氯化银（AgCl）、淡黄色溴化银（AgBr）或黄色碘化银（AgI）沉淀。它们都具有感光性，在光的照射下分解为金属银和相应的卤素单质，如：

$$2AgCl \xlongequal{} 2Ag + Cl_2$$

照相用的感光胶片上就是涂了一薄层含溴化银微粒的明胶。当光照射时，底片感光，溴化银分解，再用还原剂（显影剂）和定影剂处理，得到明暗程度与实物相反的底片，然后再使感光片通过底片曝光，经显影和定影，就得到明暗程度与实物一致的照片。

碘化银可用于人工降雨。用小火箭或高射炮将磨得很细的粉末状碘化银发射到几千米高空，碘化银可吸收空气中的热量分解，使空气中的水蒸气降温凝聚成雨。

知识拓展

微量元素与人体健康

人体中含有大量的化学元素，这些元素中绝大部分都是维持人体健康和生命必需的。根据元素在人体内含量不同，可分为常量元素和微量元素。构成人体的常量元素有氢、碳、氮、氧、钠、镁、磷、硫、氯、钾、钙等，其中氢、碳、氮、氧占人体质量的95%，其余的常量元素占人体质量的4%。微量元素有14种，其中11种是金属元素，分别是锌、铜、铁、锰（Mn）、铬（Cr）、钴（Co）、钼（Mo）、钒（V）、镍（Ni）、锶（Sr）、锡（Sn），还有3种是非金属元素，它们是硼（B）、氟、碘。

微量元素约占人体质量的1%，虽然这些元素在人体的含量很少，但它们起着重要的作用。这些微量元素都有一定的适宜的浓度范围，高于或低于这个范围会引起疾病。一些微量元素对人体的影响见表7—3。

表7—3　　　　一些微量元素对人体的影响

微量元素	功能	对人体的影响		来源
		过多	缺少	
铁	储存和输送氧	青年智力发育缓慢、肝硬变、呕吐、恶心	缺铁性贫血、无力	肝、肉、蛋、绿叶蔬菜、水果等
铜	胶原蛋白、许多酶的重要成分	类风湿关节炎、肝硬化、精神病	低蛋白血症、贫血、心血管受损、冠心病	干果、葡萄干、葵花子、肝、茶等
锌	控制代谢酶的活性部位	头昏、呕吐、腹泻、皮肤病等	贫血、高血压、食欲不振、味觉差、伤口难愈合、早衰、发育迟缓成为侏儒等	肉、蛋、奶、谷物
锰	许多酶的活性部位	头痛、昏睡、精神病	软骨畸形、营养不良	干果、粗谷物、核桃、板栗、菇类
钴	维生素 B_{12} 核心	心脏病、红血球过多	贫血、心血管病	肝、瘦肉、奶、蛋、鱼
铬	铬（Ⅲ）离子使胰岛素发挥正常功能，调节血糖代谢	肺癌、鼻膜穿孔	糖尿病、糖代谢反常、动脉粥样硬化、心血管病	一切动、植物
钼	染色体有关酶的活性部位	肾结石、营养不良		豌豆、谷物、肝、酵母

知识拓展

金属的冶炼

我们日常生活所用的金属材料多为合金和纯金属。这需要从自然界中提取所用的金属，于是从矿石中提炼金属就成为最常用的方法。这就是常说的金属冶炼。

大多数金属矿石里含有杂质，如石英、石灰石等。从金属矿石中提炼金属一般需要经过三步工艺：第一步是矿石的富集，即除去杂质，提高矿石中有用成分的含量；第二步是冶炼，即利用氧化还原反应原理，在一定条件下，用还原剂把金属矿石中的金属离子还原成金属单质；第三步是精炼，即采用一定的方法，提纯金属。

实验九　碱金属和碱土金属及其化合物的性质

一、实验目的

1. 掌握钾、钠、镁单质的主要性质。
2. 了解过氧化钠的性质。

3. 了解镁、钙、钡的化合物生成及其溶解性。

二、实验用品

1. 仪器

镊子、小刀、坩埚、表面皿、试管、漏斗、烧杯、砂纸、滤纸、钴玻璃片、铂丝或镍丝等。

2. 药品

钾、钠、镁条、浓盐酸、氢氧化钠溶液（2 mol/L）、氯化镁溶液（0.5 mol/L）、氯化钙溶液（0.5 mol/L）、氯化钡溶液（0.5 mol/L）、碳酸钠溶液（0.5 mol/L）、硫酸钠溶液（0.5 mol/L）、氯化钠溶液（0.5 mol/L）、氯化钾溶液（0.5 mol/L）。

三、实验内容和步骤

1. 钠、钾的性质

（1）钠与氧气作用

用镊子夹取一小块钠，用滤纸吸干其表面的煤油，在表面皿上用小刀切下绿豆粒大小的一块钠，观察新断面的颜色变化。然后用镊子夹取切下的钠，立即放入坩埚中加热。当钠开始燃烧时，停止加热。观察火焰的焰色和产物的颜色、状态。写出化学方程式，产物可紧接着供下面的实验用。

（2）过氧化钠的性质

将上面实验中的反应产物转入干燥的试管中，加入少量水（反应会放热，需将试管放在冷水中）。如何检验试管口有氧气放出？加入2滴酚酞试液检验水溶液是否呈碱性，写出化学反应式。

（3）钠、钾与水的作用

分别取绿豆粒大小的金属钠和钾，用滤纸吸干表面的煤油，再分别放入盛有水并滴入几滴酚酞的小烧杯中，再用一个合适的漏斗倒扣在烧杯上。观察二者的反应现象有何不同。写出化学方程式并设法检验产生的气体是否是氢气。

2. 镁的性质

（1）镁在空气中燃烧

取一小段镁条，用砂纸擦去表面的氧化膜，用镊子夹住一端，点燃，观察燃烧情况和产物的颜色、状态。将燃烧产物收集于试管中，试验其在水中和在盐酸（2 mol/L）中的溶解情况。写出有关的化学方程式。

（2）镁与水的作用

取一小段镁条，用砂纸擦去表面氧化膜，放入试管中，加入少量冷水，观察反应是否发生。把试管加热至沸腾，观察镁条在沸水中的反应情况。写出化学反应方程式。

综合上面两个实验的结果，比较钠、钾和镁的活泼性。

3. 镁、钙、钡氢氧化物的生成和性质

取三支试管，分别加入0.5 mL氯化镁溶液（0.5 mol/L）、氯化钙溶液（0.5 mol/L）、氯化钡溶液（0.5 mol/L），再各加入1 mL氢氧化钠溶液（2 mol/L），观察产物的颜色和状态。根据三支试管中生成的沉淀的量，比较三种氢氧化物溶解度的相对大小。

4. 镁、钙、钡的难溶盐的生成和性质

（1）镁、钙、钡的碳酸盐的生成

取三支试管，分别加入0.5 mL氯化镁溶液（0.5 mol/L）、氯化钙溶液（0.5 mol/L）、氯化钡溶液（0.5 mol/L），再各加入0.5 mL碳酸钠溶液（0.5 mol/L），观察现象并写出化学方程式。

（2）镁、钙、钡的硫酸盐的生成

取三支试管，分别加入0.5 mL氯化镁溶液（0.5 mol/L）、氯化钙溶液（0.5 mol/L）、氯化钡溶液（0.5 mol/L），再各加入0.5 mL硫酸钠溶液（0.5 mol/L），观察产物的颜色和状态。并试验沉淀与浓硝酸的作用，比较三者溶解度的大小。

5. 焰色反应

将铂丝或镍丝顶端小圆环蘸上浓盐酸，在氧化焰中烧至近无色，然后分别蘸以氯化钾溶液（0.5 mol/L）、氯化钙溶液（0.5 mol/L）、氯化钡溶液（0.5 mol/L）、氯化钠溶液（0.5 mol/L）在氧化焰中灼烧，观察火焰颜色。观察钾盐颜色需借助于钴玻璃片。

想一想

1. 钠、钾为什么要保存在煤油中？若钠、钾不慎失火，应如何扑灭？
2. 过氧化钠与水作用的实验为什么必须在冷却条件下进行？
3. 尝试设计一个鉴别 Mg^{2+}、Ca^{2+} 的实验方案。
4. 制取镁、钙的氢氧化物时，为什么要使用新配制的氢氧化钠溶液？

实验十　铝、铜、铁、银及其重要化合物的性质

一、实验目的

1. 掌握铝与氢氧化铝的两性。
2. 了解铝与水的作用和铝盐的水解。
3. 了解 Cu^{2+}、Ag^{+} 与氢氧化钠、氨水、硫化氢的反应。
4. 掌握 Fe^{2+} 的还原性和 Fe^{3+} 的氧化性。
5. 了解 Fe^{3+} 离子的鉴定。

二、实验用品

1. 仪器

试管、胶头滴管、砂纸等。

2. 药品

铝片、盐酸（2 mol/L、6 mol/L）、氢氧化钠溶液（2 mol/L、6 mol/L）、硫酸铝溶液（2 mol/L）、氨水（6 mol/L）、硫酸铜溶液（0.1 mol/L）、硫酸（2 mol/L）、硝酸银溶液（0.1 mol/L）、硝酸（6 mol/L）、氯化钠溶液（0.1 mol/L）、饱和氢硫酸、高锰酸钾溶液（0.01 mol/L）、氯化铁溶液（0.1 mol/L）、碘化钾溶液（0.1 mol/L）、四氯化碳、$(NH_4)_2Fe(SO_4)_2 \cdot 6H_2O$ 晶体、硫氰化钾溶液（0.1 mol/L）。

三、实验内容和步骤

1. 铝的性质

（1）铝的两性

在两支试管中，各放入一小块用砂纸擦去表面的氧化膜后的铝片，然后分别加入 2 mL 盐酸溶液（2 mol/L）和氢氧化钠溶液（6 mol/L），观察现象，写出化学方程式。

（2）铝与水的作用

取一小块铝片，用砂纸擦去表面的氧化膜后放入试管中，加少量水，微热，观察现象，写出化学反应方程式。

（3）氢氧化铝的两性

在两支试管中，各加入 2 mL 硫酸铝溶液（2 mol/L），并逐滴加入氨水（6 mol/L），观察白色胶体沉淀的产生。然后在一支试管中滴加盐酸（2 mol/L），在另一支试管中滴加氢氧化钠溶液（2 mol/L），观察沉淀是否溶解，写出化学反应方程式。

2. 铜、银的性质

（1）Cu^{2+}、Ag^{+}与氢氧化钠的反应

1）取三支试管，均加入 1mL 硫酸铜溶液（0.1 mol/L），并滴加氢氧化钠溶液（2 mol/L），观察氢氧化铜沉淀的颜色，然后进行下列实验：

第一支试管中滴加硫酸（2 mol/L），观察现象，写出化学反应方程式。

第二支试管中加入过量的氢氧化钠溶液（6 mol/L），振荡试管，观察现象，写出化学反应方程式。

将第三支试管加热，观察现象，写出化学反应方程式。

2）取一支试管，在试管中加入 5 滴硝酸银溶液（0.1 mol/L），然后逐滴加入新配制的氢氧化钠溶液（2 mol/L），观察产物的状态和颜色，写出化学反应方程式。

（2）Cu^{2+}、Ag^{+}与氨水的反应

1）取一支试管，在试管中加入 1 mL 硫酸铜溶液（0.1 mol/L），逐滴加入氨水（6 mol/L），观察沉淀的产生。继续滴加氨水（6 mol/L）至沉淀溶解。写出化学反应方程式。将上述溶液分为两份。一份滴加氢氧化钠溶液（6 mol/L），另一份滴加硫酸（2 mol/L），观察沉淀重新生成。写出化学反应方程式。

2）取一支试管，在试管中加入 5 滴硝酸银溶液（0.1 mol/L），再滴加 5 滴氯化钠溶液（0.1 mol/L），观察白色沉淀的产生。然后滴加氨水（6 mol/L）至沉淀溶解。写出化学反应方程式。

3）取两支试管，分别加入 0.5 mL 硫酸铜溶液（0.1 mol/L）、硝酸银溶液(0.1 mol/L)，再各滴加饱和氢硫酸，观察它们反应后生成沉淀的颜色。然后依次试验这些沉淀与盐酸(6 mol/L)和硝酸（6 mol/L）作用的情况。

3. 铁的性质

（1）Fe^{2+}的还原性和Fe^{3+}的氧化性

1）取一支试管，在试管中加入 1 mL 高锰酸钾溶液（0.01 mol/L），再加入 1 mL 硫酸（2 mol/L）酸化，然后加入黄豆大小的 $(NH_4)_2Fe(SO_4)_2 \cdot 6H_2O$ 晶体，振荡试管，观察高锰酸钾溶液颜色的变化，写出化学反应方程式。

2）取一支试管，在试管中加入 1mL 氯化铁溶液（0.1 mol/L），滴加碘化钾溶液(0.1 mol/L)至红棕色，写出化学反应方程式。加入 5 滴四氯化碳，振荡试管，观察四氯化碳层碘的颜色。

（2）氢氧化铁的生成

取一支试管，在试管中加入 1 mL 氯化铁溶液（0.1 mol/L），滴加氢氧化钠溶液（2 mol/L），观察现象，写出化学反应方程式。

（3）Fe^{3+}的鉴定

取一支试管，在试管中加入 1 mL 氯化铁溶液（0.1 mol/L），滴加硫氰化钾溶液（0.1 mol/L），观察现象，写出化学反应方程式。

想一想

1. $Cu(OH)_2$和$Al(OH)_3$的两性有何差别？
2. Ag^+与 NaOH 溶液反应的产物为什么不是氢氧化物？
3. Cu^{2+}、Ag^+与 $NH_3 \cdot H_2O$ 反应有何异同？
4. 由实验总结 Fe^{2+}的还原性和 Fe^{3+}的氧化性。
5. 如何检验 Fe^{2+}和 Fe^{3+}？

实验十一　粗硫酸铜的提纯

一、实验目的

1. 掌握称量、溶解、过滤、蒸发、结晶和干燥的基本操作。
2. 掌握重结晶技术提纯固体物质的方法。

二、实验用品

1. 仪器

台秤、研钵、漏斗和漏斗架、抽滤装置、烧杯、蒸发皿、滤纸、pH 精密试纸等。

2. 药品

粗硫酸铜、H_2SO_4（1 mol/L）、NaOH（0.5 mol/L）、3% H_2O_2（质量分数）、蒸馏水。

三、实验内容和步骤

1. 称量和溶解

用台秤称取已研磨的粗硫酸铜 5 g，放入 100 mL 洁净烧杯中，加入 20 mL 水，边搅拌边加热溶解，直至晶体完全溶解，停止加热。

2. 氧化和沉淀

粗硫酸铜晶体中含有不溶性杂质和 $FeSO_4$、$Fe_2(SO_4)_3$ 等。不溶性杂质可过滤除去，而可溶性杂质如 $FeSO_4$ 可用 H_2O_2 氧化成 $Fe_2(SO_4)_3$。然后调节溶液 pH 值，使 Fe^{3+}水解成 $Fe(OH)_3$沉淀而除去。

往溶液中滴加 1 mL 质量分数为 3% 的 H_2O_2溶液，加热片刻（若无小气泡产生，即可认为 H_2O_2分解完全），边搅拌边滴加 0.5 mol/L 的 NaOH 溶液，直至溶液的 pH≈4，再加热片刻，使 $Fe(OH)_3$加速沉淀。停止加热，静置，待 $Fe(OH)_3$沉淀沉降。

注意

千万不要用玻璃棒去搅动！

3. 过滤

将上层清液先过滤，下面用蒸发皿承接。待清液滤完后再逐步倒入悬浊液过滤，过滤接近完时，用少量蒸馏水洗涤烧杯，洗涤液倒入漏斗中过滤，待全部滤完后，弃去滤渣，投入废液缸中。

4. 蒸发浓缩和结晶

将蒸发皿中的滤液用1 mol/L的 H_2SO_4 调至pH为1～2（约3滴1 mol/L的 H_2SO_4）后，移到小火上（也可加一石棉网）加热蒸发浓缩（勿加热过猛，以免液体飞溅而损失），直至溶液表面刚出现薄层结晶时，立即停止加热，让其自然冷却到室温（勿要用水冷），慢慢地析出 $CuSO_4 \cdot 5H_2O$ 晶体。

5. 干燥

将晶体与母液转入已装好滤纸的布氏漏斗中进行抽滤。用玻璃棒将晶体均匀地铺满滤纸，并轻轻地压紧晶体，尽可能除去晶体间夹带的母液，然后用小滤纸轻轻压在晶体层表面，吸去表层晶体上吸附的母液。取出晶体，摊在滤纸上，再覆盖一张滤纸，用手指轻轻挤压，吸干其中的剩余母液。最后将吸干的晶体称重，计算产率：

$$m\% = \frac{m_1}{m} \times 100\%$$

m_1——晶体的质量，g；

m——粗硫酸铜的质量，g。

四、注意事项

1. 粗硫酸铜晶体要充分溶解
2. pH值的调整
3. 倾泻法过滤操作的要领
4. 浓缩、结晶程度的掌握
5. 抽滤操作

五、思考题

1. 粗硫酸铜中杂质 Fe^{2+} 为什么要氧化为 Fe^{3+} 除去？
2. 除去 Fe^{3+} 时，为什么要调节pH值为4左右？pH值太大或太小有什么影响？
3. 结晶时滤液为什么不可蒸干？

本章小结

一、碱金属

1. 碱金属元素的相似性和递变性

元素名称	元素符号	颜色	状态	密度	熔点	沸点
锂	Li	银白色	质地柔软	逐渐增大，但钾反常	逐渐减小	逐渐减小
钠	Na					
钾	K					
铷	Rb					
铯	Cs	金色				

2．碱金属的化学性质

		Li	Na	K	Rb	Cs
与 O_2 反应	反应程度	不如钠剧烈	点燃剧烈燃烧	比钠剧烈	遇空气即燃烧	遇空气即燃烧
	产物	Li_2O	Na_2O_2	更复杂的氧化物	更复杂的氧化物	更复杂的氧化物
与 H_2O 反应	反应程度	不如钠反应剧烈	剧烈	燃烧，轻微爆炸	遇水燃烧，爆炸	遇水燃烧，爆炸
	通式	$2M+2H_2O=\!=\!=2MOH+H_2\uparrow$				
结论		相似性：化学性质活泼，有强还原性 $\longrightarrow$ 差异性：金属性、还原性逐渐增强				

3．碱土金属

碱土金属原子要失去一个电子比相应碱金属难，碱土金属的原子半径，从上至下依次增大，金属活泼性也从上至下依次增强。

二、钠及其化合物

1．钠的性质

银白轻低软，传导热和电；遇氧产物变，遇氯生白烟；浮熔游鸣红，遇水记五点；遇酸酸优先，遇盐水在前。

2．氧化钠和过氧化钠的比较

比较内容	Na_2O	Na_2O_2
颜色、状态	白色固体	淡黄色固体
氧的化合价	－2 价	－1 价（过氧离子 O_2^{2-}）
稳定性	较不稳定	较稳定
生成条件	通过钠的常温氧化生成	通过钠的燃烧生成
物质类别	碱性氧化物	过氧化物（不是碱性氧化物）
与水反应	$Na_2O+H_2O=\!=\!=2NaOH$	$2Na_2O_2+2H_2O=\!=\!=4NaOH+O_2\uparrow$
与 CO_2 反应	$Na_2O+CO_2=\!=\!=Na_2CO_3$	$2Na_2O_2+2CO_2=\!=\!=2Na_2CO_3+O_2$
与盐酸反应	$Na_2O+2HCl=\!=\!=2NaCl+H_2O$	$2Na_2O_2+4HCl=\!=\!=4NaCl+2H_2O+O_2\uparrow$
用途	用于少量 Na_2O_2 制取	强氧化剂、漂白剂、供氧剂
保存	密封保存	密封保存

3．碳酸钠与碳酸氢钠的比较

化学式	Na_2CO_3	$Na_2CO_3\cdot 10H_2O$	$NaHCO_3$
俗名	纯碱、苏打	—	小苏打
溶解性	易溶于水		易溶于水（溶解度较 Na_2CO_3 小）
色态	白色粉末	无色晶体	细小白色晶体

续表

热稳定性	稳定	易失水、风化	$2NaHCO_3 \xlongequal{\triangle} Na_2CO_3 + H_2O + CO_2\uparrow$
H^+（酸）	$CO_3^{2-} + 2H^+ = CO_2\uparrow + H_2O$ 较快，分步进行		$HCO_3^- + H^+ \xlongequal{} CO_2\uparrow + H_2O$　剧烈
NaOH	不反应		$HCO_3^- + OH^- \xlongequal{} CO_3^{2-} + H_2O$
石灰水 $Ca(OH)_2$	$CO_3^{2-} + Ca^{2+} \xlongequal{} CaCO_3\downarrow$		石灰水足量： $HCO_3^- + Ca^{2+} + OH^- \xlongequal{} CaCO_3\downarrow + H_2O$ 石灰水不足： $2HCO_3^- + Ca^{2+} + 2OH^- \xlongequal{}$ $CaCO_3\downarrow + 2H_2O + CO_3^{2-}$
$BaCl_2$	$CO_3^{2-} + Ba^{2+} \xlongequal{} BaCO_3\downarrow$		不反应（若再加 NaOH，则有沉淀）
CO_2	$Na_2CO_3 + CO_2 + H_2O \xlongequal{} 2NaHCO_3$		不反应
用途	用于玻璃、肥皂、造纸、 纺织等工业，洗涤		发酵剂、灭火器，医疗上用于治疗胃酸过多
转化	$Na_2CO_3 \underset{(1)\ 固体：加热\quad (2)\ 溶液：NaOH}{\overset{CO_2 + H_2O}{\rightleftharpoons}} NaHCO_3$		

三、镁、钙、钡、铝

1. 单质性质

1. 跟 O_2 及其他非金属反应	$2Mg + O_2 \xlongequal{点燃} 2MgO$ $3Mg + N_2 \xlongequal{点燃} Mg_3N_2$	$4Al + 3O_2 \xlongequal{点燃} 2Al_2O_3$ $2Al + 3S \xlongequal{\triangle} Al_2S_3$
2. 跟某些氧化物反应	$2Mg + CO_2 \xlongequal{点燃} 2MgO + C$	$2Al + Fe_2O_3 \xlongequal{高温} 2Fe + Al_2O_3$ （铝热反应）
3. 跟水反应	$Mg + 2H_2O \xlongequal{\triangle} Mg(OH)_2 + H_2\uparrow$ （冷水慢，沸水快）	很难反应
4. 跟酸反应	$Mg + 2H^+ \xlongequal{} Mg^{2+} + H_2\uparrow$	$2Al + 6H^+ \xlongequal{} 2Al^{3+} + 3H_2\uparrow$ （在浓 H_2SO_4、浓 HNO_3 是钝化）
5. 跟碱反应	不反应	$2Al + 2NaOH + 2H_2O \xlongequal{}$ $2NaAlO_2 + 3H_2\uparrow$

钡是碱土金属中化学性质最活泼的金属。钙是比镁还要活泼的金属，在空气迅速被氧化，需要密闭保存。加热时钙能和大多数非金属直接化合，钙和冷水能迅速反应，和酸的反应更为剧烈。

2．镁、钙和铝的氧化物的比较

		氧化镁	氧化钙	氧化铝
物理性质		白色粉末、熔点高	白色固体、熔点高	白色固体、熔点高
化学性质	1．跟水反应	$MgO+H_2O=Mg(OH)_2$（反应缓慢进行）	$CaO+H_2O=Ca(OH)_2$（反应容易进行，放出大量热）	不反应
	2．跟酸反应	$MgO+2H^+=Mg^{2+}+H_2O$	$CaO+2H^+=Ca^{2+}+H_2O$	Al_2O^{3+} $6H^+=2Al^{3+}+3H_2O$
	3．跟碱反应	不反应		$Al_2O_3+2OH^-=2AlO_2^-+H_2O$
物质类别		碱性氧化物		两性氧化物

3．镁和铝的氢氧化物的比较

		$Mg(OH)_2$	$Al(OH)_3$
物理性质		白色粉末，难溶于水	白色固体，难溶于水
化学性质	跟酸反应	$Mg(OH)_2+2H^+=Mg^{2+}+2H_2O$（可溶于 NH_4Cl 等强酸弱碱盐）	$Al(OH)_3+3H^+=Al^{3+}+3H_2O$
	跟碱反应	不反应	$Al(OH)_3+OH^-=AlO_2^-+2H_2O$
	受热分解	$Mg(OH)_2 \overset{\triangle}{=} MgO+H_2O$	$2Al(OH)_3 \overset{\triangle}{=} Al_2O_3+3H_2O$
制法		可溶性镁盐加 NaOH 溶液	可溶性铝盐加氨水
物质类别		中强碱	两性氢氧化物

4．铝及其化合物的转化

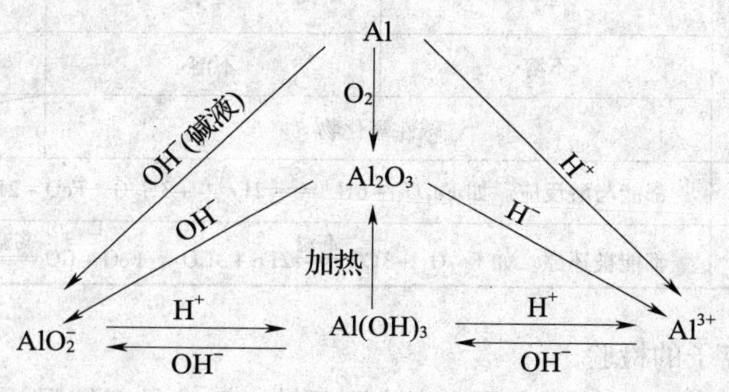

四、铜和银及其重要化合物

1. 铜可形成氧化数为 +1 价和 +2 价的化合物，Cu^{2+} 化合物较为常见。氯化亚铜、硫酸铜和氯化铜是铜盐的重要化合物，铜的两种不同氧化数的物质在一定条件下可以相互转化。

2. 可溶性银盐与强碱作用得到氧化银，硝酸银是最重要的可溶性银盐，其固体受热分解，水溶液具有氧化性。卤化银见光易分解。卤化银中只有氟化银易溶。

五、铁及其化合物

1. 铁的性质

项目 \ 铁与反应物	在潮湿空气中	在纯氧中	铁与盐酸、稀硫酸	铁与硫酸铜溶液
反应条件	常温	点燃	常温	常温
反应现象	铁表面附着了一层红褐色物质	剧烈燃烧，火星四射，产生大量的热。生成黑色物质	有气泡冒出，溶液变成了浅绿色	铁表面覆盖了红色的物质，最后溶液变成了浅绿色
结论及化学方程式	铁锈（红褐色）$4Fe+3O_2 = 2Fe_2O_3$	$3Fe+2O_2 \xlongequal{点燃} Fe_3O_4$	$Fe+2HCl = FeCl_2+H_2\uparrow$ $Fe+H_2SO_4 = FeSO_4+H_2\uparrow$	$Fe+CuSO_4 = FeSO_4+Cu$
基本类型	氧化	化合	置换	置换

2. 铁的氧化物

名称		氧化亚铁	氧化铁	四氧化三铁
俗称		—	铁红	磁性氧化铁
化学式		FeO	Fe_2O_3	Fe_3O_4
色态		黑色粉末	红棕色粉末	黑色晶体
化合价		+2	+3	+2，+3
水溶性		不溶	不溶	不溶
类型		碱性氧化物		
共性	与酸	都能与酸反应。如 $Fe_2O_3+6H^+ = 2Fe^{3+}+3H_2O$，$FeO+2H^+ = Fe^{2+}+H_2O$		
	与还原剂	都能被还原。如 $Fe_2O_3+3CO \xlongequal{高温} 2Fe+3CO_2$，$FeO+CO \xlongequal{高温} Fe+CO_2$		

3. Fe^{2+} 和 Fe^{3+} 离子的检验

Fe^{2+} 既有氧化性又有还原性，主要表现为还原性；Fe^{3+} 具有较强的氧化性。

<table>
<tr><th colspan="2">鉴别方法</th><th>Fe^{2+}</th><th>Fe^{3+}</th></tr>
<tr><td colspan="2">直接观色</td><td>浅绿色</td><td>棕黄色</td></tr>
<tr><td rowspan="2">利用显色反应</td><td>与 KSCN</td><td>不显红色</td><td>血红色</td></tr>
<tr><td>与苯酚</td><td>不显紫色</td><td>显紫色</td></tr>
<tr><td rowspan="2">利用 Fe^{3+} 的氧化性</td><td>与铜片</td><td>无明显现象</td><td>Cu 被腐蚀溶液变绿色</td></tr>
<tr><td>与淀粉 KI 试纸</td><td>试纸不变蓝</td><td>试纸变蓝色</td></tr>
<tr><td colspan="2">利用沉淀反应与 OH^- 作用</td><td>白色沉淀迅速变灰绿色最后呈红褐色</td><td>立即产生红褐色沉淀</td></tr>
</table>

4．铁三角

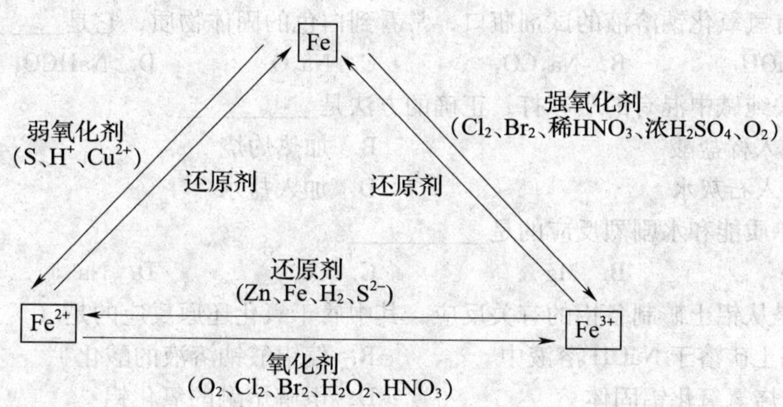

自我检测

一、填空题

1．黑色金属是指＿＿＿＿＿＿；有色金属是指＿＿＿＿＿＿；轻金属是指＿＿＿＿＿＿；重金属是指＿＿＿＿＿＿。

2．Na_2O_2在潜水艇中做供氧剂是因为它和二氧化碳发生反应：＿＿＿＿＿＿。

3．＿＿＿＿＿＿用于制造蓝黑墨水。

4．无线电工业上，常利用 $FeCl_3$ 溶液来刻蚀铜制造印刷电路板，其化学反应式为＿＿＿＿＿＿。

5．黄铜是＿＿＿＿＿＿合金。

6．实验室盛氢氧化钠的试剂瓶，要用橡皮塞而不用玻璃塞，这是因为＿＿＿＿＿＿。

7．热水瓶用久以后，瓶底会有一层污垢，这是因为＿＿＿＿＿＿。

8．含有较多的 Ca^{2+}、Mg^{2+} 的水叫＿＿＿。含有钙、镁的酸式碳酸盐的水叫做＿＿＿＿＿，这种水用＿＿＿＿＿＿的方法能将钙、镁离子除去。含有钙、镁的氯化物或硫酸盐的水叫______________。

9. 苏打的化学式__________；小苏打的化学式______________；石膏的化学式______________；苦土的化学式__________；生石灰的化学式__________；胆矾的化学式______________；明矾的化学式______________。

10. 金属的冶炼是______________________的化学过程，其本质是发生了______________________反应。

二、选择题

1. 下列关于金属钠的叙述，错误的是__________。

A. 钠与水作用生成氢气，同时生成氢氧化钠

B. 少量的钠通常储存在煤油里

C. 在自然界中，钠可以单质的形式存在

D. 金属钠的熔点低、密度小、硬度小

2. 在盛有氢氧化钠溶液的试剂瓶口，常看到白色的固体物质，它是__________。

A. NaOH　　B. Na_2CO_3　　C. Na_2O　　D. $NaHCO_3$

3. 要除去纯碱中混有的小苏打，正确的方法是__________。

A. 加入稀盐酸　　B. 加热灼烧

C. 加入石灰水　　D. 加入盐水

4. 下列单质能和水剧烈反应的是__________。

A. Fe　　B. Mg　　C. Cu　　D. Na

5. 下列是从铝土矿制备铝的有关反应，其中属于氧化还原反应的是（　　）。

A. 铝土矿溶于 NaOH 溶液中　　B. 偏铝酸钠溶液的酸化

C. 灼烧氢氧化铝固体　　D. 电解熔融的氧化铝

6. 在定向爆破中，应同时熔化钢筋和炸碎水泥，除选用一定量的炸药外，还可采用的方法__________。

A. 乙炔火焰　　B. 铝热反应　　C. 液氧　　D. 电弧

7. 氧化镁常用来制耐火材料，这是利用氧化镁__________的性质。

A. 是碱性氧化物　　B. 与水化合成碱

C. 高熔点　　D. 不易分解

8. ag 铝粉与足量稀盐酸反应，bg 铝粉与足量氢氧化钠溶液反应，在相同条件下，两者产生气体体积相同，a 与 b 的关系是__________。

A. $a>b$　　B. $a=b$　　C. $a<b$　　D. 不能确定

9. 下列各图中，横坐标为某溶液中加入某物质，纵坐标为生成的沉淀量，从 A—E 中选择恰当的序号填入下表：

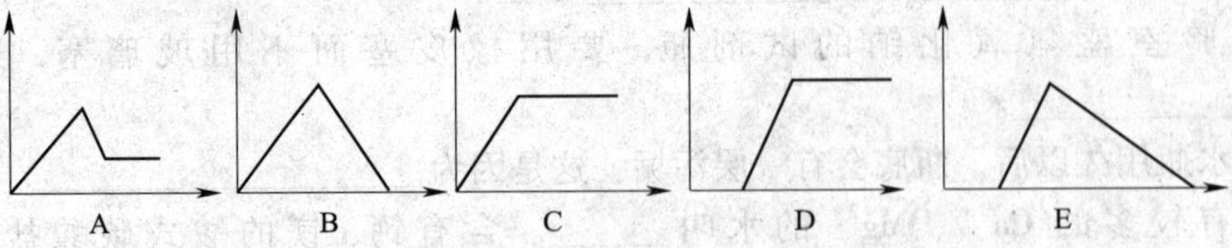

A　　B　　C　　D　　E

溶液	加入的物质	答案序号
饱和石灰水	通入 CO_2 至过量	
$AlCl_3$ 溶液	滴加氨水至过量	
含少量 NaOH 的 $NaAlO_2$ 溶液	通入 CO_2 至过量	
含少量 NaOH 的 $NaAlO_2$ 溶液	滴加稀盐酸至过量	
$MgCl_2$、$AlCl_3$ 混合液	滴加 NaOH 溶液至过量	

10. 下列说法正确的是__________。

A. 发酵粉中主要含有氢氧化钠，能使焙制出的糕点疏松多孔

B. 碘盐中的碘可以直接用淀粉检验

C. 碳酸氢钠可用于治疗胃酸过多

D. 硫酸氢钠属于盐类，其水溶液显中性

11. 关于碱金属的描述中正确的是__________。

A. 熔、沸点从 Li 到 Cs 逐渐增大

B. 密度都小于水且逐渐增大

C. 原子半径逐渐增大

D. 都可以保存在煤油中

12. 将金属钠投入到氯化铜溶液中，产物是__________。

A. NaOH 和 H_2　　B. Cu（OH）$_2$、NaCl、H_2

C. Cu、NaCl　　D. HCl、Cu（OH）$_2$、NaCl

13. 下列离子组中，能大量共存的是__________。

A. Na^+、NH_4^+、Cl^-、OH^-　　B. H^+、Fe^{3+}、SO_4^{2-}、NO_3^-

C. Cu^{2+}、Ba^{2+}、Cl^-、SO_4^{2-}　　D. Na^+、Mg^{2+}、OH^-、HCO_3^-

14. 下列关于钙的叙述不正确的是__________。

A. 金属钙应密封保存

B. 钙燃烧时火焰呈砖红色

C. 将金属钾投入氯化钙的水溶液中可制备金属钙

D. 钙比镁的性质活泼

15. 下列用途体现了铝的哪些性质？

①电力上用做电缆导线__________。②日常生活中用铝制品作炊具__________。

③制成薄铝箔包装香烟、糖果、食品、易拉罐等__________。

④Mg、Al 合金用于汽车、飞机制造__________。

A. 密度小　B. 导电性好　C. 导热性好　D. 延展性好

16. 铝在人体内积累可使人慢性中毒，1989 年世界卫生组织正式将铝确定为“食品污染源之一”而加以控制，铝在下列哪些场合使用须加以控制__________。

①糖果和香烟的包装　②电线电缆　③牙膏皮　④Al（OH）$_3$胶囊（作内服药）　⑤用明矾净水　⑥用明矾和苏打的混合物作食品的膨胀剂　⑦制造炊具和餐具　⑧制防锈漆

A. ②③④⑤⑥　B. ①③④⑤⑥⑦　C. ②③⑤⑦⑧　D. 全部

三、问答题

1. 镁的化学性质相当活泼，但为什么能在空气中保存？

2. 如何鉴别纯碱、烧碱和小苏打？

3. 有五瓶分别含有 Mg^{2+}、Fe^{2+}、Fe^{3+}、Zn^{2+} 和 Cu^{2+} 离子的溶液，请用最简便的方法予以区别。

4. 生活中很多人用钢丝球刷铝锅，这种方法妥当吗？为什么？

5. 澄清的石灰水和纯碱溶液能进行反应吗？如果可以请写出化学反应式。

6. 生石灰为什么可以做干燥剂？它能用来干燥 NH_3、H_2、Cl_2、CO_2、HCl 中的哪种气体？写出有关的化学方程式。

7. 可否用铁桶盛放硫酸铜溶液？

8. 某课外活动小组做如下实验：往一铝制易拉罐内充满 CO_2，然后往罐内注入足量的 NaOH 溶液，立即用胶布严封罐口，过一段时间后，发现罐内凹而瘪，再过一段时间后，瘪了的罐壁重新鼓起，试解释：

（1）罐壁内凹而瘪的原因是__________，反应的化学方程式为__________________。罐壁再鼓起的原因是__________________，有关化学方程式为________________。

（2）如果用金属薄铁制易拉罐做上述实验，出现的结果是____________。

四、计算题

1. 100 g Na_2O_2与 CO_2反应，在标准状况下，能收集到 O_2多少升？

2. 将 11.26 g 小苏打和纯碱晶体（$Na_2CO_3 \cdot 10H_2O$）的混合物加热充分反应后，残留固体溶于水，配制成 100 g 溶液，所得 Na_2CO_3溶液中 Na_2CO_3的质量分数为 6.36%。求：

（1）原混合物中含小苏打及纯碱晶体的质量各是多少？

（2）若加热原混合物将失重多少克？

五、趣味实验：自制汽水

1. 准备汽水瓶、2 g 小苏打、2 g 柠檬酸、糖水、冷开水并根据口味选择香精。

2. 在瓶中加入糖水、小苏打、香精、冷开水至瓶子体积的 4/5。

3. 加入柠檬酸后迅速拧紧瓶盖，并充分混匀，待反应完成后即可饮用，想一想为什么？

下篇 有机物基础知识

第八章 重要的烃

教学要求

1. 理解有机化合物的定义、性质特点，掌握有机化合物的结构特点。
2. 掌握烷烃、烯烃、炔烃、脂环烃、芳香烃代表物的结构特征和主要的物理化学性质。
3. 掌握烷烃、烯烃、炔烃、环烷烃、芳香烃的定义、通式、命名方法及主要化学性质。
4. 了解甲烷、乙烯、乙炔的实验室制法。

第一节 有机化合物的定义、性质特点和结构特点

一、有机化合物的定义

有机化合物与人类的关系非常密切，在人们的衣、食、住、行、医疗保健、工农业生产、能源、材料、科学技术等领域都起着重要作用。

19 世纪以前，由于那时的有机化合物都是从动植物中取得的，人们认为一切有机物只能来源于有生命的动植物体中，所以，人们把来源于动植物体有机体的这类化合物称为有机化合物（简称有机物）。后来，人们逐步能利用从非生物体内取得的物质合成有机物，如合成尿素、醋酸、柠檬酸等。如今，人们不但能合成出自然界里已有的许多有机物，而且还能合成出自然界里原来没有的数量众多、性能良好的有机物，如合成树脂、合成橡胶、合成纤维、合成药物、合成染料、功能材料等。因此，“有机化合物”这个名称已经在历史的原意上有了很大发展，只是因为习用已久，所以一直沿用至今。

人们研究发现，不论是来自生物体的还是来自人工合成的有机化合物都含有碳元素。所以，把含碳元素的化合物叫做有机化合物。但是，像一氧化碳、二氧化碳、碳酸、碳酸盐、碳化物（CaC_2、SiC 等）、氰化物等少数物质，虽然含有碳元素，但由于它们的结构和性质与无机化合物相似，所以还是把它们归属在无机化合物里。随着科学研究的深入，人们发现有机物除含碳元素外，大都含有氢元素，还有许多有机物含有氧、氮、硫、磷、卤素等元素。所以有机化合物是指碳氢化合物及其衍生物。

二、有机化合物的结构特点

碳是有机化合物最基本的元素。要认识有机化合物的结构特点，必须了解碳原子的特

征。碳原子最外电子层有 4 个电子，在化学反应中，不易失去电子形成阳离子，也不易得到电子形成阴离子，通常是以共价键与其他原子相结合。每个碳原子不仅能与其他原子形成 4 个共价键，而且碳原子与碳原子之间也能相互形成共价键，不仅可以形成单键，也可以形成双键或三键；多个碳原子可以相互结合形成长短不同的碳链，也可以形成大小不等的碳环结构，如图 8—1 所示。

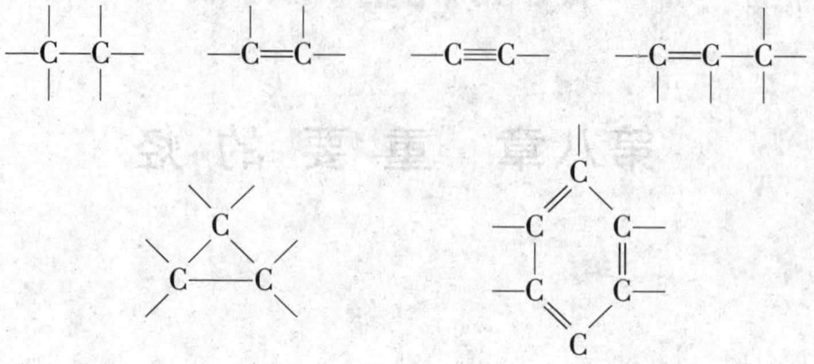

$$-\overset{|}{\underset{|}{C}}-\overset{|}{\underset{|}{C}}- \qquad -\overset{|}{C}=\overset{|}{C}- \qquad -C\equiv C- \qquad -\underset{|}{C}=\underset{|}{C}-\overset{|}{\underset{|}{C}}-$$

图 8—1　碳原子相互结合的几种方式

因此一个有机物的分子中可能只含一个碳原子，也可能含有几千甚至上万个碳原子；而含有相同原子种类和数目的分子又可能具有不同的结构。这就是有机化合物的结构特点。

有机化合物的结构特点决定了有机物种类和数目繁多。目前，无机物只有十几万种，而从自然界发现的和人工合成的有机物已超过三千万种，而且该数目还在不断地增加。

三、有机化合物的性质特点

有机化合物的物理性质和化学性质特点与其结构密切相关。一般来说，有机化合物与无机化合物相比较，在性质上具有以下主要特点。

1. 难溶于水而易溶于有机溶剂

多数有机化合物难溶于水，易溶于酒精、汽油、苯、乙醚等有机溶剂中。而大多数无机化合物则易溶于水，难溶于有机溶剂。

由于大多数有机化合物分子里的碳原子与其他原子以共价键相结合，分子的极性很弱或没有极性，根据“相似相溶”的经验规律，它们易溶于极性弱或非极性的有机溶剂中，难溶于强极性的水中。而大多数无机化合物是极性的，所以一般能溶于水，难溶于有机溶剂中。

2. 容易燃烧

绝大多数有机化合物受热时不稳定，容易分解，也容易燃烧。如蔗糖、淀粉、纤维、油脂、汽油、酒精等遇火就会发烟、碳化、燃烧。而无机化合物一般不易或不能燃烧。

有机化合物的易燃性与它含有碳和氢元素有关。

3. 熔点和沸点较低

有机化合物液体的沸点最高在 350℃左右，固体的熔点在 400℃以下。而多数无机化合物的熔点、沸点则比较高，如氯化钠晶体的熔点为 801℃，沸点为 1 413℃。

由于有机化合物分子聚集时形成的晶体大多数是分子晶体，分子间以微弱的分子间作用力相互结合，破坏这种力需要的能量较少，所以有机化合物的熔点、沸点低。而无机化合物许多是以离子键结合的，并形成离子晶体，离子键的键能比较大，要破坏它则需要较大的能量，所以无机化合物的熔点、沸点一般较高。

4．不易导电

绝大多数有机化合物不容易发生电离，是非电解质，所以不易导电。而大多数无机化合物是电解质，在水溶液中或熔化状态下能电离出自由移动的离子，因而能导电。

5．反应速率慢，常有副反应发生

有机化合物所进行的化学反应叫有机反应。有机反应一般来说都是分子之间的反应，其反应速率决定于分子之间不规则的碰撞而使分子中的某个共价键断裂，这种分子碰撞频率与反应过程通常比较慢，所以多数有机反应速度缓慢，往往需要几小时或几天甚至更长的时间才能完成。

又由于有机物分子是复杂分子，分子中键的断裂可以发生在不同的位置，故有机反应还常伴有副反应发生，反应产物也比较复杂。而无机反应往往是离子反应，反应的发生是依靠离子间的静电引力，结合比较迅速，所以反应速率快。例如酸碱中和反应、卤素离子和银离子生成卤化银沉淀的反应等，都可在瞬间完成。

以上列举的只是有机化合物的一般特性，严格来讲，有机化合物和无机化合物在性质上的区别仅仅是相对的，并不是绝对的。例如，少数有机化合物易溶于水（如酒精、乙酸、蔗糖等）；某些有机化合物（如四氯化碳）非但不能燃烧，反而可用做灭火剂；有些有机反应速率很快，甚至进行爆炸式的反应（如TNT炸药的爆炸）。因此，在了解有机化合物的共同特性时，还应当高度重视它们的个性。

知识拓展

有机化合物的分类

有机化合物常用的分类方法有两种：一种是按有机化合物的碳架分类；另一种是按官能团分类。官能团是决定化合物主要性质的原子或原子团。

一、按碳的骨架分类

1．开链化合物

这类化合物分子中，碳原子间连接成链状。由于这类化合物最初是从脂肪中获得的，所以又叫脂肪族化合物。例如：

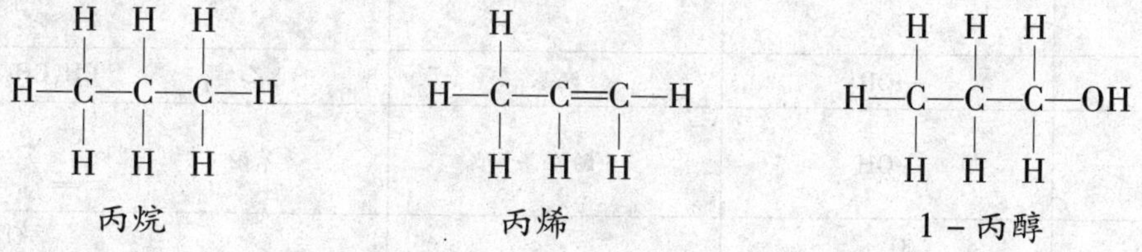

2．碳环化合物

这类化合物的结构特征是碳原子间互相连接成环状。按性质不同，它们又分为两类：

（1）脂环族化合物

这是分子中的碳原子连接成环状，性质与脂肪族相似的一类化合物。例如：

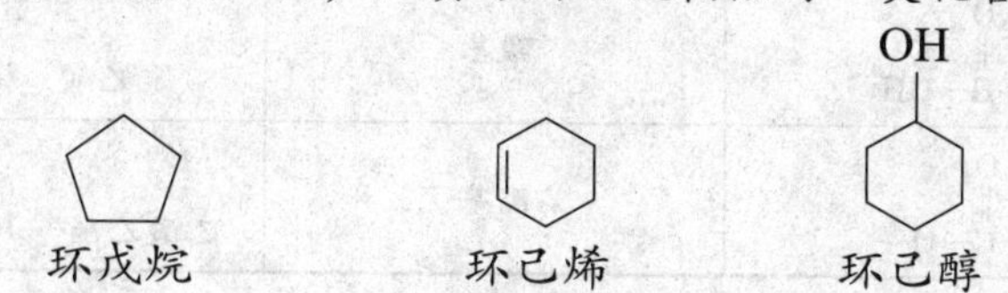

(2) 芳香族化合物

这类化合物中都含有由六个碳原子组成的苯环，它们的性质与脂环族化合物不相同。由于这类化合物最初是由从具有芳香味的有机物中发现的，所以叫做芳香族化合物。例如：

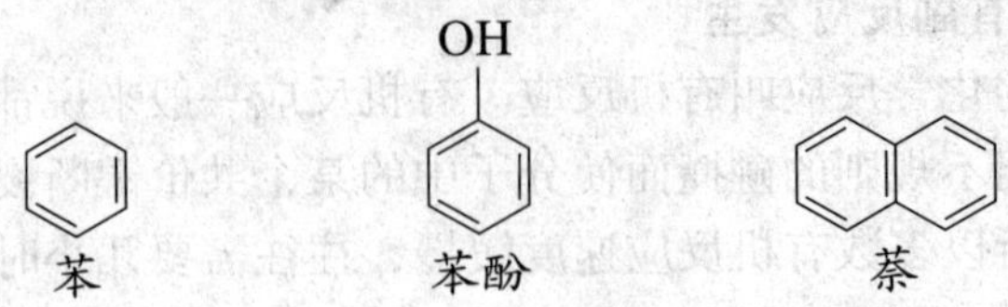

3. 杂环化合物

这类化合物的结构特征是碳原子与其他原子（氧、氮、硫等）共同组成的环状结构。例如：

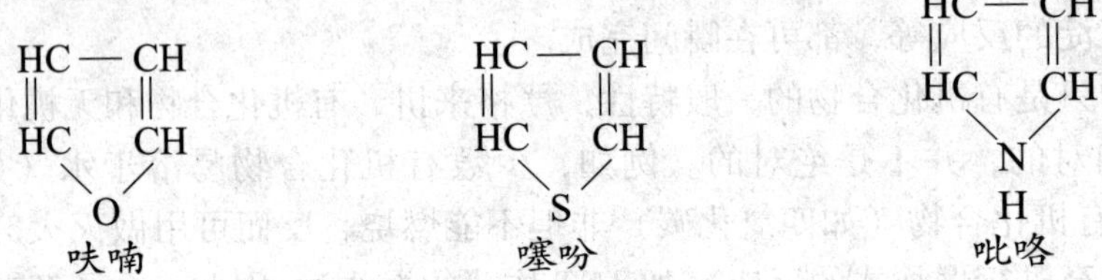

二、按官能团分类

（常见有机物的类别）和官能团见表 8—1。

表 8—1　　常见有机物的类别和官能团

类别	官能团：结构	官能团：名称	典型代表物的名称和结构简式
烷烃	—	—	甲烷　CH_4
烯烃	$\rangle C=C\langle$	碳碳双键	乙烯　$CH_2=CH_2$
炔烃	$-C\equiv C-$	碳碳三键	乙炔　$CH\equiv CH$
芳香烃	—	—	苯
醇	$-OH$	羟基	乙醇　CH_3CH_2OH
酚	$-OH$	酚羟基	苯酚
醛	$-\overset{O}{\overset{\|}{C}}-H$	醛基	乙醛　$H_3C-\overset{O}{\overset{\|}{C}}-H$
酮	$-\overset{O}{\overset{\|}{C}}-$	酮基（羰基）	丙酮　$H_3C-\overset{O}{\overset{\|}{C}}-CH_3$
羧酸	$-\overset{O}{\overset{\|}{C}}-OH$	羧基	乙酸　$H_3C-\overset{O}{\overset{\|}{C}}-OH$
酯	$-\overset{O}{\overset{\|}{C}}-O-$	酯基	乙酸乙酯　$H_3C-\overset{O}{\overset{\|}{C}}-O-C_2H_5$

想一想

1. 什么是有机物？列举出4种在生活中经常使用的有机物。

2. 有机化合物种类繁多的原因是什么？

3. 有机化合物与无机化合物相比较，在性质上具有哪些主要特点？

第二节　甲烷、烷烃

在有机化合物中，仅由碳、氢两种元素组成的物质称为碳氢化合物，简称为烃。本章将学习各类重要的烃。甲烷是烃类里分子组成最简单的物质。

一、甲烷

1. 甲烷的结构

甲烷的分子式是 CH_4。甲烷分子中，碳原子最外电子层有4个电子，氢原子最外电子层有1个电子，1个碳原子能与4个氢原子形成4个共价键。甲烷的电子式和结构式可表示如下：

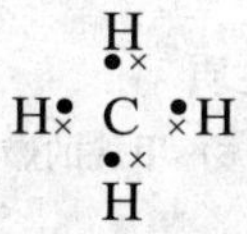

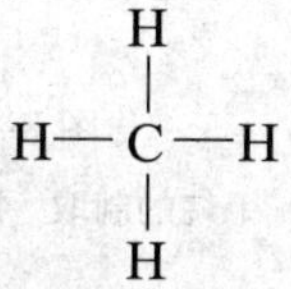

$$\begin{array}{ccc} & H & \\ & \bullet\times & \\ H\overset{\bullet}{\times} & C & \overset{\bullet}{\times}H \\ & \bullet\times & \\ & H & \end{array} \qquad \begin{array}{ccc} & H & \\ & | & \\ H— & C & —H \\ & | & \\ & H & \end{array}$$

实验证明，甲烷分子中的四个共价键不在同一个平面上，整个分子呈正四面体结构，碳原子位于正四面体的中心，4个氢原子分别位于正四面体的四个顶点上。碳原子的4个价键之间的夹角（键角）彼此相等，都是109°28′，4个碳氢键的键长相等，都是 1.09×10^{-10} m。C—H 键的键能是413 kJ/mol。甲烷分子结构如图8—2所示，它可以表示分子里各原子的相对位置。为了形象地表示甲烷的立体结构，还可以用分子模型表示，如图8—3所示为甲烷的分子模型。

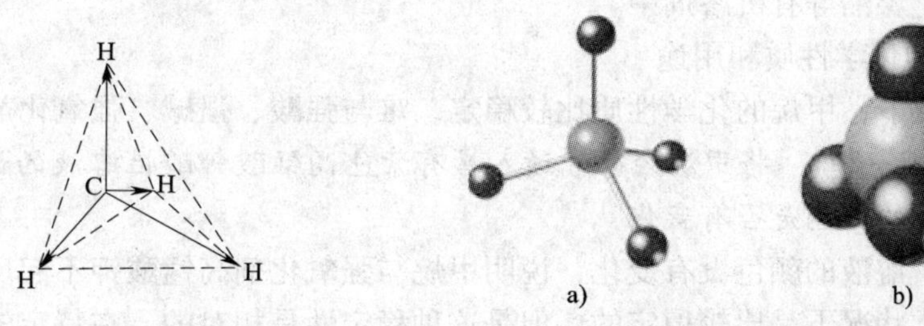

图8—2　甲烷的正四面体结构

图8—3　甲烷分子的模型
a）球棍模型　b）比例模型

2. 甲烷在自然界里的存在

甲烷又叫沼气，也叫做坑气。这是因为在池沼的底部和煤矿坑道里产生的气体主要成分是甲烷的缘故。这些甲烷都是在隔绝空气的情况下，由动、植物残体经过某些微生物发酵作用而生成的。此外，甲烷还大量存在于天然气中。天然气是蕴藏在地下深处的可燃性气体，它是由多种气体组成的混合物，其主要成分是甲烷（体积分数为80%～97%）。中国天然气的储藏量非常丰富（如四川、陕西、新疆、沿海地），四川地区是世界上著名的天然气（含甲烷95%以上）产地之一。

3. 甲烷的实验室制法

实验室里，甲烷是用无水醋酸钠（CH_3COONa）和碱石灰混合加热制取的，如图 8—4a 所示。碱石灰是适量的氢氧化钠和氧化钙的混合物。醋酸钠与氢氧化钠起反应的化学方程式如下。

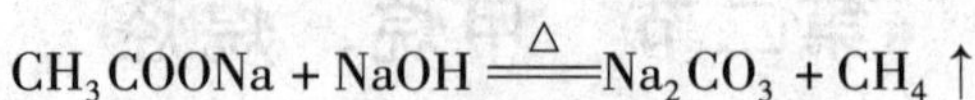

$$CH_3COONa + NaOH \xlongequal{\triangle} Na_2CO_3 + CH_4\uparrow$$

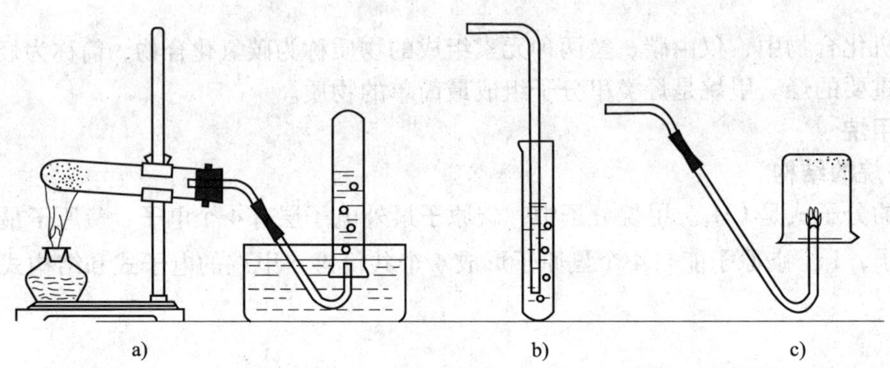

图 8—4　甲烷的制取和性质

a）甲烷的制取　b）甲烷通入高锰酸钾　c）甲烷的燃烧

【课堂演示 8—1】　按照图 8—4a 所示把仪器安装好，检查气密性。取一药匙研细的无水醋酸钠和三药匙研细的碱石灰，放在纸上用玻璃棒充分混合均匀后，迅速装进试管。再检查气密性。加热，用排水集气法收集一试管甲烷。观察甲烷的颜色，闻它的气味。

4. 甲烷的性质和用途

（1）甲烷的物理性质

甲烷是一种无色、无味的气体。它的密度在标准状况下是0.717 g/L。它极难溶解于水，但能溶于汽油、煤油等有机溶剂中。

（2）甲烷的化学性质和用途

在通常状况下，甲烷的化学性质比较稳定，难与强酸、强碱、强氧化剂等反应。

【课堂演示 8—2】　将甲烷经导管通入盛有紫色高锰酸钾酸性溶液的试管中如图 8—4b 所示，观察溶液的颜色是否有变化？

观察可知，溶液的颜色没有变化，说明甲烷与强氧化剂高锰酸钾不起反应。

甲烷在通常状况下是比较稳定的，但是这种稳定性是相对的，在特定的条件下，也会发生某些反应。

1）取代反应。在室温下，甲烷和氯气的混合气体在黑暗中可以长期保存而不起任何反应。但当混合气体在日光散射（防止直射，否则发生爆炸）下就会发生反应，生成一氯甲烷和氯化氢。该反应的化学方程式可表示如下。

$$CH_4 + Cl_2 \xlongequal{光} \underset{一氯甲烷}{CH_3Cl} + HCl$$

但是反应并没有停止，生成的一氯甲烷还会继续与氯气反应，依次生成二氯甲烷、三氯甲烷（又叫氯仿）和四氯甲烷（又叫四氯化碳），反应的化学方程式表示如下。

$$CH_3Cl + Cl_2 \xrightarrow{光} CH_2Cl_2 + HCl$$

二氯甲烷

$$CH_2Cl_2 + Cl_2 \xrightarrow{光} CHCl_3 + HCl$$

三氯甲烷

$$CHCl_3 + Cl_2 \xrightarrow{光} CCl_4 + HCl$$

四氯甲烷

在这些反应里，甲烷分子中的氢原子逐步被氯原子所代替生成了四种取代产物。有机物分子中的某些原子或原子团被其他原子或原子团所代替的反应叫做取代反应。

一般情况下，上述反应的四种产物是甲烷的四种氯代物的混合物，分离比较困难。工业上常不经分离直接作溶剂使用。但是，可以通过控制一定的反应条件和原料用量比等方法，使其中一种氯代物成为主要产品。三氯甲烷和四氯化碳都是工业上重要的溶剂，四氯化碳还是一种效率较高的灭火剂。

2）氧化反应。

【课堂演示 8—3】 检验甲烷的纯度（与检验氢气纯度的方法相同）后，在导管口点燃纯净的甲烷，注意观察火焰。然后在甲烷火焰上方倒放一个干燥的烧杯（见图 8—4c），观察发生的现象。再把烧杯倒转过来，向杯内注入少量澄清石灰水，振荡，观察发生的现象。

现象：纯净的甲烷在空气里安静地燃烧，产生淡蓝色火焰；放出大量的热；罩在火焰上方的干燥烧杯内壁变得模糊，有水蒸气凝结；杯内注入的少量澄清石灰水，振荡后变浑浊。

甲烷完全燃烧的热化学方程式可表示如下：

$$CH_4 + 2O_2 \xrightarrow{点燃} CO_2 + 2H_2O$$

甲烷燃烧的反应属于氧化反应。在有机反应中，通常把有机物分子中引入氧或脱去氢的反应，或同时引入氧也脱去氢的反应，叫做氧化反应。

甲烷很容易燃烧，所以它是一种很好的气体燃料。但是必须注意，如果点燃甲烷与氧气或空气的混合物，就会立即发生爆炸，因此使用甲烷时应注意安全。在煤矿的矿井里，必须采取安全措施，如通风、严禁烟火等，以防止甲烷与空气混合物的爆炸（“瓦斯”爆炸）事故发生。

注意

甲烷在空气中的爆炸极限是含甲烷 5% ~15%（体积分数），在氧气中甲烷的爆炸极限是 5.4% ~59.2% （体积分数）。

3）加热分解。在隔绝空气的条件下，把甲烷加热到 1 000 ~ 1 200℃，它就分解生成炭黑和氢气。

$$CH_4 \xrightarrow{高温} C + 2H_2$$

炭黑既可用做增强橡胶耐磨性的填充剂，也可用于制造黑色颜料、油墨、油漆等。氢气是合成氨及合成汽油等的工业原料。

二、烷烃

1. 烷烃的定义

前面已经学习了甲烷，还有一系列性质与甲烷相似的烃，如乙烷（C_2H_6）、丙烷（C_3H_8）、丁烷（C_4H_{10}）等。它们的结构式可以分别表示如下。

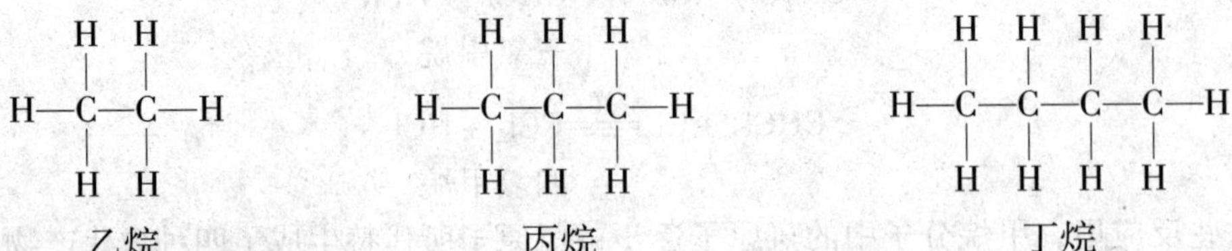

乙烷　　　　丙烷　　　　丁烷

与甲烷一样，在这些烃的分子里，碳原子与碳原子都以碳碳单键结合成链状，碳原子剩余的价键全部与氢原子相结合，使每个碳原子的化合价都达到“饱和”，具有这种结构特点的链烃叫做饱和链烃，或称烷烃。

直链烷烃是根据分子里所含碳原子的数目来命名的，碳原子数在十以下的，由一到十依次用天干甲、乙、丙、丁、戊、己、庚、辛、壬、癸来表示；碳原子数在十以上的，就用中文数字（十一、十二、十三……）来表示。例如，C_5H_{12}叫戊烷，C_7H_{16}叫庚烷，$C_{17}H_{36}$叫十七烷。

为了书写方便，有机物也可以用结构简式表示。例如，乙烷的结构简式是$CH_3—CH_3$或CH_3CH_3，丙烷的结构简式是$CH_3—CH_2—CH_3$或$CH_3CH_2CH_3$，戊烷的结构简式是$CH_3—CH_2—CH_2—CH_2—CH_3$或$CH_3CH_2CH_2CH_2CH_3$等。结构简式既能代表有机物的分子组成，也可以表示有机物的结构，因此在一般情况下用得比较普遍。

烷烃的种类很多，表 8—2 里列出部分烷烃的物理性质。

表 8—2　　几种烷烃的物理性质

名称	分子式	结构简式	常温时的状态	熔点/℃	沸点/℃	相对密度
甲烷	CH_4	CH_4	气	-182.5	-164	0.42①
乙烷	C_2H_6	CH_3CH_3	气	-183.3	-88.63	0.572②
丙烷	C_3H_8	$CH_3CH_2CH_3$	气	-189.7	-42.07	0.585 3
丁烷	C_4H_{10}	$CH_3(CH_2)_2CH_3$	气	-138.4	-0.5	0.578 8
戊烷	C_5H_{12}	$CH_3(CH_2)_3CH_3$	液	-129.7	-36.07	0.626 2
己烷	C_6H_{14}	$CH_3(CH_2)_4CH_3$	液	-95.6	68.7	0.659 4
庚烷	C_7H_{16}	$CH_3(CH_2)_5CH_3$	液	-90.6	98.42	0.683 8
辛烷	C_8H_{18}	$CH_3(CH_2)_6CH_3$	液	-56.79	125.7	0.698 6
壬烷	C_9H_{20}	$CH_3(CH_2)_7CH_3$	液	-51	150.7	0.717 9
癸烷	$C_{10}H_{22}$	$CH_3(CH_2)_8CH_3$	液	-29.7	174.1	0.730 0
十六烷	$C_{16}H_{34}$	$CH_3(CH_2)_{14}CH_3$	液	18.1	286.79	0.773 4
十七烷	$C_{17}H_{36}$	$CH_3(CH_2)_{15}CH_3$	固	22	292	0.778 0
二十四烷	$C_{24}H_{50}$	$CH_3(CH_2)_{22}CH_3$	固	54	391.3	0.799 1

＊表 8—2 中①是 -164℃时的数据，②是 -108℃时的数据，其余是 20℃时的数据。

＊未特别指明时，本书中的相对密度为 20℃时某物质的密度对 4℃时水的密度的比值。

2. 烷烃的通式和同系物

从表 8—2 中这些烷烃的分子式和结构简式可以看出，任何两个烷烃在组成上都相差一个或若干个“$—CH_2$”原子团。在任何一个烷烃分子中，如果把碳原子数定为 n，则氢原子数就是 $2n+2$。因此烷烃的分子式可用通式 C_nH_{2n+2} 来表示。

我们把这些结构相似，在分子组成上相差一个或若干个“$—CH_2$”原子团的物质互称为同系物。如甲烷、乙烷、丙烷、十七烷等，它们互为同系物，都是烷烃的同系物。

3. 烷基

烷烃分子失去一个氢原子后所剩余的原子团就叫做烷基。烷基的通式是 $C_nH_{2n+1}—$。烷基可以根据相应的烷烃来命名，例如 $CH_3—$叫做甲基，$CH_2CH_3—$叫做乙基等。

4. 同分异构现象和同分异构体

（1）同分异构现象

人们在研究物质的分子组成和性质时，发现有许多有机物的分子组成相同，但性质却有差异。例如，在研究丁烷（C_4H_{10}）的组成和性质时，发现有两种丁烷，它们的分子组成和相对分子质量完全相同，但性质却有差异。为了便于区别两种丁烷，人们把其中一种叫做正丁烷，另一种叫做异丁烷。它们的物理性质比较见表 8—3。

表 8—3　　正丁烷和异丁烷的物理性质比较

名称	熔点/℃	沸点/℃	相对密度
正丁烷	−138.4	−0.5	0.579
异丁烷	−159.6	−11.7	0.557

为什么产生性质差异呢？实验证明，这两种丁烷分子具有不同的结构。正丁烷分子里的碳原子形成直链，而异丁烷分子里的碳原子却带有支链。它们的结构式和结构简式如下：

```
          结构式                    结构简式

          H  H  H  H
          |  |  |  |
正丁烷  H—C—C—C—C—H          CH3—CH2—CH2—CH3
          |  |  |  |
          H  H  H  H

          H  H  H
          |  |  |
异丁烷  H—C—C—C—H            CH3—CH—CH3
          |  |  |                      |
          H  |  H                     CH3
          H—C—H
             |
             H
```

化合物具有相同的分子式，但具有不同结构和性质的现象，叫做同分异构现象。在有机物中，同分异构现象普遍存在。在烷烃同系物中，从丁烷开始有同分异构现象。随着分子中碳原子数目的增多，同分异构现象变得越来越复杂。

（2）同分异构体

具有同分异构现象的化合物互称为同分异构体。例如，正丁烷和异丁烷就是丁烷的两种同分异构体。可以用逐步缩短碳链的方法，来推导某烷烃的同分异构体。下面以戊烷（C_5H_{12}）为例来讨论这种推导方法。

1）写出最长的碳链：C—C—C—C—C。

2）写出少一个碳原子的直链，把剩下的一个碳原子作为支链加在主链上，并依次变动其在主链的位置。

```
1  2  3  4              4  3  2  1
C—C—C—C              C—C—C—C
   |                          |
   C                          C
```

上述两个碳链都是由 4 个碳原子的主链和 1 个碳原子的支链所组成，并且支链都是在从链端数起第 2 个碳原子上，因此它们表示同一种碳链。

3）再写出少两个碳原子的直链，把剩下的两个碳原子当做一个支链加在主链上。

```
1  2                    1  2  3  4
C—C—C                C—C—C—C
   |                          |
  3C                          C
   |
  4C
```

这两个碳链中原子互相连接的方式和次序都是一样的，因此它们仍表示同一种碳链。

4）把两个碳原子分成两个支链连在主链上。

```
   C
   |
C—C—C
   |
   C
```

再分别加上氢原子，就得到戊烷的三种同分异构体的结构简式。

```
CH3—CH2—CH2—CH2—CH3                正戊烷
CH3—CH2—CH—CH3                      异戊烷
          |
          CH3

        CH3
        |
CH3—C—CH3                            新戊烷
        |
        CH3
```

戊烷的三种同分异构体的球棍模型如图 8—5 所示。

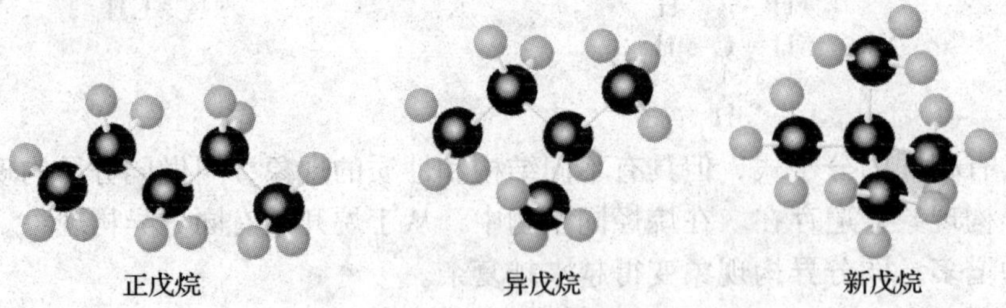

图 8—5　戊烷三种同分异构体分子的球棍模型

从图 8—5 可以看出，即使是不带支链的链烃，它的碳链也不是直线形的，而是锯齿形的。

在烷烃同系物分子中，随着碳原子数目的增多，碳原子之间的结合方式就越趋复杂，同分异构体的数目也就越多。同分异构现象是造成有机物种类繁多、数目庞大的重要原因之一。

想一想

乙烷、丙烷、丁烷有没有同分异构体？碳原子数为多少以上的烷烃才会产生同分异构体？

知识拓展

书写烷烃同分异构体的方法规律

由于烷烃只存在碳链异构，其书写技巧可用“减链法”，即“两注意，四顺序”。

1. 两注意

选择最长的碳链作主链；找出中心对称线。

2. 四顺序

主链由长到短；支链由整到散；位置由心到边；连接不能到端。这样可以无遗漏、无重复地快速写出烷烃的各类同分异构体。

烷烃同分异构体的书写是其他有机物同分异构体书写的基础。

5. 烷烃的命名

烷烃的命名常采用两种命名法，即习惯命名法和系统命名法。

(1) 习惯命名法

习惯命名法的基本原则是按照烷烃分子中的碳原子数，把直链烷烃称为“正”某烷。带支链的烷烃有两种情况，把含有“ $\underset{\displaystyle CH_3}{CH_3—\underset{|}{C}H—CH_2—}$ ”结构，此外无别的支链的烷烃称为“异”某烷，把含有“ $CH_3—\overset{\displaystyle CH_3}{\underset{\displaystyle CH_3}{\overset{|}{\underset{|}{C}}}}—$ ”结构，称为“新”某烷。例如，

$$CH_3—CH_2—CH_2—CH_2—CH_3 \qquad \text{正戊烷}$$

$$CH_3—CH_2—\underset{\underset{\displaystyle CH_3}{|}}{CH}—CH_3 \qquad \text{异戊烷}$$

$$CH_3—\overset{\overset{\displaystyle CH_3}{|}}{\underset{\underset{\displaystyle CH_3}{|}}{C}}—CH_3 \qquad \text{新戊烷}$$

习惯命名法简便，但只能适用于含碳原子数目较少，结构比较简单的烷烃，而且也不能反映有机物结构上的特征。

对于碳原子数目较多、分子的组成和结构比较复杂的有机化合物，广泛采用系统命名法。

(2) 系统命名法

前面已经学习了直链烷烃的系统命名法，即按烃分子中所含的碳原子个数来命名，称为某烷。如 C_6H_{14} 叫己烷，$C_{18}H_{38}$ 称十八烷等。

带有支链烷烃命名的系统命名法步骤如下：

1）选择分子里最长的碳链做主链，并根据主链上碳原子的数目称为“某”烷，例如，

$$\begin{array}{l} CH_3-CH-CH_3 \\ \quad\quad\quad | \\ \quad\quad\; CH_2 \\ \quad\quad\quad | \\ \quad\quad\; CH_3 \end{array}$$

主链，母体为丁烷

$$\begin{array}{c} CH_3 \\ | \\ CH_3-C-CH_2-CH_3 \\ | \\ CH_3 \end{array}$$

←主链，母体为丁烷

2）把主链里离支链较近的一端作为起点，用1，2，3…阿拉伯数字给主链的各个碳原子依次编号定位，以确定支链的位置。例如，

$$\begin{array}{ccccccccc} 5 & & 4 & & 3 & & 2 & & 1 \\ CH_3 & — & CH_2 & — & CH_2 & — & CH & — & CH_3 \\ & & & & & & | & & \\ & & & & & & CH_3 & & \end{array}$$

3）把支链作为取代基，将取代烃基的名称写在烷烃名称的前面，在取代烃基的前面用阿拉伯数字注明它在烷烃直链上所处的位置。并在数字和取代烃基之间用半字线“-”隔开。例如，

$$\begin{array}{ccccccccc} 5 & & 4 & & 3 & & 2 & & 1 \\ CH_3 & — & CH_2 & — & CH_2 & — & CH & — & CH_3 \\ & & & & & & | & & \\ & & & & & & CH_3 & & \end{array}$$

2-甲基戊烷

4）如果主链上有相同的取代烃基，合并起来并在取代烃基的名称前用数字“二”“三”等表明相同取代基的数目，但表示相同取代烃基位置的阿拉伯数字要用“，”号隔开；如果几个取代烃基不同，就把简单的写在前面，复杂的写在后面。例如，

$$\begin{array}{ccccccc} & & CH_3 & & & & \\ 1 & & 2| & & 3 & & 4 \\ CH_3 & — & C & — & CH_2 & — & CH_3 \\ & & | & & & & \\ & & CH_3 & & & & \end{array}$$

2，2-二甲基丁烷

$$\begin{array}{ccccccccccc} & & & & & & & & CH_3 & & \\ 6 & & 5 & & 4 & & 3 & & 2| & & 1 \\ CH_3 & — & CH_2 & — & CH & — & CH & — & C & — & CH_3 \\ & & & & | & & | & & | & & \\ & & & & CH_3 & & CH_2 & & CH_3 & & \\ & & & & & & | & & & & \\ & & & & & & CH_3 & & & & \end{array}$$

2，2，4-三甲基-3-乙基己烷

以2，2，3-三甲基戊烷为例，对一般有机物的命名可图析如下：

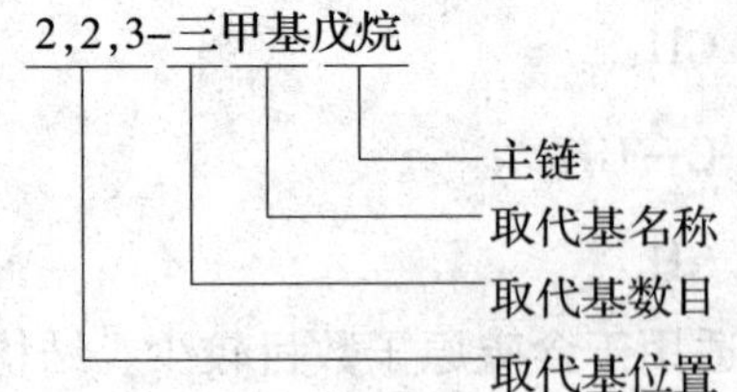

【课堂讨论】 同桌同学相互出题：各书写一个烷烃的结构简式，然后让同桌用系统命

名法命名该烷烃。

知识拓展

烷烃系统命名法的原则

1. 选主链抓长字，两链同长时支链多的为主链。

2. 编号码抓近字，支链近端为起点，依次编号。各取代基位号的总和应最小。

3. 书写时，支名前，母名后；支名同，要合并；支名异，简在前；会正确使用逗号、专用名词、半字线。

烷烃系统命名法的步骤可归纳为：选主链，称某烷；编号位，定支链；取代基，写在前，标位置，短线连；不同基，简到繁，相同基，合并算。

6. 烷烃的性质

从表 8—2 可以看出，各种烷烃的物理性质随着分子里碳原子数的递增（相对分子质量也在递增），发生规律性的变化。例如，在常温（20℃）和常压（101.325 kPa）下它们的状态是由气态、液态到固态；沸点逐渐升高；相对密度逐渐增大。烷烃几乎不溶于水，而易溶于四氯化碳、乙醇、乙醚等有机溶剂中。

烷烃与甲烷的结构相似，因此烷烃的化学性质也与甲烷相似。在通常状况下，它们很稳定，与强酸、强碱、强氧化剂等都不起反应，也难与其他物质结合。但在一定条件下也能发生氧化、热分解和取代反应。例如，烷烃在空气里都可以点燃，在光照条件下都能与氯气发生取代反应等。

想一想

乙烷和氯气进行取代反应时，可能得到多少种一氯取代产物？

第三节　乙烯、烯烃

在碳氢化合物中，除了饱和烃以外，还有许多烃，它们的分子里含有碳碳双键或碳碳三键，使得碳原子所结合的氢原子数少于相同碳原子的饱和烃分子里的氢原子数，这样的链烃叫做不饱和烃。

在不饱和烃中，碳原子之间存在双键或三键。根据分子结构的不同，不饱和烃又分烯烃、二烯烃和炔烃。现在来学习烯烃，乙烯是烯烃中组成最简单的物质。

一、乙烯

1. 乙烯的结构

乙烯的分子式是 C_2H_4，它的电子式、结构式和结构简式如下：

$$\begin{array}{c} H\quad H \\ H:\overset{\times\bullet}{C}::\overset{\bullet\times}{C}:H \end{array} \qquad \begin{array}{c} H\quad\; H \\ |\qquad | \\ H-C=C-H \end{array} \qquad CH_2=CH_2$$

电子式　　结构式　　结构简式

从乙烯的结构式可以看出，乙烯分子中含有一个不饱和的碳碳双键（$-\overset{|}{C}=\overset{|}{C}-$）。

为了简单形象地描述乙烯分子的结构，可以用分子模型来表示。乙烯分子的模型如图8—6所示。

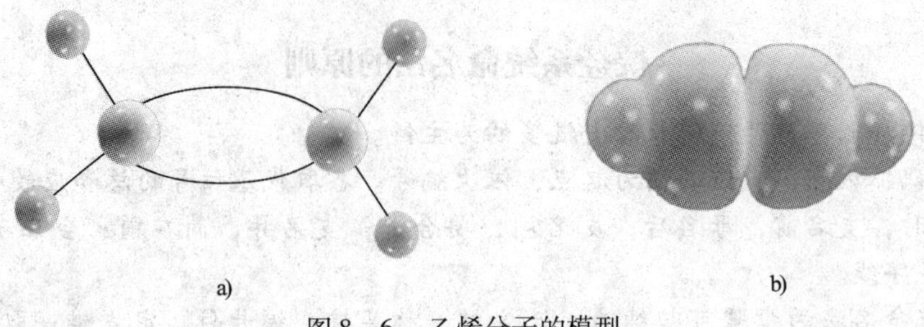

图 8—6　乙烯分子的模型

a）球棍模型　b）比例模型

在如图 8—6a 所示的球棍模型里，两个碳原子之间用两根可以弯曲的弹性短棍来连接，以表示双键。如图 8—6b 所示是乙烯的比例模型。

实验测得，乙烯分子里的 C ═C 双键的键长是 1.33×10^{-10} m，键能是 615 kJ/mol；乙烷分子里 C—C 单键的键长是 1.54×10^{-10} m，键能是 348 kJ/mol。这表明 C ═C 双键的键能并不是 C—C 单链键能的两倍，而是比两倍少。因此双键中的两个价键不同，其中包括一个较弱的键，只需要较少的能量，就能使该键断裂。乙烯分子里的 2 个碳原子和 4 个氢原子都处在同一平面上，它们彼此之间的键角约为 120°。

2. 乙烯的制法

工业上所用的乙烯，主要是从石油炼制厂和石油化工厂所产生的气体里分离出来的。在实验室里，是把酒精（乙醇）和浓硫酸混合加热来制备乙烯。浓硫酸在反应过程中起催化剂和脱水剂的作用。该反应的化学方程式可表示如下。

$$CH_3CH_2OH \xrightarrow[170℃]{浓硫酸} CH_2{=}CH_2\uparrow + H_2O$$

【课堂演示 8—4】　实验装置如图 8—7 所示。向烧瓶里放入少量碎瓷片，防止混合液受热时爆沸。再向烧瓶里注入含量为 95%（质量分数）以上的酒精和浓硫酸（体积比约 1:3）混合液约 20 mL。加热混合液使液体温度迅速升高到 170℃，此时就有乙烯生成。

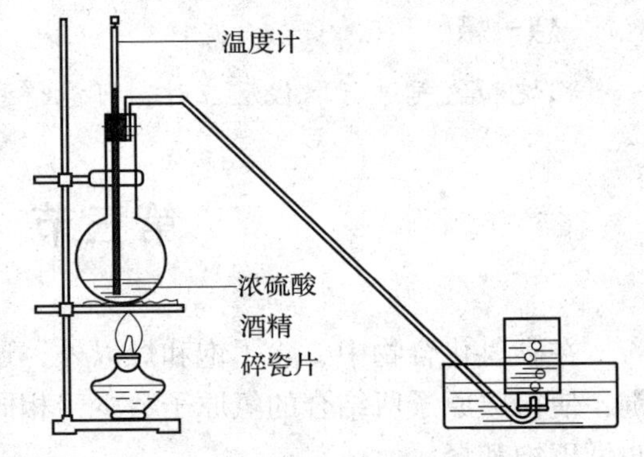

图 8—7　乙烯的实验室制法

想一想

为什么要在烧瓶里放入碎瓷片？实验室制乙烯属于哪种装置类型？配制酒精和浓硫酸体积比为 1:3 的混合液时应注意什么？

3. 乙烯的性质和用途

（1）乙烯的物理性质

在通常状况下，乙烯是一种无色、稍有气味的气体，标准状况下的密度是 1.25 g/L，比空气略轻，难溶于水，能溶于有机溶剂。

（2）乙烯的化学性质和用途

因为乙烯分子里的碳碳双键中，其中一个键不稳定，容易断裂而与其他原子或原子团结合，所以化学性质比烷烃活泼，能发生加成、氧化、聚合等反应。

1）加成反应。

【课堂演示 8—5】 将乙烯通入盛有 1 ~ 2 mL 溴水的试管里，观察发生的现象。

现象：溴水的颜色很快消失。

$$CH_2{=}CH_2 + Br_2 = \underset{\displaystyle Br}{\underset{|}{CH_2}}-\underset{\displaystyle Br}{\underset{|}{CH_2}}$$

1，2 - 二溴乙烷

乙烯能与溴水里的溴起反应，生成无色的 1，2 - 二溴乙烷（$CH_2Br—CH_2Br$）液体。这个反应的实质，是乙烯分子里双键中的一个键容易断裂，两个溴原子分别加在两个价键不饱和的碳原子上，生成了 1，2 - 二溴乙烷。这种有机物分子里双键（或三键）两端的碳原子与其他原子或原子团直接结合，生成新的化合物的反应叫做加成反应。

在适宜的反应条件下，乙烯还能与氢气、氯气、卤化氢、水等物质起加成反应。例如，

$$CH_2{=}CH_2 + HCl = CH_3—CH_2Cl$$

氯乙烷

想一想

完成下列反应方程式。

1. $CH_2{=}CH_2 + H_2 \longrightarrow ?$
2. $CH_2{=}CH_2 + Cl_2 \longrightarrow ?$
3. $CH_2{=}CH_2 + HBr \longrightarrow ?$

2）氧化反应。

【课堂演示 8—6】 将乙烯通入盛有 1 ~ 2 mL 质量分数为 0.5% 的高锰酸钾溶液（加几滴稀硫酸）的试管中，观察发生的现象。

现象：高锰酸钾溶液的紫色很快褪去。

乙烯能被氧化剂高锰酸钾（$KMnO_4$）氧化，使高锰酸钾溶液褪色。用这种方法可以区别甲烷和乙烯。

【课堂演示 8—7】 在导气管口点燃纯净的乙烯（乙烯与一定体积的空气或氧气混合后点燃会发生猛烈爆炸），观察乙烯燃烧时的火焰。

现象：乙烯能在空气里燃烧，产生明亮的火焰，同时发出黑烟（黑烟是碳，这是乙烯不完全燃烧的产物）。乙烯在空气里完全燃烧时生成二氧化碳和水，并放出大量的热。

$$CH_2{=}CH_2 + 3O_2 \xlongequal{点燃} 2CO_2 + 2H_2O$$

因为乙烯中碳的质量分数（85.7%）比甲烷中碳的质量分数（75%）高，燃烧时一部分碳的微粒不能完全氧化，火焰里含有较多的炽热的炭粒，所以乙烯的火焰要比甲烷的明亮得多，由于这些炭粒没有得到充分燃烧，因此有黑烟生成。

如果乙烯在空气中的体积分数为 3.0% ~33.5% 时，遇火会引起爆炸。

3）聚合反应。在适当的温度、压力和有催化剂存在的条件下，乙烯分子里双键中的一个键会断裂，乙烯分子间通过碳原子能互相结合成为很长的碳链。

$$CH_2{=}CH_2 + CH_2{=}CH_2 + CH_2{=}CH_2 + \cdots = —CH_2—CH_2—CH_2—CH_2—CH_2—CH_2—\cdots$$

这个反应还可以用下式表示。

$$nCH_2{=\!=}CH_2 \xrightarrow{\text{催化剂}} \text{⁅}CH_2—CH_2\text{⁆}_n$$

聚乙烯

乙烯聚合或加成反应的产物叫聚乙烯，它是一种相对分子质量很大（几万到几十万）的化合物，分子式可以简写为（C_2H_4）$_n$。

这种在一定的条件下，由相对分子质量小的不饱和化合物分子互相结合成为相对分子质量很大的化合物分子（高分子化合物）的反应，叫做聚合反应。这种聚合反应同时也是加成反应，所以又属于加成聚合反应，简称为加聚反应。能发生聚合反应的相对分子质量小的物质叫单体，聚合反应所生成的高分子化合物叫聚合物或高聚物。上述聚合反应中，聚乙烯是聚合物，乙烯是它的单体。聚乙烯是一种重要的塑料，在工农业生产和日常生活中都有广泛的应用。

乙烯是一种重要的化工原料，用于制造塑料、合成纤维、有机溶剂等。乙烯还是一种植物生长调节剂和植物激素，可以用做果实催熟剂。

想一想

根据聚合反应的机理，试完成下列反应方程式。

1. $nCH(CH_3){=\!=}CH_2 \xrightarrow{\text{催化剂}} ?$

丙烯

2. $nCH(Cl){=\!=}CH_2 \xrightarrow{\text{催化剂}} ?$

氯乙烯

知识拓展

一种植物的激素——乙烯

早在20世纪初，人们就发现用煤气灯照明时有一种气体能促进绿色柠檬变黄而成熟，这种气体就是乙烯。但直至20世纪60年代初期用气相层析仪从未成熟的果实中检测出极微量的乙烯后，乙烯才被列为植物激素。乙烯在低等和高等植物中普遍存在，并广泛存在于植物的各种组织、器官中，是由蛋氨酸在供氧充足的条件下转化而成的。它的产生具有“自促作用”，即乙烯的积累可以刺激更多的乙烯产生。乙烯可以促进RNA和蛋白质的合成，在高等植物体内，使细胞膜的透性增加。果实中乙烯含量增加时，已合成的生长素又可被植物体内的酶或外界的光所分解，可促进其中蛋白质的转化，加速成熟。另外，乙烯也有促进器官脱落和衰老的作用。用乙烯处理黄化幼苗茎，可使茎加粗、叶柄偏上生长。乙烯还可使瓜类植物雌花增多，在高等植物中，可促进橡胶树、漆树等排出乳汁。

化工生产中，乙烯是制造塑料，合成乙醇、乙醛，合成纤维等重要原料。乙烯用量最大的是生产聚乙烯塑料，其次是生产二氯乙烷和氯乙烯；乙烯氧化可制环氧乙烷和乙二醇、乙醛；乙烯烃化可制苯乙烯，乙烯还可用于合成高级醇等。

自20世纪60年代以来，世界上乙烯工业得到了迅速的发展。中国的乙烯工业从无到有，近十几年来发展较快，从 1985 年到 2006 年，中国的乙烯年生产能力从 7.2×10^{5} t 上升为 8.2×10^{6} t，增加了近 11 倍。由于乙烯工业的发展，带动了其他以石油为原料的石油化工的发展，因此一个国家乙烯工业的发展水平，已成为这个国家石油化学工业水平的重要标志之一。

二、烯烃

分子里含有一个碳碳双键的不饱和链烃叫烯烃。烯烃里除乙烯外，还有丙烯、丁烯等一系列化合物。表 8—4 列出了几种烯烃的分子式、结构简式和物理性质。

表 8—4　　几种烯烃的物理性质

名称	分子式	结构简式	常温时状态	熔点/℃	沸点/℃	相对密度
乙烯	C_2H_4	$CH_2=CH_2$	气	-169	-103.7	0.566
丙烯	C_3H_6	$CH_3CH=CH_2$	气	-185.2	-47.4	0.513 9
1-丁烯	C_4H_8	$CH_3CH_2CH=CH_2$	气	-185.3	-6.3	0.595 1
1-戊烯	C_5H_{10}	$CH_3(CH_2)_2CH=CH_2$	液	-124	30	0.640 5
1-己烯	C_6H_{12}	$CH_3(CH_2)_3CH=CH_2$	液	-139.8	63.3	0.673 1
1-庚烯	C_7H_{14}	$CH_3(CH_2)_4CH=CH_2$	液	-119	93.6	0.697 0

由表 8—4 可以看出，与烷烃一样，烯烃同系物也是相邻的两种烯烃在分子组成上依次相差一个 CH_2 原子团。由于双键的存在，烯烃分子中含有的氢原子数比相同碳原子数的烷烃分子中所含氢原子数少 2 个，所以烯烃的通式是 C_nH_{2n}（$n\geqslant2$）。

1. 烯烃的同分异构体

烯烃的同分异构现象比烷烃复杂，因为烷烃的同分异构现象只是由于碳链不同而引起，而烯烃除了碳链不同能够引起异构外，双键位置的不同，也能产生同分异构现象。因碳链不同产生的异构现象，称为碳链异构；因双键位置不同引起的异构现象，称为位置异构。

下面以戊烯为例，讨论烯烃的同分异构体的推导方法。

（1）用逐步缩短碳链的方法，列出几种可能的碳骨架。

```
                                              C
                                              |
C—C—C—C—C           C—C—C—C            C—C—C
                          |                   |
                          C                   C
    ①                     ②                   ③
```

（2）在碳架上加上双键，并依次变动双键的位置。

由①式得到：

```
C—C—C—C═C          C—C—C═C—C
```

由②式得到：

```
C—C—C═C          C—C═C—C          C═C—C—C
      |                |                |
      C                C                C
```

③式中，碳原子四价已饱和，不能加上双键，故不可能是烯烃。

（3）把上面各式中所剩余的价键连上氢原子，就得到戊烯的五种同分异构体。

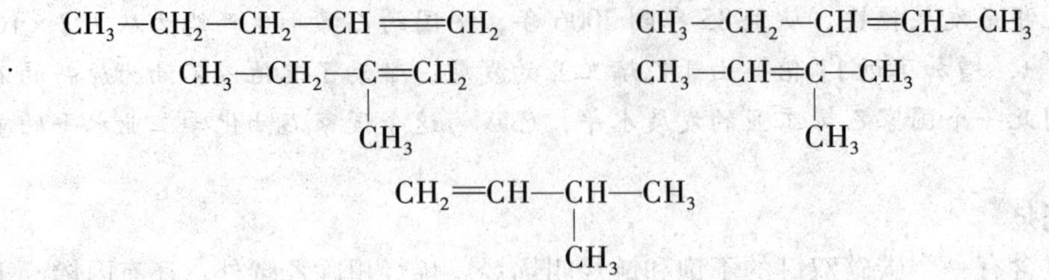

$$CH_3—CH_2—CH_2—CH=CH_2 \quad CH_3—CH_2—CH=CH—CH_3$$

$$CH_3—CH_2—\underset{\displaystyle CH_3}{\underset{|}{C}}=CH_2 \quad CH_3—CH=\underset{\displaystyle CH_3}{\underset{|}{C}}—CH_3$$

$$CH_2=CH—\underset{\displaystyle CH_3}{\underset{|}{CH}}—CH_3$$

其他的烯烃依次类推。

2. 烯烃的命名

在烯烃同系物中，只有少数简单的烯烃可采用习惯命名法命名，例如：

$CH_2=CH_2$	$CH_3—CH=CH_2$	$CH_3—\underset{\displaystyle CH_3}{\underset{|}{C}}=CH_2$
乙烯	丙烯	异丁烯

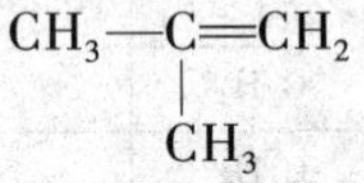

对于大多数烯烃来说，一般都采用系统命名法来命名。烯烃的系统命名法与烷烃相似，所不同的是，把“烷”字改成“烯”字，分子里碳原子在10个以下的直链烯烃用天干表示，称为某烯（如丁烯、丙烯、癸烯等），碳原子在11个以上的烯烃，用中文数字表示，再加上“碳”字，称为某碳烯（如十一碳烯、十七碳烯等）；分子里含4个碳原子以上的烯烃，双键的位置可以不同，因此命名时必须标明双键的位次。命名的步骤如下。

（1）选择含有双键的碳原子数目最多的碳链为主链，按主链中所含碳原子的数目称为“某烯”。例如，

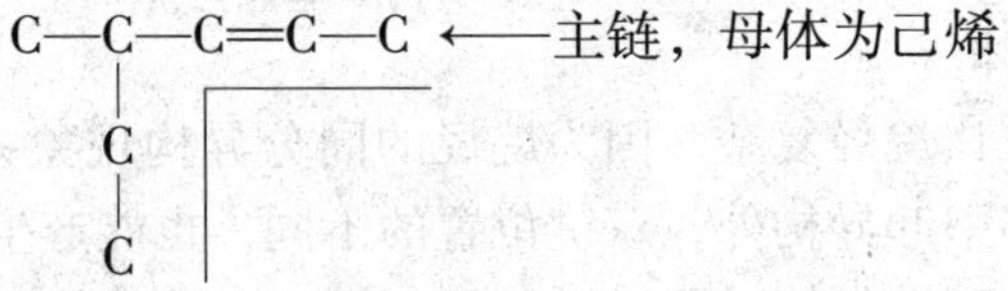

$$C—\underset{\displaystyle \underset{|}{C}}{\underset{|}{C}}—C=C—C \longleftarrow \text{主链，母体为己烯}$$

（2）从离双键较近的一端开始，给主链碳原子依次编号，将双键的位置数字标在母体名称的前面，之间加一半字线。例如，

$$\overset{5}{C}—\overset{4}{C}—\overset{3}{C}—\overset{2}{C}=\overset{1}{C} \longleftarrow 1-\text{戊烯}$$

（3）支链作为取代基，取代基的位次、数目和名称写在双键位次之前。例如，

$CH_2=CH—CH_2—CH_3$　　1-丁烯

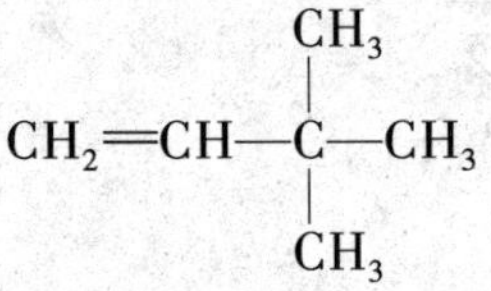

$CH_2=CH—\overset{\displaystyle CH_3}{\overset{|}{\underset{\displaystyle CH_3}{\underset{|}{C}}}}—CH_3$　　3，3-二甲基-1-丁烯

3. 烯烃的性质

（1）烯烃的物理性质

由表8—4可以看出，烯烃的物理性质一般也随着碳原子数目的增加而递变。例如，在常温常压下，它们的状态是由气态、液态（戊烯至十六碳烯）到固态（分子里含16个碳原子以上的烯烃）；它们的沸点逐渐升高，相对密度逐渐增大。它们都是无色物质，难溶于水而易溶于有机溶剂。乙烯稍带甜味，液态烯烃有汽油的气味。

（2）烯烃的化学性质

由于烯烃分子中都含有一个碳碳双键，所以烯烃的化学性质与乙烯相似。

与乙烯一样，烯烃也易与溴水里的溴起加成反应，使溴水的颜色很快消失。这一反应也常用来检验烯烃和其他含碳碳双键的化合物。烯烃也能与氢气、氯气等非极性试剂在适宜的条件下起加成反应。

在适宜的条件下，烯烃还能与卤化氢等极性试剂起加成反应。

乙烯是对称分子，称为对称烯烃，与卤化氢起加成反应时，不论卤原子和氢原子加到双键哪一端的碳原子上，都得到相同的产物。例如，

$$CH_2{=\!=}CH_2 + HBr {=\!=\!=} CH_3{-}CH_2Br \qquad \text{溴乙烷}$$

但是结构不对称的烯烃，例如丙烯（$CH_3{-}CH{=\!=}CH_2$），称为不对称烯烃，与极性试剂卤化氢起加成反应时，可能生成两种产物。例如，

$$CH_3{-}CH{=\!=}CH_2 + HBr \longrightarrow \begin{cases} CH_3{-}CHBr{-}CH_3 & \text{2－溴丙烷} \\ CH_3{-}CH_2{-}CH_2Br & \text{1－溴丙烷} \end{cases}$$

实验证明，丙烯与溴化氢起加成反应时，2－溴丙烷是主要产物。也就是说，在这个加成反应中，溴化氢分子中的氢原子加到了碳碳双键中含氢较多的碳原子上。其他的不对称烯烃与卤化氢起加成反应时与丙烯类似。

1869 年，俄国化学家马尔可夫尼可夫（Markovnikov Rule）从许多实验结果总结出了一条规律：不对称烯烃与卤化氢等极性试剂起加成反应时，氢原子总是加到含氢较多的双键碳原子上。这个规律叫不对称加成规律，也叫做马尔可夫尼可夫规则。应用马尔可夫尼可夫规则可预测许多反应的产物。

与乙烯一样，烯烃也能发生氧化反应（如能使 $KMnO_4$ 酸性溶液褪色）和聚合反应等。

想一想

1. $CH_3{-}CH{=\!=}CH_2 + Cl_2 \longrightarrow ?$
2. 如何鉴别乙烷和乙烯？

第四节　乙炔、炔烃

一、乙炔

1. 乙炔的结构

乙炔的电子式、结构式和结构简式可表示如下：

$H{:}C{\vdots\vdots}C{:}H$	$H{-}C{\equiv}C{-}H$	$CH{\equiv}CH$
电子式	结构式	结构简式

乙炔的分子式为 C_2H_2。由这个分子式可以看出，乙炔分子比乙烯分子少两个氢原子。

在乙炔分子里，碳原子间有三个共用电子对，通常把它称为三键。乙炔分子里的两个碳原子和两个氢原子处在一条直线上。乙炔分子的模型如图 8—8 所示。

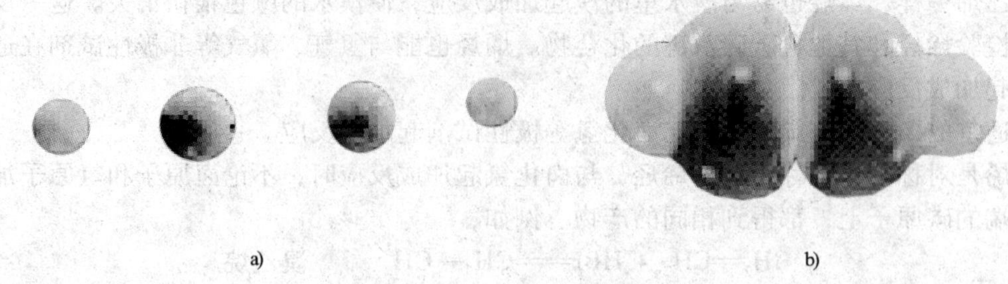

图 8—8　乙炔分子的模型

a）球棍模型　b）比例模型

实验测得，乙炔分子里的碳碳三键（ C≡C ）的键长约为 1.20×10^{-10} m，键能为 835 kJ/mol，并不等于三个碳碳单键键能之和，也不等于一个碳碳单键和一个碳碳双键键能之和。说明乙炔分子中的碳碳三键不是等同的碳碳键。但为了书写方便，我们还是将碳碳三键写成 C≡C 。实际是乙炔分子里有两个键较不稳定，在化学反应中容易断裂。

2. 乙炔的制法

实验室用电石（CaC_2）与水起反应来制备乙炔，反应方程式如下：

$$CaO + 3C \xlongequal{\triangle} Ca\begin{matrix} C \\ ||| \\ C \end{matrix} + CO\uparrow$$

$$CaC_2 + 2H_2O = C_2H_2\uparrow + Ca(OH)_2$$

【课堂演示 8—8】　实验装置如图 8—9 所示。向干燥的 100 mL 烧瓶中放入几小块电石，然后轻轻旋开分液漏斗的活栓，使水（可以用饱和食盐水代替）缓慢地滴下。用排水法收集乙炔，观察它的颜色和状态。

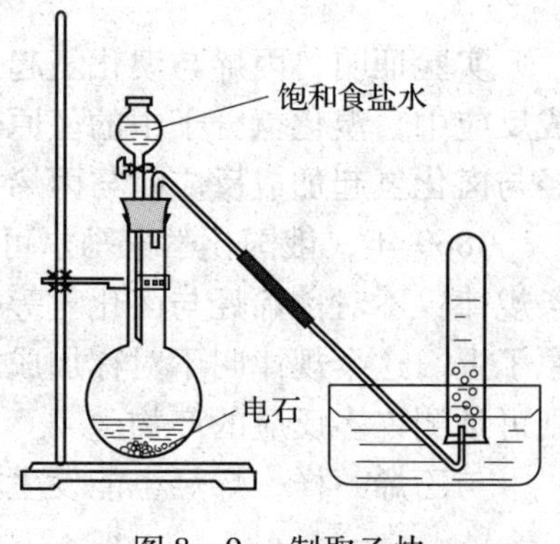

图 8—9　制取乙炔

想一想

实验装置中为什么不用启普发生器制取乙炔？为什么采用排水法收集乙炔？能不能用排空法收集乙炔呢？为什么可用饱和食盐水代替水来控制气体产生的速度？

3. 乙炔的性质和用途

（1）乙炔的物理性质

纯净的乙炔是无色、无臭味的气体，但由电石制得的乙炔，因常混有少量硫化氢、磷化氢等杂质而有特殊难闻的臭味。标准状况下乙炔的密度是 0.91 g/L，比空气稍轻。乙炔微溶于水，易溶于有机溶剂（如丙酮等）。

（2）乙炔的化学性质和用途

乙炔分子中含有不饱和的 C≡C 三键，其中有两个键容易断裂，因此化学性质和烯烃相似，也能起加成反应、氧化反应、聚合反应等。

1）加成反应。

【课堂演示 8—9】 把纯净的乙炔通入盛有溴水的试管中，观察溶液颜色的变化。

现象：乙炔也能使溴水褪色。

反应的化学方程式可分步表示如下。

$$H—C \equiv C—H + Br_2 \longrightarrow \underset{\substack{|\\Br}}{H—C} = \underset{\substack{|\\Br}}{C}—H$$

1，2－二溴乙烯

$$\underset{\substack{|\\Br}}{H—C} = \underset{\substack{|\\Br}}{C}—H + Br_2 \longrightarrow H—\overset{\substack{Br\\|}}{\underset{\substack{|\\Br}}{C}}—\overset{\substack{Br\\|}}{\underset{\substack{|\\Br}}{C}}—H$$

1，1，2，2－四溴乙烷

在用镍粉作催化剂且加热的条件下，乙炔也能与氢气起加成反应，先生成乙烯，再生成乙烷。

$$CH \equiv CH + H_2 \xrightarrow[\triangle]{Ni} CH_2 = CH_2$$

$$CH_2 = CH_2 + H_2 \longrightarrow CH_3CH_3$$

用氯化汞作催化剂，在 150～160℃的条件下，乙炔能与氯化氢起加成反应，生成氯乙烯。

$$CH \equiv CH + HCl \xrightarrow[150\sim160℃]{HgCl_2} CH_2 = CHCl$$（氯乙烯）

氯乙烯是合成聚氯乙烯的原料，聚氯乙烯是一种重要的合成树脂，用来制备塑料和合成纤维。

2）氧化反应。

【课堂演示 8—10】 把纯净的乙炔通入盛有 1～2 mL 0.5%（质量分数）高锰酸钾溶液（加入几滴稀硫酸）的试管中，观察溶液颜色的变化。

现象：高锰酸钾溶液的紫色褪去。说明乙炔与乙烯一样，也容易被氧化剂氧化。

【课堂演示 8—11】 点燃纯净的乙炔，观察乙炔燃烧时的火焰。

现象：乙炔燃烧时发出明亮的火焰，并伴有浓烈的黑烟，同时产生大量的热。这是因为和甲烷、乙烯比较，乙炔分子含碳量很高的缘故。乙炔燃烧的化学方程式可表示如下。

$$2CH \equiv CH + 5O_2 \xrightarrow{点燃} 4CO_2 + 2H_2O$$

乙炔在氧气里燃烧时，产生的氧炔焰温度很高，可达 3 000℃以上，工业上广泛利用它来切割或焊接金属。在乙炔和空气的混合物中，如果乙炔的体积分数为 2.5%～80%时，遇火即会发生爆炸。因此在生产和使用乙炔时要特别注意安全。

3）聚合反应。乙炔在不同的催化剂和反应条件下，可以发生聚合反应生成不同的聚合物。例如，将乙炔通入氯化亚铜和氯化铵的稀盐酸溶液中，在温度为 84～96℃时，两分子乙炔聚合生成乙烯基乙炔；乙炔在催化剂存在下加热到 120～160℃时，也可以发生三分子聚合生成苯。

$$CH \equiv CH + CH \equiv CH \xrightarrow[稀HCl，84\sim96℃]{CuCl，NH_4Cl} CH_2 = CH—C \equiv CH$$

乙烯基乙炔

$$3CH \equiv CH \xrightarrow[120\sim160℃]{催化剂} C_6H_6$$

苯

乙烯基乙炔是合成橡胶的重要原料。乙炔聚合成苯的反应对于人们了解苯的分子结构起着很大作用。但目前在工业上尚无重要价值。

乙炔的聚合反应一般不能生成高分子化合物，这是与烯烃的聚合反应不同之处。

4）金属炔化物的生成。在乙炔分子中，直接连在三键碳原子上的氢原子，受到三键的影响，变得比较活泼，通常叫做活泼氢，它能被某些金属原子取代，生成金属炔化物。例如，将乙炔通入硝酸银的氨溶液或氯化亚铜的氨溶液中，则可生成灰白色的乙炔银沉淀或棕红色的乙炔亚铜沉淀。

$$CH\equiv CH + 2[Ag(NH_3)_2]NO_3 = AgC\equiv CAg\downarrow + 2NH_4NO_3 + 2NH_3\uparrow$$
（乙炔银）

$$CH\equiv CH + 2[Cu(NH_3)_2]Cl = CuC\equiv CuC\downarrow + 2NH_4Cl + 2NH_3\uparrow$$
（乙炔亚铜）

上述两个反应很灵敏，现象明显，常用来鉴定乙炔。

乙炔银、乙炔亚铜等重金属炔化物不稳定，干燥后受热或受撞击时容易发生爆炸，因此实验室中生成的金属炔化物，应立即加入无机酸（如硝酸、浓盐酸）使其分解后倒掉。

想一想

如何鉴别乙烯和乙炔？

二、炔烃

分子里含有一个碳碳三键的不饱和链烃叫做炔烃。除乙炔外还有丙炔、丁炔、戊炔等。表8—5列出了几种炔烃的分子式、结构简式和物理性质。

表8—5　几种炔烃的分子式、结构简式和物理性质

名称	分子式	结构简式	常温时状态	熔点/℃	沸点/℃	相对密度
乙炔	C_2H_2	$CH\equiv CH$	气	-80.8	-84.0	0.618 1①
丙炔	C_3H_4	$CH_3C\equiv CH$	气	-102.6	-23.2	0.71②
1-丁炔	C_4H_6	$CH_3CH_2C\equiv CH$	气	-130	8.1	0.678 4③
1-戊炔	C_5H_8	$CH_3(CH_2)_2C\equiv CH$	液	-95	40.18	0.690 1

注：①是-82℃时的值，②是-50℃时的值，③是0℃时的值。

由表8—5可知，相邻炔烃分子间也是相差一个CH_2原子团，但它们比含相同碳原子数目的烯烃分子少两个氢原子，所以炔烃的通式是C_nH_{2n-2}（$n\geqslant 2$）。

炔烃的物理性质一般也是随着分子里碳原子数的增多而递变的。

其他炔烃的化学性质与乙炔相似，都能发生加成反应、氧化反应、聚合反应等，所以用溴水和$KMnO_4$酸性溶液可鉴别饱和烃与不饱和烃。具有 R—C≡CH 结构的炔烃，因含有活泼氢也与乙炔一样，能与硝酸银的氨溶液或氯化亚铜的氨溶液起反应，因此可用这一性质来鉴别此类型炔烃及乙炔与含碳碳双键的不饱和烃。

炔烃的同分异构现象和系统命名法都与烯烃相似。例如：

$$\overset{5}{CH_3}-\overset{4}{CH_2}-\overset{3}{C}\equiv\overset{2}{C}-\overset{1}{CH_3}\qquad 2-戊炔$$

$$\overset{1}{CH}\equiv\overset{2}{C}-\overset{3}{CH_2}-\overset{4}{CH_3}\qquad 1-丁炔$$

```
                     CH3
1          2   3   4|  5
CH3—C≡C—C—CH3            4，4－二甲基－2－戊炔
                     |
                     CH3
```

想一想

分子式为 C_5H_8 的炔烃有多少种同分异构体？写出它们的结构简式并命名之。

知识拓展

乙炔的使用和运输安全知识

使用乙炔瓶时，应直立放置，严禁卧放；乙炔瓶的放置地点，不得靠近热源和电气设备，与明火的距离不得小于 10 m；使用压力不得超过 0.15 MPa，输气速度不应超过 1.5～2 m^3/h·瓶；乙炔瓶内气体严禁用尽，必须留有不低于 0.05 MPa 的剩余压力；乙炔瓶体温度不应超过 40℃，夏天要防止曝晒；使用气焊焊割作业时，氧气瓶与乙炔气瓶的间距不应小于 5 m，二者与动火作业地点不应小于 10 m。

在加压下乙炔不稳定，液态乙炔稍受振动就会发生爆炸，乙炔的丙酮溶液却很稳定，工业上根据乙炔的这种特性，在储存乙炔的钢瓶中，充填浸透丙酮的多孔物质（如石棉、活性炭等），再将乙炔压入钢瓶，就可以避免危险，安全地运输和使用。

第五节　脂　环　烃

一、脂环烃和环烷烃

在烃类中，有一些化合物，它们的分子中有一个或多个由碳原子组成的环，性质与开链脂肪烃相似，这类化合物称为脂环烃。在脂环烃中，环烷烃的应用尤为重要，是本节讨论的重点。

环烷烃可以看成是链状烷烃分子中两端的碳原子各去掉一个氢原子后相互连成的环状化合物。即在环烷烃分子里，碳原子与碳原子都以单键结合成环状，碳原子剩余的价键全部与氢原子相结合。环烷烃比相应烷烃少两个氢，它的通式为 C_nH_{2n}（$n>3$）。

例如，环丙烷、环丁烷、环戊烷、环己烷等都是环烷烃，它们的结构简式如下：

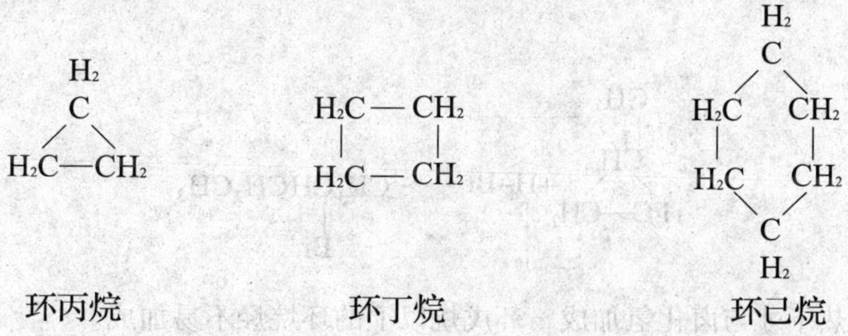

环丙烷　　环丁烷　　环己烷

或 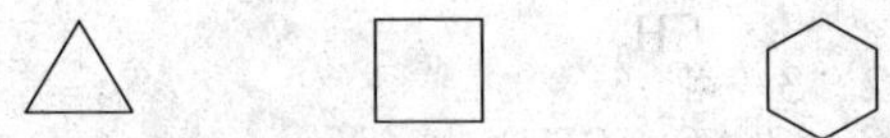

二、环烷烃的性质

环丙烷、环丁烷常温下为气体，环戊烷为液体，高级环烷烃为固体。环烷烃的沸点、熔点、相对密度都比相应的烷烃高。

环烷烃的化学性质与烷烃的相似，例如，能发生取代反应和氧化反应等。但小环的烷环烃较不稳定，它们的环容易破裂而和一些试剂发生加成反应，生成链状化合物。

1. 加成反应

（1）加氢

烷环烃催化加氢，环破裂，生成烷烃。

$$\triangle + H_2 \xrightarrow[80^{\circ}C]{Ni} CH_3CH_2CH_3$$

$$\square + H_2 \xrightarrow[200^{\circ}C]{Ni} CH_3CH_2CH_2CH_3$$

$$⬠ + H_2 \xrightarrow[300^{\circ}C\text{以上}]{Ni} CH_3CH_2CH_2CH_2CH_3$$

可见，环越大，反应温度越高，加成也越困难。环戊烷以上的烷环烃，一般不能催化加氢。

（2）加卤素

环丙烷在室温即可与卤素加成，环丁烷要在加热下才能反应：

$$\triangle + Br_2 \xrightarrow[\text{常温}]{CCl_4} \underset{\text{1,3-二溴丙烷}}{BrCH_2CH_2CH_2Br}$$

$$\square + Br_2 \xrightarrow[\triangle]{CCl_4} \underset{\text{1,4-二溴丁烷}}{BrCH_2CH_2CH_2CH_2Br}$$

环戊烷以及更高级的烷环烃与溴不加成，但能发生取代反应。可见，此性质可以用于小环环烷烃的鉴别。

（3）加卤化氢

环丙烷、环丁烷易与卤化氢加成，加成的位置发生在连接氢原子最多和连接氢原子最少的两个碳原子上，而且符合马尔可夫尼可夫规则，氢原子加到含氢较多的碳原子上。

例如，

$$\begin{array}{c} CH_3 \\ | \\ CH \\ / \quad \backslash \\ H_2C\text{—}CH_2 \end{array} + H\text{–}Br \longrightarrow CH_3\underset{\underset{Br}{|}}{C}HCH_2CH_3$$

环丁烷在加热下才与卤化氢加成，环戊烷以上的环烷烃不易加成。

总之，小环环烷烃的加成反应不及烯烃活泼，其加成反应的活泼性顺序为：

烯烃 > △ > □

2. 取代反应

与烷烃相似，在光或热的作用下，环戊烷、环己烷以及更高级的环烷烃与卤素作用，发生环上氢原子的取代反应。

$$\text{环戊烷} + Br_2 \xrightarrow[\text{或加热}]{\text{光}} \text{环戊基}{-}Br + HBr$$

溴代环戊烷

$$\text{环己烷} + Cl_2 \xrightarrow[\text{或加热}]{\text{光}} \text{环己基}{-}Cl + HCl$$

氯代环己烷

3. 氧化反应

室温下，环烷烃与一般氧化剂（例如高锰酸钾水溶液）不起反应。即使性质较活泼的环丙烷，也不能使高锰酸钾水溶液褪色，因此，用高锰酸钾水溶液可区别烯烃和环烷烃。

环烷烃在特殊条件下，例如在催化剂存在下，在加热及强氧化剂条件下，也可被氧化，条件不同，产物也不同。例如，在125～165℃和1～2 MPa压力下，以环烷酸钴为催化剂，用空气氧化环己烷，可得到环己醇和环己酮的混合物。环己醇和环己酮都是重要的化工原料。

例如，

$$4\ \text{环己烷} + 3O_2(\text{空气}) \xrightarrow[125\sim165℃,\ 1\sim2MPa]{\text{环烷酸钴}} \text{环己醇} + 2\ \text{环己酮} + 2H_2O$$

环己醇　　环己酮

综上所述，环烷烃既像烷烃，又像烯烃。大环环烷烃（环戊烷、环己烷）和烷烃化学性质相似，性质稳定，易发生取代反应；小环环烷烃（环丙烷、环丁烷）与烯烃相似，易发生加成反应，但不能使高锰酸钾水溶液褪色。

想一想

怎样用化学方法鉴别丙烷、丙烯、环丙烷？写出有关反应式。

知识拓展

重要的环烷烃

环己烷又名六氢化苯，无色、带有汽油味；是易挥发液体，沸点80.74℃，凝固点6.55℃，不溶于水而溶于有机溶剂。

环己烷主要用于制造环己醇和环己酮（约占90%），并进一步生产己二酸和己内酰胺，己二酸和己内酰胺主要用于生产尼龙纤维。环己烷也是一种工业溶剂，是树脂、脂肪、石蜡油类、丁基橡胶等的极好溶剂，还可作为油漆的脱漆剂、精油萃取剂等，它的毒性较苯小。

工业上，环己烷最初是通过原油蒸馏直接分离获得，其纯度为85%。美国亨布尔石油公司和菲利浦石油公司通过使轻质馏分油中甲基环戊烷异构化，将环己烷纯度提高到99%。进入20世纪60年代，随着对环己烷需要量迅速增长，用原油分离获得的环己烷无论在数量上或质量上都不能满足要求，因此用苯为原料加氢生产环己烷的方法得到迅速发展。迄今，80% ~85%的环己烷均由苯加氢制得，其余仍由原油直接蒸馏获得。

环己烷的化学性质如下：

1. 硝化反应

环己烷对酸、碱比较稳定，与中等浓度的硝酸或混酸在低温下不发生反应，与稀硝酸在100℃以上发生硝化反应，生成硝基环己烷。

2. 脱氢（芳构化）

在铂或钯催化下，350℃以上发生脱氢反应生成苯。

3. 异构化

环己烷与氧化铝、硫化钼、钴、镍—铝一起于高温下发生异构化，生成甲基戊烷。

与三氯化铝在温和条件下则异构化为甲基环戊烷。

4. 氧化反应

环己烷也可以发生氧化反应，在不同的条件下所得的主要产物不同。

例如，高温下用空气、浓硝酸或二氧化氮直接氧化环己烷得到己二酸。在185 ~200℃，10 ~40大气压下，用空气氧化时，得到90%的环己醇。

第六节　苯、芳香烃

一、苯

1. 苯的结构

苯的分子式是 C_6H_6。苯的结构式可以表示如下：

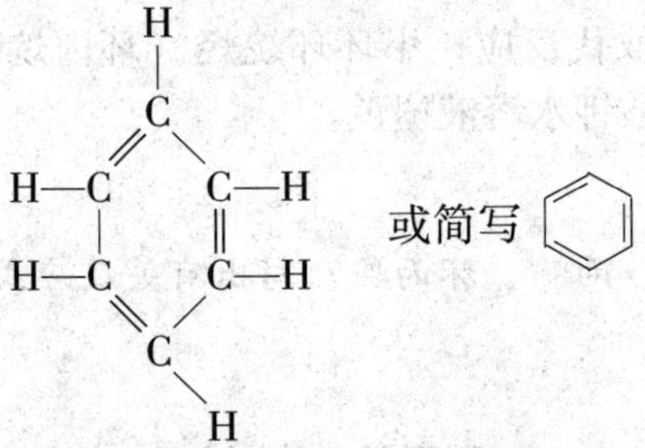

H—C　C—H
H—C　C—H
（凯库勒式结构，环上各 C 另连 H）　或简写

该结构式称为苯的凯库勒式。

从苯的分子式可以看出，苯是远远没有达到饱和的烃，所以苯的化学性质应该显示出极不饱和的性质。

但实验证明，苯既不能被氧化剂高锰酸钾氧化而使酸性高锰酸钾溶液褪色，也不能与溴水里的溴起加成反应而使溴水褪色，这说明苯在性质上与一般不饱和烃有很大的差别。这是因为苯分子具有特殊结构的缘故。

根据近代物理方法对苯分子结构的研究后知道，苯分子里的6个碳原子和6个氢原子都在同一平面上，6个碳原子组成一个正六边形的环状结构，如图8—10所示。在苯分子中，各个键角都是120℃，闭合的苯环上碳碳之间的键长完全相等，都是 1.40×10^{-10} m，它既不同于一般的碳碳单键（C—C键键长是 1.54×10^{-10} m），也不同于一般的碳碳双键（C ═C

键键长是 1.33×10^{-10} m）。它是一种介于单键和双键之间的独特的键。为了表示苯分子结构的这一特点，常用 ⌬ 来表示苯分子的结构简式。苯分子比例模型如图 8—11 所示。

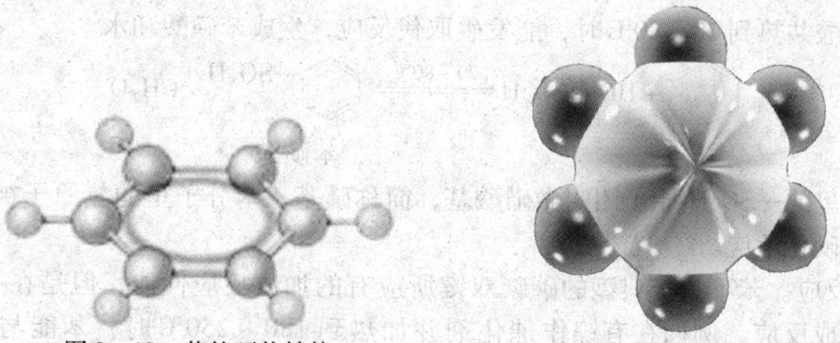

图 8—10　苯的环状结构　　　　图 8—11　苯分子的比例模型

直到现在，凯库勒式 ⌬ 的表示方法仍在沿用，但绝不应认为苯分子是单、双键交替组成的环状结构。

2. 苯的性质和用途

（1）苯的物理性质

苯是无色、有特殊气味的液体，易挥发，有一定毒性。其密度为 0.879 g/cm³，比水轻，不溶于水，能溶于汽油、乙醇、乙醚等有机溶剂。苯的沸点是 80.1℃，熔点是 5.5℃。如果用冰来冷却，苯就可以凝结成无色的晶体。

（2）苯的化学性质和用途

苯分子结构的特征决定了苯环有较高的稳定性，不易破裂。因此，苯不易被氧化，也难发生加成反应，而容易发生取代反应。但在一定条件下，苯也能发生某些反应。

1）取代反应。用铁屑或卤化铁作催化剂，加热到 55 ~ 60℃时，苯能与卤素发生取代反应生成卤苯和卤化氢。例如，

$$C_6H_6 + Cl_2 \xrightarrow[55\sim60℃]{Fe\text{ 或 }FeCl_3} C_6H_5{-}Cl + HCl$$

氯苯

$$C_6H_6 + Br_2 \xrightarrow[55\sim60℃]{Fe\text{ 或 }FeCl_3} C_6H_5{-}Br + HBr$$

溴苯

苯与溴的取代反应必须用液态溴，不能用溴水，因为苯与溴水不起反应。溴苯是无色液体，密度大于水的密度。

苯分子里的氢原子被卤素原子取代的反应，叫做卤化反应。工业上利用卤化反应制备许多卤化物，它们是制造染料、农药、医药和合成高分子材料的重要原料。

在浓硫酸作催化剂并加热到 55 ~ 60℃时，苯能与浓硝酸发生取代反应，生成硝基苯和水。

$$C_6H_6 + HO-NO_2 \xrightarrow[55\sim60℃]{\text{浓 }H_2SO_4} C_6H_5{-}NO_2 + H_2O$$

硝基苯

硝酸分子里的—NO_2原子团叫做硝基。苯分子里的氢原子被硝基取代的反应，叫做硝化反应。工业上利用苯的硝化反应来生产硝基苯，硝基苯的重要用途就是制造苯胺，苯胺是制造染料的重要原料。

苯与浓硫酸共热到70～80℃时，能发生取代反应，生成苯磺酸和水。

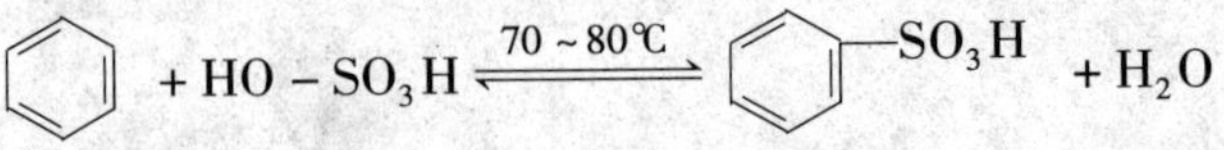

$$C_6H_6 + HO-SO_3H \xrightleftharpoons{70\sim80℃} C_6H_5-SO_3H + H_2O$$

苯磺酸

硫酸分子里的—SO_3H原子团叫做磺酸基，简称磺基。苯分子里的氢原子被磺酸基取代的反应，叫做磺化反应。

2）加成反应。苯不具有典型的碳碳双键所应有的加成反应性能，但是在一定条件下，它仍可发生加成反应。例如在有镍作催化剂并加热到180～250℃时，苯能与氢气起加成反应，生成环己烷。

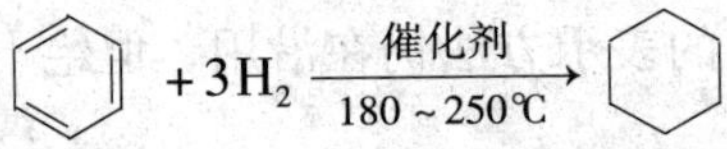

$$C_6H_6 + 3H_2 \xrightarrow[180\sim250℃]{催化剂} C_6H_{12}$$

3）氧化反应。苯虽不能被高锰酸钾氧化，但苯在空气中能燃烧，生成二氧化碳和水。

$$2C_6H_6 + 15O_2 \xlongequal{点燃} 12CO_2 + 6H_2O$$

苯燃烧时发出明亮并带有浓烟的火焰，这是由于苯分子里含碳量很大的缘故。

苯是一种重要的有机化工原料，它广泛用来生产合成纤维、合成橡胶、塑料、医药、农药、染料、香料等。苯也是常用的有机溶剂。

想一想

如何证明苯既有烷烃的性质又有烯烃的性质？

二、芳香烃

芳香烃简称芳烃。指分子中含有一个或多个苯环的碳氢化合物。芳香烃包括苯及其同系物、萘、蒽等。

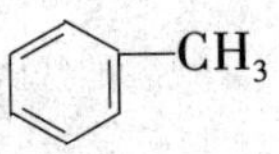

$C_6H_5-CH_3$ 甲苯　$C_6H_5-CH_2CH_3$ 乙苯 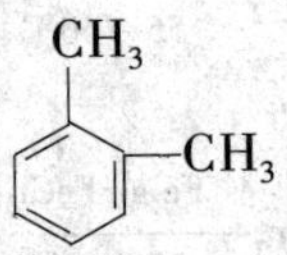　邻二甲苯 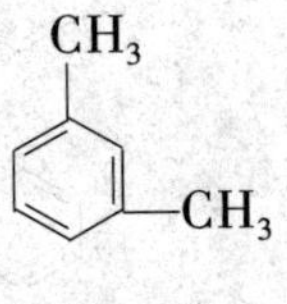　间二甲苯 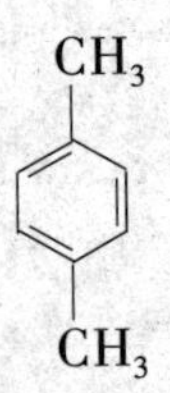　对二甲苯

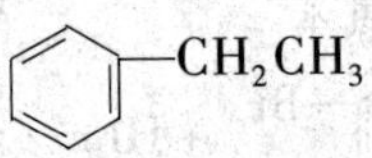

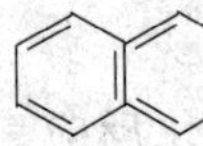

萘 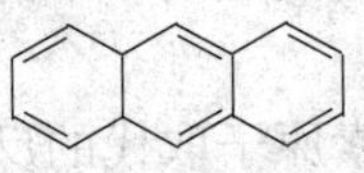　蒽

甲苯、乙苯、二甲苯都属于苯的同系物，它们在分子组成上也依次相差一个CH_2原子团。苯及其同系物的通式是C_nH_{2n-6}。（$n \geqslant 6$）。

苯的同系物与苯的性质相似，如它们都能燃烧并产生带有浓烟的火焰，也都能发生苯环上的取代反应。例如，甲苯跟浓硝酸、浓硫酸的混合酸发生硝化反应，生成2，4，6－三硝基甲苯俗名梯恩梯（TNT）。

$$C_6H_5{-}CH_3 + 3HO-NO_2 \xrightarrow{\text{浓 } H_2SO_4} C_6H_2(NO_2)_3{-}CH_3 + 3H_2O$$

2，4，6－三硝基甲苯

TNT 是一种烈性炸药，在国防、开矿、筑路、兴修水利等方面都有广泛用途。

在苯的同系物里含有侧链，由于苯环和侧链的相互影响，使苯的同系物具有与苯不同的某些化学性质。

【课堂演示 8—12】 把苯、甲苯、二甲苯各 2 mL 分别注入 3 支试管中，再向其中各滴加高锰酸钾酸性溶液 3 滴，用力振荡。观察溶液颜色的变化。

现象：可以看到，苯不能使高锰酸钾溶液的紫色褪去，而甲苯和二甲苯能使高锰酸钾溶液的紫色褪去。说明苯的同系物能被高锰酸钾氧化，这就是它们与苯的化学性质不同之处。

苯的同系物是制造多种染料、炸药、医药、香料等的重要原料。

想一想

如何鉴别苯和甲苯？

知识拓展

芳香烃的分类

芳香烃根据其分子结构的不同，可分为单环芳烃、多环芳烃和稠环芳烃三类。

1．单环芳烃

分子中只含一个苯环的芳烃叫做单环芳烃，包括苯及其同系物。例如，

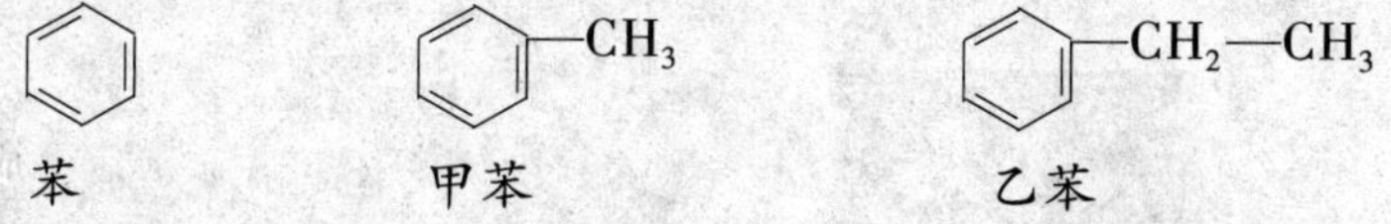

苯　　甲苯　　乙苯

2．多环芳烃

分子中含有两个或两个以上独立苯环的芳烃，叫做多环芳烃。例如，

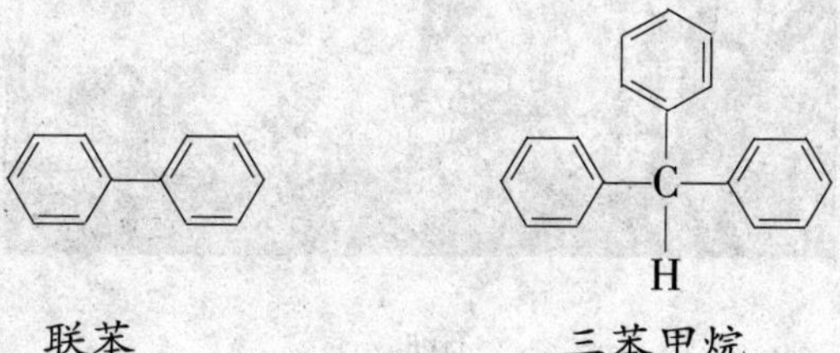

联苯　　三苯甲烷

3．稠环芳烃

分子中含有两个或两个以上的苯环，彼此间通过共用两个碳原子稠合起来的芳烃，叫做稠环芳烃。例如，

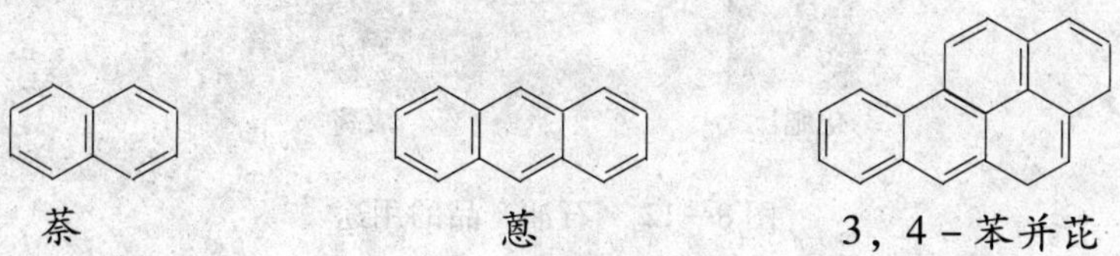

萘　　蒽　　3，4－苯并芘

知识拓展

重要的能源——石油

石油是由古代动植物遗体经过非常复杂的变化而形成的。石油通常是黑色或深棕色的黏稠状液体，常有绿色或蓝色荧光，有特殊的气味，不溶于水。密度比水小，没有固定的熔点和沸点。

石油主要是由各种烷烃、环烷烃和芳香烃所组成的混合物，其中大部分是液态烃，同时在液态烃里溶有气态烃和固态烃。石油主要含碳和氢两种元素，此外石油中还含有少量的硫、氧、氮等元素。

从油田里开采出来没有经过加工处理的石油叫做原油，把原油进行加工制成各种产品的过程，叫做石油的炼制。石油的炼制有石油的分馏、裂化、裂解、重整等方法。

石油是一种极其重要的能源物质，在国民经济中占有非常重要的地位。通过石油炼制，可以获得汽油、煤油、柴油等燃料和各种机器所需要的润滑油以及许多气态烃（称为炼厂气）等产品。利用石油产品做原料，通过化工过程，可以制造合成纤维、合成橡胶、塑料以及化肥、农药、炸药、医药、油漆、合成洗涤剂等产品。石油产品已被广泛应用到国民经济各领域。人们把石油称为“工业的血液”。石油产品用途如图 8—12 所示。

图 8—12　石油产品的用途

本章小结

一、有机化合物的结构特点

有机化合物中，碳呈四价。碳原子不仅能与其他原子形成4个共价键，碳原子与碳原子之间也可相互形成共价键；不仅可以形成单键，也可以形成双键或三键；多个碳原子可以相互结合形成长短不同的碳链，也可以形成大小不等的碳环结构。

二、烃的结构特点和性质比较

<table>
<tr><th colspan="3">类别</th><th>通式</th><th>结构特点</th><th>化学性质</th><th>物理性质</th><th>同分异构</th></tr>
<tr><td rowspan="3">链烃</td><td>饱和链烃</td><td>烷烃</td><td>C_nH_{2n+2}（$n \geqslant 1$）</td><td>含C—C键
链状</td><td>取代、氧化</td><td rowspan="3">一般随着分子中碳原子数的增多，熔点和沸点升高，密度增大</td><td rowspan="5">化合物具有相同的分子式，但具有不同结构和性质的现象，叫做同分异构现象。具有同分异构现象的化合物互称为同分异构体</td></tr>
<tr><td rowspan="2">不饱和链烃</td><td>烯烃</td><td>C_nH_{2n}（$n \geqslant 2$）</td><td>含C═C键
链状</td><td>加成、氧化、聚合</td></tr>
<tr><td>炔烃</td><td>C_nH_{2n-2}（$n \geqslant 2$）</td><td>含C≡C键
链状</td><td>加成、氧化、聚合、金属炔化物的生成</td></tr>
<tr><td rowspan="2">环烃</td><td>脂肪烃</td><td>环烷烃</td><td>C_nH_{2n-2}（$n \geqslant 3$）</td><td>环状
碳碳间以单键相连</td><td>取代（大环）、加成（小环）、氧化</td><td>同碳数的环烷烃的熔沸点高于开链烷烃</td></tr>
<tr><td colspan="2">芳香烃—苯及其同系物</td><td>C_nH_{2n-6}（$n \geqslant 6$）</td><td>含有苯环</td><td>取代、加成、氧化</td><td>简单苯的同系物常温下为液体</td></tr>
</table>

三、有机反应类型

1．取代反应

有机物分子中的某些原子或原子团被其他原子或原子团所代替的反应叫做取代反应。

2．加成反应

有机物分子里双键（或三键）两端的碳原子与其他原子或原子团直接结合，生成新的化合物的反应叫做加成反应。

3．氧化反应

有机物分子中引入氧或脱去氢，或同时引入氧也脱去氢的反应，叫做氧化反应。

4．聚合反应

在一定条件下，由相对分子质量小的不饱和化合物分子互相结合成相对分子质量很大的化合物分子（高分子化合物）的反应，叫做聚合反应。

自我检测

一、填空题

1．仅由________两种元素组成，且碳原子之间都以单键结合成链状的一类有机化合物叫________或________。通式为________________。

2. 化合物具有相同的________，但具有不同的________和________的现象叫同分异构现象。具有同分异构现象的化合物互称为________________。

3. 下列各组物质表示同一种物质的是________；表示互为同系物的是________；表示互为同分异构体的是________。

A. $CH_3(CH_2)_2CHCH_3$（3位碳上连 CH_3）与 $(CH_3)_2CHCH_2$（CH_2 上连 $CH_3—CH_2$）

B. $(H_3C)_2CHCH_2CH_2$（末端 CH_2 上连 CH_3）与 $CH_3—CH—CH_3$（中间 CH 上连 CH_3）

C. $(CH_3)_2CHCH_2CH_3$ 与 $(CH_3)_4C$

D. $CH_3(CH_2)_2C(CH_3)_3$ 与 $(CH_3)_3CCH(CH_3)_2$

4. 乙炔俗称______________，化学式为______________。实验室制取乙炔的反应式为________________________________。

5. 含有一个碳碳双键的烃，相对分子质量为56，化学式是________，可能有的结构简式为________、________和________。

二、选择题

1. 下列物质不属于有机物的是（　　）。

A. CH_4　　B. CH_3CH_2OH　　C. CO_2　　D. C_6H_6

2. 下述关于烃的叙述中，正确的是（　　）。

A. 烃是指分子里含有碳、氢元素的化合物

B. 烃是指分子里含有碳、氢、氧元素的化合物

C. 烃是指分子里含有碳元素的化合物

D. 烃是指分子里仅由碳和氢两种元素组成的化合物

3. 下列各组物质属于同系物的是（　　）。

A. C_2H_4 和 C_3H_8　　B. C_2H_6 和 C_6H_{14}

C. C_3H_4 和 C_5H_{10}　　D. CH_3Cl 和 CH_2Cl_2

4. 符合分子式 C_6H_{14} 的烷烃的同分异构体有（　　）种。

A. 3　　B. 4　　C. 5　　D. 6

5. 丙烷与氯气发生取代反应，生成的一氯取代产物可能有几种（　　）。

A. 1种　　B. 2种　　C. 3种　　D. 4种

6. 有关实验室制乙烯的说法，不正确的是（　　）。

A. 酒精和浓硫酸体积比为1∶3　　B. 温度计的水银球放在液面以上

C. 加热时使混合物温度迅速升高到170℃　　D. 烧瓶中可加入碎瓷片以防爆沸

7. 能用酸性 $KMnO_4$ 溶液鉴别的一组物质是（　　）。

A. 乙烯和乙炔　　B. 苯和己烷　　C. 苯和甲苯　　D. 戊烷和己烷

8. 下列物质不能与 $KMnO_4$ 酸性溶液和溴水反应的是（　　）。

A. 乙烯　　B. 乙炔　　C. 苯　　D. 甲苯

9. 下列关于苯的性质的叙述中，不正确的是（　　）。

A. 苯是无色带有特殊气味的液体

B. 常温下苯是一种不溶于水且密度小于水的液体

C. 苯在一定条件下能与溴发生取代反应

D. 苯不具有典型的双键所应具有的加成反应的性能，故不可能发生加成反应

10. 可用相同的气体发生装置来制备的一组气体是（　　）。

A. 乙炔和氢气　B. 甲烷和炔烃　C. 甲烷和氢气　D. 乙烯和氢气

三、判断题

1. 具有相同通式的物质是同系物。（　　）
2. 化学式相同，而结构和性质不同的物质，一定是同一种物质。（　　）
3. 乙烷在空气中可以燃烧，在光照条件下能与氯气发生取代反应。（　　）
4. 乙烯在空气里燃烧时，火焰比甲烷燃烧时的火焰明亮，且有黑烟生成。（　　）
5. 在有机物分子中引入磺基的反应叫磺化反应。（　　）

四、用系统命名法命名下列有机物

1. $CH_3—CH(CH_2CH_3)—CH_3$（CH 上连 CH_2—CH_3）　＿＿＿＿＿＿＿＿

2. $CH_3—CH(CH_3)—CH_2—CH(C_2H_5)—CH_3$　＿＿＿＿＿＿＿＿

3. $(CH_3)_3CC(CH_3)_3$　＿＿＿＿＿＿＿＿

4. $CH_3—CH(CH_3)—C(CH_3)=CH_2$　＿＿＿＿＿＿＿＿

5. $CH_3CH(CH_3)C \equiv CH$　＿＿＿＿＿＿＿＿

6. $CH_3(CH_2)_8CH=CH_2$　＿＿＿＿＿＿＿＿

7. 环己烷环上连 $—CH_3$　＿＿＿＿＿＿＿＿

8. 苯环对位连两个 CH_3　＿＿＿＿＿＿＿＿

五、写出下列反应的化学方程式，并指出反应的类型

1. 乙烷和氯气在光照条件下反应。
2. 丙烯与溴的反应。
3. 由乙烯制备聚乙烯的反应。
4. 环丙烷在室温下与溴的反应。

5. 苯与浓硝酸和浓硫酸共热的反应。

6. 苯与浓硫酸共热。

六、用化学方法鉴别下列每组有机物

1. 甲烷、乙烯、乙炔

2. 苯、甲苯、环己烷

第九章　烃的衍生物

教学要求

1. 掌握一些典型烃的衍生物（乙醇、苯酚、乙醚、乙醛、乙酸、溴乙烷、丙酮、乙酸乙酯）的结构特征和主要物理化学性质。

2. 了解醇、酚、醚、醛、羧酸、卤代烷、酮、酯的结构特点和主要性质。

3. 了解生产和生活中常见烃的衍生物的用途。

烃分子中的氢原子被其他原子或原子团取代后生成的化合物，叫做烃的衍生物。在烃的衍生物中，取代氢原子的其他原子或原子团，影响着烃的衍生物的性质，这种决定化合物主要性质的原子或原子团叫做官能团。烃的衍生物很多，本章将学习几种重要的烃的衍生物：乙醇、苯酚、乙醚、乙醛、乙酸、溴乙烷、丙酮、乙酸乙酯。

第一节　乙醇、苯酚、乙醚

一、乙醇

1. 乙醇的结构

乙醇俗称酒精，它的分子式、结构式和结构简式如下。

分子式	结构式	结构简式
C_2H_6O	$\begin{array}{c} \quad H \quad H \\ \quad | \quad\ | \\ H—C—C—O—H \\ \quad | \quad\ | \\ \quad H \quad H \end{array}$	CH_3CH_2—OH 或 C_2H_5OH

乙醇分子可以看做是乙烷分子里的 1 个氢原子被 1 个羟基（—OH）取代后的生成物。如图 9—1a、b 所示分别是乙醇分子的比例模型和球棍模型。

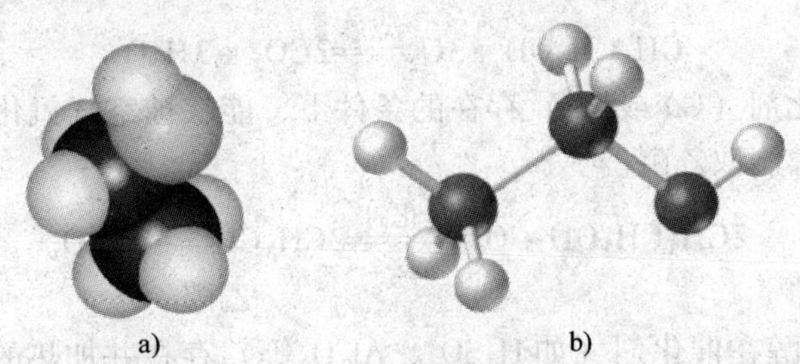

图 9—1　乙醇分子模型

a）乙醇分子的比例模型　b）乙醇分子的球棍模型

2. 乙醇的性质和用途

（1）乙醇的物理性质

乙醇是无色、透明，具有特殊香味的液体，密度是0.789 g/cm^3，沸点78℃，易挥发，易燃烧。乙醇能与水以任意比例互溶，能溶解多种有机物和无机物。工业用酒精约含乙醇95%（体积分数）。含乙醇99.5%以上的酒精叫无水酒精。

（2）乙醇的化学性质

乙醇分子是由乙基（$—C_2H_5$）和羟基（—OH）组成的，羟基比较活泼，它决定着乙醇的主要化学性质。乙醇分子中羟基上的反应有两种情况：一种是羟基的氢氧（O—H）键断裂，氢原子被取代；另一种是羟基与烃基相连的碳氧（C—O）键断裂，整个羟基被取代或脱去。

1）乙醇与活泼金属反应。

【课堂演示9—1】 向试管中注入1~2 mL无水乙醇，再放入1~2小块新切的、用滤纸擦干煤油的金属钠。观察反应现象并检验放出的氢气。

现象：可以看到，乙醇与金属钠的反应不如水与金属钠的反应剧烈，而是比较缓和，反应中放出大量的热，但不足以使氢气燃烧。这说明乙醇羟基中的氢原子不如水分子中的氢原子活泼。

实验结果表明，乙醇与金属钠起反应，生成乙醇钠并放出氢气。反应式如下：

$$2CH_3CH_2O—H + 2Na \longrightarrow \underset{\text{乙醇钠}}{2CH_3CH_2ONa} + H_2\uparrow$$

其他活泼金属，如钾、镁、铝等也能够把乙醇分子羟基中的氢原子取代出来。

2）乙醇与氢卤酸反应。乙醇与氢卤酸起反应时，分子里的碳氧键断裂，卤素原子取代了羟基的位置而生成了卤代烷和水。

例如，把乙醇与氢溴酸（通常用溴化钠和硫酸的混合物）混合加热，就能生成溴乙烷（油状液体）和水。

$$CH_3CH_2—OH + H—Br \overset{\triangle}{\rightleftharpoons} \underset{\text{溴乙烷}}{CH_3CH_2Br} + H_2O$$

该反应是可逆反应，常采用使其中一种反应物过量或除去所生成的水的方法，使平衡向右移动，从而可使反应进行到底。

3）氧化反应。乙醇在空气中能够燃烧，发出淡蓝色火焰，生成二氧化碳和水，同时放出大量的热。乙醇燃烧的化学方程式如下。

$$CH_3CH_2OH + 3O_2 \xrightarrow{\text{点燃}} 2CO_2 + 3H_2O$$

乙醇在加热和催化剂（Cu或Ag）存在的条件下，能够被空气氧化，生成乙醛。工业上根据这个原理，由乙醇制取乙醛。

$$2CH_3CH_2OH + O_2 \xrightarrow[\triangle]{\text{催化剂}} \underset{\text{乙醛}}{2CH_3CHO} + 2H_2O$$

4）脱水反应。乙醇在催化剂（如H_2SO_4、Al_2O_3等）存在并加热的条件下，容易发生脱水反应。如果反应条件（如温度）不同，乙醇脱水的方式也不同。

在较高温度下，主要发生分子内脱水，每一个乙醇分子会脱去一个水分子生成乙烯。化学方程式为：

$$\begin{array}{c} H\quad H \\ |\quad\ | \\ H-C-C-H \\ |\quad\ | \\ H\quad OH \end{array} \xrightarrow[\text{或 } Al_2O_3,\ 360℃]{\text{浓 } H_2SO_4,\ 170℃} \underset{\text{乙烯}}{CH_2=CH_2}\uparrow + H_2O$$

乙醇分子内脱水的反应是一种消去反应。有机化合物在适当的条件下，从一个分子中脱去一个小分子（如水、卤化氢等），而生成不饱和化合物（含碳碳双键或碳碳三键）的反应，叫做消去反应。

实验室用乙醇和浓硫酸共热到170℃左右来制取乙烯。工业上是将乙醇蒸气通过360℃的氧化铝催化剂生产乙烯，但因耗用大量的乙醇，故乙烯主要由石油裂解来制得。

在较低温度下，乙醇主要发生分子之间脱水，每两个乙醇分子间会脱去一个水分子，生成乙醚。

$$C_2H_5-O-H + H-O-C_2H_5 \xrightarrow[\text{或 } Al_2O_3,\ 240℃]{\text{浓 } H_2SO_4,\ 140℃} \underset{\text{乙醚}}{C_2H_5-O-C_2H_5} + H_2O$$

乙醇的脱水反应，说明反应条件对有机反应有很大的影响，相同的反应物在不同的反应条件下，可能生成不同的产物。

（3）乙醇的主要用途

乙醇的用途相当广泛。它是一种重要的有机溶剂，用于溶解树脂，制造涂料、提取油脂或药物等。乙醇也是重要的有机合成原料，用于制备乙醛、乙醚、乙酸乙酯（$CH_3COOCH_2CH_3$）、乙胺等。各种酒中都含有乙醇，啤酒含乙醇3%～5%，葡萄酒含乙醇6%～20%，黄酒含乙醇8%～15%，白酒含乙醇50%～70%（均为体积分数）。乙醇具有消毒杀菌作用，医疗上常用75%的酒精作消毒剂，用于皮肤和器械消毒。乙醇在实验室中可用做燃料，乙醇还可以调入汽油，作为汽车燃料。无水乙醇可用于擦拭音像设备的磁头。

想一想

1. 在乙醇与金属反应和乙醇与氢卤酸反应两个反应中，乙醇分子中各断裂了哪一条化学键？

A. C—H 键　B. C—C 键　C. C—O 键　D. O—H 键

2. 所有的脱水反应都是消去反应吗？

3. 其他重要的醇

脂肪烃分子中的氢原子或芳香烃侧链上的氢原子，被羟基取代后所生成的化合物，叫做醇。羟基（—OH）是醇的官能团。

根据醇分子中所含羟基的数目，可分为一元醇、二元醇、三元醇等，二元及以上的醇统称为多元醇。例如甲醇（CH_3OH）、乙二醇（$\begin{array}{l} CH_2-OH \\ | \\ CH_2-OH \end{array}$）、丙三醇（$\begin{array}{l} CH_2-OH \\ | \\ CH-OH \\ | \\ CH_2-OH \end{array}$），其中乙二醇、丙三醇是多元醇。

重要的醇除乙醇外，还有甲醇、乙二醇、丙三醇等。

甲醇又称“木精”，它是最简单的醇。甲醇是无色透明的液体，能与水及大多数有机溶剂互溶。甲醇易燃烧，易挥发，具有酒精的气味。甲醇有很强的毒性，饮用约10 mL就能使人眼睛失明，饮用多量会使人致死。工业酒精中往往含有甲醇，因此不能饮用，也不能用于医疗或食品工业上。

乙二醇俗称“甘醇”，是无色、黏稠、带有甜味的液体，易溶于水和乙醇，不溶于乙醚。工业上用乙二醇作为内燃机的抗冻剂，如作汽车水箱的防冻剂、飞机发动机的制冷剂等。乙二醇也是制涤纶的重要原料，同时也可用于制造合成树脂、合成纤维（涤纶）和炸药。

丙三醇俗称“甘油”，是一种无色、黏稠、有甜味的液体，无毒，吸湿性强，能与水、酒精以任意比例混溶，但不溶于乙醚、氯仿（$CHCl_3$）等有机溶剂中。甘油的用途很广，可作防冻剂和制冷剂。它大量用来制造三硝酸甘油酯（俗称硝化甘油），这种物质是一种烈性炸药的主要成分；硝化甘油在医疗上用做心绞痛的缓解药物。甘油还用于食品、医药、烟草、印刷、纺织、日化产品（如牙膏、香脂等）、加工皮革等，作甜味添加剂、吸湿剂、润滑剂等。

知识拓展

乙醇的工业制法

乙醇的工业制法有发酵法和乙烯水化法。

1. 发酵法

利用含淀粉很丰富的各种农产品，如高粱、玉米、薯类以及多种野生植物的果实等为原料，经过预处理后水解、发酵，制得发酵液（乙醇的质量分数约6%～10%），再进行精馏，最后可以制得工业酒精。利用酒曲发酵酿酒，是中国古代劳动人民的一项创造发明。

发酵法是制取乙醇的一种重要方法，但因消耗大量的粮食，成本较高。随着石油化工的发展，由乙烯产生乙醇的方法，目前已得到广泛的应用。

2. 乙烯水化法

利用石油裂解产生的乙烯为原料，在温度为280～300℃、压力为7 092～8 613 kPa和磷酸作催化剂的条件下，使乙烯与水起反应，生成乙醇。这种方法称作乙烯水化法。

$$CH_2{=\!=}CH_2 + H_2O \xrightarrow[\text{加热、加压}]{\text{浓} H_3PO_4\text{，硅藻土}} CH_3CH_2OH$$

用此法生产乙醇，成本低，产量高，能节约大量粮食。因此随着石油化工的发展，乙烯水化法发展很快。

二、苯酚

1. 苯酚的结构

羟基直接与苯环相连的化合物叫做酚。苯酚是最简单的酚，它是苯分子里只有一个氢原子被羟基取代后所得的生成物。苯酚的分子式是 C_6H_6O，它的结构式和结构简式是：

$$\begin{array}{c} H \\ | \\ O \\ | \\ C \\ H-C \quad\; C-H \\ H-C \quad\; C-H \\ C \\ | \\ H \end{array}$$

结构式

结构简式：苯环上连 OH，或 C_6H_5OH

如图 9－2 所示是苯酚分子的比例模型。

2. 苯酚的性质和用途

（1）苯酚的物理性质

苯酚俗称石炭酸，纯净的苯酚是无色针状晶体，有特殊臭味，露置在空气中会因被氧化而呈粉红色，熔点 43℃，沸点 182℃。

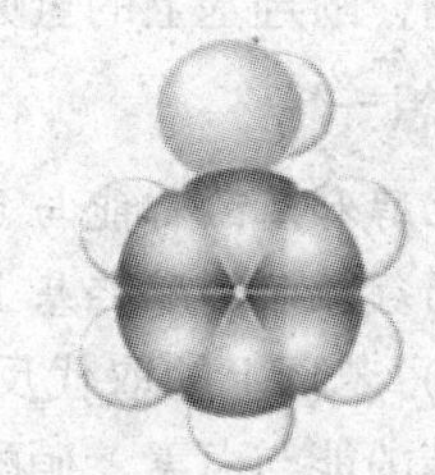

图 9—2　苯酚分子的比例模型

苯酚在常温下微溶于水，当温度高于 70℃时，能与水以任意比例互溶。苯酚易溶于乙醇、苯等有机溶剂。

苯酚有特殊气味、有毒，对皮肤、黏膜有强烈的腐蚀作用，也可抑制中枢神经系统或损害肝、肾功能。使用时应小心，若不慎沾到皮肤上，应立即用酒精洗涤。

（2）苯酚的化学性质

1）苯酚的弱酸性。

【课堂演示 9—2】　向一支试管中加入少量的苯酚晶体，再加入 1 ~2 mL 的蒸馏水，振荡试管，观察有什么现象发生？再逐滴滴加 10% 的 NaOH 溶液并振荡试管，观察有什么现象发生？

现象：苯酚与水混合，液体浑浊，说明常温下苯酚在水中的溶解度不大，少量的苯酚晶体在 1 ~2 mL 的蒸馏水中不能完全溶解；当加入 NaOH 溶液后，试管中液体由浑浊变澄清，说明苯酚和 NaOH 发生了反应，反应方程式为：

$$C_6H_5OH + NaOH \longrightarrow C_6H_5ONa + H_2O$$

苯酚钠（易溶于水）

这个反应中，苯酚显示了酸性。

【课堂演示 9—3】　在上述实验所得的苯酚钠澄清溶液中缓慢通入 CO_2 气体，观察溶液的变化。

现象：苯酚钠溶液中通入二氧化碳后澄清溶液又变浑浊。这是因为易溶于水的苯酚钠在碳酸的作用下，重新生成苯酚。反应方程式为：

$$C_6H_5ONa + CO_2 + H_2O = C_6H_5OH + NaHCO_3$$

这个反应说明了苯酚的酸性比碳酸弱。

在苯酚分子中，由于羟基和苯环直接相连，受苯环的影响，使得苯酚具有酸性。但苯酚的酸性比碳酸还弱。它不能使紫色石蕊试液（或蓝色石蕊试纸）变红，也不能与碳酸氢钠溶液起反应。这是因为苯酚里的羟基在水溶液中只能够发生微弱电离，生产极少量的 H^+ 的缘故。

前面学过，乙醇（C_2H_5OH）能与 Na 等金属起反应生成 H_2，说明乙醇的羟基也具有一定的活动性；但乙醇在水溶液中很难电离出 H^+，因此不能与碱反应生成盐。这说明受苯环的影响，酚羟基上的氢原子比醇羟基上的氢原子活泼。

想一想

乙醇和苯酚都能与 Na 等金属反应，苯酚还能与碱反应，而醇不能与碱反应，说明酚羟基上的氢原子和醇羟基上的氢原子哪个更活泼?

2）苯环上的取代反应。在苯酚分子中，苯环受羟基的影响，比苯更容易发生取代反应。苯酚能与卤素、硝酸等发生取代反应，反应容易在羟基的邻位和对位上发生，而且生成多元取代物。

【课堂演示 9—4】 向盛有少量苯酚稀溶液的试管中，滴入过量的浓溴水，观察发生的现象。

现象：立即有白色沉淀生成。苯与溴水在通常条件下不起反应，但苯酚与溴水既不需要加热，也不用催化剂，很快生成2，4，6－三溴苯酚白色沉淀。

$$C_6H_5OH + 3Br_2 \xlongequal{H_2O} C_6H_2Br_3OH \downarrow + 3HBr$$

2，4，6－三溴苯酚

三溴苯酚的溶解度很小，苯酚与溴的反应很灵敏，常用于苯酚的定性检验和定量测定。

苯酚与浓硝酸起反应，能生成2，4，6－三硝基苯酚。

$$C_6H_5OH + 3HNO_3\text{（浓）} = C_6H_2(NO_2)_3OH + 3H_2O$$

2，4，6－三硝基苯酚

2，4，6－三硝基苯酚俗称苦味酸，是一种黄色晶体。苦味酸是一种强酸，其水溶液的酸性与强无机酸相近。苦味酸极易爆炸，可作炸药，也可作制造染料的原料。

3）显色反应。

【课堂演示9—5】 向试管中加入2 mL 2%（质量分数）的苯酚溶液，再向其中滴入几滴1%（质量分数）的$FeCl_3$溶液，振荡试管，观察溶液的颜色。

现象：可以看到，苯酚与氯化铁溶液反应显现紫色。利用这个反应可检验苯酚的存在。

大多数酚与氯化铁溶液都发生显色反应。不同的酚显色不同。酚与氯化铁的显色反应，常用来检验酚的存在。

（3）苯酚的用途

苯酚是一种重要的化工原料，主要用于制备酚醛树脂（俗称电木）、离子交换树脂、环氧树脂、合成纤维（如锦纶）、合成香料、医药（如阿司匹林）、染料（如分散红3B）、农药（如除草剂）、炸药（如苦味酸）等。

苯酚有很强的杀菌能力，可用于环境消毒，苯酚的稀水溶液可直接用做防腐剂和消毒剂；纯净的苯酚在医药上可配成洗涤剂和软膏，有杀菌、止痛效用；药皂中也掺有少量苯酚。

想一想

与苯的溴代反应相比较了苯酚与溴水反应的难易程度。试分析原因。

知识拓展

酚　类

与苯酚类似，有机化合物分子中羟基直接与苯环相连的化合物叫做酚。酚按照分子中所含的羟基数目，可分为一元酚、二元酚、三元酚等，二元及以上统称多元酚。酚类的命名一般是以酚作为母体，就是在“酚”字前面加上其他取代基的位次、数目和名称及芳环的名称。例如。

一元酚：

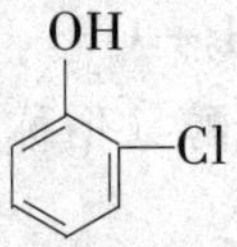

邻氯苯酚 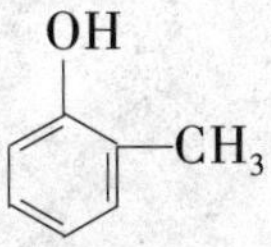　　邻甲苯酚 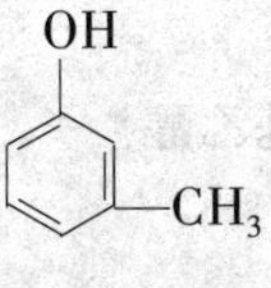　　间甲苯酚 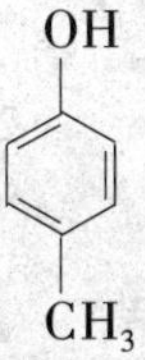　　对甲苯酚

多元酚：

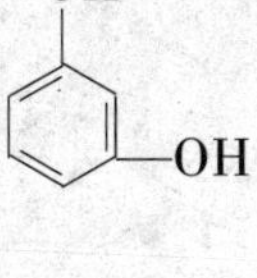

间苯二酚 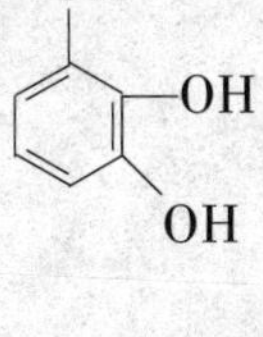　　1，2，3－苯三酚（连苯三酚） 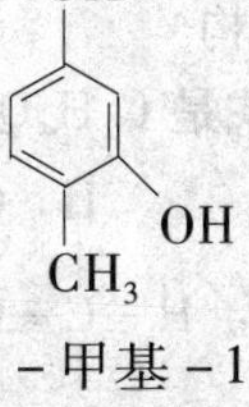　　4－甲基－1，3－苯二酚

三、乙醚

乙醚分子式是$C_4H_{10}O$，它的结构简式是$CH_3CH_2OCH_2CH_3$或$C_2H_5OC_2H_5$

乙醚是一种无色具有特殊气味的液体，沸点34.5℃，微溶于水，易溶于有机溶剂，能

与乙醇、苯、氯仿等混溶。

乙醚容易挥发，容易燃烧，空气中如果混有一定比例的乙醚蒸气，遇火就会发生爆炸。乙醚长时间与氧接触和光照，会慢慢氧化成过氧化物，过氧化物不稳定，受热易爆炸，为避免生成过氧化物，常在乙醚中加入抗氧剂。

乙醚化学性质比较稳定，常温下不与金属钠作用，对碱、强氧化剂、强还原剂都很稳定。但在它的官能团醚键（—O—）上，也能发生一些反应。

乙醚是一种优良的有机溶剂和萃取剂，可做蜡、脂肪、油、香料、生物碱、橡胶等的溶剂。

乙醚具有麻醉作用，在医药上可用做外科手术时的麻醉剂。

知识拓展

醇的系统命名法

醇的系统命名法通常是选择连有羟基的最长碳链为主链，把支链看成取代基；从离羟基最近的一端开始，将主链碳原子依次编号，按照主链碳原子的数目称为某醇；取代基的位置用阿拉伯数字标在取代基名称的前面，羟基位置用阿拉伯数字标在醇的前面。例如，

$$HO-CH_2-\underset{\displaystyle CH_3}{\underset{|}{CH}}-CH_2-CH_3$$

2—甲基—1—丁醇

$$CH_3-\overset{\displaystyle CH_3}{\overset{|}{\underset{\displaystyle CH_3}{\underset{|}{C}}}}-OH$$

2—甲基—2—丙醇

$$HO-CH_2-\underset{\displaystyle CH_3}{\underset{|}{CH}}-CH_2-CH_2-CH_2-CH_3$$

2—庚醇

$$C_6H_5-CH_2-CH_2-OH$$

2—苯基乙醇

$$\begin{array}{l} CH_2-OH \\ | \\ CH-OH \\ | \\ CH_2-OH \end{array}$$

丙三醇（俗称甘油）

第二节　乙醛及醛类

一、乙醛

1. 乙醛的结构

乙醛的分子式是 C_2H_4O

它的结构式为 $H-\overset{\displaystyle H}{\overset{|}{\underset{\displaystyle H}{\underset{|}{C}}}}-\overset{\displaystyle O}{\overset{\|}{C}}-H$

结构简式为 $CH_3-\overset{\displaystyle O}{\overset{\|}{C}}-H$ 或 CH_3CHO

如图 9—3 所示是乙醛分子的球棍模型和比例模型。

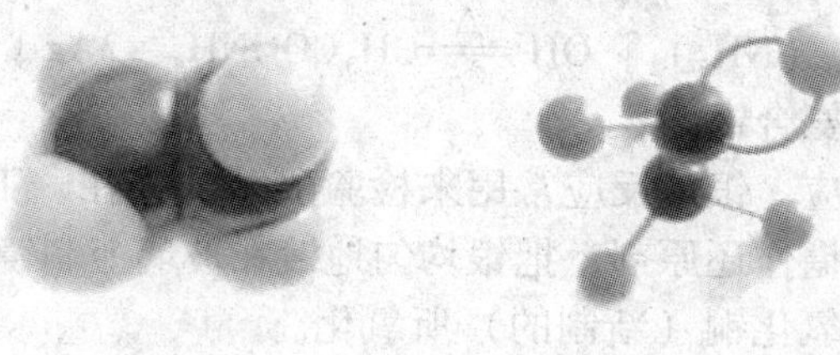

a)　　　　b)

图 9—3　乙醛分子的模型

a）乙醛分子的比例模型　b）乙醛分子的球棍模型

2. 乙醛的性质和用途

（1）乙醛的物理性质

乙醛是无色有刺激性气味的液体，沸点 20.8℃，密度是 0.78 g/cm^3，能与水、乙醚、乙醇、氯仿等互溶。乙醛易挥发，易燃烧，其蒸气与空气能形成爆炸性的混合物，爆炸极限是 4% ~57%（体积分数）。

（2）乙醛的化学性质

乙醛分子中的原子团 $-\overset{\overset{\displaystyle O}{\|}}{C}-H$ （或—CHO）叫做醛基，它对乙醛的化学性质起决定作用。

1）加成反应。乙醛分子里醛基上的碳氧双键与烯烃中的碳碳双键相似，具有不饱和性，能够发生一系列的加成反应。例如，乙醛在镍作催化剂时，能与氢气发生加成反应，乙醛被还原成乙醇。

$$CH_3-\overset{\overset{\displaystyle O}{\|}}{C}-H + H_2 \xrightarrow[\triangle]{Ni} CH_3CH_2OH$$

这一反应也是还原反应。在有机反应中，通常把有机物分子中引入氢或失去氧的反应，或同时引入氢也失去氧的反应，叫做还原反应。

想一想

对比乙烯碳碳双键（C═C）加成反应和乙醛醛基（ $-\overset{\overset{\displaystyle O}{\|}}{C}-H$ ）加成反应的异同。

2）氧化反应。乙醛具有还原性，易被氧化，生成乙酸。

①乙醛能被弱氧化剂硝酸银的氨水溶液氧化

【课堂演示 9—6】　在一支洁净的试管里加入 1 ~2 mL 2%（质量分数）的 $AgNO_3$ 溶液，然后逐滴滴入 2% 的稀氨水，边滴边摇动试管，直至最初产生的沉淀恰好溶解为止（这时得到的溶液通常叫做银氨溶液，也叫托伦试剂），再向其中滴入 3 滴乙醛，振荡后把试管放在热水浴中静置。观察现象。

不久可以看到，试管内壁上附着一层光亮如镜的金属银。

在这个反应中，硝酸银与氨水起反应，生成名称为氢氧化二氨合银的复杂化合物，其化学式为 $[Ag(NH_3)_2]OH$，它是一种弱氧化剂，它能把乙醛氧化成乙酸，乙酸又与氨生成乙酸铵，而银离子被还原成金属银，附着在试管内壁上，形成了明亮的银镜。化学反应的方程式为：

$$CH_3CHO + 2[Ag(NH_3)_2]OH \xrightarrow{\triangle} CH_3COONH_4 + 2Ag\downarrow + 3NH_3\uparrow + H_2O$$

氢氧化二氨合银　　　　　　　　乙酸铵

这个反应又叫银镜反应。银镜反应常用来检验醛基的存在。工业上利用这一反应原理，生产上常用含醛基的葡萄糖作还原剂，把银均匀地镀在玻璃上制镜或镀在保温瓶胆上。

②乙醛被弱氧化剂氢氧化铜（新制的）所氧化。

【课堂演示9—7】 向试管中加入10%（质量分数）的NaOH溶液2 mL，再滴入2%的$CuSO_4$溶液4～6滴，振荡后加入乙醛稀溶液0.5 ml，加热至沸腾。观察发生的现象。

可以看到，溶液中有红色沉淀产生。

在上述实验中，乙醛被氢氧化铜氧化，生成乙酸，而乙醛具有还原性，它把反应中生成的氢氧化铜还原成红色的氧化亚铜沉淀。

$$CuSO_4 + 2NaOH = Cu(OH)_2\downarrow + Na_2SO_4$$

$$CH_3CHO + 2Cu(OH)_2 \xrightarrow{\triangle} CH_3COOH + Cu_2O\downarrow + 2H_2O$$

（红色）

这个反应又叫费林反应，此反应也可以用来检验醛基的存在。

③乙醛被氧气氧化。在一定温度和催化剂存在的条件下，乙醛能被空气中的氧气氧化成乙酸。

$$2CH_3-\overset{\overset{\displaystyle O}{\|}}{C}-H + O_2 \xrightarrow[\triangle]{催化剂} 2CH_3COOH$$

乙酸

在工业上，可以利用这个反应来制取乙酸。

3）与品红试剂的反应。品红是一种红色染料，将品红的盐酸盐溶于水，呈粉红色，通入SO_2气体，使溶液的颜色褪去，这种无色的溶液叫做品红试剂，亦称希夫（Schiff）试剂。

【课堂演示9—8】 在试管中加入1 mL品红试剂，再滴入3～4滴40%（质量分数）的乙醛溶液，摇匀后静置，观察溶液颜色的变化。

可以看到，乙醛与品红试剂发生反应，溶液呈现紫红色。此反应非常灵敏，是鉴别醛较为简便的方法。

（3）乙醛的用途

乙醛是有机合成工业中的重要原料，用于制备乙酸、乙酸酐、丁二烯、丁醇、合成树脂、橡胶、塑料、香料等，也用于制药、造纸、医药、制革。

二、醛类

乙醛（CH_3CHO）是由甲基和醛基相连而构成的化合物。在有机化合物中，还有许多在分子结构和化学性质上都与乙醛相似的物质，如甲醛（HCHO）、丙醛（CH_3CH_2CHO）、丁醛（$CH_3CH_2CH_2CHO$）、苯甲醛（$C_6H_5-\overset{\overset{\displaystyle O}{\|}}{C}-H$）等，它们统称醛类。

醛的通式为 $R-\overset{\overset{\displaystyle O}{\|}}{C}-H$（甲醛例外），简写为RCHO，醛分子中都含有醛基（—CHO）

官能团。

1. 醛的性质

（1）醛的物理性质

在醛类中，除甲醛在常温下是气体外，其他的低级醛（分子里含碳原子较少的醛）大多数是液体，高级醛（分子里含碳原子较多的醛）是固体。

低级醛具有强烈的刺激性气味，中级醛（分子中含有8～13个碳原子的醛）有果香气味，所以分子中含有9～10个碳原子的醛应用于香料工业中。低级醛易溶于水，如甲醛、乙醛都能与水混溶，其余的醛在水中的溶解度随分子中碳原子数目的增加而减小，而分子中含6个碳原子以上的醛基本不溶于水。醛都易溶于苯、醚、四氯化碳等有机溶剂中。

（2）醛的化学性质

由于醛类分子里都含有醛基，所以它们的化学性质与乙醛很相似。例如，它们都能被还原为醇，被氧化为羧酸，能起银镜反应等。

2. 几种重要的醛

重要的醛除乙醛外，还有甲醛、苯甲醛等。

（1）甲醛

甲醛又称蚁醛，常温下为无色具有强烈刺激性气味的气体，易溶于水，一般以溶液状态保存，沸点为－21℃。甲醛蒸气与空气形成爆炸性混合物，爆炸极限为7%～73%（体积分数）。甲醛有毒，对眼黏膜、皮肤有刺激作用，过量吸入其蒸气会引起中毒。

35%～40%（质量分数）的甲醛水溶液叫做福尔马林，常用做杀菌剂和生物标本的防腐剂。在农业上常将福尔马林稀释成0.1%～0.5%（质量分数）的稀溶液用来浸泡种子，给种子消毒。

甲醛的用途非常广泛，合成树脂、表面活性剂、塑料、橡胶、皮革、造纸、染料、制药、农药、照相胶片、炸药、建筑材料以及消毒、熏蒸和防腐过程中均要用到甲醛，它是一种重要的有机化工原料。

（2）苯甲醛

苯甲醛俗称苦杏仁油，又称安息香醛，为苦杏仁味无色油状液体，沸点178℃，微溶于水，溶于乙醇、乙醚等有机溶剂。苯甲醛广泛存在于植物（如苦杏仁、桃李等果核）中。

苯甲醛是医药、染料、香料和树脂工业的重要原料，还可用做溶剂、增塑剂和低温润滑剂等。在香精业中主要用于调配食用香精，少量用于日化香精和烟用香精中。

想一想

如何用化学方法鉴别乙醇、乙醛和苯酚？

知识拓展

电　木

电木的化学名称叫酚醛塑料，是塑料中第一个投入工业生产的品种。酚类和醛类化合物在酸性或碱性催化剂作用下，经缩聚反应可制得酚醛树脂。将酚醛树脂和锯木粉、滑石粉（填料）、乌洛托品（固化剂）、硬脂酸（润滑剂）、颜料等充分混合，并在混炼机中加热混炼，即得电木粉。将电木粉在模具中加热压制成型后得到热固性酚醛塑料制品。

电木具有较高的机械强度、良好的绝缘性，耐热、耐腐蚀，因此常用于制造电器材料，如开关、灯头、耳机、电话机壳、仪表壳等，“电木”由此而得名。

酚醛树脂的缺点是机械性能较差，也不耐油和化学腐蚀，为了克服上述缺陷，人们对酚醛树脂进行了改性，在酚醛树脂中加入不同的填料可得到功能各异的改性酚醛塑料，如在配料中加入石棉、云母，能增加它的耐酸、耐碱、耐磨性，可用做化工设备材料和电机、汽车的配件；加入玻璃纤维可以增加硬度，可用做机器零件等。

酚醛塑料由于原料来源丰富，合成工艺简单，价格便宜，产品又具有优良的性能，目前仍然是世界上产量最大的热固性塑料。

第三节　乙酸、羧酸

一、乙酸

1. 乙酸的结构

乙酸俗称醋酸，它是食醋的主要成分。普通食醋中含6% ~10%（质量分数）的乙酸。

乙酸的分子式是 $C_2H_4O_2$，结构简式是 $CH_3-\overset{\overset{\displaystyle O}{\|}}{C}-OH$ 或为 CH_3COOH。如图 9—4 所示是乙酸分子的比例模型。

乙酸分子中的 $-\overset{\overset{\displaystyle O}{\|}}{C}-OH$ （或—COOH）官能团叫做羧基。

图 9—4　乙酸分子的比例模型

2. 乙酸的性质和用途

（1）乙酸的物理性质

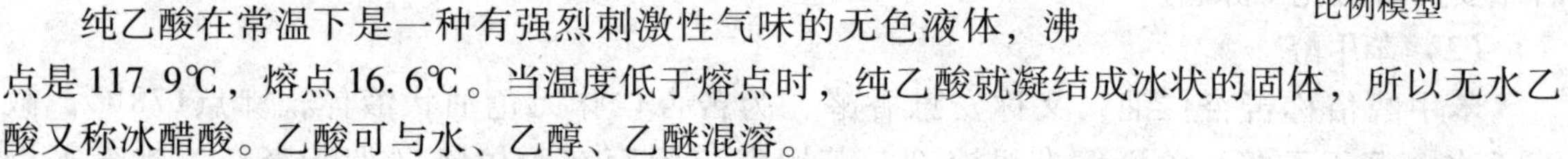

纯乙酸在常温下是一种有强烈刺激性气味的无色液体，沸点是 117.9℃，熔点 16.6℃。当温度低于熔点时，纯乙酸就凝结成冰状的固体，所以无水乙酸又称冰醋酸。乙酸可与水、乙醇、乙醚混溶。

（2）乙酸的化学性质

乙酸的化学性质主要由羧基决定。

1）酸性。乙酸在水溶液中仅能部分电离，产生氢离子。电离方程式如下。

$$CH_3COOH \xrightleftharpoons{浓\ H_2SO_4} H^+ + CH_3COO^-$$

乙酸是一种弱酸，其酸性比碳酸强。乙酸具有酸的通性，其溶液能使紫色石蕊试液变红色，能与金属、碱性氧化物、碱、盐起反应。例如，

$$2CH_3COOH + Mg = (CH_3COO)_2Mg + H_2\uparrow$$

乙酸镁

$$2CH_3COOH + CaO = (CH_3COO)_2Ca + H_2O$$

乙酸钙

$$CH_3COOH + NaOH = CH_3COONa + H_2O$$

$$2CH_3COOH + Na_2CO_3 = 2CH_3COONa + CO_2\uparrow + H_2O$$

2）酯化反应。

【课堂演示 9—9】 在大试管中加入乙醇 3 mL，然后边摇动，边慢慢加入 2 mL 浓硫酸和 2 mL 冰醋酸（为防止液体沸腾产生气泡而将液体冲出，加入少许瓷片）。用酒精灯小心均匀地加热试管 3 ~ 5 分钟。并把产生的蒸气经导管通入另一支盛有饱和碳酸钠溶液的试管中（见图 9—5）。

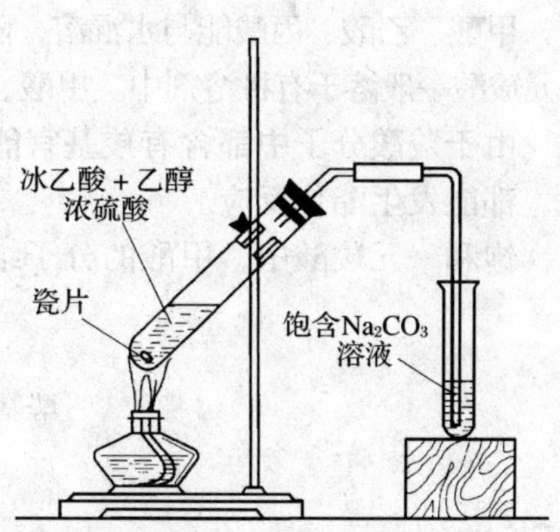

图 9—5 乙酸的酯化反应

在液面上可以看到有透明油状液体产生，并可闻到一种香味。这是因为在浓硫酸存在并加热的条件下，乙酸能与乙醇起反应，生成有香味的油状液体，这种液体就是乙酸乙酯，乙酸乙酯属于酯类化合物的一种。该反应的化学方程式为：

$$CH_3-\overset{\overset{\displaystyle O}{\|}}{C}-OH + H-O-C_2H_5 \xrightleftharpoons[\triangle]{浓\ H_2SO_4} \underset{乙酸乙酯}{CH_3-\overset{\overset{\displaystyle O}{\|}}{C}-OC_2H_5} + H_2O$$

酸与醇作用，生成酯和水的反应叫做酯化反应。这个反应的过程是乙酸分子中羧基上的羟基与乙醇分子里羟基中的氢原子结合生成水，其余部分互相结合生成酯。

上述酯化反应生成的乙酸乙酯在同样的条件下，又能部分地发生水解反应，生成乙酸和乙醇，所以是可逆反应。

想一想

1. 通过乙酸和乙醇的反应过程，讨论分析酯化反应的机理。

2. 在乙醇的酯化反应实验中，浓硫酸的作用是什么？乙酸乙酯为什么要蒸馏导出？

3）乙酸的用途。乙酸是一种重要的有机化工原料，可用来生产醋酸纤维、合成纤维（如维纶）、喷漆溶剂、香料、染料、药物、农药等。

3. 乙酸的工业制法

过去工业上是用发酵法来制取乙酸的，即用含淀粉原料发酵制得乙醇，乙醇经发酵后制得乙醛，乙醛进一步被氧化就制得乙酸。但此法的产量受限制，远远不能满足工业发展的需要。因此目前工业上大都采用乙烯氧化法和烷烃直接氧化法制乙酸。

二、羧酸

在有机化合物里，有许多物质的分子结构与乙酸相似，这类分子是由烃基与羧基直接相连构成的有机化合物，统称为羧酸。例如甲酸（HCOOH）、丙酸（CH_3CH_2COOH）、丁酸（$CH_3CH_2CH_2COOH$）、苯甲酸（C_6H_5COOH）等。

羧酸分子中都含有羧基。除甲酸外，羧酸都可看成是烃分子中的氢原子被羧基取代而生成的化合物。

一元羧酸（分子中只含一个羧基）的通式可表示为 R—COOH。一元羧酸中，羧酸分子中的烃基含有较多碳原子的叫做高级脂肪酸，如硬脂酸（$C_{17}H_{35}COOH$）、油酸（$C_{17}H_{33}COOH$）。

在直链饱和一元羧酸中，甲酸、乙酸和丙酸都是具有刺激性酸味的液体，分子中含 4 ~ 9 个碳原子的羧酸是具有腐败恶臭气味的油状液体，分子中含 10 个以上碳原子的羧酸是无臭无味的蜡状固体。

甲酸、乙酸、丙酸能与水混溶，随着碳链的增长，羧酸的溶解度减小，固体羧酸不溶于水。一元羧酸一般溶于有机溶剂中。甲酸、乙酸的密度大于1 g/cm^3，其余羧酸的密度小于1 g/cm^3。

由于羧酸分子中都含有羧基官能团，所以它们都具有与乙酸相似的化学性质，如都有酸性，都能发生酯化反应。

饱和一元羧酸中，甲酸的分子结构比较特殊，它的分子中同时含有羧基和醛基：

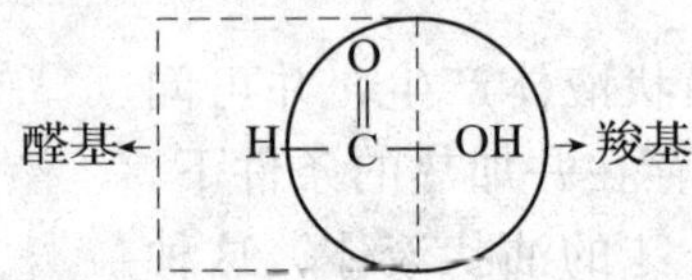

甲酸的分子结构决定了它既具有羧酸的性质，又具有醛的性质。例如，甲酸具有酸的通性，又具有还原性，能与银氨溶液发生银镜反应，也能把新制的氢氧化铜还原成红色的氧化亚铜沉淀，甲酸则被氧化成二氧化碳和水。

$$2HCOOH + Cu(OH)_2 \xlongequal{} Cu(CH_3O)_2 + 2H_2O$$

$$HCOOH + 2Cu(OH)_2 \xlongequal{\triangle} Cu_2O + CO_2\uparrow + 3H_2O$$

想一想

举例说明甲酸既具有羧酸的性质，又具有醛的性质，并写出有关的化学反应方程式。

知识拓展

生活中的有机酸

人们在生活中经常碰到无机酸，但有机酸的种类比无机酸还要繁多。除了前面已学过的甲酸（蚁酸）、乙酸（醋酸）以外，生活中还经常会遇到其他一些有机酸。

山楂、杨梅、生苹果之所以酸，是因为水果中含有一种叫做苹果酸的有机酸，它因最初从苹果中获得而得名，未成熟的水果中苹果酸的含量较多。苹果酸的学名叫羟基丁二酸。

菠菜有涩味，是因为菠菜中含有较多的草酸，草酸的学名叫乙二酸。把菠菜先用开水烫一下，可除去部分草酸，减少涩味。草酸容易与钙质反应生成难溶的草酸钙，影响人体对钙质的吸收。

饮料中有一种叫柠檬酸的有机酸，它的学名叫2－羟基丙烷－1，2，3－三羧酸（化学式 $C_6H_8O_7$），在柠檬、葡萄及橘科植物的果实中都含有较多的柠檬酸。柠檬酸用于香料或作为饮料的酸化剂。

牛奶放置时间长了会变酸，这是因为牛奶中含有乳糖。在微生物的作用下，乳糖分解而变成乳酸。人们在剧烈运动或劳动后会感到肌肉酸痛，也是由于乳酸在肌肉内积存过多的缘故。经过一段时间的休息之后，乳酸就逐渐转化为水和二氧化碳而使酸疼感消失。乳酸的学名叫2－羟基丙酸。

制药工业中更少不了有机酸，例如，常用的解热镇痛药阿司匹林（学名叫乙酰水杨酸）就是由水杨酸和醋酸酐反应制得的。水杨酸的酒精溶液以及苯甲酸软膏、十一烯酸等又可用来治疗因霉菌引起的癣病。水杨酸的学名叫邻羟基苯甲酸。

第四节　烃的其他衍生物

除了醇、酚、醚、醛、羧酸外，烃还有其他一些比较重要的衍生物，如卤代烃、酮、酯。本节将以溴乙烷、丙酮、乙酸乙酯为代表物，着重介绍这些烃的衍生物的结构、重要性质和用途。

一、卤代烃

烃分子中的一个或多个氢原子被卤素原子（—X）取代后所生成的化合物，称为卤代烃，简称卤烃。卤素原子是卤代烃的官能团，常用 R—X 表示。

在饱和卤代烃中，烷烃分子里的一个或几个氢原子被卤素原子取代后生成的化合物称为卤代烷，简称卤烷。例如三氯甲烷（$CHCl_3$）、四氯甲烷（CCl_4）、溴乙烷（CH_3CH_2Br）、氯乙烷（CH_3CH_2Cl）等。下面重点介绍溴乙烷。

溴乙烷的分子式为 C_2H_5Br，结构式为 $\begin{matrix} & & H & & H & & \\ & & | & & | & & \\ H & — & C & — & C & — & Br \\ & & | & & | & & \\ & & H & & H & & \end{matrix}$，结构简式为 CH_3CH_2Br 或 C_2H_5Br。如图 9—6 所示为溴乙烷分子的比例模型。

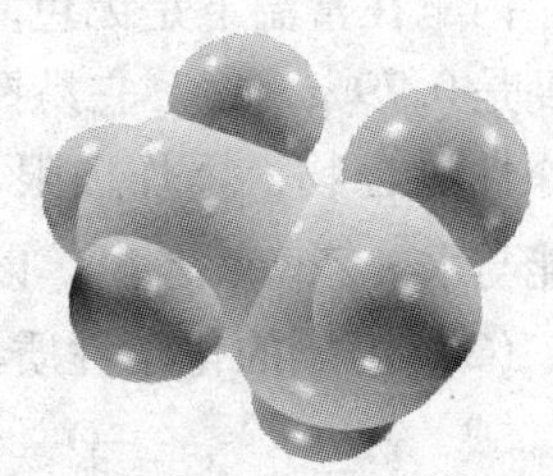
图9—6　溴乙烷分子的比例模型

溴乙烷是无色液体，沸点 38.4℃，密度比水大，不溶于水，易溶于醇、醚等有机溶剂，是良好的有机溶剂。

溴乙烷分子中，存在碳溴（C—Br）极性共价键，发生化学反应时容易断裂。能发生取代反应、消去反应等。

1. 取代反应

【课堂演示 9—10】　取一支试管，滴入 10～15 滴溴乙烷，再加入 1 mL 5% 的 NaOH 溶液，充分振荡，静置，待液体分层后，用滴管小心吸取 10 滴上层水溶液，移入另一盛有 10 mL稀 HNO_3溶液的试管中，然后加入 2～3 滴 2% 的 $AgNO_3$溶液，观察反应现象。

现象：反应中有浅黄色沉淀生成。这种沉淀是 AgBr。溴乙烷在 NaOH 存在的条件下可以跟水发生取代反应，分子中的溴原子被水分子中的羟基（—OH）取代而生成乙醇。反应式表示为：

$$C_2H_5—\boxed{Br + H}—OH \xlongequal{NaOH} C_2H_5—OH + HBr$$

溴乙烷与水的反应也可以看成水解反应。水解时可加热，同时加入 NaOH，中和生成的氢溴酸（HBr），使反应利于向正反应方向进行。

2. 消去反应

溴乙烷与强碱（如 NaOH 或 KOH）的醇溶液共热时，分子中就会脱去一个卤化氢分子而生成烯烃：

$$\underset{\boxed{H\quad\quad Br}}{CH_2—CH_2} + NaOH \xlongequal[\triangle]{醇} CH_2=CH_2\uparrow + NaBr + H_2O$$

卤代烷分子中脱去卤化氢的反应是一种消去反应。

二、酮

1. 酮的结构

酮是分子中含羰基（ $-\overset{O}{\overset{\|}{C}}-$ ）的烃的衍生物，在酮分子中，羰基不在碳链的一端，而是与两个烃基相连接。其通式表示为： $R-\overset{O}{\overset{\|}{C}}-R'$，其中 R、R′可以相同，也可以不同。酮分子中的羰基也可叫酮基，酮基是酮的官能团。

丙酮是最简单的酮，分子式是 C_3H_6O，它的结构式是 $CH_3-\overset{O}{\overset{\|}{C}}-CH_3$ ，结构简式是 CH_3COCH_3。丙酮分子的比例模型如图 9—7 所示。

图 9—7　丙酮分子的比例模型

2. 酮的性质和用途

（1）丙酮的物理性质

丙酮在常温下是无色具有特殊气味的液体，沸点 56.1℃，密度是 0.79 g/cm^3。它易挥发，易燃烧，其蒸气与空气能形成爆炸性混合物，爆炸极限为2.55% ~12.8%（体积分数）。丙酮能与水、乙醇、乙醚等以任意比例互溶，还能溶解脂肪、树脂、橡胶等有机物。

（2）丙酮的化学性质

丙酮分子中的 $-\overset{O}{\overset{\|}{C}}-$ 叫做羰基或酮基。丙酮能发生羰基加成反应。例如，在催化剂（镍或铂）存在的条件下，能与氢气起加成反应，生成异丙醇（2－丙醇）。

$$CH_3-\overset{O}{\overset{\|}{C}}-CH_3 + H_2 \xrightarrow{\text{Ni 或 Pt}} CH_3-\underset{OH}{\underset{|}{CH}}-CH$$

异丙醇

丙酮不易被氧化，它不与氨溶液起银镜反应，也不能把新制的氢氧化酮还原成红色的氧化亚铜沉淀，酮也不能使品红试剂显紫色，因此利用这些性质差异可以鉴别醛和酮。

（3）丙酮的用途

丙酮是重要的有机合成原料，用来制造有机玻璃、合成树脂、合成橡胶和药物等。丙酮也是重要的溶剂，广泛用于油漆、炸药、电影胶片等生产中。生活中可将其用做某些家庭生活用品（如液体蚊香）的分散剂，指甲油中含丙酮达35%，丝袜表面如被钩破，可以用指甲油涂在上面将其补好，这就是利用丙酮的溶解性。

想一想

1. 相同碳原子的醛和酮互为同分异构体，对吗？
2. 乙醛和丙酮在结构和性质上有什么异同？

三、酯

酸与醇脱水生成的一类化合物叫做酯。酯的一般通式表示为 $R—\overset{\overset{\displaystyle O}{\|}}{C}—O—R'$ 或 RCOOR′，其中 R 和 R′可以相同，也可以不同。

酯类化合物是根据生成酯的酸和醇的名称来命名的。命名方法可称为某酸某酯，即把酸的名称写在前面，而把醇的名称写在后面，把“醇”字换成“酯”字。例如，甲酸与乙醇起反应生成的酯叫做甲酸乙酯（$HCOOC_2H_5$）；乙酸与乙醇起反应生成的酯叫做乙酸乙酯（$CH_3COOC_2H_5$）；丁酸与丙醇起反应生成的酯称作丁酸丙酯（$C_3H_7COOC_3H_7$）等。

乙酸乙酯又称醋酸乙酯，分子式为 $C_4H_8O_2$，结构式为 $CH_3—\overset{\overset{\displaystyle O}{\|}}{C}—O—CH_2—CH_3$，简写为 $CH_3COOC_2H_5$。纯净的乙酸乙酯是无色透明、具有果香味的液体，它密度比水小，微溶于水，易溶于乙醇、乙醚等有机溶剂，是一种良好的有机溶剂。

酯的重要化学性质是它能与水发生水解反应（酯与水起反应重新生成相应的酸和醇）。

例如，乙酸乙酯在无机酸或碱存在的条件下，发生水解反应生成乙酸和乙醇。

$$CH_3COOC_2H_5 + H_2O \xrightleftharpoons{\text{无机酸或碱}} CH_3COOH + C_2H_5OH$$

酯的水解反应是酯化反应的逆反应。

在碱存在的条件下，酯类水解生成的酸与碱发生中和反应生成盐，使上述平衡向右移动，此时水解程度就大，甚至可使水解反应进行到底。

$$RCOOH + NaOH = RCOONa + H_2O$$

当有无机酸存在时，它只起催化作用，不能减少水解生成的酸，由于同离子效应使上述平衡向右移动，酯水解的程度就小。

乙酸乙酯用途很广。主要用做溶剂，还可用于染料和一些医药中间体的合成，它是食用香精中用量较大的合成香料之一，大量用于调配香蕉、梨、桃、菠萝、葡萄等香型食用香精。除人工合成外，它还存在于许多酒以及菠萝、香蕉等果品中。

想一想

甲酸乙酯和乙酸甲酯在结构上有何不同？

知识拓展

油脂与肥皂

油脂普遍存在于植物的种子和动物的脂肪组织中。在室温下油脂呈固态、半固态和液态。一般把呈液态的油脂叫做油，呈固态或半固态的叫做脂肪。植物油脂通常呈液态，叫做油。动物油脂通常呈固态，叫做脂肪。油和脂肪统称油脂。人们日常食用的棉子油、花生油、豆油、猪油、牛油、羊油等都是油脂。油脂是人类生活上不可缺少的营养食物之一，而且是热能最高的营养成分，是重要的供能物质。正常情况下，每人每日需进食50 ~ 60 g 脂肪，约能供应日需总热量的20% ~25%。

油脂在化学成分上都是高级脂肪酸与甘油所生成的酯（高级脂肪酸甘油酯），它属于酯类。

形成油脂的高级脂肪酸，绝大多数是含偶数碳原子的高级脂肪酸，如硬脂酸

($C_{17}H_{35}COOH$)、软脂酸（$C_{15}H_{31}COOH$）或油酸（$C_{17}H_{33}COOH$）等。形成油脂的甘油是多元醇，分子中含有3个羟基，它既可以与一种脂肪酸形成酯，也可以与不同的脂肪酸形成酯。它们的结构可表示如下。

$$\begin{array}{l} \quad\ \ O \\ \quad\ \ \| \\ R—C—O—CH_2 \\ \quad\ \ O \qquad\ \ | \\ \quad\ \ \| \qquad\ \ | \\ R'—C—O—CH \\ \quad\ \ O \qquad\ \ | \\ \quad\ \ \| \qquad\ \ | \\ R''—C—O—CH_2 \end{array}$$

结构式中的R、R′、R″代表饱和脂肪烃基或不饱和脂肪烃基，它们可以相同，也可以不同。

工业上利用油脂在碱性条件下的水解反应（也叫皂化反应）来制取肥皂。

通常制取肥皂所用油脂是混合油脂。首先把动物性脂肪（羊脂、牛脂等）、植物油（棉子油、豆油等）和氢氧化钠溶液按一定比例放在皂化锅内，用蒸汽加热，同时适当进行搅拌，油脂在过量碱存在的条件下发生水解，生成高级脂肪酸的钠盐和甘油。皂化反应完成以后，得到高级脂肪酸钠、甘油和水形成的混合液。为使高级脂肪酸钠与甘油充分分离，继续加热搅拌，并将食盐细粒慢慢加入锅内，高级脂肪酸钠就从混合液中析出。这个加入食盐使肥皂析出的过程叫做盐析。此时，停止加热和搅拌，静置一定时间后，溶液就分成上下两层，上层是高级脂肪酸钠，下层是甘油和食盐的混合液。取出上层的高级脂肪酸钠，给其中加入填料（如松香和硅酸钠）等，进行压滤、干燥、成型，这样就制成了成品肥皂。下层混合液经分离提纯后，便得到甘油。

本章小结

一、烃的衍生物的结构特点和性质比较

类别	官能团	代表性物质	分子结构特点	主要化学性质
醇	—OH	乙醇 CH_3CH_2OH	—OH与链烃基直接相连；有C—O键和O—H键，有极性	1. 与金属钠反应，生成醇钠和氢气 2. 与氢卤酸反应，生成卤化烷和水 3. 氧化反应：在空气中燃烧，生成二氧化碳和水；被氧化剂氧化为乙醛 4. 脱水反应：170℃时发生分子内脱水，生成乙烯；140℃时发生分子间脱水，生成乙醚 5. 酯化反应：与酸反应生成酯
酚	—OH	苯酚 C_6H_5OH（结构式：苯环上连—OH）	—OH直接与苯环相连；酚上—OH的H比醇上—OH的H活泼；苯环上的H比苯活泼	1. 显弱酸性：与NaOH溶液反应，生成苯酚钠和水 2. 取代反应：与溴水反应，生成三溴苯酚白色沉淀 3. 显色反应：与铁盐（$FeCl_3$）反应，生成紫色物质

续表

类别	官能团	代表性物质	分子结构特点	主要化学性质
醚	—O—	乙醚 $C_2H_5OC_2H_5$	分子中含 C—O—C 键	1. 易被氧化 2. 具有可燃性，易挥发
醛	$-\overset{O}{\overset{\Vert}{C}}-H$	乙醛 $CH_3-\overset{O}{\overset{\Vert}{C}}-H$	C═O 双键有极性，具有不饱和性	1. 加成反应：用 Ni 作催化剂，与氢加成，生成乙醇 2. 氧化反应：能被弱氧化剂氧化生成羧酸（如银镜反应、还原氢氧化铜） 3. 与品红试剂的反应：能使品红试剂褪色
酮	$-\overset{O}{\overset{\Vert}{C}}-$	丙酮 $CH_3-\overset{O}{\overset{\Vert}{C}}-CH_3$	C═O 双键有极性，具有不饱和性	1. 加成反应 2. 具有可燃性
羧酸	$-\overset{O}{\overset{\Vert}{C}}-OH$	乙酸 CH_3COOH	—COOH 能电离出 H^+	1. 具有酸的通性 2. 酯化反应：与醇反应生成酯
酯	$-\overset{O}{\overset{\Vert}{C}}-O-$	乙酸乙酯 $CH_3COOC_2H_5$	分子中 RCO—和—OR′之间的键易断裂	水解反应：生成相应的羧酸和醇
卤代烃	—X	溴乙烷 CH_3CH_2Br	C—X 键有极性，易断裂	1. 取代反应：与 NaOH 溶液发生取代反应，生成醇 2. 消去反应：与强碱的醇溶液共热，脱去卤代氢，生成烯烃

二、烃的衍生物（代表物）之间的转化关系

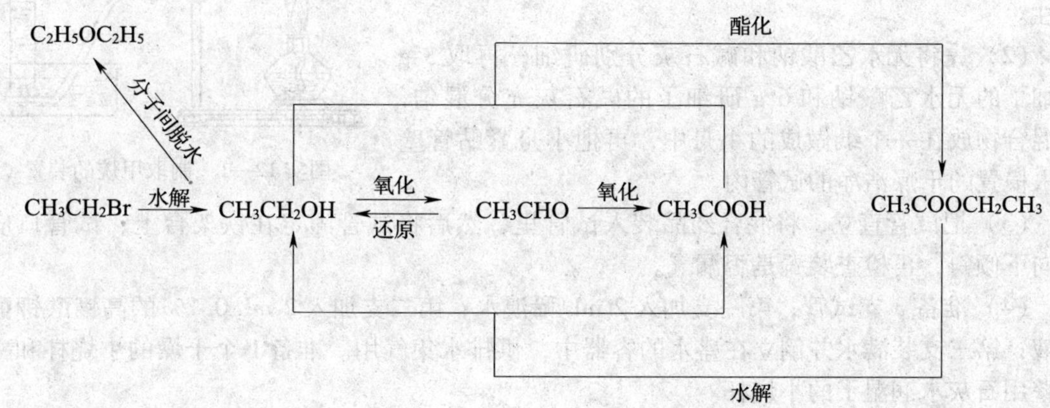

三、有机反应类型

1. 消去反应

有机化合物在适当的条件下，从一个分子中脱去一个小分子（如水、卤化氢等），生成不饱和化合物（含碳碳双键或碳碳三键）的反应，叫做消去反应。

2. 还原反应

在有机反应中，通常把有机物分子中引入氢或失去氧的反应，或同时引入氢也失去氧的反应，叫做还原反应。

3. 酯化反应

酸与醇作用，生成酯和水的反应叫做酯化反应。

实验十二　甲烷、乙炔的制备和性质

一、实验目的

1. 掌握甲烷、乙炔的实验室制法

2. 验证甲烷、乙炔的主要性质

二、实验用品

1. 仪器

铁架台、酒精灯、大试管、试管、试管架、橡皮塞、导管（导气管、尖嘴管）、小烧杯、玻璃棒、药匙、水槽、蒸馏烧瓶（100 mL）、分液漏斗、支管、温度计、平底烧瓶、瓷蒸发皿、研钵等。

2. 药品

干燥的无水乙酸钠、干燥的碱石灰、2%（质量分数）溴水、0.1%（质量分数）高锰酸钾酸性溶液、石灰水、电石、饱和食盐水、碎瓷片（或沸石）、2%（质量分数）的硝酸银溶液、10%（体积分数）氨水。

三、实验内容和步骤

1. 甲烷的制备

（1）按图实 12—1 将仪器放置好，并检查装置的气密性。

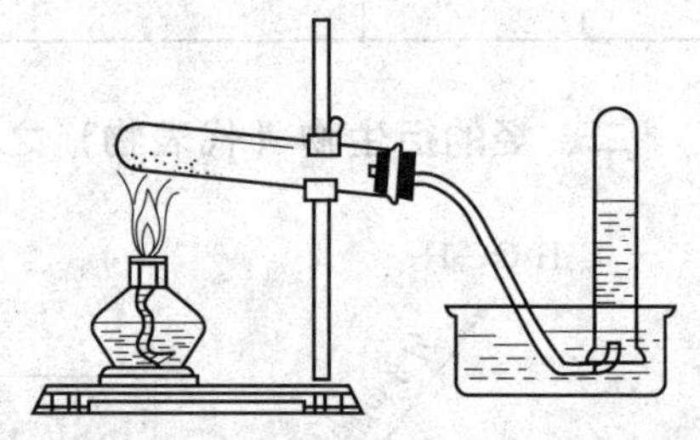

图实 12—1　制取甲烷的装置

（2）先将无水乙酸钠和碱石灰分别研细，再取 3 g 研细了的无水乙酸钠和 6 g 研细了的碱石灰充分混匀，将混合物放在一个纸做成的小舟中，再把小舟紧贴管壁放入横置的干燥洁净的试管内。

（3）把试管直立，将混合药品装入试管里，然后将试管固定在铁架台上，试管口应略微向下倾斜，再检查装置是否漏气。

（4）准备 3 支试管，第一支加入 2 mL 稀溴水；第二支加入 2 mL 0.1% 的高锰酸钾酸性溶液；第三支装满水并倒立在盛水的容器中，供排水集气用。准备 1 个干燥的小烧杯和一个内壁用石灰水润湿了的小烧杯。

（5）小心地加热盛有混合物的试管。先使酒精灯在试管下方来回移动，微热整个试管，使其均匀受热，然后在药品所在部位缓缓加热，使火焰由试管前部逐渐移向底部。待试管里的空气排尽后，用排水取气法收集一试管甲烷。

2. 甲烷的性质

（1）观察甲烷的颜色和状态，并闻它的气味（注意闻气体时的操作）。

（2）迅速将导管下端的弯曲玻璃管取下，换上一根直的下端有尖嘴的玻璃管。将导管插入盛溴水的试管中，观察溶液是否褪色。从溴水中取出导管，迅速用水洗净（避免试剂互相污染），然后插入盛有高锰酸钾酸性溶液的试管中，观察溶液是否褪色。

（3）在导管口点燃纯净的甲烷，观察火焰的颜色。在甲烷火焰的上方倒放一个干燥的小烧杯，注意烧杯内壁出现什么现象？再换一个内壁用石灰水润湿了的小烧杯，罩在甲烷火焰上，又观察到什么现象？

3. 乙炔的制备

（1）打好合适的双孔橡皮塞。

（2）取一只 100 mL 干燥、洁净的平底烧瓶（或圆底烧瓶），放入5~6 块豌豆大小的电石（约 7 g），将烧瓶固定在铁架台上。

（3）用配有一个长颈分液漏斗和导气管的双孔橡皮塞塞紧管口，分液漏斗里加入 15 mL 饱和食盐水，如图实12—2 所示。

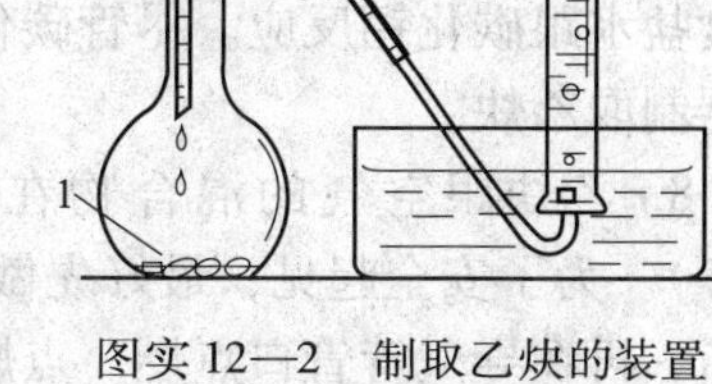

图实 12—2 制取乙炔的装置

1—电石 2—饱和食盐水

（4）缓慢旋开分液漏斗的旋塞，滴几滴到烧瓶中，控制好分液漏斗的滴液速度，使气体均匀地产生，产生的速度以能够数出气泡的数目为度。

（5）待试管内的空气排尽后，用排水集气法收集乙炔。

4. 乙炔的性质

乙炔的制取和性质实验是连续操作的，事先必须做好一切准备，充分利用乙炔气体。

（1）将乙炔气体通入盛有 2 mL 稀溴水的试管中，观察溴水的颜色变化。

（2）将乙炔气体通入盛有 2 mL 高锰酸钾酸性溶液的试管中，观察溶液颜色的变化。

（3）用试管取 2 mL 2% 的硝酸银溶液，滴入过量的 10% 氨水（使生成的沉淀刚好消失）后，通入乙炔，观察发生的现象。

（4）在导气管管口点燃已试纯的乙炔，观察乙炔燃烧时的火焰情况。

四、注意事项

1. 制备干燥无水的乙酸钠。由于市售乙酸钠是普通乙酸钠晶体（$CH_3COONa \cdot 3H_2O$），必须制成无水乙酸钠。因此，制取甲烷的关键是无水乙酸钠和碱石灰必须预先加热灼烧脱水处理。首先，把普通乙酸钠晶体放在瓷蒸发皿中用酒精灯加热，同时不断用玻璃棒搅拌（防止外溅和结块）。不久乙酸钠晶体溶化，溶解在自己的结晶水中（约 58℃），随着温度的升高，水分逐渐蒸发除去，得到白色固体（约 120℃）。继续加热，固体重新熔融，呈深灰色的液体状，离开火焰充分搅拌几分钟，放置稍冷后，转移到研钵中研细，立即装入密闭容器，并存放在干燥器中备用。

由于无水乙酸钠极易吸收水分，最好在使用前一天制备。储存过久的无水乙酸钠最好在使用前重新加热，以除去可能含有的水分。

2. 碱石灰是氢氧化钠和氧化钙的混合物，呈块状。使用碱石灰时，需在铁研钵中敲碎，再在瓷研钵中研碎。碱石灰在使用前也要灼烧脱水，烘干。

碱石灰中的氧化钙并不参加反应，但它的存在可以使反应物变得疏松，有利于生成的甲烷气体逸出。同时，氧化钙具有强吸湿性，可以吸收加热反应物时所释放出的水分。

3. 加热反应混合物温度开始要高，一旦气体产生，温度则要降低。加热过猛时，会发生副反应，产生丙酮等，影响实验效果。气体发生装置中，试管口略微向下倾斜是为了防止副产物丙酮的冷凝液倒流回试管底，引起试管炸裂，同时也减少丙酮蒸气混入甲烷中。

4. 若做溴水验证实验，通入甲烷气体的时间不宜过长，否则因溴易挥发，它可能被甲烷气体带走，溶液也会褪色。

5. 点燃甲烷前，必须检查甲烷的纯度。因为甲烷与空气混合物中如果甲烷占5%～15%，或甲烷与氧气混合物中甲烷占5.4%～59.2%时，遇火会发生爆炸。

6. 纯净的甲烷燃烧时火焰呈淡蓝色，由于含有少量丙酮和钠玻璃的原因，火焰可能微带黄色。

7. 制取乙炔时要用较大的碳化钙粒子，最好有蚕豆大小，它跟水的接触面积不要太大，防止反应太猛烈而产生大量泡沫，堵塞导管或从导管喷出。为了使反应缓慢地进行，常用饱和食盐水跟碳化钙反应。尽管碳化钙与水反应是固体与液体不加热的反应，但不能用启普发生器制取乙炔。

8. 乙炔跟空气的混合物在爆炸范围内遇火，会发生猛烈的爆炸（乙炔：2.5%～80%）。为了安全起见，最好先做跟溴水和高锰酸钾溶液的实验，将发生器里的空气全部排出后，再在导气管管口点燃。点燃前仍应检查气体的纯度。

9. 甲烷、乙炔性质检测实验所用的高锰酸钾溶液都不宜过浓，溴水用0.5%的较合适，高锰酸钾溶液可以用0.01%～0.05%，并先加几滴稀硫酸使高锰酸钾溶液酸化，以利氧化反应的进行。食盐水用量不宜过多，2～3 mL即可，这样反应现象明显，还可以防止因气流过急而使混合液冲出试管。

10. 乙炔本身是无色、无臭、无味的气体，但用电石与水反应生成的乙炔往往带有强烈的刺激性臭味。这是由于电石中含有少量的硫化钙、磷化钙、砷化钙等杂质，它们与水反应生成对应的氢化物 H_2S、PH_3、AsH_3混在乙炔中。这些气体产生，既有恶臭又有毒，要防止其逸出。实验完毕，最好在通风橱内或室外拆卸仪器。

五、思考题

1. 为什么制取甲烷时，反应物乙酸钠需要是无水的？

2. 加热制取甲烷的反应物时，温度不宜过高，若温度太高会怎样？

3. 为什么使用饱和食盐水来代替水与电石反应？

4. 制取乙炔实验中，应如何控制好反应速度？

实验十三　无水乙醇的制备

一、实验目的

1. 了解氧化钙法制备无水乙醇的原理和方法。

2. 熟练掌握回流装置的安装和使用方法。

二、实验用品

1. 仪器

100 mL圆底烧瓶，直、球形冷凝管，干燥管，铁架台，水浴锅、加热套等。

2．药品

95%（体积分数）乙醇、CaO（氧化钙）、NaOH（氢氧化钠）、无水硫酸铜（$CuSO_4$）、无水 $CaCl_2$（氯化钙）、沸石。

三、实验内容和步骤

1．按照图实 13—1 安装好回流装置。

2．回流加热除水

在 100 mL 的圆底烧瓶中，加入 20 mL 95%（体积分数）乙醇，慢慢放入 8 g 小颗粒状的氧化钙和几颗 NaOH，回流 1 h。

3．蒸馏

回流完毕，待反应体系稍冷，改为蒸馏装置，如图实 13—2 所示，以圆底烧瓶做接受器，并加入沸石，接引管支口上接盛有无水氯化钙的干燥管。所蒸得的乙醇密封储存，并用无水 $CuSO_4$ 检验。

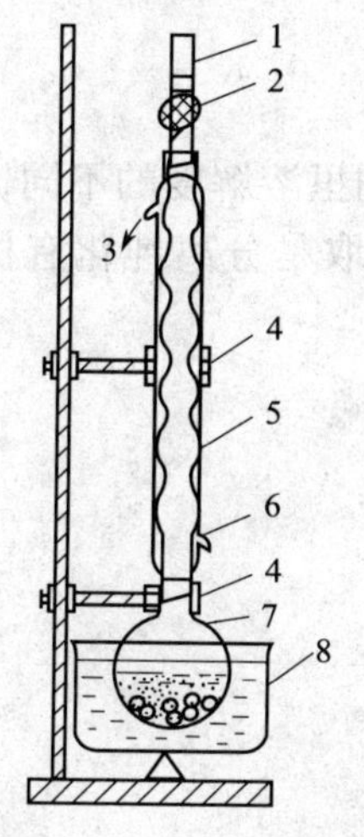

图实 13—1　回流装置

1—球形干燥管　2—无水 $CaCl_2$

3—出水口　4—冷凝管夹

5—球形冷凝管　6—入水口

7—圆底烧瓶　8—水浴锅

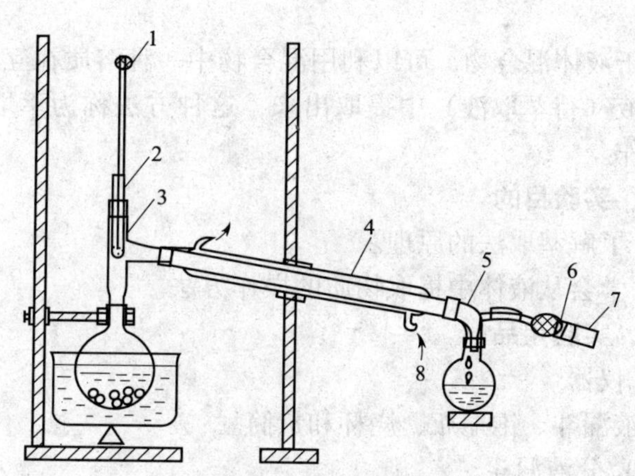

图实 13—2　蒸馏装置

1—温度计　2—温度计套管　3—出水口

4—直形冷凝管　5—蒸馏头　6—无水 $CaCl_2$

7—接引管　8—入水口

4．称量所蒸馏出的无水乙醇，并计算其产率。

四、注意事项

1．所用的仪器应事先干燥。

2．回流一定要从第一滴液体滴下时开始计时，否则时间不够，氧化钙与 95%（体积分数）乙醇反应不完全，导致产率偏低。

3．接引管支口上应接干燥管。

4．蒸馏开始时，应缓慢加热，使烧瓶内的物料缓慢升温。当温度计的温度达到乙醇的沸点时（78℃），再收集馏分；控制好温度，使之不超过 80℃，否则会使产率偏高。

5．务必使用颗粒状的氧化钙，切勿用粉末状的氧化钙，否则暴沸严重。

6. 安装温度计时，使水银球紧贴支管口下侧，确保蒸馏时水银球能完全被蒸汽包围，从而获得准确的读数。

7. 安装冷凝管时，要使冷凝水从下口进入，上口流出，确保“逆流冷却”。

8. 蒸馏装置的安装顺序一般由左至右，由下至上，首先从左下侧的热源开始安装。

9. 在 CaO 中还应该加入少许 NaOH。

五、思考题

1. 为什么仪器要先干燥？

2. 为什么接引管支口上应接干燥管？

3. 为什么在氧化钙中还应该加入少量氢氧化钠？

4. 如何计算产率？

实验十四　萃取基本操作

对于液体混合物，可以利用混合物中一种溶质在互不相溶的溶剂里溶解度的不同，把溶质从溶液（待萃取液）中提取出来，这种方法称为萃取分离法。萃取是分离纯化有机物的基本操作。

一、实验目的

1. 了解萃取法的原理。

2. 学会从液体中提取物质的操作方法。

二、实验用品

1. 仪器

分液漏斗、锥形瓶、烧杯和量筒。

(1) 分液漏斗

如图实 14—1 所示，最常用的萃取器皿是分液漏斗，常见的有圆球形、梨形和圆筒形三种。

分液漏斗从圆球形到圆筒形，其漏斗越长，振摇后两相分层所需时间越长。因此，当两相密度相近时，采用圆球形分液漏斗较合适。一般常用梨形分液漏斗。无论选用何种形状的分液漏斗，加入全部液体的总体积不得超过其容量的 3/4。

(2) 正确支架

盛有液体的分液漏斗，应妥善放置，否则玻塞及活塞易脱落，会导致倾洒液体，造成不应有的损失。

正确的支架方法通常有两种：一种是将其放在用石棉绳或塑料膜缠扎好的铁环上，铁环则牢固地被固定在铁支台的适当高度（见图实 14—2a）；另一种是在漏斗颈上配一塞子，然后用单爪夹牢固地将其夹住并固定在铁支台的适当高度（见图实 14—2b）。但不论如何放置，漏斗下口都应紧贴接收液体的容器内壁。

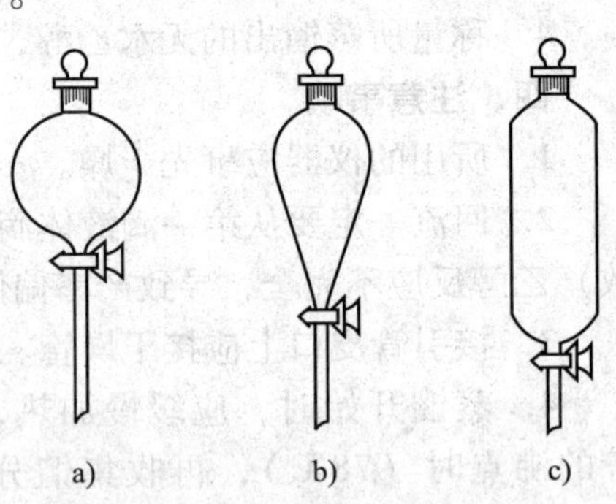

图实 14—1　各种形状的分液漏斗

a）圆球形　b）梨形　c）圆筒形

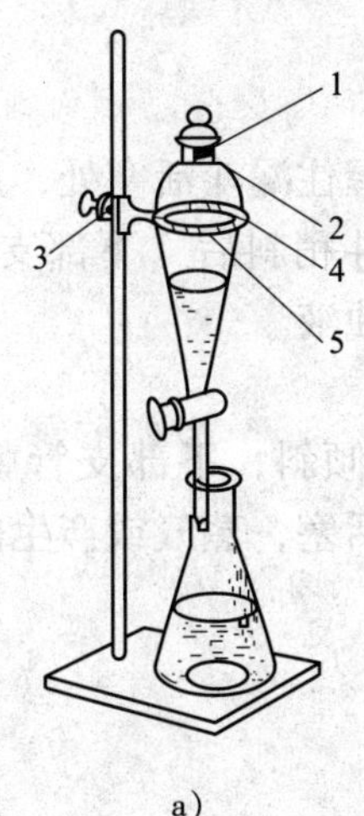

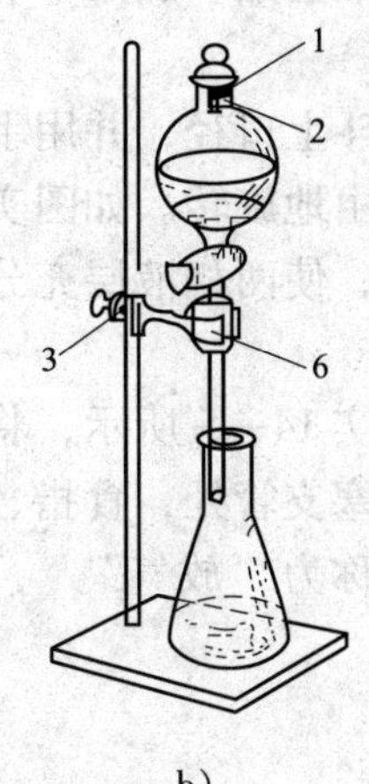

图实 14—2　分液漏斗的支架装置

1—小孔　2—玻塞上的侧槽　3—持夹　4—铁圈　5—缠扎物　6—单爪夹

（3）装配要点

1）检查玻塞和活塞芯是否与分液漏斗配套，如不配套，漏液有可能无法操作。欲用不配套的分液漏斗，必须在装配后，首先试验其是否合用、漏液，待确认可以使用后方可使用。

2）在活塞芯上薄薄地涂上一层润滑脂，如凡士林（注意：不要涂进活塞孔里），将塞芯塞进活塞，旋转数圈使润滑脂均匀分布后将活塞关闭好，再在塞芯的凹槽处套上一直径合适的橡皮圈（从直径合适的乳胶管上剪下一细圈即可），如图实 14—3 所示，以防活塞芯在操作过程中因松动而漏液或因脱落使液体流失造成实验失败。

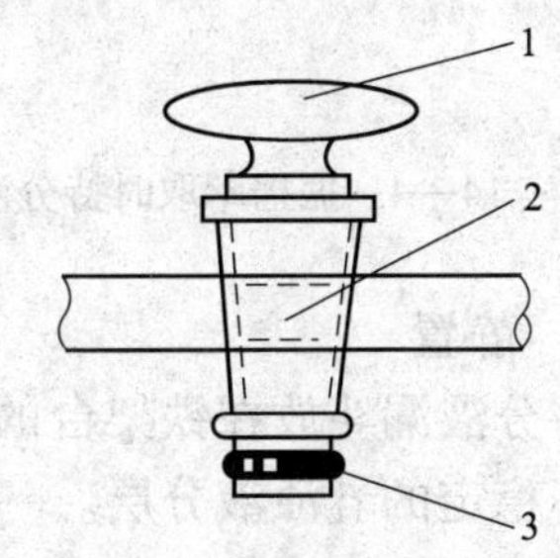

图实 14—3　活塞芯的正确固定

1—塞柄　2—活塞孔　3—橡皮圈

3）需要干燥的分液漏斗，要特别注意拔出活塞芯，检查活塞是否洁净、干燥，不合要求者，经洗净、干燥后方可使用。

2. 药品

碘的饱和水溶液和四氯化碳溶液。

三、实验内容和步骤

1. 准备

选择比萃取剂和被萃取溶液总体积大一倍以上的分液漏斗。检查分液漏斗的玻塞和活塞是否严密。

检查分液漏斗是否泄漏的方法，通常先加入一定量的水，再振荡，看是否泄漏。

2. 加料

用量筒量取 20 mL 碘的饱和水溶液（被萃取溶液），从分液漏斗的上口倒入，再量取 8 mL四氯化碳（萃取剂），盖好玻塞。

萃取剂的选择要根据被萃取物质在此溶剂中的溶解度而定，同时要易于和溶质分离开，最好用低沸点溶剂。一般水溶性较小的物质可用石油醚萃取；水溶性较大的可用苯或乙醚；

水溶性极大的用乙酸乙酯。加入萃取剂后液体分为两相。

3．振荡

用左手握住漏斗上口径，并用手掌顶住塞子，右手握住漏斗活塞处，用拇指和食指压紧活塞，并能将其自由地旋转。如图实 14—4 所示，将漏斗稍斜后（下部支管朝上），由外向里或由里向外振摇，使两相液层充分接触，液体混为乳浊液。

4．放气

振荡后。如图实 14—5 所示，将分液漏斗上口向下倾斜，下部支管朝向斜上方的无人处，左手仍握住活塞支管处，食指、拇指两指慢慢打开活塞，蒸气或产生的气体，使内外压力平衡，这个过程称为“放气”。

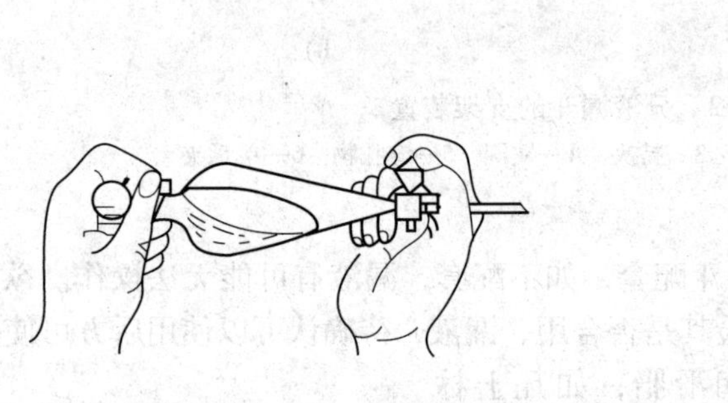

图实 14—4　振摇萃取时持分液漏斗的有效方法

活塞(用拇指与食指慢慢旋开)

玻塞(用食指顶住)

图实 14—5　解除漏斗内超压的操作示意图

5．静置

将分液漏斗放在铁架台的铁圈上，静置（见图实 14—2）。液相分为两相。静置的目的是使不稳定的乳浊液分层。一般情况须静置 10 min 左右，较难分层者须更长时间静置，液体分为清晰的两层，如图实 14—6 所示。

在萃取时，特别是当溶液呈碱性时，常常会产生乳化现象，影响分离。消除乳化的方法有以下几种：

（1）较长时间静置。

（2）轻轻地旋摇漏斗，加速分层。

（3）若因两种溶剂（水与有机溶剂）部分互溶而发生乳化，可以加入少量电解质（如氯化钠），利用盐析作用加以破坏；或者若因两相密度差小发生乳化，也可以加入电解质，以增大水相的密度。

（4）若因溶液呈碱性而产生乳化，常可加入少量的稀盐酸或采用过滤等方法消除。

根据不同情况，还可以加入乙醇、磺化蓖麻油等消除乳化。

6．分液

待液体明显分层后，打开分液漏斗上口的玻塞或使玻塞上的凹槽与漏斗口颈上的小孔对准，漏斗下放一烧杯。打开分液漏斗下方的活塞，使下层液体慢慢流入烧杯里。下层液体流完后，关闭活塞。上层液体从漏斗上口倒入另外容器里，如图实 14—7 所示。

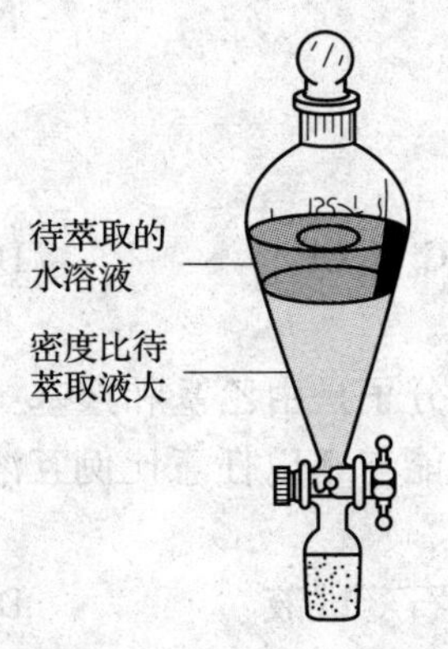

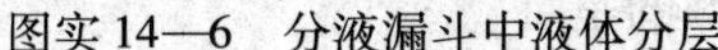
图实 14—6　分液漏斗中液体分层

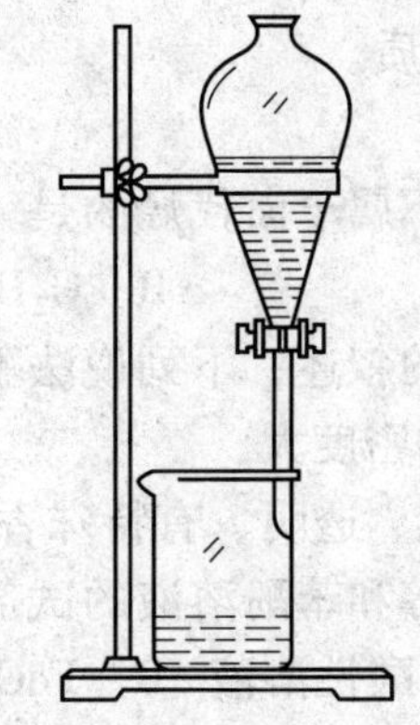
图实 14—7　放出分液漏斗里的液体

四、注意事项

1. 不可使用有漏液情况的分液漏斗，以保证操作安全；玻塞不能涂油。

2. 必要时要使用玻璃漏斗加料，玻塞上若有侧槽必须将其与漏斗上端口径上的小孔错开。

3. 振荡时用力要大，同时要绝对防止液体泄漏。

4. 切记放气时分液漏斗的上口要倾斜朝下，而下口处不要有液体。

五、思考题

1. 如何检验分液漏斗是否漏水？

2. 静置后，分液漏斗里的上层溶液是什么物质，下层溶液又是什么？

3. 为什么振荡后，要“放气”？

4. 除了四氯化碳溶液可以提取碘的饱和水溶液外，还可以选用哪种试剂？

自 我 检 测

一、填空题

1. ________分子中________原子被其他原子或原子团取代后生成的化合物，叫做烃的衍生物。

2. 将乙醇和浓硫酸加热到 140℃，乙醇________脱水生成________，化学方程式为________________；加热到 170℃，乙醇________脱水生成________，化学方程式为________________，此反应属于________反应。

3. 脂肪烃分子中的________原子或________侧链上的氢原子，被________取代后所生成的化合物，叫做醇；羟基直接与苯环相连的化合物叫做________。

4. 分子里由________和________相连而构成的化合物叫醛。________是醛的官能团，它对醛的________起决定作用。甲醛和苯甲醛的结构简式是________、________。35% ~40%（质量分数）的甲醛水溶液叫做________。

5. 由烃基与________直接相连构成的有机化合物，叫做羧酸。除甲酸外，羧酸都可看成是烃分子中的________被________取代而生成的化合物。

6. 甲酸分子内既有________基，又有________基，因此它兼具有________的性质，又具有________的性质。

二、选择题

1．下列物质不属于卤代烃的是（　　）。

A．CH_3Cl　B．C_2H_5Br　C．C_6H_5Cl　D．$C_6H_5NO_2$

2．关于乙醇的叙述，下列说法不正确的是（　　）。

A．比水的密度大　B．分子是由乙基和羟基（—OH）组成

C．是无色、透明、有特殊香味的液体　D．能与水以任意比例互溶

3．能鉴别乙醇和苯酚溶液的试剂是（　　）。

A．$KMnO_4$酸性溶液　B．$FeCl_3$溶液　C．石蕊试液　D．盐酸

4．下列物质在医药上可用做外科手术时的麻醉剂的是（　　）。

A．C_6H_5OH　B．$C_2H_5OC_2H_5$　C．C_2H_5Br　D．C_2H_5OH

5．下列物质既能发生银镜反应，又能与新制的氢氧化铜反应生成红色沉淀物质的是（　　）。

A．乙醛　B．乙醇　C．乙醚　D．丙酮

6．下列物质能与品红试剂反应，使溶液立即呈现紫红色的是（　　）。

A．乙醇　B．乙醚　C．乙醛　D．丙酮

7．下列物质中既有氧化性又有还原性的是（　　）。

A．乙醇　B．乙醚　C．乙醛　D．溴乙烷

8．甲醛和乙醛都与银镜溶液反应，这是因为（　　）。

A．分子里都含有氢原子　B．分子里都含有氧原子

C．分子里都含有有羟基　D．分子里都含醛基

9．羧酸的官能团是（　　）。

A．—OH　B．—O—　C．—COOH　D．—CHO

10．关于乙酸的下列说法，错误的是（　　）。

A．具有酸的通性　B．分子中含有羧酸

C．无水乙酸又称冰醋酸　D．能与氢气起加成反应

11．下列各组物质互为同系物的是（　　）。

A．乙醇和乙醚　B．乙醇和酒精

C．甲醇和乙醇　D．乙醛和乙酸

12．下列各组物质互为同分异构的是（　　）。

A．甲醛和乙醛　B．甲醛与蚁醛

C．乙醛和乙酸　D．丙醛和丙酮

三、判断题

1．由乙醇与钠起反应的现象可得出，乙醇分子里羟基中的氢原子比水分子中的氢原子活泼。（　　）

2．吸入一定量的乙醚蒸气，会引起全身麻醉，因此乙醚在医疗上可用做外科手术时的麻醉剂。（　　）

3．甲醇和乙醇的气味、密度等性质几乎相同，它们都可作饮料酒的成分。（　　）

4．氯仿、四氯化碳、酒精、乙醚是常用的有机溶剂。（　　）

5. 苯酚显弱酸性，其酸性比碳酸弱，能使紫色石蕊试液（或蓝石蕊试纸）变红色。（　）

6. 用溴水或氯化铁溶液可以鉴别苯酚和苯。（　）

7. 乙醛和新制的氢氧化铜在微热时即发生反应，生成红色的氧化亚铜。（　）

8. 分子里含有醛基的化合物都能发生银镜反应，因此能发生银镜反应的物质都是醛。（　）

9. 甲醛的水溶液具有杀菌、防腐能力，因此是一种良好的杀菌剂，如福尔马林用于浸制生物标本等。（　）

10. 醛和酮分子中都含有羰基，因此它们具有许多相似的化学性质，如都能发生加成反应、容易被氧化等。（　）

四、写出下列有机物的结构简式

1. 酒精________ 2. 甘油________ 3. 石炭酸________ 4. 苦味酸________

5. 乙醚________ 6. 蚁醛________ 7. 苦杏仁油________ 8. 冰醋酸________

9. 氯仿________ 10. 乙酸甲酯________

五、写出下列反应的化学方程式，并指出反应的类型

1. $CH_3CH_2OH + HCl \longrightarrow$

2. $CH_3CH_2OH \xrightarrow[170℃]{浓 H_2SO_4}$

3. C_6H_5OH（苯酚） $+ 3Br_2 \xrightarrow{H_2O}$

4. $CH_3CH_2Cl + H_2O \xrightarrow[\triangle]{NaOH}$

5. $CH_2COOH + NaOH \longrightarrow$

6. $HCOOH + CH_3CH_2OH \xrightarrow[\triangle]{浓 H_2SO_4}$

六、完成下列反应的转变，写出有关反应的化学反应式

$CH_3CH_2Cl \xrightarrow{①} CH_3CH_2OH \underset{③}{\overset{②}{\rightleftarrows}} CH_3CHO \xrightarrow{④} CH_3COOH \xrightarrow{⑤} CH_3COOC_2H_5$

$CH_3CH_2Cl \underset{⑥}{\overset{⑦}{\rightleftarrows}} CH_2{=}CH_2$；$CH_3CH_2OH \underset{⑨}{\overset{⑧}{\rightleftarrows}} CH_2{=}CH_2$；$CH_3CH_2OH \xrightarrow{⑩} C_2H_5{-}O{-}C_2H_5$

七、推导题

1. 有机物A的分子式为C_6H_6O，其水溶液显弱酸性，但不能使石蕊试液变色，它能与氢氧化钠（NaOH）起反应生成B，在B的溶液中通入CO_2后，又能得到A。在A溶液中滴加溴水，立即有白色沉淀C生成。A还能与浓HNO_3起反应生成黄色晶体D，D溶液的酸性比A强。根据这些性质，推断出A、B、C、D的名称和各反应的化学方程式。

2. 某有机物A由碳、氢、氧三种元素组成。A能与金属钠反应产生氢气，与浓硫酸加热至170℃时产生气体B，B能使溴水褪色。A与浓硫酸140℃共热时生成液态化合物C，C具有麻醉作用。根据上述性质，推断出A、B、C的结构式，并写出反应的有关方程式。

附录

标准电极电势表（298.15K）

（一）在酸性溶液中

电　对	电 极 反 应	$E^{\ominus}/V$
Li^+/Li	$Li^+ + e \rightleftharpoons Li$	-3.045
Rb^+/Rb	$Rb^+ + e \rightleftharpoons Rb$	-2.925
K^+/K	$K^+ + e \rightleftharpoons K$	-2.924
Cs^+/Cs	$Cs^+ + e \rightleftharpoons Cs$	-2.923
Ba^{2+}/Ba	$Ba^{2+} + 2e \rightleftharpoons Ba$	-2.90
Ca^{2+}/Ca	$Ca^{2+} + 2e \rightleftharpoons Ca$	-2.87
Na^+/Na	$Na^+ + e \rightleftharpoons Na$	-2.714
Mg^{2+}/Mg	$Mg^{2+} + 2e \rightleftharpoons Mg$	-2.375
$[AlF_6]^{3-}/Al$	$[AlF_6]^{3-} + 3e \rightleftharpoons Al + 6F^-$	-2.07
Al^{3+}/Al	$Al^{3+} + 3e \rightleftharpoons Al$	-1.66
Mn^{2+}/Mn	$Mn^{2+} + 2e \rightleftharpoons Mn$	-1.182
Zn^{2+}/Zn	$Zn^{2+} + 2e \rightleftharpoons Zn$	-0.763
Cr^{3+}/Cr	$Cr^{3+} + 3e \rightleftharpoons Cr$	-0.74
Ag_2S/Ag	$Ag_2S + 2e \rightleftharpoons 2Ag + S^{2-}$	-0.69
$CO_2/H_2C_2O_4$	$2CO_2 + 2H^+ + 2e \rightleftharpoons H_2C_2O_4$	-0.49
S/S^{2-}	$S + 2e \rightleftharpoons S^{2-}$	-0.48
Fe^{2+}/Fe	$Fe^{2+} + 2e \rightleftharpoons Fe$	-0.44
Co^{2+}/Co	$Co^{2+} + 2e \rightleftharpoons Co$	-0.277
Ni^{2+}/Ni	$Ni^{2+} + 2e \rightleftharpoons Ni$	-0.246
AgI/Ag	$AgI + e \rightleftharpoons Ag + I^+$	-0.152
Sn^{2+}/Sn	$Sn^{2+} + 2e \rightleftharpoons Sn$	-0.136
Pb^{2+}/Pb	$Pb^{2+} + 2e \rightleftharpoons Pb$	-0.126
Fe^{3+}/Fe	$Fe^{3+} + 3e \rightleftharpoons Fe$	-0.036
$AgCN/Ag$	$AgCN + e \rightleftharpoons Ag + CN^-$	-0.02
H^+/H_2	$2H^+ + 2e \rightleftharpoons H_2$	0.000
$AgBr/Ag$	$AgBr + e \rightleftharpoons Ag + Br^-$	+0.071
$S_4O_6^{2-}/S_2O_3^{2-}$	$S_4O_6^{2-} + 2e \rightleftharpoons 2S_2O_3^{2-}$	+0.08
S/H_2S	$S + 2H^+ + 2e \rightleftharpoons H_2S$ (aq)	+0.141
Sn^{4+}/Sn^{2+}	$Sn^{4+} + 2e \rightleftharpoons Sn^{2+}$	+0.154
Cu^{2+}/Cu^+	$Cu^{2+} + e \rightleftharpoons Cu^+$	0.159
SO_4^{2-}/SO_2	$SO_4^{2-} + 4H^+ + 2e \rightleftharpoons SO_2$ (aq) $+ 2H_2O$	+0.17
$AgCl/Ag$	$AgCl + e \rightleftharpoons Ag + Cl^-$	+0.2223
Hg_2Cl_2/Hg	$Hg_2Cl_2 + 2e \rightleftharpoons 2Hg + 2Cl^-$	+0.2676
Cu^{2+}/Cu	$Cu^{2} + 2e \rightleftharpoons Cu$	+0.337
$[Fe(CN)_6]^{3-}/[Fe(CN)_6]^4$	$[Fe(CN)_6]^{3-} + e \rightleftharpoons [Fe(CN)_6]^{4-}$	+0.36
	$(CN)_2 + 2H^+ + 2e \rightleftharpoons 2HCN$	+0.37
$(CN)_2/HCN$	$[Ag(NH_3)_2]^+ + e \rightleftharpoons Ag + 2NH_3$	+0.373
$[Ag(NH_3)_2]^+/AgH_2SO_3/S_2O_3^{2-}$	$2H_2SO_3 + 2H^+ + 4e \rightleftharpoons S_2O_3^{2-} + 3H_2O$	+0.40

续表

电　　对	电 极 反 应	$E^{\ominus}$/V
O_2/OH^-	$O_2 + 2H_2O + 4e \rightleftharpoons 4OH^-$	+0.41
H_2SO_3/S	$H_2SO_3 + 4H^+ + 4e \rightleftharpoons S + 3H_2O$	+0.45
Cu^+/Cu	$Cu^+ + e \rightleftharpoons Cu$	+0.52
I_2/I^-	$I_2 + 2e \rightleftharpoons 2I^-$	+0.535
$H_3AsO_4/HAsO_2$	$H_3AsO_4 + 2H^+ + 2e \rightleftharpoons HAsO_2 + 2H_2O$	+0.559
MnO_4^-/MnO_4^{2-}	$MnO_4^- + e \rightleftharpoons MnO_4^{2-}$	+0.564
O_2/H_2O_2	$O_2 + 2H^+ + 2e \rightleftharpoons H_2O_2$	+0.682
$[PtCl_4]^{2-}/Pt$	$[PtCl_4]^{2-} + 2e \rightleftharpoons Pt + 4Cl^-$	+0.73
$(CNS)_2/CNS^-$	$(CNS)_2 + 2e \rightleftharpoons 2CNS^-$	+0.77
Fe^{3+}/Fe^{2+}	$Fe^{3+} + e \rightleftharpoons Fe^{2+}$	+0.771
Hg_2^{2+}/Hg	$Hg_2^{2+} + 2e \rightleftharpoons 2Hg$	+0.793
Ag^+/Ag	$Ag^+ + e \rightleftharpoons Ag$	+0.7995
Hg^{2+}/Hg	$Hg^{2+} + 2e \rightleftharpoons Hg$	+0.854
Cu^{2+}/Cu_2I_2	$2Cu^{2+} + 2I^- + 2e \rightleftharpoons Cu_2I_2$	+0.86
Hg^{2+}/Hg_2^{2+}	$2Hg^{2+} + 2e \rightleftharpoons Hg_2^{2+}$	+0.920
HNO_2/NO	$HNO_2 + H^+ + e \rightleftharpoons NO + H_2O$	+0.99
NO_2/NO	$NO_2 + 2H^+ + 2e \rightleftharpoons NO + H_2O$	+1.03
Br_2/Br^-	Br_2 (1) $+ 2e \rightleftharpoons 2Br^-$	+1.065
Br_2/Br^-	Br_2 (aq) $+ 2e \rightleftharpoons 2Br^-$	+1.087
$Cu^{2+}/[Cu(CN)_2]^-$	$Cu^{2+} + 2CN^- + e \rightleftharpoons [Cu(CN)_2]^-$	+1.12
ClO_3^-/ClO_2	$ClO_3^- + 2H^+ + e \rightleftharpoons ClO_2 + H_2O$	+1.15
IO_3^-/I_2	$2IO_3^- + 12H^+ + 10e \rightleftharpoons I_2 + 6H_2O$	+1.20
MnO_2/Mn^{2+}	$MnO_2 + 4H^+ + 2e \rightleftharpoons Mn^{2+} + 2H_2O$	+1.23
$ClO_3^-/HClO_2$	$ClO_3^- + 3H^+ + 2e \rightleftharpoons HClO_2 + H_2O$	+1.21
O_2/H_2O	$O_2 + 4H^+ + 4e \rightleftharpoons 2H_2O$	+1.229
$Cr_2O_7^{2-}/Cr^{3+}$	$Cr_2O_7^{2-} + 14H^+ + 6e \rightleftharpoons 2Cr^{3+} + 7H_2O$	+1.33
Cl_2/Cl^-	$Cl_2 + 2e \rightleftharpoons 2Cl^-$	+1.36
BrO_3^-/Br^-	$BrO_3^- + 6H^+ + 6e \rightleftharpoons Br^- + 3H_2O$	+1.44
ClO_3^-/Cl^-	$ClO_3^- + 6H^+ + 6e \rightleftharpoons Cl^- + 3H_2O$	+1.45
PbO_2/Pb^{2+}	$PbO_2 + 4H^+ + 2e \rightleftharpoons Pb^{2+} + 2H_2O$	+1.455
ClO_3^-/Cl_2	$2ClO_3^- + 12H^+ + 10e \rightleftharpoons Cl_2 + 6H_2O$	+1.47
Au^{3+}/Au	$Au^{3+} + 3e \rightleftharpoons Au$	+1.498
MnO_4^-/Mn^{2+}	$MnO_4^- + 8H^+ + 5e \rightleftharpoons Mn^{2+} + 4H_2O$	+1.51
MnO_4^-/MnO_2	$MnO_4^- + 4H^+ + 3e \rightleftharpoons MnO_2 + 2H_2O$	+1.695
H_2O_2/H_2O	$H_2O_2 + 2H^+ + 2e \rightleftharpoons 2H_2O$	+1.776
$S_2O_8^{2-}/SO_4^{2-}$	$S_2O_8^{2-} + 2e \rightleftharpoons 2SO_4^{2-}$	+2.01
O_3/O_2	$O_3 + 2H^+ + 2e \rightleftharpoons O_2 + H_2O$	+2.07
F_2/F^-	$F_2 + 2e \rightleftharpoons 2F^-$	+2.87
F_2/HF	$F_2 + 2H^+ + 2e \rightleftharpoons 2HF$	+3.06

（二）在碱性溶液中

电　　对	电极反应	$E^{\ominus}/V$
$Ca(OH)_2/Ca$	$Ca(OH)_2 + 2e \rightleftharpoons Ca + 2OH^-$	-3.02
$Mg(OH)_2/Mg$	$Mg(OH)_2 + 2e \rightleftharpoons Mg + 2OH^-$	-2.69
$H_2AlO_3^-/Al$	$H_2AlO_3^- + H_2O + 3e \rightleftharpoons Al + 4OH^-$	-2.35
$Mn(OH)_2/Mn$	$Mn(OH)_2 + 2e \rightleftharpoons Mn + 2OH^-$	-1.56
ZnS/Zn	$ZnS + 2e \rightleftharpoons Zn + S^{2-}$	-1.405
$[Zn(CN)_4]^{2-}/Zn$	$[Zn(CN)_4]^{2-} + 2e \rightleftharpoons Zn + 4CN^-$	-1.26
ZnO_2^{2-}/Zn	$ZnO_2^{2-} + 2H_2O + 2e \rightleftharpoons Zn + 4OH^-$	-1.216
As/AsH_3	$As + 3H_2O + 3e \rightleftharpoons AsH_3 + 3OH^-$	-1.21
$[Zn(NH_3)_4]^{2+}/Zn$	$[Zn(NH_3)_4]^{2+} + 2e \rightleftharpoons Zn + 4NH3$	-1.04
$[Sn(OH)_6]^{2-}/HSnO_2^-$	$[Sn(OH)_6]^{2-} + 2e \rightleftharpoons HSnO_2^- + 3OH^- + H_2O$	-0.909
H_2O/H_2	$2H_2O + 2e \rightleftharpoons H_2 + 2OH^-$	-0.8277
AsO_4^{3-}/AsO_2^-	$AsO_4^{3-} + 2H_2O + 2e \rightleftharpoons AsO_2^- + 4OH^-$	-0.67
Ag_2S/Ag	$Ag_2S + 2e \rightleftharpoons 2Ag + S^{2-}$	-0.66
SO_3^{2-}/S	$SO_3^{2-} + 3H_2O + 4e \rightleftharpoons S + 6OH^-$	-0.66
$Fe(OH)_3/Fe(OH)_2$	$Fe(OH)_3 + e \rightleftharpoons Fe(OH)_2 + OH^-$	-0.56
S/S^{2-}	$S + 2e \rightleftharpoons S^{2-}$	-0.447
$Cu(OH)_2/Cu$	$Cu(OH)_2 + 2e \rightleftharpoons Cu + 2OH^-$	-0.224
$Cu(OH)_2/Cu_2O$	$2Cu(OH)_2 + 2e \rightleftharpoons Cu_2O + 2OH^- + H_2O$	-0.09
O_2/HO_2^-	$O_2 + H_2O + 2e \rightleftharpoons HO_2^- + OH^-$	-0.076
$MnO_2/Mn(OH)_2$	$MnO_2 + 2H_2O + 2e \rightleftharpoons Mn(OH)_2 + 2OH^-$	-0.05
NO_3^-/NO_2^-	$NO_3^- + H_2O + 2e \rightleftharpoons NO_2^- + 2OH^-$	+0.01
$S_4O_6^{2-}/S_2O_3^{2-}$	$S_4O_6^{2-} + 2e \rightleftharpoons 2S_2O_3^{2-}$	+0.09
$[Co(NH_3)_6]^{3+}/[Co(NH_3)_4]^{2+}$	$[Co(NH_3)_6]^{3+} + e \rightleftharpoons [Co(NH_3)_6]^{2+}$	+0.1
IO_3^-/I^-	$IO_3^- + 3H_2O + 6e \rightleftharpoons I^- + 6OH^-$	+0.26
ClO_3^-/ClO_2^-	$ClO_3^- + H_2O + 2e \rightleftharpoons ClO_2^- + 2OH^-$	+0.33
$[Ag(NH_3)_2]^+/Ag$	$[Ag(NH_3)_2]^+ + e \rightleftharpoons Ag + 2NH_3$	+0.373
O_2/OH^-	$O_2 + 2H_2O + 4e \rightleftharpoons 4OH^-$	+0.401
IO^-/I^-	$IO^- + H_2O + 2e \rightleftharpoons I^- + 2OH^-$	+0.49
BrO_3/BrO^-	$BrO_3^- + 2H_2O + 4e \rightleftharpoons BrO^- + 4OH^-$	+0.54
IO_3^-/IO^-	$IO_3^- + 2H_2O + 4e \rightleftharpoons IO^- + 4OH^-$	+0.56
MnO_4^-/MnO_4^{2-}	$MnO_4^- + e \rightleftharpoons MnO_4^{2-}$	+0.564
MnO_4^-/MnO_2	$MnO_4^- + 2H_2O + 3e \rightleftharpoons MnO_2 + 4OH^-$	+0.588
ClO_3^-/Cl^-	$BrO_3^- + 3H_2O + 6e \rightleftharpoons Br^- + 6OH^-$	+0.61
BrO^-/Br^-	$ClO_3^- + 3H_2O + 6e \rightleftharpoons Cl^- + 6OH^-$	+0.62
BrO_3^-/Br^-	$BrO^- + H_2O + 2e \rightleftharpoons Br^- + 2OH^-$	+0.76
HO_2^-/OH^-	$HO_2^- + H_2O + 2e \rightleftharpoons 3OH^-$	+0.88
ClO^-/Cl^-	$ClO^- + H_2O + 2e \rightleftharpoons Cl^- + 2OH^-$	+0.90
O_3/OH^-	$O_3 + H_2O + 2e \rightleftharpoons O_2 + 2OH^-$	+1.24